Joachim Bitterlich

Grenzgänger: Deutsche Interessen und Verantwortung in und für Europa

Erinnerungen eines Zeitzeugen

Joachim Bitterlich

GRENZGÄNGER: DEUTSCHE INTERESSEN UND VERANTWORTUNG IN UND FÜR EUROPA

Erinnerungen eines Zeitzeugen

Bibliografische Information der Deutschen Nationalbibliothek
Die Deutsche Nationalbibliothek verzeichnet diese Publikation in der Deutschen Nationalbibliografie; detaillierte bibliografische Daten sind im Internet über http://dnb.d-nb.de abrufbar.

Bibliographic information published by the Deutsche Nationalbibliothek
Die Deutsche Nationalbibliothek lists this publication in the Deutsche Nationalbibliografie; detailed bibliographic data are available in the Internet at http://dnb.d-nb.de.

ISBN-13: 978-3-8382-1450-4
© *ibidem*-Verlag, Stuttgart 2021
Alle Rechte vorbehalten

Das Werk einschließlich aller seiner Teile ist urheberrechtlich geschützt. Jede Verwertung außerhalb der engen Grenzen des Urheberrechtsgesetzes ist ohne Zustimmung des Verlages unzulässig und strafbar. Dies gilt insbesondere für Vervielfältigungen, Übersetzungen, Mikroverfilmungen und elektronische Speicherformen sowie die Einspeicherung und Verarbeitung in elektronischen Systemen.

All rights reserved. No part of this publication may be reproduced, stored in or introduced into a retrieval system, or transmitted, in any form, or by any means (electronic, mechanical, photocopying, recording or otherwise) without the prior written permission of the publisher. Any person who does any unauthorized act in relation to this publication may be liable to criminal prosecution and civil claims for damages.

Printed in the EU

Inhalt

Vorbemerkungen 9
Dank 13
I. **Kapitel: Vom Auswärtigen Dienst in die Politik** 15
   1. Untypischer Anfang im Auswärtigen Dienst, 1976–78 15
      Nuklearpolitik und Iran 17
      Kernenergie an der deutsch-französischen Grenze 18
      Erster Aufenthalt in Madrid 20
      Einblick in eine andere Welt: Arabisch-Kurs in Kairo 20
   2. Lehrjahre in Algier: 1978–81 21
      Konsularalltag 22
      Hilfe für Deutsche 23
      Kultur und Presse „Numider und US-Geiseln" 25
      Erste Begegnung mit Hans-Dietrich Genscher 26
   3. Brüssel – Ständige Vertretung bei den Europäischen
      Gemeinschaften, 1981–85 28
      „Antici" und Beitritt Spanien – Portugal 30
      Bundeskanzler Helmut Schmidt und Helmut Kohl 31
   4. Politische Lehrjahre unter Hans-Dietrich Genscher, 1985–87 33
      „Abwerbung" in das Kanzleramt 36
   5. Über elf Jahre im Bundeskanzleramt an der Seite Kohls,
      1987–98 37
      Ein Bundeskanzler und Chef – ganz anders als gedacht 38
      Patriarch – Patron – „pater familias" 40
      Prägende Erlebnisse, besondere Themen, Überzeugungen 41
      „Vereinigte Staaten von Europa"? 44
      Bundespräsidenten 45
      „Wirtschaft" 47
      Die Medien 47
      Natürliche Spannungsfelder in der Regierung und Koalition 49

II. **Kapitel: Helmut Kohls „rote Fäden – Determinanten deutscher
    Außenpolitik** 53
   1. Ausgangspunkte und Grundlagen 53
      Eckpfeiler deutscher Außenpolitik 58
   2. Deutschland – Frankreich – und die „anderen Partner"? 59
      Zwei Präsidenten, neun Premierminister 63
      François Mitterrand 65

Jacques Chirac 69
Valéry Giscard d'Estaing 75
Botschafter 76
Joseph Rovan 77
3. Deutschland und seine „anderen" europäischen Partner 79
Helmut Kohl und die „kleineren Mitgliedstaaten" 79
Deutschland und die anderen „Großen" 81

III. Kapitel: Deutschland und Europa 87
1. Die achtziger Jahre – Erste EG-Reformen 87
EG-Präsidentschaft im ersten Halbjahr 1983 89
Jacques Delors 95
Zwischenschritt Einheitliche Europäische Akte 97
Krisenmanagement – Helmut Kohls erstes europäisches
Meisterstück 98
Juni 1988 Hannover: Geburtsstunde des Euro, Helmut Kohls
zweites europäisches Meisterstück 100
2. Die Chance der Deutschen Wiedervereinigung 103
Die Öffnung der Mauer am 9. November 1989 106
Europäischer Rat Straßburg Dezember 1989 109
Die „Bedenkenträger" 113
Die Großmächte 117
Zusammenführung der inneren und äußeren Elemente
der Einheit 118
Deutsche Einheit und Agrarpolitik – Konsequenzen 121
Exkurs: Genscher und die Deutsche Einheit 122
3. Kernthemen der 90er Jahre 127
Der Vertrag von Maastricht 127
Wirtschafts- und Währungsunion und deutsche Einheit 129
Innen- und Justizpolitik in der EU 131
Außen- und Sicherheitspolitik 133
Französisches Maastricht – Referendum 1992 136
Mitterrands Vermächtnis – 8. Mai 1995 Berlin 137
Sicherheitspolitik – die Tragödie des Balkan 137
Eine neue Rolle für die Bundeswehr 143
„Vertiefung und Erweiterung" – perpetuum mobile Europas ... 149
„Vorspiel": Die „kleine" EU-Erweiterung – die „Neutralen" ... 149
Die EU-Kommission nach Delors 152
„Querschläger"? – „Kerneuropa" – Schäuble-Lamers-Papier ... 154
Vertrag von Amsterdam 157

Schengen – ungeliebtes Labor, verkannte Notwendigkeiten 157
Europäisches Parlament – der Gewinner von Amsterdam 158
„NATO-Renaissance" 2014 dank Putins Vorgehen? 164
Die „große" EU-Erweiterung – Kriterien und neue Partner 168
EU-Türkei – Geschichte ohne Ende? 180
Vorbereitung auf den Euro 182

IV. Kapitel: Deutschlands Rolle in der Welt Wachsende Verantwortung und Engagement des wiedervereinigten Deutschlands **197**
1. Wachsen in größere Verantwortung 197
   Außenpolitische Prioritäten 198
   Deutschland und der Sicherheitsrat der Vereinten Nationen 200
   Europa- und außenpolitisches Pensum Helmut Kohls 201
   Helmut Kohl und das Auswärtige Amt 203
2. Deutschland und die Großmächte 207
   Verhältnis zu den USA 207
   Richard Holbrooke 209
   Präsident Clinton 210
   Russland und die Ukraine 213
   Boris Jelzin 217
   Ukraine – ein dauerhafter Sorgenfall 219
   G 7 / 8 – die Wirtschaftsgipfel 224
3. Nahost–Politik – Bemühungen um Förderung und Flankierung des Friedensprozesses 1995/96 226
   Helmut Kohl – Yitzhak Rabin 228
   Yekutiel Federmann 229
   Avi Primor 229
   Eine Gemeinschaft des Nahen Ostens für Wasser und 231
   Europa und der Friedensprozess 232
4. Engagement in Asien – und die anderen Kontinente? 235
   Asien – Priorität Nr. 1 die Volksrepublik China 235
   Lateinamerika 238
   Initiative Umweltschutz Tropenwälder zusammen mit Brasilien, Südafrika und Singapur 238
   Afrika 239

V. Kapitel: „Post Helmut Kohl" – Jahre in Brüssel, Madrid und Paris **241**
1. Bundestagswahl 1998 – Ende der Ära Helmut Kohl 241
2. Rückkehr in das Auswärtige Amt 249

Belastung durch „Bundeslöschtage" und
Untersuchungsausschuss 250
3. Botschafter bei der NATO in Brüssel 252
NATO-Einsatz im früheren Jugoslawien – der
Kosovo-Konflikt 253
„Todeskuss" in Washington und vorzeitiger Abschied 256
4. Botschafter in Spanien und Andorra 258
Beobachtungen aus Madrid und schwierigen Regionen 258
Ein besonderes „Phänomen" Mallorca 264
Eine ganz andere Aufgabe: Botschafter in Andorra 265
5. Abschied vom Auswärtigen Dienst – Weg in die Wirtschaft..... 266

VI. Kapitel: Deutsche Politik „ohne" Helmut Kohl 271
1. Rot-Grün: Europa- und Außenpolitik 271
Vertrag von Nizza 272
Verfassungskonvent – Vertrag von Lissabon 273
2. CDU in der Krise – von Kohl über Schäuble zu Merkel 278
Helmut Kohl „ohne Amt", Parteispenden u.ä. 278
Helmut Kohl – Angela Merkel: Machtverständnis
und Aufstieg 280
3. Helmut Kohl – anstelle eines Nachrufs 287
Helmut Kohl zum 90. Geburtstag 290

VII. Kapitel: Deutsche Zukunft in Europa 293
1. Deutschland – Frankreich 293
Auf der Suche nach Stabilität und Gemeinsamkeiten 293
Parameter eines „anderen" Verhältnisses 300
2. Die Überwindung der existentiellen Krise Europas – die Rolle
Deutschlands 308
Die Selbstbehauptung Europas 315
Brexit – Das Vereinigte Königreich und die EU 333

Schlussfolgerungen 339

Epilog 341
Die „Finalität" der europäischen Integration 341
Europäische Schicksalsgemeinschaft –
europäischer Patriotismus 341

Vorbemerkungen

Ich habe eine der spannendsten, vielleicht wichtigsten Zeiten deutscher, europäischer und internationaler Geschichte im Herzen der Politik miterlebt und auch mitgestaltet. Von Freunden, Bekannten, Historikern wie Journalisten bin ich immer wieder aufgefordert worden, meine „Erinnerungen" an diese Jahre niederzuschreiben. Letztlich ermutigten mich die regelmäßigen Gespräche mit meinem Freund und langjährigen Weggefährten Hubert Védrine und sein Buch über die Außenpolitik Präsident Mitterrands, einen solchen Versuch zu wagen – nicht im Sinne klassischer Memoiren, sondern in einer Mischung aus konkreten Erinnerungen und Beobachtungen und einer Analyse, Gedanken und kritischen Anmerkungen, nicht zuletzt auch aus heutiger Sicht.

Der Leser wird aufgrund meines beruflichen Weges verstehen, dass die Zeit im Bundeskanzleramt und an der Seite Helmut Kohls im Zentrum meiner Beobachtungen und Anmerkungen stehen. Ermutigung oder besser eine Provokation bildeten auch die verschiedenen Biographien über Helmut Kohl wie eine ganze Reihe politisch-historischer Betrachtungen über jene Zeit. Dies gilt zum Beispiel für die umfassende Biographie von Prof. Hans-Peter Schwarz, in der ich bei allem Respekt für den Autor über viele Passagen, vor allem in Bezug auf Europa, weder Helmut Kohl noch seine Politik wieder gefunden habe, wie ich sie und ihn erlebt habe und wie sie auch von wesentlichen Partnern in Europa und auf internationaler Ebene empfunden wurde.

Es kann aber nicht darum gehen, eine kritische Kommentierung des Werks von Schwarz oder desjenigen von Henning Köhler vorzunehmen. Aufgefallen ist mir, dass im Werk des letzteren Autors die Europapolitik als das Kernanliegen Helmut Kohls eher beiläufig abgehandelt wird, während bei Hans-Peter Schwarz seine fast virulente Europa-Skepsis gegenüber seiner Europa-Politik und dem Euro auffallen musste.

Aber auch manch andere Betrachtungen in den Medien wie seitens seriöser Wissenschaftler über die wesentlichen Elemente der Europa- und Außenpolitik Helmut Kohls laden zum Widerspruch ein. Dies gilt vor allem für die Bewertung des Vertrages von Maastricht und vor allem für die Europäische Wirtschafts- und Währungsunion und den Euro selbst. Es muss doch verwundern, dass selbst Historiker wie der in Deutschland populäre Heinrich August Winkler offen die Kohl'sche Politik insoweit für mich leichtfertig als „Fehlentscheidung" apostrophieren, ohne die Umstände und das Umfeld jener Zeit zu hinterfragen und kritisch zu beleuchten. Darauf wird im Zusammenhang mit dem Vertrag von Maastricht einzugehen sein.

Zielsetzung meiner „Erinnerungen" ist weder eine Abrechnung noch ein Enthüllungsbuch, auch wenn manche Ereignisse durchaus emotional geprägte Erinnerungen wachrufen und vielleicht einige der Begebenheiten noch nicht oder noch nicht aus diesem Blickwinkel berichtet worden sind. Das Buch kann in keiner Weise die historische Aufarbeitung jener Zeit ersetzen, einschließlich die Arbeit anhand der Erinnerungen Helmut Kohls selbst wie anderer Akteure, der zugänglichen Quellen und deren Interpretation.

Es versteht sich von selbst, dass sich diese „Erinnerungen" auch zwangsläufig mit dem „Pamphlet" Heribert Schwans kritisch auseinandersetzen müssen.

Mir geht es darum, auf der Grundlage meines Weges die Politik Deutschlands ab Mitte der 70er Jahre, dann vor allem in der zweiten Hälfte der 80er und in den 90er Jahre, die zunächst durch Hans-Dietrich Genscher, dann grundlegend durch Bundeskanzler Dr. Helmut Kohl geprägt worden ist, nachzuzeichnen und verständlich zu machen, sie in ihren innen-, vor allem europapolitischen und internationalen Kontext und im Lichte der Folgezeit aufzuzeigen und aus der Rückschau Gedanken für die Zukunft daraus abzuleiten. Naturgemäß muss sich eine solche Zeitreise durch vier Jahrzehnte deutscher Politik auch mit den handelnden Persönlichkeiten auseinandersetzen.

Der aufmerksame Beobachter der heutigen europäischen Krisen und Konflikte muss feststellen, dass viele der jetzigen Umstände in der damaligen Zeit entstanden sind und zu lange unterbewertet oder vielleicht schlichtweg noch nicht verstanden bzw. in der Folge einfach falsch beurteilt worden sind. Unter der durch die Anhäufung der Krisen und deren kurzfristig-pragmatisch bestimmten Reaktionen entstandenen Bugwelle leidet Europa heute mehr denn je.[1]

Vor allem scheint Europa unverändert in einer Übergangszeit zu stecken, die ihren Ursprung in jenen grundlegenden Veränderungen der Jahre 1989/90 hatte und deren Konsequenzen von mancher Seite bis heute nicht voll verarbeitet bzw. „verdaut" sind: Unverändert suchen Schlüsselländer des europäischen Geschehens – Frankreich, das Vereinigte Königreich,

---

[1] Siehe hierzu mein Essay unter dem Titel „Reflections on ‹"The End of Cold War?"›» in: Exiting the Cold War, Entering a New World, herausgegeben von Dan Hamilton und Kristina Spohr, Washington 2019, Seite 483 ff

Russland, aber auch und gerade Deutschland selbst – ihren Platz und ihre Rolle in und um Europa.

Und gerade in diesem Sinne müssen diese „Erinnerungen" nach dem Tode Helmut Kohls am 16. Juni 2017 eine Würdigung seines Werkes und seiner Ära enthalten. Er hat seine Ziele zu Lebzeiten auf das richtige Gleis gesetzt, seine Nachfolger haben Fortschritte erreicht, aber auch Rückschläge verzeichnen müssen. Ich habe mich daher im Rückblick auf die krisenhaften Zuspitzungen und damit auch Krisen der europäischen Integration gefragt, was geschehen muss, um sein Vermächtnis mit Leben zu erfüllen und es in die Tat umzusetzen. Es ist aktueller denn je!

Trotz aller notwendigen kritischen Bewertung ist Europa heute, über 20 Jahre nach Kohls Abtreten von der politischen Bühne, mehr denn je gefordert, gerade auch im Lichte der COVID-Krise in seinem Sinne zu festigen und seine Überlebensfähigkeit auf Dauer zu sichern.

Dank

Ein solcher Rück- und zugleich Ausblick ist auch Anlass des Dankes an die, die mich während dieser Jahre gefördert und ertragen haben. Zuallererst an meine Frau und unsere Kinder, die ich oft genug vernachlässigt habe, sie haben mir immer die Rückendeckung für die Wahrnehmung meiner Aufgaben gegeben. Ihnen ist dieses Buch daher auch gewidmet.

Danken möchte ich zudem stellvertretend für alle meine Vorgesetzten Bundeskanzler a.D. Dr. Helmut Kohl und auch Bundesaußenminister Hans-Dietrich Genscher, die mich gefördert, die meine Fehler ertragen, sie abgedeckt haben, mit denen ich phantastische Stunden erleben durfte.

Dankbar bin ich gleichermaßen den Kollegen und Mitarbeitern, die im Kanzleramt wie in den von mir geleiteten Vertretungen in Brüssel und Madrid Höchstleistung erbracht haben und ohne die ich meine Aufgaben nie hätte erfüllen können.

Dankbarkeit aber auch dafür, was ich in all denen Jahren miterleben, dass ich in Schlüsseljahren deutscher und europäischer Geschichte dabei sein und zu den Weichenstellungen mitunter beitragen durfte. Dankbarkeit gleichermaßen an die Adresse vieler gewonnener Freunde, mit denen ich damals wie heute verbunden bin, stellvertretend für viele andere sei Hubert Védrine genannt.

I. Kapitel
Vom Auswärtigen Dienst in die Politik

1. Untypischer Anfang im Auswärtigen Dienst, 1976–78

Das „Abenteuer" europäische und internationale Politik hatte unspektakulär begonnen. Ich war 1976 stolz darauf, den Auswahlwettbewerb des Auswärtigen Dienstes – dem einzigen dieser Art in Deutschland – bestanden zu haben und in den „höheren Auswärtigen Dienst" einzutreten.

Wieso überhaupt Auswärtiges Amt? Die Vorstellung, meine Heimat, das Saarland zu verlassen, war schon während des zweijährigen Militärdienstes entstanden, der mich quer durch Deutschland geführt hatte. Die Vorzeichen waren freilich eher deutsch-französisch, ja europäisch – geboren im Saarland, damals noch unter französischer Besatzung, Gymnasium, dann Studium Recht, Wirtschaft und Politik in Saarbrücken.

Ich erinnere mich an Grenzen und deren Probleme, an die Zeit gescheiterter Bemühungen, aus dem Saarland ein europäisches „Washington DC" zu machen, an die Volksabstimmung im Herbst 1955 und ihre positiven wie kritischen Folgen. Die Saarländer lehnten mit Zwei-Drittel Mehrheit das von Frankreich und der saarländischen Landesregierung initiierte „Europäische Statut für das Saarland" ab. Damit war der Weg für die Rückgliederung des Saarlandes in die Bundesrepublik frei. Meine Eltern trauten sich unter jenen Umständen nicht, mich in Saarbrücken beim französischen *Maréchal Ney*-Gymnasium anzumelden, dessen französisches Abitur im Saarland dann auch prompt fürs erste nicht (mehr) anerkannt wurde.

Die Grenzkontrollen Richtung Deutschland verschwanden, diejenigen in Richtung Frankreich blieben, auch und gerade gegenüber dem Nachbarn Lothringen. In jenen Jahren mussten wir schmerzhaft erfahren, was es bedeutet, eine Wohnung im „Zollgrenzbezirk" zu haben. Wir konnten nicht so einfach jenseits der Grenze einkaufen und erfreuten uns „aleatorischer" Kontrollen auf dem regelmäßigen Weg nach Lothringen. Meine Frau stammte eben aus dieser Region, ausgerechnet aus einer Gemeinde, die 1871 geteilt worden war und daher bis heute unterschiedlichen Verwaltungsregeln und -grenzen unterliegt, ein Teil im Departement „Moselle", ein Teil in „Meurthe-et-Moselle". Grenze war die Eisenbahnbrücke, der Ort zugleich Grenzstation für alle Züge zwischen Paris und Straßburg. Ein Grenzbahnhof, der im Übrigen durch einen der großen Filme von Claude Lelouch „Les uns et les autres" bekannt wurde.

Meine Schwiegermutter ging in die deutschsprachige Grundschule. Auf der Straße Französisch zu sprechen war ein Tabu, sie brauchte einen Passierschein, um ihre Verwandten auf der anderen Seite der Brücke zu besuchen. Nach dem Ende der deutschen Besatzung war die deutsche Sprache Tabu, man hielt aber bis heute die besonderen Besitzstände auf der Seite „Moselle" aufrecht – Beispiel war der Status der Kirche. Die Priester werden unverändert vom Staat bezahlt!

Während der juristischen Referendarausbildung sollte die Unterbrechung über 13 Monate zum Studium an der ENA, der Ecole Nationale d'Administration in Paris, folgen, ein „Ausflug" in eine andere Welt, das „Eintauchen" in eine völlig andere Art von Führung und Administration. Mein Ausbilder aus dem Innenministerium hatte mich auf den deutschen Auswahlwettbewerb aufmerksam gemacht und im Einvernehmen mit meiner Frau hatte ich das Risiko gewagt.

Die Rückkehr in die Ausbildung in Saarbrücken drei Monate vor dem Zweiten Staatsexamen fiel nicht gerade leicht. In Gedanken schien ich noch in Paris oder schon beim Auswahlwettbewerb für den Auswärtigen Dienst zu sein.

Die jungen Attachés hofften vergeblich auf eine Begegnung mit „ihrem" Bundesminister. Mir sollte dies zweieinhalb Jahre später dank einer Beerdigung vergönnt sein. Unsere Vereidigung nahm der Staatssekretär vor. Wir erfuhren erst später, dass Peter Hermes, den ich in der praktischen Ausbildung kennen und schätzen lernte, aus der inneren Sicht des AA nicht der erste, sondern „der zweite" Staatssekretär war.

Die ersten einführenden Monate in der Ausbildungsstätte des Auswärtigen Amtes auf der Bonner Höhe in Ippendorf, der „Diplomatenschule", vergingen viel zu langsam, ich wollte endlich die Praxis kennen lernen! Daran änderten auch weder das Bemühen um die Vermittlung des diplomatischen Rüstzeugs noch die ersten Einblicke irgendetwas. Einer der wenigen Politiker, die mich in den abendlichen Diskussionen in ihren Bann gezogen und beeindruckt hatten, war Egon Bahr. Er, der Vordenker und Wegbereiter der Brandt'schen Ostpolitik, war es, der schon früh den Grundsatz „Wandel durch Annäherung" geprägt und die Brücken nach Osten aufgebaut hatte. Seinen Kernsatz, wonach Schlüssel zur Lösung der deutschen Frage ein europäisches Sicherheitssystem sein müsse, „das Sicherheit für Deutschland mit Sicherheit vor Deutschland verband, auf der Grundlage einer stabilen Abschreckung durch die beiden Supermächte", konnte ich aus damaliger Sicht im Grundsatz nur querschreiben. Was bei Bahr freilich vor allem fehlte, war die Einbettung in die europäische Integration als die „andere Seite der Medaille" – und das unterschied ihn, der in gewisser Weise eines der Vorbilder wurde, von Helmut Kohl, meinem späteren Lehrmeister. Einer der wenigen, der die politische Bedeutung des Bahr'schen Kurses erkannt hatte, war in jenen Jahren ein anderer Lehrmeister moderner Außenpolitik: Henry Kissinger.

An meiner Ungeduld änderte auch die Enttäuschung über das erste „Personalgespräch" im Dienst nichts. Mein erster Vorgesetzter an der Diplomatenschule verkündete mir offen, dass ich angesichts der Tatsache, dass meine Frau Französin ist und ich durch die ENA, die französische Kaderschmiede, gegangen war, nie nach Paris versetzt werden würde. Mir fehle es an der notwendigen Objektivität, am erforderlichen Abstand von den Franzosen. Ich musste schon schlucken, ich hatte ihn nie nach einer Versetzung gefragt! Ich durfte vertretungsweise den Französisch-Unterricht für junge Diplomaten leiten, aber Paris sollte Tabu bleiben. Doch ich konnte nicht ahnen, dass es manchmal anders kommt, als Planer und Personalmanager es vorhersehen.

Die folgenden Jahre waren dennoch faszinierende Lehrjahre. Zum Teil sind die Themen der damaligen Zeit auch heute noch aktuell; anders ausgedrückt: Sie harren auch heute noch einer nachhaltigen Lösung.

Im Frühjahr 1977 begann endlich die Praxis mit der Ausbildung in der Abteilung für Außenwirtschaft des Auswärtigen Amtes, im damaligen Referat 413 für Fragen der „Nuklearexport-Politik". Dies in einer Zeit, die geprägt war durch die Bemühungen der US-Administration um Präsident Carter um eine Verschärfung der Nuklearexportkontrollen, eines der politisch sensiblen Themenkomplexe der Außenpolitik.

Nuklearpolitik und Iran

Damals war die Bundesrepublik Deutschland unter Bundeskanzler Helmut Schmidt unter amerikanischem Beschuss, hatte sie doch die Lieferung von Kernkraftwerken und umfassenden Systemen in Länder auf das Gleis gesetzt, die den Kernwaffensperrvertrag zwar unterzeichnet hatten, aber dennoch zugleich lange Jahre verdeckt oder offen auch nukleare militärische Ambitionen hegten oder, vorsichtig gesagt, zu hegen schienen. Länder wie Brasilien, Argentinien und Iran – und viele andere – standen Schlange, um Kernkraftwerke „Made in Germany" zu kaufen.

Sie wollten letztlich den gesamten nuklearen Kreislauf beherrschen, von der Urananreicherung über die zivile Nutzung der Kernenergie bis hin zur Wiederaufarbeitung. Und gerade in der Anreicherung wie Wiederaufarbeitung liegen die möglichen Weichenstellungen, Kernwaffen zu entwickeln.

Die Bundesregierung war ernsthaft bemüht, durch Mitarbeit und Anwendung von international erarbeiteten Kontrollmechanismen, den sog. „Nuclear supplier guidelines", solche Möglichkeiten zu reduzieren, wenn nicht auszuschließen. Und schon damals war ich bestürzt über manche Naivität in dieser hoch sensiblen Materie, nicht zuletzt seitens der Wirtschaft. Der Problemfall war 1977 nicht der Iran, sondern vielmehr Libyen. Allen Ernstes meinte damals eine namhafte deutsche Firma, die Bundesregierung werde ihr den Export ausgerechnet in dieses Land genehmigen!

Apropos Iran – erst über die Jahre habe ich erfahren müssen, dass dessen Wirtschaft und Industrie in sensiblen Bereichen, einschließlich der Nuklearwirtschaft, unter dem Schah nicht nur von Deutschland, sondern vor allem von den Amerikanern und Franzosen, aber auch von den Israelis gefördert worden war. Und „unter dem Tisch" wussten die Beteiligten schon damals, dass es dem Schah auch um das Potential von Kernwaffen ging! Sie förderten auch insoweit den Iran, ob bewusst oder unbewusst, will ich dahingestellt sein lassen. Und es ist daher wenig verwunderlich, dass gerade die Beziehungen insbesondere zu Israel und den USA mit dem Iran nach 1979 nicht abrupt abrissen und die „Wirtschaft" mit Duldung seitens der Politik immer wieder Wege für die Umgehung von Embargo-Bestimmungen fand.

Unter dem Titel „Der Feind meines Feindes – Geschichte einer seltsamen Freundschaft" hat vor einiger Zeit ein deutscher Wissenschaftler anschaulich auf Grundlage öffentlich zugänglicher Quellen dieses komplexe, geschichtlich belastete Verhältnis beschrieben. Ich ahnte nicht, dass die Entwicklung dieser Region und dieses Land mich in Zukunft immer wieder beschäftigen sollte. Heute scheint mir, dass es uns in Deutschland wie in Europa an strategischem Denken und Zugang gegenüber diesem Land wie der Region insgesamt fehlt.

Kernenergie an der deutsch-französischen Grenze

Nuklearpolitik war naturgemäß zugleich auch Innenpolitik. Und in den 70er Jahren begann sich in Deutschland das Ende der Verwendung, zumindest zusätzlicher Nutzung der Kernenergie abzuzeichnen. Es gab in Deutschland in der Bevölkerung im Gegensatz zum Nachbarn Frankreich keine Mehrheit für die Nutzung der Kernenergie. Damals scheiterte im badischen Whyl der letzte geplante Neubau eines Kernkraftwerkes aufgrund anhaltender Demonstrationen.

Man darf nicht vergessen, woher die Demonstranten damals „gefüttert" und unterstützt wurden: aus dem gegenüberliegenden Elsass, wo es gegen die einzige dortige Kernkraftanlage in Fessenheim und angesichts ihrer regelmäßigen Störanfälligkeit oft genug Proteste gegeben hatte, die aber von der französischen „Obrigkeit" im Keime erstickt wurden. Auf deutscher Seite war halt vieles leichter.

Ich hatte zwei Jahre zuvor bei meinem ENA-Praktikum an der Regionalpräfektur in Metz die geräuschlose Ingangsetzung der Verfahren zum Bau des Kernkraftwerks Cattenom in Lothringen an der Mosel miterlebt: durch „Aushang" an den zuständigen örtlichen Stellen. Die Nachbarn Luxemburg und Saarland – das Kraftwerk ist 10 bzw. 20 km von der Grenze entfernt! – wurden sorgfältig ferngehalten und erst nach Jahren immer wieder vorgetragener Proteste immerhin in die Notfallplanung miteinbezogen.

In gewisser Weise sind Fessenheim und Cattenom bis heute Stein des Anstoßes in Deutschland, vor allem in den Grenzregionen. Zusammen mit Tschernobyl und Fukushima haben sie dazu beigetragen, dass die Nuklear-Skepsis in Deutschland zugenommen hat und Frankreich und Deutschland in der Energiepolitik auseinandergedriftet sind.

Ahnen konnte ich damals nicht, dass mich Jahre später als Aufsichtsrat eines deutschen bekannten Energieversorgers – EnBW, Energie Baden-Württemberg – Kernenergie wieder beschäftigen würde und zudem eine alte Bekannte aus dem Elysée in Paris mich dazu einladen wollte, wieder in die Nuklear-Politik einzusteigen. Sie bot mir die Leitung dessen an, was in Deutschland von der Kraftwerk Union, der KWU geblieben war, der ich einst als Praktikant verbunden war. Ich habe, Gott sei Dank, noch rechtzeitig die Falle bemerkt und abgewunken! Sie suchte in Wahrheit, und zwar unter Umgehung und wohl gegen den Willen des deutschen Mitaktionärs Siemens einen deutschen „Abwickler" oder „Sündenbock" für das Scheitern nuklearer Zusammenarbeit.

Diese erste Praxiserfahrung im Auswärtigen Amt brachte mich mit zwei Lehrmeistern zusammen, die meinen Weg beeinflussen sollten, einerseits mit Werner Rouget als meinem Referatsleiter, dessen Erinnerungen ich 1997 nach seinem viel zu frühen Tod gemeinsam mit dem Frankreich-Kenner Ernst Weisenfeld herausgegeben habe[2], und andererseits mit Hanns-Werner Lautenschlager, dem späteren langjährigen Staatssekretär des Auswärtigen Amtes; damals war er „noch" mein Abteilungsleiter.

---

[2] Werner Rouget, Schwierige Nachbarschaft am Rhein, Frankreich – Deutschland, herausgegeben von Joachim Bitterlich und Ernst Weisenfeld, Bonn 1998

Erster Aufenthalt in Madrid

Ähnlich spannend waren einige Monate an der Botschaft in Madrid. Vertiefung der spanischen Sprachkenntnisse war die Zielsetzung, doch weitaus interessanter war es, erstmals – und das ohne Verantwortung – eine Botschaft in der Praxis kennen zu lernen und vor allem Spanien auf seinen ersten Schritten Richtung Demokratie nach dem Tode Francos näher zu beobachten.

Dank des von der Botschaft engagierten Sprachlehrers hatten wir die Chance, den ersten Persönlichkeiten dieser jungen Demokratie, auf der rechten wie auf der linken Seite, zu begegnen oder zum Schrecken der Botschaft dank spanischer Studenten aus dem Umkreis der Sozialisten die erste große Demonstration der spanischen KP aus unmittelbarer Nähe mitzuerleben. Die spanische Kommunistische Partei wollte damals den Regierenden zeigen, dass sie unverändert in der Lage ist, Massen zu mobilisieren. Es waren 500.000 Menschen an der Plaza Colon in Madrid und über dem Platz kreiste lange Zeit ein Militär-Hubschrauber. Erst längere Zeit danach wurde bekannt, dass der spanische König die Machtdemonstration der KP „von oben" beobachtete. Der Botschafter selbst schien entsetzt über eine solche „Naivität" der Jung-Diplomaten, wir konnten so aber die Stimmung und Herausbildung einer jungen und zugleich wehrhaften Demokratie miterleben.

Es war für mich als jungen Attaché zugleich faszinierend, mit einem Mann der konservativen Rechten, Manuel Fraga Iribarne, über seinen Verfassungsentwurf diskutieren zu dürfen, der (sehr) der Verfassung der V. Republik in Frankreich nachgebildet schien, oder eben mit jungen Sozialisten um Felipe Gonzalez an langen Abenden über den Weg Deutschlands nach dem Kriege und den der deutschen Sozialdemokratie zu disputieren. Ich verstand nicht, wie die deutsche Politik – mit Ausnahme von Willy Brandt – gerade dieses Talent einschätzte. Dieses Land sollte mich auch in der Folge nie mehr loslassen.

Einblick in eine andere Welt: Arabisch-Kurs in Kairo

Meine Neugierde für die arabische Sprache hatte mir zudem nach einem einjährigen abendlichen „Schnupperkurs" an der Universität in Bonn einige Monate Intensivkurs an der Botschaft Kairo beschert, den Einblick in eine andere Welt, in ein anderes Denken, in eine andere Kultur. An sich sollte es damals für einige Monate in den Libanon gehen in eine der anerkanntesten Sprachschulen in Shemlan – der aufkommende Bürgerkrieg hatte die Schule aber gezwungen, nach Kairo auszuweichen.

„Total immersion" nennt man in der Fachsprache einen solchen Kurs – täglich 6 Stunden Sprachunterricht, daneben eine nur sehr lockere Anbindung an die Botschaft, dafür in größerer Intensität der Einblick in das Leben dieser Millionenstadt, im Grunde kulturell weniger arabisch, denn ägyptisch geprägt. Daraus wurde zugleich ein echter, ungeschminkter Einblick in das politische und gesellschaftliche Leben Kairos, einschließlich der religiösen Grundfragen, eine Möglichkeit, die wir als Mitarbeiter der Botschaft nicht in der gleichen Weise erhalten hätten.

Es waren faszinierende Monate in einem sich langsam öffnendem Lande, ein erster Einblick in eine gänzlich andere Welt – ungemein lehrreiche Monate, von denen ich bis in die jüngste Zeit profitieren sollte.

Es war zugleich die Neugierde für diesen geopolitisch und nachbarschaftlich für Europa so wichtigen Raum, die vielleicht mitursächlich für die erste längerfristige Verwendung wurde: Algier, die erste klassische, nicht minder lehrreiche Auslandsverwendung mit dem schwierigen Lernposten Algier als Leiter des Rechts- und Konsular- sowie des Kulturreferats – eine überraschende Postenkombination, die mich zunächst einmal nachdenklich machen musste.

2. Lehrjahre in Algier: 1978–81

August 1978, Ankunft in Algier, eine Hauptstadt im Leerlauf, ja fast in Agonie, Zeit des Ramadan, nicht nur! Ein Land in der Erwartung des Todes seines langjährigen Präsidenten Houari Boumédiène – und parallel wurde anscheinend ohne Ende zwischen den Spitzen der Armee und der Einheitspartei FLN über die Nachfolge verhandelt ...

Dass das junge Land 15 Jahre nach Erlangung seiner Unabhängigkeit und einem erbitterten Krieg mit seinem Mutterland Frankreich noch nicht im Reinen sein konnte, konnte nicht erstaunen – dass dies heute, über 50 Jahre nach der Unabhängigkeit immer noch nicht der Fall ist, muss indes verwundern.

Dass das Land – oder besser gesagt, die Führer von Armee und der legendären Staatspartei FLN – sich 1978 schwertaten, einen Nachfolger für den langjährigen Präsidenten zu küren, schien noch verständlich. Aber dass das Land 35 Jahre später den kranken Staatspräsidenten Abdelaziz Bouteflika – der schon zu meiner Zeit zur Führung gehörte – sanft überreden musste, mangels Einigung über einen Nachfolger wie auch wohl, so bedeuteten mir Insider, mangels Verständigung über die Sicherheitskautelen für seine Familie weiter im Amt zu bleiben, musste zu ernsten Bedenken führen!

Auch nach dem Tode Bouteflikas und der Wahl eines neuen Präsidenten bleibt das Land in einer labilen Lage. Es gelingt der Führung nicht, die Demonstrationen und Rufe nach mehr Demokratie und Gerechtigkeit zu befriedigen. Die Armee als wesentliches herrschendes Führungselement scheut sich vor überfälligen Reformen und Schritten zu mehr Demokratie. Dies in einem Land, das von den Naturschätzen zu den reichsten Ländern der Welt gehört, das aber systembedingt nur schwer vom Fleck kommt.

Liegt dies an dem Trauma der durch den Kampf gegen den extremen Islamismus verlorenen 90er Jahre oder eben an jenem „historischen" Kompromiss zwischen Armee und politischer Führung, verkörpert durch die FLN, die sich in Wahrheit überlebt haben scheint, und auf der anderen Seite „gemäßigten" Islamisten, die ihren Einfluss mehr und mehr ausbreiten? Kritiker werfen dem „Regime" vor, zum Schaden des Landes die Gesellschaft – vor allem mit der schleichenden Übernahme des Bildungsbereichs – letztlich den Islamisten zu überlassen. Oder spielt nicht doch noch in den Hinterköpfen vieler in Algerien das nach wie vor durch latente Spannungen und Missverständnisse beherrschte Verhältnis zum kolonialen Mutterland Frankreich eine besondere Rolle? Die Ereignisse des Jahres 2019 und die spürbare Angst vor einem demokratischen Wandel haben dies nachdrücklich unterstrichen.

Algier wurde ab August 1978 für mich nicht nur zum idealen Ort gründlicher, unkonventioneller Ausbildung in allen wesentlichen Bereichen der Diplomatie, sondern auch zum Ort der ersten nahen Begegnung mit der deutschen Politik, mit meinem Dienstherrn Außenminister Hans-Dietrich Genscher.

Ich hatte zwei Botschaften im Schnupperkurs erlebt – Kairo und Madrid. Mein Vorgänger war schon nach Bonn zurückversetzt, mein Vertreter – der Pressereferent – stellte mir kurz die Mannschaft vor, verwies auf die wesentlichen Arbeitsbereiche und wünschte mir viel Glück bei der Einarbeitung. Auf „meinen" ersten Botschafter hatte ich mich etwas vorbereitet. Es war Michael Jovy, bekannt durch den Widerstand gegen das NS-Regime, ein unkonventioneller, recht lockerer Botschafter, der mir alle Freiheit lassen sollte, in Notfällen sei er da.

Konsularalltag

In Algier lernte ich die kleinen und großen täglichen Probleme des Konsularalltags in einem gewiss nicht leichten Umfeld kennen. Da standen täglich bis zu 200 Algerier vor der Tür des Konsulates bei Sonne oder Regen, die um ein Visum nach Deutschland anstanden.

Die Technik war damals lange nicht so weit wie heute und wir Konsuln aus dem heutigen Schengen-Bereich überlegten uns offen, wie wir uns gegenseitig helfen könnten – z.b. um zu vermeiden, dass in einem Land „unerwünschte" Gäste über den Nachbarn dann doch bei uns oder in Frankreich bzw. Belgien und den Niederlanden einreisen würden. Wir tauschten uns „auf der Arbeitsebene" aus, führten informell „Warnlisten" über Problemfälle. Ich händigte den Nachbarn die deutschen Fahndungsbücher der Vorwoche aus. Nicht alle in Bonn mochten diese unkonventionelle Methode der Zusammenarbeit. Ich wurde gerügt, hatte ich doch zwei befreundeten Ländern, die zugleich NATO- und EG-Partner waren, die vorherigen Ausgaben dieses dicken Werkes überlassen, das für die Erteilung von Sichtvermerken unsere Rückversicherung bildete und leider einen besonderen Stempel trug „VS-Nur für den Dienstgebrauch"!

Algerien war zudem Anwalt aller Befreiungsbewegungen, in erster Linie auf dem afrikanischen Kontinent. Und dazu gehörte auch die „Frente Polisario", politische Bewegung zur „Befreiung der West-Sahara" von Marokko, offiziell R.A.S.D. genannt – eine Bewegung, die ohne nachhaltige algerische Unterstützung, die in erster Linie aus der Gegnerschaft zum Nachbarn Marokko gegründet war, nie eine internationale Bedeutung erlangt hätte. Die Führung der „Frente Polisario" war mit algerischen Diplomatenpässen unter Phantasie-Namen, zum Teil ohne Geburtsdatum ausgestattet – nun gut, wir wie auch andere stellten bald fest, wer aus der Spitze konkret dahinter steckte, und wir konnten Bonn wie die anderen Hauptstädte konkret und diskret fragen, ob die Einreise des einen oder anderen erwünscht war.

Hilfe für Deutsche

In der Konsulararbeit ging es aber nicht nur um die Ausstellung von Sichtvermerken, den Visa, zur Einreise nach Deutschland, sondern auch oft genug um das Schicksal von Familien, von deutschen Frauen und Kindern in Not bis schließlich hin zu Deutschen aus der DDR. Es gab damals Tausende von DDR-Deutschen, die in Algerien arbeiteten, von denen eine nicht unerhebliche Zahl in den Westen wollte und die nach Algerien gegangen waren, da sie sich von dort eine leichtere Ausreise erhofft hatten.

„Fluchthilfe" oder Hilfe für Deutsche in der Not, wie damit in der Praxis umgehen, wie helfen – und inwieweit ohnmächtig zuschauen? „Nothilfe", zuweilen mit Risiko, oder wegschauend resignieren – und sich dabei möglichst konform mit den Regeln der Diplomatie zu verhalten? Wir haben damals getan, was wir konnten, und gingen zuweilen an die Grenzen dessen, was diplomatisch noch vertretbar schien. Auf Seiten der Algerier, vor allem bei der Gründergeneration, bestand eher eine Tendenz, gegenüber uns doch im Zweifel ein Auge zuzudrücken. Hans Jürgen Wischnewski, dem legendären Ben Wisch sei gedankt!

Bei meinem Abschiedsbesuch beim Leiter der Konsularabteilung des algerischen Außenministeriums bedeutete mir dieser beim Spaziergang durch den Park, man hätte angesichts unserer Aktivitäten öfters unter Druck der DDR gestanden, der Botschaft wie auch mir persönlich habe man aber nichts nachweisen können – und ich sei ja als Freund des Landes erachtet worden.

Eine Beurteilung, die ich wohl den regelmäßigen Kontakten zu führenden Militärs und dem meiner Frau zu dem Bürgermeister des Vorortes von Algier, in dem wir wohnten, zu verdanken hatte. Sie hatte ihn bei der Suche nach einer gesicherten Wasser-Versorgung kennen gelernt, und er gehörte zur Mannschaft der ersten Stunde der Unabhängigkeit unter Ahmed Ben Bella! Er war politisch in Ungnade gefallen, verfügte aber aufgrund seiner Vergangenheit über eine gewisse „Narrenfreiheit". Er gehörte zu dem Kreis von Persönlichkeiten, die mir das innere Gefüge Algeriens erklärten und Türen öffneten!

Dieser Schutz galt leider nicht für einen Mitarbeiter im Konsulat, der infolge von Vorhaltungen seitens der DDR als „persona non grata" das Land verlassen musste – freilich mit einer Frist von einer Woche.

Schutz für Deutsche bedeutete immer wieder größte Flexibilität im Umgang auch mit unseren Gastgebern, die im Reflex deutsch-freundlich, aber in manchen Dingen knüppelhart sein konnten. So „verhafteten" sie den – aus Österreich stammenden – Vorstandschef eines bekannten deutschen Unternehmens samt seinem Mitarbeiter. Es war aber nicht die Justiz, sondern die allseits gefürchtete „Sécurité militaire". Anscheinend ging es um „Bestechung", angeblich einer Gruppe, der dies nicht zustehen sollte. Erst als dies korrigiert worden war, wurde er frei gelassen. Und für seinen Mitarbeiter bildeten meine Frau und unser gerade einjähriger jüngster Sohn bis zur Ausreise den bestmöglichen Schutz: er wich völlig verängstigt im Hotel bis zu seiner Ausreise den beiden nicht von der Seite.

Hilfreich hatte sich damals ein Franzose, offiziell Mitglied der Botschaft, erwiesen. Er sprach mich an der französischen Schule auf dem Parkplatz beim Abholen unserer Kinder an und gab mir regelrecht Handlungsanweisungen, wie ich eingedenk von Erfahrungen der Franzosen schlimmeres verhindern und eine Lösung erreichen könnte. Eine davon war, meinen Botschafter auf schnellst möglichem Wege mit einer Botschaft von Hans Jürgen Wischnewski zu Außenminister Bouteflika zu schicken und ihn um Hilfestellung zu bitten, anders ausgedrückt, auf diese

Weise der Führung des Staates klar zu machen: Wir sind an einer Lösung interessiert. Bouteflika gehörte ja als Mitglied des Politbüros der regierenden FLN zum inneren Führungskreis. Erst später erfuhr ich, dass dieser Franzose der Resident des französischen Geheimdienstes war – und es war er, der mir einen Kontakt zum militärischen Sicherheitsdienst, der „Sécurité militaire", vermittelte, der sich in der Zukunft in schwierigen Lagen als besondere Hilfe erweisen sollte.

Kultur und Presse „Numider und US-Geiseln"

Mein anderes faszinierendes, von vielen Kollegen – und auch von mir lange – unterschätztes Feld war die Kulturarbeit, in Algier im Kern mit einer kleinen deutschen Schule und einem Goethe-Institut, das in einem zensierten Umfeld auf engste Zusammenarbeit mit der Botschaft angewiesen war.

Die hohe Anerkennung der deutschen Archäologen war die Grundlage für die erste große Ausstellung im Ausland, für die sich das Land engagierte: „Die Numider" im Rheinischen Landesmuseum in Bonn im November 1979.

Daneben war ich in dieser recht kleinen Botschaft Vertreter des Pressereferenten, dessen zweites Standbein die Beobachtung der Innenpolitik war. Und dieser „Nebenjob" brachte mich zu einem besonderen Erlebnis. Im Januar 1981 hatte sich das Gerücht verdichtet, die in der US-Botschaft in Teheran festgehaltenen 52 Geiseln würden freigelassen, und zwar über Algier nach Deutschland, wo die Amerikaner sie in Empfang nehmen sollten. Folge war die Anwesenheit vieler amerikanischer und europäischer Journalisten, dies in einem Land, das in keiner Weise pressefreundlich war.

Darunter Hanspeter Oschwald, der Algerien für die „dpa" von Paris mitbetreute und sich zuvor mehrmals umgeschaut hatte. Er entpuppte sich übrigens als einer der besten deutschen Kenner des Vatikans und war für mich in späteren Jahren eine wichtige Quelle zum Verständnis der Gremien der katholischen Kirche.

Nach Tagen vergeblichen Wartens und dem Annähern des algerischen Wochenendes waren wir übereinstimmend der Auffassung, während des Wochenendes werde wohl nichts passieren, er könne nach Paris zurück und ich könnte ihn ja dann, wenn doch notwendig, per „Lockruf" alarmieren. Nun gut, wir hatten uns kräftig getäuscht – und am Abend des 20. Januar begann das algerische Fernsehen auffällig über die Bemühungen zur Freilassung der Geiseln zu berichten. Und irgendwann kam dann der der politischen Führung und Staatsgästen vorbehaltene Teil des internationalen Flughafens von Algier ins Bild.

Lockruf nach Paris: Es scheint bald loszugehen, bitte viertelstündlich anrufen – und so kommentierte ich in der Nacht am Telefon die Ankunft der 52 Geiseln, deren „Übergabe" an den stellvertretenden US-Außenminister Warren Christopher – und deren Weiterflug nach Deutschland, was das algerische Fernsehen sorgsam verschwieg oder nicht wissen durfte. Was ich nicht bemerkte, Hanspeter Oschwald schrieb meinen Telefon-Bericht direkt nieder und dieser wurde, selbstverständlich ohne Namensnennung, Grundlage der Eilmeldungen der dpa „aus Algier". Dies zwei Stunden vor den anderen bekannten internationalen Nachrichtenagenturen, vor allem die Franzosen waren mehr als wütend: Sie hatten wie andere am Flughafen an den wenigen Telefonmöglichkeiten Schlange stehen müssen. Wir waren damals halt noch Teil der „Münzfernsprecher-Generation", an Mobiltelefon und Internet dachte noch niemand!

Und genauso erstaunlich war es, dass die Algerier und deren „technische Dienste" diese gut zwei Stunden dauernde telefonische Berichterstattung zu keinem Zeitpunkt störten oder unterbrachen. Wir wussten, dass sie uns abhörten – und ihnen „Mitarbeiter" aus der DDR als technische Berater hilfreich zur Seite standen. Zuweilen führte dies auch zu skurrilen Folgen, aber diesmal ging es um ein positives Ereignis für das Ansehen des Landes!

Meine Frau hatte insofern ein für sie unvergessliches Erlebnis: Sie versuchte nach Deutschland zu telefonieren, was aufgrund der beschränkten Anzahl internationaler Leitungen damals kein leichtes Unterfangen war. Sie wählte immer wieder, kam einfach nicht durch – bis sie auf einmal eine Stimme mit erkennbar sächsischem Unterton hörte: „Warten Sie doch die internationale Tonalität ab" – das internationale Freizeichen!

Apropos deutsche Rolle bei der Freilassung der Geiseln, damals ahnten wir nicht die besondere Rolle der deutschen Politik in diesem Zusammenhang, sei es von Hans-Dietrich Genscher selbst oder sei es von Gerhard Ritzel, dem damaligen Botschafter in Teheran, der anders als sein Vorgänger die Zeichen der Zeit früh erkannt und Kontakte zu dem neuen Regime angebahnt hatte.

Erste Begegnung mit Hans-Dietrich Genscher

Algier war auch der Ort meiner ersten Begegnung mit Hans-Dietrich Genscher. Anlass seines Besuches am 29. Dezember 1978 waren die Trauerfeierlichkeiten für den algerischen Präsidenten, Houari Boumédiène.

Dem jüngsten der Mannschaft oblagen neben seinen Sachgebieten zwei Bereiche: einerseits Protokoll – und zwar vor allem die Vereinbarung von Gesprächsterminen für den Minister „am Rande der Trauerfeier" – und andererseits als Leiter des Krisenstabes die Organisation aller Abläufe. Und wie so häufig bei „Großveranstaltungen" dieser Art lief vieles nicht immer rund. Genscher suchte nicht nur verzweifelt „seinen" Kranz im Palast des Volkes, sondern als er im Hotel ankam und nach den vereinbarten Gesprächsterminen fragte, war – so die Kollegen – ein mittlerer Zornesausbruch die Folge: Wir hatten Termine vereinbart, die der Minister anscheinend nicht oder nicht mehr wollte. Irgendetwas war wohl in der Bonner Maschinerie schiefgelaufen.

Und wie mir einer aus der Bonner Delegation später erläuterte, hätten alle, auf die Frage des Ministers, „wer dafür verantwortlich sei", auf mich verwiesen. Da ich ihm völlig unbekannt war, ordnete er mein sofortiges Erscheinen an. Leichter gesagt als getan in einem von Polizeikontrollen und höchster Nervosität beherrschtem Algier. Hatte sich die Führung doch erst nach langem Hin und Her, anders ausgedrückt: nach drei Monaten Lähmung und Agonie auf einen Nachfolger verständigen können und dann erst den todgeweihten Boumédiène in Frieden sterben lassen! Im Hotel angekommen, traf ich auf eine höchst aufgeregte deutsche Delegation – nur der damalige Sprecher (und spätere Staatssekretär) Genschers, Jürgen Sudhoff, behielt die Ruhe und erklärte mir Hintergrund wie auch die Risiken meines Erscheinens: Ich solle dem Minister ruhig und sachlich meine Weisungslage vortragen.

Ich stand dann zum ersten Male „meinem" Minister gegenüber, dem ich – sein Zorn schien sich inzwischen gelegt zu haben – meine Weisungen erläuterte. Seine Reaktion war – im Gegensatz zu meiner Erwartung – sachlich, er erteilte mir mehrere Weisungen zu Gesprächen, die er führen wollte oder aber nicht.

Er wollte eben mit dem saudischen Amtskollegen sprechen, der nicht auf der uns aus Bonn übermittelten Liste war, nicht aber mit dem libyschen Revolutionsführer Mouammar Kadhafi und auch nicht mit dem gerade frisch ernannten französischen Außenminister Jean François-Poncet – „der (frühere) Botschafter könne warten"! Genscher fand in Paris erst später mit Roland Dumas den politischen Partner, den er sich gewünscht hatte.

Als die Luftwaffen-Maschine am Abend abhob, waren die letzten Aufregungen des Kurzbesuches – Genscher hatte auf dem chaotischen Wege vom Friedhof zum Flughafen einen Teil seiner Delegation „verloren" und wollte ohne diese abfliegen – rasch vergessen, wir waren einfach erleichtert! Genscher hatte Delegation und Botschaft während des ganzen Tages unter höchstem Druck „auf Trab" gehalten, ich versuchte die politische Bedeutung einer solchen Trauerfeier zu verstehen, mich beeindruckte er damals in dieser ersten Begegnung durch seine Professionalität. Ich sollte ihn einige Jahre später in Brüssel, an der Ständigen Vertretung bei den – damals – Europäischen Gemeinschaften wiedertreffen, der nächsten Station meiner Tätigkeit im Auswärtigen Amt.

3. Brüssel – Ständige Vertretung bei den Europäischen Gemeinschaften, 1981–85

Dort landete ich mehr durch den Zufall oder dank der Widrigkeiten der Versetzungspolitik des AA, nachdem im Frühjahr 1981 eine erste Versetzung mit Ziel Madrid aus Zeit- und Verfügbarkeitsgründen gescheitert war. Mein Botschafter in Algier, inzwischen Gerd Berendonck, bis dahin die Nummer 2 an der Botschaft Moskau, bestand gegenüber Bonn darauf, einen Juristen für die komplexe Konsulararbeit in der Mannschaft zu haben. Und wieder sollte sich diese Versetzung als eine Riesenchance erweisen.

In den kommenden vier Jahren sollte ich mich in alle wesentlichen Materien der europäischen Politik einarbeiten und an wesentlichen Verhandlungen teilnehmen bzw. diese bearbeiten. Dies vor allem dank eines Botschafters – Giesbert Poensgen – und eines Gesandten – Jürgen Trumpf, dem späteren Staatssekretär des AA und dann Generalsekretär des EU-Rates –, die den Neuankömmling nachdrücklich förderten.

Diese Etappe brachte mich vor allem auch der Politik näher, ohne zu ahnen, dass diese in den nächsten gut 13 Jahren zu meinem Lebensmittelpunkt werden sollte. Die Arbeitsbereiche wechselten und nahmen mit der Zeit spürbar zu – und wieder waren die Themen ewig jung!

Es fing an mit den Beziehungen zu den damaligen Mitgliedstaaten des Warschauer Pakts einschließlich der Sowjet-Union – und zwar mit Sanktionen gegen die Sowjet-Union wegen der Verhängung des Kriegsrechts am 13. Dezember 1981 in Polen durch Präsident Wojciech Jaruzelski – er wollte Polen vor einer Tragödie bewahren, d. h. einer befürchteten sowjetischen Intervention zuvorkommen.

In Brüssel lief ein mehr als kurioses, ja skurriles internes Puzzle-Spiel unter den Mitgliedstaaten ab, die die Vorschläge der Kommission „zerpflückten", um die für sie wichtigen Produkte aus der Liste von Sanktionen herauszubekommen: was blieb, war eine Liste, die man kaum als eine wirkliche Liste von harten Sanktionen bezeichnen konnte. Das Ost-West-Verhältnis wurde damals letztlich allein von einer Arbeitsgruppe wahrgenommen, die aus Gründen der Vertraulichkeit ohne Dolmetscher – als ob diese insoweit ein Risiko bedeuteten – in französischer Sprache tagte. Mein britischer Counterpart, mit dem ich mich in der Sache gut verstand, fiel in der Gruppe durch seine häufigen Versuche auf, Englisch als zweite Arbeitssprache zu etablieren. Ich meldete mich dann und sprach Deutsch! Nur so war er in der Umsetzung seiner Londoner Weisungen zu stoppen!

Die Sprachenfrage begann aber schon damals für uns Deutsche zu einem leidvollen Thema zu werden! Und den Kollegen sollte ich Jahre später wieder treffen – es war der spätere Sir Charles Powell; er, einer der besten seines Fachs, wurde über lange Jahre zu dem engsten Berater von Margaret Thatcher in internationalen Fragen.

Weitere Sanktionsfälle sollten folgen: neben dem Iran ging es um Argentinien wegen des Falkland – Krieges – mit einer meisterhaften Behandlung seitens des italienischen Vorsitzes, Außenminister Giulio Andreotti, der im April 1982 erstmals die Verabschiedung von Sanktionen mit Mehrheit – natürlich fast unbemerkt en passant bei Enthaltung Italiens! – ermöglichen sollte!

Parallel dazu durfte ich Zeuge einer ersten gelungenen „politischen Erpressung" in der EG seitens des jüngsten Mitgliedslandes sein. Ich hatte damals auch die Mittelmeerpolitik mitzubetreuen. Andreas Papandreou hat ab 1982 den Rat der EG neun Monate lang blockiert, weil er eine sofortige Hilfe über damals drei Milliarden Rechnungseinheiten, heute Euro beanspruchte.

Das war nur ein Jahr nach Inkrafttreten des Beitritts, frei nach dem Motto: Ihr habt Griechenland beim Beitritt überfordert, „über den Tisch gezogen", ihr habt uns Probleme bereitet, ich brauche als Ausgleich und als Soforthilfe dafür drei Milliarden.

Und er bekam sie – und so begann eine permanente Hilfestellung für Griechenland, die im Schnitt laut Brüsseler Berechnungen jährlich um 3% des griechischen BIP ausmachte, anders ausgedrückt über 100 Mrd. € in gut 30 Jahren! Und es sollte sich zeigen, dass das Mitgliedsland Griechenland für die Partner auch in der Zukunft ein schwieriger Fall bleiben sollte.

Das sog. „Griechische Memorandum" wurde 1982 aus „optisch-politischen Gründen" in die „integrierten Mittelmeer-Programme", genannt „IMP", eingekleidet. Das war der zweite Versuch des Aufbaus einer Mittelmeer-Politik nach dem schwachen ersten Anlauf in den 70er Jahren, aber auch 1982/83 gab es geschickte Trittbrettfahrer. Auf der einen Seite waren dies die Italiener, die damals die erste Milliarde für den Süden, den Mezzogiorno, durchsetzten. Was damit konkret geschehen ist, möchte ich auch heute noch gerne wissen. Der andere war Frankreich: „Im Hinblick auf den zu erwartenden Beitritt von Spanien müssen wir etwas für die Region des Languedoc-Roussillon tun." Die Franzosen haben 500 Millionen erhalten, damals ebenfalls eine stolze Summe. Ich würde auch insoweit gern sehen, was damit konkret geschehen ist. Haben nicht alle Europäer darauf einen Anspruch? Damals habe ich einiges über Effizienz und Nicht-Effizienz von EG-Geldern gelernt.

„Antici" und Beitritt Spanien – Portugal

Es kamen bald zwei gewichtige Aufgabenstellungen hinzu, die mich der Politik entscheidend näher bringen sollten: Dies war einerseits die Rolle des sog. Antici, des Koordinators für die Tagungen der Botschafter und der Ministerräte und „Verbindungsmanns" während der Tagungen des Europäischen Rats der Staats- und Regierungschefs, Aufgaben, die ich schrittweise von Jürgen Trumpf übernahm.

Die „Antici's", benannt nach ihrem Gründer, einem italienischen Gesandten, tagten ohne Übersetzung nur in französischer Sprache und bereiteten die Tagesordnung der Tagungen der Botschafter, des Ausschusses der Ständigen Vertreter, sowie diejenigen der Ministerräte, vornehmlich des Allgemeinen Rates (auf Ebene der Außenminister), vor. Zugleich sicherten sie während der Tagungen des Europäischen Rates die Verbindung zwischen dem Regierungschef und dem Außenminister im Saal und der sie begleitenden Delegation. Versorgung von Kanzler und Außenminister mit Papieren, Antworten auf Fragen, Stellungnahmen seitens der Delegation. Sie berichteten natürlich dank des laufenden Kontakts zu den anderen Mitgliedern der „Anticis" auch über Stimmungen, Tendenzen der Beratungen. In doppelter Hinsicht konnte durch diese Aufgabe eine Vertrauensstellung entstehen, zum Regierungschef und Außenminister wie zu den Mitgliedern der Delegation, erfahrungsgemäß aus mehreren Ministerien der Bundesregierung. Ahnen konnte ich nicht, dass ich in den kommenden 15 Jahren – bis 1998 – bei allen Tagungen des Europäischen Rats der Staats- und Regierungschefs dabei sein und diese zu einer Art „rotem Faden" meiner beruflichen Tätigkeit werden sollten.

Andererseits war dies die Führung der Beitrittsverhandlungen mit Spanien und Portugal in der gesamten Schlussphase auf Arbeitsebene quer durch alle wesentlichen EU-Sachbereiche.

Aus der Bearbeitung und Schlussphase der Beitrittsverhandlungen folgten regelmäßige, fast monatliche Begegnungen mit den Spitzen der Bonner Politik, vornehmlich mit dem Außenminister; den ich in der heißen Phase der Verhandlungen auch im „restreint" der Minister – „Minister plus 1" begleiten durfte.

Höhepunkt langer, allzu oft nächtlicher Verhandlungen und Marathons war zum Beispiel in einer Nacht der Hinweis des Ministers, „ich lasse Sie jetzt allein, ich muss mich etwas ausruhen. Wenn Sie ein Problem sehen, bitten Sie Roland Dumas, den Vorsitz darauf aufmerksam zu machen. Ich sage Roland Dumas Bescheid, Sie können ihm vertrauen".

Und so geschah es in den zwei Stunden, aufgrund der Bonner „Handlungsanweisungen" in den „Sprechzetteln" für den Minister musste ich in einem konkreten Fall Roland Dumas um Hilfe bitten, er führte ohne jedes Zögern mein Petitum beim Vorsitzenden ein und ich durfte es im Einzelnen vortragen. Die Minister entschieden aber während der Abwesenheit von Genscher nicht gegen ihn! Esprit de corps und zugleich Respekt gegenüber dem erfahrensten Außenminister Europas!

Es folgten aber auch erste flüchtige Begegnungen mit dem Bundeskanzler anlässlich der Tagungen des Europäischen Rats, 1981/82 zunächst mit Helmut Schmidt, dann ab Herbst 1982 mit Helmut Kohl – in der Europäischen Gemeinschaft bzw. Union der 10, später 12 Mitgliedstaaten waren Regierungschef und Außenminister Mitglieder des Europäischen Rats, heute ist es, nicht zuletzt aufgrund der Größe der EU mit 28 bzw. nach dem „Brexit" 27 Mitgliedstaaten, nur noch der Bundeskanzler selbst.

Bundeskanzler Helmut Schmidt und Helmut Kohl

Meine einzige Begegnung mit Helmut Schmidt in der damaligen Zeit prägte für Jahre mein kritisches Bild dieses Bundeskanzlers. Als ich Jahre zuvor erstmals wählen durfte, hatte ich Willy Brandt gewählt und auch beim zweiten Mal „Ja" zu seinem Nachfolger Helmut Schmidt gesagt.

Am späten Abend sollte ich ihn in Brüssel zum traditionellen Nachtgespräch des Bundeskanzlers mit den deutschsprachigen Journalisten am Rande einer jeden Tagung des Europäischen Rats abholen. Ich bekam eine, wie mir Kollegen bedeuteten typisch mürrische, ja abschätzige Bemerkung seinerseits, die unterstreichen sollte, er hatte wohl wenig Lust, die gut 100 Brüsseler Korrespondenten noch zu treffen, sie könnten warten.

Ich habe später viele seiner Bücher und Kommentare in der „ZEIT" mit großem Interesse verschlungen. Aus meiner ursprünglichen Distanz wurde zunehmend Respekt gegenüber Helmut Schmidt, Verständnis für seinen Lebensweg, Respekt für seine grundsätzliche Einstellung, seine klare Haltung in Sachen Verhältnis zu Frankreich und den USA, zu NATO und zur europäische Integration, Hochachtung für seine Haltung gegenüber dem Terrorismus der RAF. Helmut Schmidt stand loyal zu seiner Partei, auch wenn sie ihm in entscheidenden Fragen wie dem NATO-Doppelbeschluss letztlich die Gefolgschaft verweigert und ihn im Stich gelassen hatte – gerade dieses Scheitern hatte meine Haltung zu Anfang geprägt.

Der damalige französische Präsident François Mitterrand hatte 1982 seine persönliche Distanz zu dem Giscard-Freund Helmut Schmidt beiseitegelegt und ihm angeboten, vor dem Bundestag zugunsten der Verwirklichung des NATO-Doppelbeschlusses zu sprechen. Er hielt dieses Angebot auch gegenüber Helmut Kohl aufrecht. Seine Rede am 20. Januar 1983, zugleich zum 20. Jahrestag des Elysée-Vertrages, wurde zu einem Markstein bei der Umsetzung des Doppelbeschlusses.

Bemerkenswert, auch und gerade in der Rückschau, dass Helmut Schmidt sich seine „Sporen" bei einem Katastrophenfall in seinem Bundesland Hamburg, der großen Sturmflut, verdient hatte – und er danach Verteidigungs- und Finanzminister vor der Übernahme der Kanzlerschaft geworden war. Er betreute zwei große Schlüsselressorts in einer Regierung, deren Bewältigung zugleich dem „großen Befähigungsnachweis" gleichkamen.

Begegnungen in jüngerer Zeit haben dazu geführt, mich mehr mit Helmut Schmidt und seiner Persönlichkeit auseinander zu setzen. Bezeichnend hierfür war ein intensives Gespräch mit ihm im Jahre 2014 am späten Abend in der Residenz des deutschen Botschafters bei seinem letzten Besuch in Paris, in erster Linie über aktuelle Fragen der Europapolitik. Er wies dabei meinen Gedanken, angesichts der kritischen Entwicklung in Europa wäre es eine gute Sache, wenn die beiden Alt-Kanzler gemeinsam das Wort ergriffen, nicht zurück.

Zu meiner Überraschung bekundete er dabei durchaus Respekt vor der politischen Leistung Helmut Kohls und bedeutete mir fast beiläufig, er habe vor einiger Zeit seine Auffassung über den Menschen Helmut Kohl revidieren müssen: Helmut Kohl habe ihm – seiner Erinnerung war es nach dem Tod seiner Frau – in Hamburg überraschend einen sehr menschlichen, einfühlsamen Besuch gemacht. Er habe den Eindruck gehabt, Kohl wollte sein Verhältnis zu ihm bereinigen. An jenem Abend spürte ich erstmals, wie sehr auch jener Mann im kleinen Kreis nicht nur Zustimmung suchte, sondern auch für die Diskussion durchaus offen war. Ich spürte nachdrücklich das, was Michael Stürmer in seinem Nachruf auf Helmut Schmidt „Klugheit durch Erfahrung" nennen sollte.

Helmut Kohl nahm erstmals im Dezember 1982 in Kopenhagen an einer Tagung des Europäischen Rats teil. Einarbeitungs- oder Schonzeit wurden ihm nicht gewährt, im anschließenden ersten Halbjahr 1983 stand die EG unter deutschem Vorsitz: Er musste bereits im Frühjahr 1983 in Brüssel und im Juni 1983 bei dem „eigentlichen" Europäischen Rat unter deutscher Präsidentschaft den Vorsitz führen.

Er wollte und konnte aus seinen europäischen Überzeugungen heraus einfach die europäische innere Krise der Jahre 1981/82 nicht akzeptieren. Für ihn war es einfach inakzeptabel und unbegreiflich, die europäische Integration mit „Eurosklerose", einer schlimmen Krankheit, dem Stichwort der damaligen Zeit, zu umschreiben!

Dies waren die einleitenden Worte bei der ersten Pressekonferenz Helmut Kohls, die ich miterlebte – ich konnte damals nicht ahnen, dass ich gut ein Jahrzehnt später zum Abschluss der Tagung des Europäischen Rats wie auch bei anderen europäischen und internationalen Begegnungen regelmäßig neben ihm auf dem Podium sitzen sollte.

Neben dem auf europäischem Parkett souveränen Genscher stand er als der „Neue" naturgemäß unter penibler Beobachtung seiner Kollegen – zu Anfang mit etwas weniger esprit de corps oder Rücksicht. Und doch, auch er fand bald den Respekt seiner Kollegen – abgesehen von einigen auch in der Politik typischen Sonderverhältnissen wie zum Beispiel mit Margret Thatcher. Spätestens im Frühjahr 1988 bis zu seinem Ausscheiden aus dem Amt zehn Jahre später wurde Helmut Kohl zur führenden, ja beherrschenden Persönlichkeit des Europäischen Rats, zusammen mit Jacques Delors der Europäischen Union insgesamt.

4. Politische Lehrjahre unter Hans-Dietrich Genscher, 1985–87

In der Schlussphase der Beitrittsverhandlungen mit Spanien und Portugal kündigte sich – wieder unerwartet – der nächste Schritt Richtung Politik an. Hans-Dietrich Genscher fragte mich, ob ich im nächsten Jahre in sein Büro nach Bonn wechseln wolle, dies sei jedenfalls sein Wunsch.

Es war klar, dass die Antwort nur ein „ja" sein konnte. Es sollten meine Lehrjahre unter dem langjährigen Außenminister Hans-Dietrich Genscher folgen, dem professionellsten aller Politiker, die ich in all den Jahren kennenlernte, und seinem Kabinettchef Michael Jansen. Hinzu kam die enge Arbeit mit den Staatssekretären Hans-Werner Lautenschlager und Jürgen Ruhfus, auch er wurde wie Hans-Werner Lautenschlager in ganz unterschiedlicher Weise zum Vorbild und zu einem „älteren Freund".

Und die europäische Politik blieb im „Ministerbüro" mein Betätigungsfeld, damit auch der permanente Kontakt zur Brüsseler Szene und zu den Ministern bzw. ihren Mitarbeitern, mit denen Hans-Dietrich Genscher in erster Linie den Kontakt hielt. Daneben lernte ich einen Bereich „politisch" kennen, den ich zuvor in Algier als junger Diplomat betreut hatte: die Auswärtige Kulturpolitik und eine ihrer wichtigsten „Waffen", das

Goethe-Institut. Ich musste lernen, dass der politische Stellenwert der „Auswärtigen Kulturpolitik" für Genscher weitaus höher war, als die Mehrheit der Diplomaten dies verstand.

Doch zurück zu Hans-Dietrich Genscher, der trotz wiederkehrender gesundheitlicher Probleme ein Arbeitspensum vorlegte, das selbst für den jungen Mitarbeiter oft im Grunde fast zu hoch war, und auch sie zu gleicher Höchstleistung antrieb. Man musste sich oft fragen, wie er die Dreifachbelastung durchhalten konnte: Führer einer von der 5%-Klausel bedrohten Partei, Vizekanzler einer Koalitionsregierung, der ein gutes Drittel seiner eigenen Partei kritisch gegenüberstand, und zugleich Außenminister Deutschlands – eines Landes, von dem die Europäer und die Welt eine mehr und mehr aktive Rolle erwarteten.

Hinzu kam, es waren Genscher und Graf Lambsdorff, die 1982 nach der sozialliberalen Ära die Wende hin zu einer Koalition mit der CDU/CSU und Helmut Kohl vollzogen hatten, mit allen Risiken für die FDP. Genscher führte die FDP 1990 zu einem Traumergebnis von 11% bei den Wahlen zum Bundestag, Guido Westerwelle sollte es 2009 mit 14,6% noch übertreffen. Allerdings war dies keine Überlebensgarantie, wie es sich 2013 erweisen sollte.

Genscher schien oft getrieben, besser noch als einer, der permanent nach Ideen suchte, die einerseits hilfreich für Deutschland, aber zugleich für seine Partei und ihn waren. Naturgemäß war diese Strategie nicht frei von – begrenzten – Konflikten mit dem Koalitionspartner und dem Bundeskanzler. Europa- und Außenpolitik stand daher naturgemäß stark unter kurzfristigen Effekten, aber Genscher stand auch zugleich für eine längerfristige Strategie, in erster Linie in Bezug auf die europäische Politik, der er versuchte, in Deutschland mit seinem Markenzeichen, das der FDP, zu versehen.

Gegenüber dem „Hause" verließ sich Genscher auf den Leiter seines Büros, Michael Jansen, und die Staatssekretäre als ruhende Pole – ich denke an Jürgen Sudhoff, dem das Haus viel an Fairness und politischem Gespür verdankt, oder an Jürgen Ruhfus, dann vor allem an Hanns-Werner Lautenschlager. Ihm versicherte Helmut Kohl bei seinem schon verspäteten Eintritt in den Ruhestand im Kabinett mit allem Ernst, er könne – von ihm aus – so lange Staatssekretär bleiben, wie er dies wünsche! Er war in seiner unnachahmlichen, bedächtigen, abwägenden Art der respektierteste Vertreter, den das Auswärtige Amt über viele Jahre hatte.

Genscher war selbst ein harter Arbeiter, der sich nichts schenkte, aber auch uns kleiner Mannschaft nichts. Er war gleichzeitig vor allem ein begnadeter Netzwerker, ein politisches Schlitzohr, untypisch deutsch in gewisser Weise und gehörte schon damals zu den anerkannten politischen Strippenziehern in Europa, was Helmut Kohl noch werden sollte.

Genscher hatte politisches Feingefühl, er roch Probleme sehr früh, früher als andere. Bei ihm funktionierte ein Frühwarnsystem glänzend und viel besser als bei vielen anderen. Ich lernte damals seine wichtigsten „Informanten" und Vertrauenspersonen aus den Ländern und der FDP kennen, einige wie den Freiherrn von Gumppenberg im niederbayerischen Bayerbach besonders schätzen. Genscher war Parteivorsitzender und Minister, die FDP war nach der Wende 1982 in einer schwierigen, zuweilen prekären Lage. Er hat die Übernehme von Verantwortung nie gescheut. Und es kam sein geschicktes Zusammenspiel mit dem Kanzler hinzu, der mehr und mehr in eine europäische Rolle hineinwuchs. Genscher hat immer wieder die Nischen, die er nehmen konnte, erkannt. Er hat es auch regelmäßig geschafft, damit die Politik der Regierung in eine Richtung zu lenken, die ihm vorschwebte. Manchmal ging das bis zur Grenze, wo die CDU/CSU oder Helmut Kohl mitspielen konnten und wollten.

Schien es ihm selbst zu riskant, so schickte er einen „Minenhund" voran, oft war dies der damalige Staatsminister im Auswärtigen Amt, Jürgen Möllemann, oder auch ein Dritter. Genscher nahm es aber in den Jahren auch dann hin, vom Koalitionspartner oder vom Bundeskanzler selbst direkt oder indirekt „zurückgepfiffen" zu werden.

Ihm war es wichtig, er hatte seine politische „Duftmarke" hinterlassen. Er setzte dabei – auch um seine Partei im Gespräch zu halten – auf eine intensive und vor allem effiziente Pressearbeit. Er lancierte oft morgens früh durch ein Interview Nachrichten und setzte darauf, dass diese im Laufe des Tages, gegebenenfalls in Variationen, immer wieder wiederholt wurden.

Einer der politischen Weggefährten jener Jahre, der frühere Arbeitsminister Norbert Blüm, stellte in einem Nachruf zu Recht fest „Hans-Dietrich Genscher war immerzu online, schon lange bevor es das Internet gab ... Vielleicht war er deshalb oft seiner Zeit voraus, er hatte einen Riecher für das, was kommt". Hans-Dietrich Genscher war halt ein Politprofi in jeder Hinsicht.

Ich hatte bei ihm enorm dazu gelernt, vor allem politische Professionalität. Was mich mit ihm auch nach seinem Ausscheiden aus der aktiven Politik verbunden hat – und dafür hat er meinen uneingeschränkten Respekt, sind seine Verlässlichkeit, seine knallharte Professionalität sowie das Arbeiten unter höchstem Druck.

Nach seinem Rücktritt im Jahre 1992 beggegneten wir uns mehr oder minder regelmäßig in Bonn, später in Berlin bei Anlässen verschiedenster

Art. Und immer wieder tauschten wir uns in einer sehr offenen, direkten Weise über aktuelle Entwicklungen in der Europa- und Außenpolitik aus. Er stellte mir oft konkrete Fragen, auch zum Auswärtigen Amt, und ich hörte seinen kritischen Anmerkungen gerne zu. Letztere galten in den letzten Jahren vor allem der Entwicklung der europäischen Integration wie der Sorge um das Verhältnis zu Russland, wo Europa in gewisser Weise den „Kompass" verloren habe! Wir waren nicht immer der gleichen politischen Auffassung, aber das störte weder ihn noch mich. Und er hatte über die Jahre nichts von seinem politischen Gespür verloren!

Bei unserem letzten Gespräch in Berlin im Jahre 2015 wirkte er gesundheitlich geschwächt, aber durchaus engagiert und alert. Die Nachricht von seinem Tode am 31. März 2016 im Alter von 89 Jahren hat mich getroffen. Auch wenn ich „nur" zwei Jahre mit ihm direkt gearbeitet habe und ihn und seine Politik über zehn Jahre als Angehöriger des Auswärtigen Dienstes von den Vertretungen in Algier und Brüssel, dann aus dem Kanzleramt mitverfolgte, so fühlte ich mich mit ihm doch besonders verbunden, er war einer meiner „Mentoren", mein erster „Lehrmeister", der mich in gewisser Weise begonnen hat zu formen, herauszufordern und der mich gefördert hat.

Bundespräsident Joachim Gauck hat Hans-Dietrich Genscher im Rahmen der Würdigung seines politischen Wirkens beim Staatsakt am 17. April 2016 zu Recht als einen „deutschen Patrioten und überzeugten Europäer" bezeichnet. Er stellte zudem fest, dass „die Verbindung aus Prinzipientreue und Pragmatismus, langfristiger Strategie und Erkennen des kurzfristig Gebotenen" das Wirken Genschers gekennzeichnet habe. Genscher war in all den Jahren auch bei den Verbündeten nicht unumstritten, dies galt vor allem für sein unerschütterliches Eintreten für den Ausbau der KSZE, die eines Tages die militärischen Bündnisse in Europa ablösen könnte. Darauf wird noch an anderer Stelle einzugehen sein.

Genschers Persönlichkeit, seine Stärken, Ecken und Kanten wurden mir nach seinem Tode noch einmal vor Augen geführt, als mich die Herausgeber der „Akten zur Auswärtigen Politik der Bundesrepublik Deutschland" des Jahres 1986 dazu einluden, die wesentlichen politischen Elemente dieser Zeit vorzustellen.

„Abwerbung" in das Kanzleramt

Bundeskanzler Dr. Helmut Kohl, dem ich bis dahin in meinen Brüsseler Jahren bei den verschiedenen Tagungen des Europäischen Rates eher flüchtig begegnet war, hat mir dann im Frühsommer 1987 völlig unerwartet die Chance eröffnet, im Bundeskanzleramt an seiner Seite bzw. in der von Horst Teltschik geleiteten Abteilung die Europapolitik zu betreuen.

Diese „Einladung" zum Wechsel in das Bundeskanzleramt, die mir der damalige Staatssekretär Jürgen Sudhoff eröffnete, brachte mich in eine „Zwickmühle". Sie kam unerwartet und war zudem ungewöhnlich, als ich doch damals Mitarbeiter im direkt dem Bundesminister des Auswärtigen unterstehenden Leitungsstab des Auswärtigen Amtes war.

Wie sollte er die „Abwerbung" eines seiner Mitarbeiter durch den Koalitionspartner bewerten? Ich war ein viel zu kleines Licht, um daraus eine Debatte oder gar einen Streit in der Koalition zu entfachen, und doch, Genscher schien nachzudenken, er zögerte, taktierte.

Ich hatte ihm offen gesagt, ich sei 1985 seinetwegen nach Bonn zurückgekehrt und sähe meine Zukunft im Auswärtigen Amt. Ich war nach Bonn in das Ministerbüro gekommen, um für und mit Hans-Dietrich Genscher zu arbeiten. Ihm galt meine uneingeschränkte Loyalität. Er wusste, dass ich nicht Mitglied der FDP war, trotzdem schickte er mich, wenn es sein musste, selbstverständlich zu internen FDP-Sitzungen. Ob in Sachen Wirtschaft, Landwirtschaft oder Europa, so war ich zuweilen als „Beobachter" von Hans-Dietrich Genscher dabei.

Und es war letztlich er, der mich nach einigem Nachdenken ermutigte, das Angebot aus dem Kanzleramt anzunehmen – „dies sei gut für ihn und gut für das Auswärtige Amt. Ein Mitarbeiter seines Vertrauens in der unmittelbaren Nähe des Bundeskanzlers sei für ihn wichtig. Zudem könne „der Bundeskanzler mir eine Perspektive bieten, die für ihn im Amt schwieriger sei" waren seine Worte.

5. Über elf Jahre im Bundeskanzleramt an der Seite Kohls, 1987–98

Und so begannen im Mai 1987 über elf höchst intensive, spannende Jahre, die wie keine andere Zeit mein Berufsleben und die Zukunft prägen sollten – Jahre, die mich einem Politiker näher bringen sollten, der für mich bis dahin weitgehend fremd, dessen Haltung und Vorgehensweise im Grunde „terra incognita" waren.

Ich war Helmut Kohl seit Herbst 1982 einige Male bei Europäischen Räten begegnet, im Gegensatz zu Hans-Dietrich Genscher hatte er bei mir kaum einen bleibenden Eindruck hinterlassen. Ich erinnerte mich an einen

Bundeskanzler, der eher aus der Defensive operierte, der zuhörte, abwartete – im Rückblick würde ich sagen, der, sich ein Bild verschaffen, der die Akteure zunächst einmal besser kennen lernen wollte.

Ich brauchte Zeit, um sein Vertrauen zu gewinnen – und zugleich musste ich ihn kennen lernen, um mit ihm, seinem Stil, seiner Arbeitsweise zurecht zu kommen. Er war zunächst misstrauisch, abwartend, aber doch einladend und zugleich testend, zudem fordernd. Die „Probezeit" dauerte rund ein halbes Jahr, bis erste echte Herausforderungen auf mich zukamen.

Daraus wurden über elf faszinierende Jahre, mitunter harte Lehrjahre, zunächst sechs Jahre Europapolitik, dann fünf Jahre die Herausforderung – aus meiner Sicht das höchste, schönste und herausforderndste Amt für einen Beamten des Auswärtigen Amtes, die Leitung der Abteilung für Außen-, Sicherheits- sowie Entwicklungspolitik im Bundeskanzleramt – kurz gesagt, der europapolitische, diplomatische und sicherheitspolitische Berater des Bundeskanzlers, für die Amerikaner der „national security advisor" – eine im Geflecht der europäischen Länder einzigartige Position.

Über elf Jahre intensiver, spannender Arbeit, Arbeitszeiten waren ein Fremdwort. Es waren Jahre epochaler Ereignisse sei es die deutsche Wiedervereinigung oder die Verhandlungen um Maastricht oder Amsterdam oder der Weg hin zur europäischen Währungsunion.

Ein Bundeskanzler und Chef – ganz anders als gedacht

Dr. Helmut Kohl entpuppte sich als ein ganz anderer „Chef", als ich dies erwartet hatte. Anspruchsvoll, oft unbequem, Immer wieder das politisch-strategische Vorausdenken fordernd, nie von einer Zuarbeit allein abhängig, sich oft auf mehrere voneinander unabhängige „Quellen" stützend, sowie auf seine Erfahrung, seinen politischen Instinkt – der die Jugend oft genug bremsen, korrigieren, aber auch ermutigen sollte.

Er war ein Mann, der unter vier Augen klar Widerspruch forderte und akzeptierte, der oft genug bereit war, erste Reaktionen oder Tendenzen zu hinterfragen, sie auch zu revidieren.

Er war zugleich eine hoch sensible Persönlichkeit, vor allem in Bezug auf Loyalität, immer auf der Hut, er war ein Mann, der in der Regel jovial, freundschaftlich gegenüber seinen engen Mitarbeitern war, ja Zuneigung ausdrückend, mitunter auch frotzelnd, derb, grob, sich in Bildersprache ausdrückend, zuweilen polternd, ja auf den ersten Blick verletzend – ich lernte erst mit der Zeit, wie ich damit umzugehen hatte, wie ich den „Ausbruch" einzuschätzen hatte, dass es in Wahrheit zumeist gar nicht so gemeint war.

Als reine Provokation musste ich das „Pamphlet" von Heribert Schwan „Vermächtnis – die Kohl-Protokolle" empfinden. Seine Enttäuschung über das aufgekündigte Arbeitsverhältnis kann die unter klarem Bruch von Vereinbarungen erfolgte Veröffentlichung einer Zitatensammlung, die zudem immer wieder sichtbar aus dem Zusammenhang gerissen und nicht nur willkürlich erscheint, in keiner Weise rechtfertigen. Ich kann sie nur als gezielte verächtliche Verunglimpfung von Helmut Kohl, seiner Politik und Lebensleistung empfinden. Es hat mit einer politisch-historischen Auseinandersetzung mit der Kanzlerschaft Helmut Kohls nichts zu tun.

Bei Lektüre der „Zitatensammlung" Schwans habe ich mich gefragt, ob Schwan – der doch einige Jahre als „Ghostwriter" an verschiedenen Werken mit Helmut Kohl gearbeitet hat – ihn wirklich je verstanden hat? Wäre dies der Fall, so hätte er gewusst, wie er die mitunter derben Einlassungen des Bundeskanzlers einzuordnen und wie er vor allem damit umzugehen hat! Auch ich habe dies über die Jahre erst lernen müssen. Man musste sich bei der von Helmut Kohl oft benutzten Sprache, zuweil in Bildern, immer wieder vor Augen führen und darüber nachdenken, warum er gerade dieses Bild und nicht ein anderes gebrauchte – und vor allem was er in der Sache damit meinte. Nicht nur die Bildersprache bedurfte des Nachdenkens, des Innehaltens, der Interpretation. Dies gilt auch für seine Sprache, oft umständlich, zuweilen schwer verständlich und doch letztlich klar.

Kohl war selten ein guter Rhetoriker, seine Stärke waren die Debatten und das Erklären von Zusammenhängen und der daraus abzuleitenden Konsequenzen. Selbst für erfahrene Konferenzdolmetscher waren Helmut Kohl und seine Sprache regelmäßig eine Herausforderung – und es gab nur wenige, die dies mit Bravour schafften.

Helmut Kohl bestand darauf, mit ihm im Gespräch „Klartext" zu sprechen. Er mochte lange schriftliche Vorlagen nicht, suchte eher das Gespräch. Ich habe damals den Stil der Vorlagen an den Bundeskanzler für Gespräche und wichtige Begegnungen wesentlich verändert. Entsprechend dem, was ich in Paris an der ENA gelernt hatte, habe ich eine Zusammenfassung, eine Übersicht in Stichworten auf einer Seite vorangestellt bzw. einen knappen Gesprächsleitfaden. Und dem folgte dann eine längere Aufzeichnung mit der Erläuterung der Fragen und Problemstellungen im Einzelnen. Manche nennen das heute fortschrittlich neu-deutsch den „one pager". Nun gut, ein copyright habe ich nie dafür beansprucht, mir ging es um Arbeitserleichterung für einen Mann, der weiß genug um die Ohren hat. Die Vorlagen an Helmut Schmidt, die ich in der Registratur entdeckte, über 20, 30 Seiten und mehr schienen mir für einen Bundeskanzler unzumutbar.

Helmut Kohl akzeptierte „meine" Methode rasch, er sagte mir zwar, für Einzelheiten könne ich ja, wenn es sein muss, dann übernehmen, gelesen hatte er aber immer die gesamte Vorlage. Aber er nahm sich auch komplexe Texte, ob in der Europa- oder internationalen Politik, vor, arbeitete sie durch, hakte nach, stellte Nachfragen – und konnte vor allem eines nicht leiden: diplomatisches Gerede um den Kern eines Problems herum!

Mitunter nannte er mich den „Sklaventreiber". Ich gab ihm öfters kurze, zuweilen auch handschriftliche Notizen mit Fragen oder Ideen ins Wochenende. Ich brauchte einfach seine Reaktion, um in wichtigen Streitfragen voran zu kommen. Und oft endete dies Montagabend im Gespräch und „brainstorming"....

Der engere Kreis war für ihn zugleich willkommenes Ventil, oft für einen kurzen Moment oder eine gegebene Situation. Stunden später war der Fehler verziehen, die Attacke vergessen. Gerade in solchen etwas schwierigen Momenten war es oft genug Juliane Weber, die sich zuspitzende Momente abfederte, dem Betroffenen, wenn sie ihn mochte, ausgleichend, helfend zur Seite stand. Sie war nicht nur eine hervorragende Leiterin seines Büros, sondern in gewisser Weise die „Seele" des Teams um Helmut Kohl.

Patriarch – Patron – „pater familias"

Wenn ich zurückdenke, ist der erste Begriff, der mir zur Beschreibung der Persönlichkeit von Helmut Kohl einfällt ist *Pater Familias* im alten lateinischen Sinne, ein Patriarch. Er behandelte seine engere Mannschaft im Grunde wie eine Familie.

Man konnte auch mit einem persönlichen Problem zu ihm gehen, ihn um Rat fragen. Er konnte zuhören, man konnte mit ihm im kleinen Kreis offen gemeinsam nachdenken, unter vier Augen konnte man auch die herrschende Meinung attackieren, querdenken war insoweit nicht nur erlaubt, sondern erbeten.

Zugleich war er der Bundeskanzler, der uneingeschränkte „Patron" im guten Sinne dieser klassischen – französischen wie deutschen – Definition. Was er nicht duldete, war es, auch nur indirekt, seine Autorität in Anwesenheit von Dritten bzw. in einem etwas erweiterten Kreis in Frage zu stellen. Ich bin zwei, drei Mal in all den Jahren gerade in diese Falle gerauscht. Ich hatte es gewagt, ihm im Beisein des „erweiterten Kreises" vorsichtig zu widersprechen bzw. ihn auf einen anderen Pfad zu locken, da ich bemerkt hatte, dass er sich einfach geirrt hatte.

Leider neige ich dann auch dazu, Recht haben zu wollen, anstatt zu schweigen und Diplomat zu sein. Folge waren dann nicht nur einmal schwere Wochen, bis er dann die Entschuldigung akzeptierte – nachtragend war er dann aber auch nicht. Ich hoffe, er sieht es mir nach, wenn ich auch ihn letztlich als einen väterlichen Freund bezeichne.

Frei nach Max Weber – „Politik als Beruf" – verfügte Helmut Kohl über die drei entscheidenden Qualitäten des Politikers: Leidenschaft, Verantwortungsgefühl und Augenmaß! Hinzu kam eines: Helmut Kohl hatte längerfristige Zielvorstellungen, eine gewisse Vision – oder besser gesagt einen Kompass für seine politischen Vorstellungen. Dies galt insbesondere auch für die Grundparameter seiner Europa- und Außenpolitik wie für die Stellung Deutschlands in diesem Gefüge.

Prägende Erlebnisse, besondere Themen, Überzeugungen

Ich möchte versuchen, der Persönlichkeit Helmut Kohls und seinen politischen Überzeugungen, seinem Handeln mit Hilfe einer Reihe von konkreten Beispielen, Erlebnissen näher zu kommen; auf einige wird an anderer Stelle konkret einzugehen sein.

Helmut Kohl war hochgebildet, im Gegensatz zu dem, was manche Journalisten verbreitet haben. Er versuchte aber zugleich, dies in eine Sprache zu übersetzen, die der Bürger, der Wähler auch verstehen konnte – eine Fähigkeit, die manchen Politikern heute abhandengekommen scheint. Für viele Angehörige der Bonner Szene und des Auswärtigen Amtes blieb er der Mann „aus der Provinz"., für manche Journalisten „Kohl = Birne".

Ich kann dazu nur Alice Schwarzer zitieren, die bestimmt nicht als CDU-nah angesehen werden kann: „Billige Komik, ganz übel. Das fand ich schon beim Umgang mit Strauss. Man sollte den politischen Gegner in der Sache kritisieren, aber nicht als Person diffamieren".

Dass Helmut Kohl auch und gerade in der Bildungspolitik in seiner Mainzer Zeit beachtliche Reformen angestoßen und langfristige Grundüberzeugungen hatte, wurde in Bonn nicht zur Kenntnis genommen. Dies galt insbesondere für die Vernachlässigung des Schulfaches „Geschichte", die aus seiner Sicht, als Politiker und Historiker, „zu den schlimmsten bildungspolitischen Fehlern" gehörte. So bezeichnete Ulrich Schnakenberg 2017 (!) in der FAZ in einer bemerkenswerten Laudatio Helmut Kohls kritische und engagierte Rede vor dem Philologenverband in Bonn vom 1. Juni 1984 als „mehr als ein Dokument der Zeitgeschichte"

Beispielhaft stehen dafür auch zwei ganz einfache Begebenheiten. Bei einer der Reisen, das war Anfang der 1990er Jahre, kamen wir öfters, typisch der Pfälzer und der Saarländer, auf das Saarland, meine Heimat zu sprechen. Das lief zuweilen etwas lästerhaft ab, weil das Verhältnis der Pfälzer und Saarländer seit der Nazi-Zeit immer gespannt war. Meine letzte Rettung war dann dem Kanzler zu sagen: „Sie wissen ja, bei uns gilt das geflügelte Wort 'Auf die Bäume, die Pfälzer kommen!'" Er kannte genau den Hintergrund der Entstehungsgeschichte dieses Satzes: Der damalige Nazi-Gauleiter saß in Neustadt an der Weinstraße, er war ab 1935 auch zuständig für das Saargebiet. „Heim ins Reich" wollten die Saarländer schon, sich von einem Pfälzer regieren zu lassen, ging für sie aber doch zu weit.

Ich erzählte dem Bundeskanzler, es hätte im Landtag in Saarbrücken ein Kolloquium stattgefunden über die Geschichte des Saarlandes von 1945 bis zur Saar-Abstimmung 1955. Das Buch sei jüngst herausgekommen, es sei irre spannend. Ich hätte viel gelernt. Darauf Helmut Kohl: „Bringen Sie mir bitte das Buch mit, mich interessiert das." – „Herr Bundeskanzler, das ist halb französisch, halb deutsch. Das war ein zweisprachiges Kolloquium." „Ich lese das gerne!" Er konnte Französisch lesen.

Apropos französische Sprache, wir Mitarbeiter waren oft Zuschauer eines kurzen Rundgangs von Präsident Mitterrand und Helmut Kohl durch den Garten des Elysée. Wir mussten feststellen, die beiden sprachen miteinander – was, das haben wir nie herausgefunden. Es konnte nur in französischer Sprache sein, und die beiden verstanden sich! Ich erinnere mich an einige, wenige Male, in denen er in meiner Gegenwart in französischer Sprache antwortete – freilich mir gegenüber mit dem Zusatz, Schweigen Sie darüber; wenn meine Frau oder meine Söhne dies hören, bekomme ich fürchterlichen Ärger!

Kohl hat jedenfalls das erwähnte Buch in einer Woche gelesen, inhaltlich „durchgeackert", er gab es mir zurück und erzählte mir, wie er selbst den Wahlkampf um die Volksabstimmung des 23. Oktober 1955 im Saarland, die Spaltung innerhalb der deutschen Parteien, erlebt hatte, ja insgeheim versteckt im Vorführraum eines Kinos einem der Wahlkampfauftritte von Johannes Hoffmann zugehört hatte.

Folge war, dass ich mich weitaus intensiver mit saarländischer Geschichte beschäftigte, mit dem damaligen Ministerpräsidenten Johannes Hoffmann, genannt „Joho", einem streitbaren Saarländer, Katholik und Antifaschisten, der engen Kontakt zu Robert Schuman hielt, einem der „Gründungsväter" des modernen Europa. So wie Johannes Hoffmann hatte der in Luxemburg geborene Lothringer leidvoll die Konsequenzen von Grenzen erfahren. Schuman hatte in Paris Erfolg, für die Ideen von

„Joho" schien die Zeit noch nicht reif – auch wenn es dann weitaus schneller ging als im ersten Augenblick gedacht.

Oft genug berichtete Helmut Kohl eher beiläufig über Geschichtsbücher, die er gerade las. Er las Gute, sagte aber auch oft, dass er auch aus seiner Sicht Schlechte gefunden hatte. Kohl war für mich mehr als der ideale Rezensent. Er trug wesentlich bei mir dazu bei, mich immer wieder mit dem geschichtlichen Hintergrund von einzelnen Ländern zu befassen. Helmut Kohl interessierte sich für andere Länder.

Er versuchte bei Reisen immer wieder ein Minimum an Zeit aus dem offiziellen Programm regelrecht „herauszuschinden", um sich einen ersten Eindruck, einen Einblick zu verschaffen, eine Ambiance, Stimmungen aufzunehmen. Zwei typische Beispiele seien erwähnt: Bei einer der Reisen nach Paris standen ein Treffen und Mittagessen mit Jacques Delors in dessen Lieblingsrestaurant am Anfang des Boulevard St. Germain auf dem Programm und dann der übliche Abendtermin im Elysée. Ich hatte nicht näher auf das Programm geschaut und mir war ein „Loch" von gut zwei Stunden nicht weiter aufgefallen.

Als wir das Restaurant verließen, bedeutete mir der Bundeskanzler, übergeben Sie Ihre Tasche dem Fahrer, wir machen einen Spaziergang durch das Quartier Latin, wo Sie ja einmal studiert haben, und wir laufen dann bis zum Hotel Bristol in der Rue du Faubourg-St. Honoré in der Nähe des Elysée – auf gut Deutsch: einmal quer durch Paris! Der Sicherheit bedeutete er, bitte Abstand halten und uns unauffällig begleiten!

Wir wanderten durch das Quartier Latin, Helmut Kohl schaute in Buchhandlungen, Geschäfte, wurde natürlich erkannt, ich wurde zum Fotografen fürs Familienalbum. Selfies waren damals noch nicht in Mode! Wir nahmen einen Kaffee in der Nähe der Kirche von St. Germain und landeten dann auf der anderen Seine-Seite im großen, damals noch bestehenden Kaufhaus „La Samaritaine", durch das wir in Ruhe schlenderten. Der Bundeskanzler schaute sich das eine oder andere an, verglich Preise, Herkunft und Qualität!

Er war glücklich am Ende des Spaziergangs, war er doch mal wieder dem Protokoll entronnen und hatte er doch einmal wieder wie ein Tourist oder normaler Bürger sich direkt Eindrücke verschafft.

Das andere Beispiel für Helmut Kohls Neugier war Chicago, eine faszinierende Stadt – und Helmut Kohl hatte sich wohl den bestmöglichen Führer für eine mehrstündige Rundfahrt per Bus und Boot besorgt. Es war der bekannte Architekt Helmut Jahn, der uns mit Hilfe der Architektur zugleich die Geschichte und Realität dieser Metropole vermittelte. Ich bin in der Folgezeit immer gern nach Chicago gekommen, die Stadt wurde zu einer meiner liebsten amerikanischen Städte.

Helmut Kohl war einfach neugierig geblieben, er wollte eigene Eindrücke gewinnen, über Städte, Länder und Menschen.

„Vereinigte Staaten von Europa"?

Der Historiker mag die zuweilen fehlende Schärfe oder die klare Definition, den eher generellen Charakter einiger der Vorstellungen bemängeln, die sich wie ein roter Faden durch nachstehende Betrachtungen der neunziger Jahre durchziehen. Und doch sie waren Ausdruck des Vorgehens von Helmut Kohl einerseits mit der notwendigen Realität oder Realpolitik, man kann das auch mit Fug und Recht als einen gesunden Pragmatismus bezeichnen. Dahinter steckte jedoch immer zugleich eine „Vision", ein „Kompass" auf längere Sicht!

Ich nenne als Beispiel eine Diskussion, die ich bald nach meinem Antritt im Bundeskanzleramt mit ihm hatte. In regelmäßigen Abständen schrieb ich ihm zusammen mit meinen Mitarbeitern und stets unter Beteiligung des Teams um Michael Mertes Entwürfe für wichtige Reden, so im Herbst 1988 eine Europa-Rede, die er in Brüssel bei den „Grandes Conférences Catholiques" halten sollte.

Ich setzte darin bewusst ein Fragezeichen zu der seit langen Jahren bestehenden Zielvorstellung der „Vereinigten Staaten von Europa". Mir schien der Begriff falsch, da er dazu geeignet war, Verwirrung insofern zu stiften als der Zuhörer diesen Begriff leicht mit den „Vereinigten Staaten von Amerika" gleichsetzen würde – als ob wir in Europa eine „Kopie" der USA erreichen wollten!

Der Bundeskanzler akzeptierte nach längerer Aussprache meine Bedenken und relativierte erstmals in seiner Rede diese Zielvorstellung. Manchen in der CDU ging das zu weit – der Bundeskanzler hielt aber an seiner Relativierung fest, setzte aber keinen neuen Begriff. Auch den von Jacques Delors geprägten Begriff „Föderation der Nationalstaaten" machte er sich nicht zu eigen.

Er kannte auch meine Bedenken gegen den Begriff der „Europäischen Union" und meine Vorliebe für ein Festhalten an dem Begriff „Europäische Gemeinschaft". Er sprach stattdessen in der Folge immer wieder von „Politischer Union", einen Begriff, den er mit seiner Initiative Ende 1989 setzte. interessanterweise steht „Politische Union" heute für etwas anderes, für die notwendige Vertiefung der Wirtschafts- und Währungsunion! Und genau so wenig ist es erstaunlich, dass er in den letzten Jahren seines Lebens aus meiner Sicht zunehmend einem Europa der Vaterländer nahe zu stehen schien!

Bundespräsidenten

Kanzleramt und Bundespräsidialamt waren in Bonn Nachbarn und Berührungspunkte gab es politisch wie auch systemimmanent regelmäßig. Das Verhältnis war in meiner Zeit zunächst eher spannungsgeladen, später entspannter – es lag halt an den jeweiligen „Mietern" im Palais Schaumburg bzw. der Villa Hammerschmidt.

Ich spürte dies erstmals am eigenen Leibe im Jahr der deutschen Einheit. Meine Assistentin erreichte ein Anruf aus dem Vorzimmer des Bundespräsidenten, der Bundespräsident reise demnächst erstmals im Zuge der deutschen Einheit nach Frankreich, er würde es zu seiner Vorbereitung sehr begrüßen, wenn ich ihn briefen könnte.

In Kenntnis des sensiblen Verhältnisses unterrichtete ich den Bundeskanzler und fragte, ob er damit einverstanden sei. Die Antwort war lächelnd „Ja, selbstverständlich – machen Sie sich ein eigenes Bild. Aber schimpfen Sie bitte hinterher nicht mit mir!". Gesagt, getan, der Termin wurde vereinbart, ich bereitete mich vor, dem Bundespräsidenten zunächst kurz die französische Perzeption und Anregungen für mögliche Einlassungen seinerseits vorzutragen. Ich kam in der ersten halben Stunde trotz aller Bemühungen einfach nicht zu Wort, Bundespräsident Richard von Weizsäcker redete über Frankreich und die deutsche Einheit, eine Beurteilung meinerseits schien ihn gar nicht zu interessieren.

Innerlich kochte ich langsam hoch, was sollte ich da überhaupt. Irgendwann war es mir gelungen, ein Atemholen des Bundespräsidenten auszunutzen und ihm direkt meine Erwägungen zu seinen letzten Bemerkungen zu erläutern und ihn höflich zu fragen, er habe mich doch rufen lassen, um ihn zu briefen, nicht aber ……Er schien irritiert, stellte mir einige kurze Fragen und dankte mir für den Besuch. Ich zog etwas verdattert von dannen!

Ich war nicht lange in meinem Büro, als der Bundeskanzler mich zu sich rufen ließ – „Na, Bitterlich, wie war's?" – Meinem Bericht hörte der Bundeskanzler lächelnd zu, er bemerkte gönnerhaft, er habe mir dies vorhersagen können, habe mir aber die Sache nicht verderben wollen, der Bundespräsident wisse halt mit zunehmender Amtsdauer alles besser als alle anderen, auch wenn die Realität eine andere sei – es sei halt besser, jeder habe seine eigenen Erlebnisse.

Im Zusammenhang mit dem damaligen Bundespräsidenten bemerkte Helmut Kohl des Öfteren, aber nahezu beiläufig, Dankbarkeit könne man in der Politik – zumindest in der Regel – nicht erwarten – und dennoch erwartete er Dankbarkeit von Seiten des Bundespräsidenten, dessen Talent er, Kohl, in der Rechtsabteilung eines bekannten Unternehmens in Südwestdeutschland entdeckt und nachdrücklich begleitet und gefördert hatte. Mit von Weizsäckers Nachfolger war es indes etwas anders.

Jedenfalls hatte die Stunde mit Bundespräsident von Weizsäcker für mich einen Vorteil, das Verhältnis zum Bundespräsidenten war seither entspannt – freundlich!

Einige Jahre später hat es wohl der Zufall mit sich gebracht, dass ich, ohne mein Dazutun, zu den „Verschwörern" um die Sondierung und Benennung eines Nachfolgers gehören sollte. Ich war mit dem Bundeskanzler aus anderem Grunde in Deutschland unterwegs. Am frühen Abend meinte er, der Tag werde entgegen der Planung etwas länger dauern, ich solle darüber eisern schweigen. Ich ahnte nicht, um was es ging. Wir waren im Raume Heidelberg – Schwetzingen und auf der Fahrt sagte mir der Bundeskanzler, ich sollte allen Charme aufbieten und mit Frau Herzog auf ihn und ihren Mann warten. Ich begann zu ahnen, Professor Roman Herzog war also der „Plan B" des Bundeskanzlers, nachdem sich seine erste Idee mit dem Dresdner Theologen Steffen Heitmann als „error of casting" herausgestellt hatten!

Kurzum, ich verbrachte mit Frau Herzog einen reizenden frühen Abend, wir diskutierten über vieles, vor allem über Frankreich und das Vereinigte Königreich – bis dann zu vorgerückter Stunde der Bundeskanzler und Professor Herzog hinzukamen.

Und der offensichtlich designierte Bundespräsident sprach mich ohne Zuwarten, und in unerwarteter Weise an, ich sei doch, soweit er wisse, Jurist und ich verstünde daher besser als der Historiker Helmut Kohl seine innere Zurückhaltung gegenüber dem Amt des Bundespräsidenten. Als Jurist habe er eine gewisse, leider unvermeidliche Tendenz zur Ironie, ja zum Sarkasmus – und dies sei mit dem Amt doch nur schwer vereinbar. Es folgte zum Abendessen eine spannende Diskussion zu viert über das Amt und Amtsverständnis, über Risiken und Grenzen des Bundespräsidenten! Von jenem Abend an bin ich oft mit Professor Roman Herzog zusammengetroffen, auch nach seinem Ausscheiden aus dem Amt. Für mich wurde er zu „meinem" Bundespräsidenten!

Die Diskussion, ja der juristisch-politische Disput, immer mit einem gewissen Augenzwinkern, war immer eine Freude! Er brauchte nicht jene berühmte „Ruck-Rede" am 26. April 1997 um Zeichen zu setzen – er war ein unbequemer Mahner, ein Querdenker, ein politischer Florettfechter, der sich aber zugleich immer wieder fragte, wie weit er tatsächlich nach außen „von Amts wegen" gehen sollte. Und Helmut Kohl nahm ihn nahezu „mit Samthandschuhen"!

Schade, dass ihn Politik und Medien nach seinem Tode in erster Linie allein an seiner Initiative gegenüber Polen – erster Besuch mit der Bitte um Vergebung anlässlich des 50. Jahrestages des Warschauer Aufstandes und dem Schweigen in Auschwitz – und eben seiner „Ruck-Rede" gemessen haben. Seine berühmt-berüchtigte „Ruck-Rede" richtete sich eben in Wahrheit nicht nur an die Regierungskoalition, sondern vornehmlich auch an die Opposition um Oskar Lafontaine, die damals den Bundesrat zu einer systematischen Opposition und Blockade nutzte – und sie hatte bei dieser Rede und vorangegangenen „ermahnenden" Gesprächen mit dem Bundespräsidenten die „Ohren auf Durchzug" gestellt!

„Wirtschaft"

In all den Jahren ist Helmut Kohl immer wieder unterstellt worden, sein Verhältnis zur Wirtschaft sei ein „Nicht-Verhältnis" gewesen. Auf wirtschaftliche Themen war er vor allem durch die Kollegen um Johannes Ludewig und später Sighart Nehring bestens präpariert, auf den Auslandsreisen hatten die Gäste aus der Wirtschaft genug Gelegenheit, ihre Sorgen vor ihm abzuladen – und doch blieb das persönliche Verhältnis zu vielen im Grunde distanziert, zu weilen schienen Helmut Kohl deren „Klein-Klein" und die Eitelkeiten mancher „auf den Wecker" zu gehen.

Auf der anderen Seite genoss der Kanzler die persönlichen Gespräche mit Alfred Herrhausen, dem von der RAF ermordeten Chef der Deutschen Bank, wie auch mit Helmut Maucher, dem langjährigen Nestlé-Chef – oder auch mit dem „ERT – European Round Table", einer lockeren Vereinigung führender europäischer Vertreter der Wirtschaft; die Diskussion mit diesem Kreis war ihm lieber als die Gespräche mit den deutschen Wirtschaftsverbänden.

Die Medien

Ich konnte am Anfang nicht ahnen, inwieweit ich zunehmend auch in die Medienarbeit des Bundeskanzlers und der Bundesregierung einbezogen werden sollte.

Permanenter Kontakt und Abstimmung mit dem langjährigen Vertrauten Eduard Ackermann und später mit Andreas Fritzenkötter wie mit dem Bundespresseamt und dem Regierungssprecher gehörten zum täglichen Brot, zuweilen mühsam, zuweilen belastend, öfters hoch spannend, unter hohem zeitlichen Druck Sprachregelungen oder einfach gesagt „Sprache" für den Regierungssprecher zu erarbeiten!

Mit zunehmender Zeit entsandte mich der Bundeskanzler von sich aus zum Briefing der Presse oder nahm mich auf das Podium seiner Treffen mit der Presse mit – unbequeme Fragen konnte es für mich nicht geben, er erwartete einfach, ich werde mir schon zu helfen wissen – im Notfall gebe es noch ihn selbst!

Schon recht früh hatte ich es in Absprache mit Eduard Ackermann und mit seiner Zustimmung übernommen, in informeller Weise eine Gruppe bekannter „Bonner"-Journalisten über wesentliche Themen, Perspektiven der europäischen und internationalen Politik zu unterrichten. Einige dieser Kontakte sind bis heute erhalten, es gab in all den Jahren ein einziges „leak". Ich habe mit dem betreffenden Journalisten „Klartext" geredet, ihn daraufhin nicht mehr eingeladen – er blieb über Jahre nachtragend!

Ein besonderer Fall waren Kontakte zum „Spiegel". Helmut Kohl und Eduard Ackermann schienen zu wissen, dass ich solche Kontakte aus dem Ministerbüro des Auswärtigen Amtes „mitgebracht" hatte – es war ein lockerer Kontakt zu den beiden leitenden Redakteuren im Bonner Geschäft, den Herren Wirtgen und Koch.

Helmut Kohls Haltung zum „Spiegel" wurde mir sehr schnell klar, es war ein politisches Feindbild! Wie Andreas Fritzenkötter vor einiger Zeit im „Spiegel" unmissverständlich und zu Recht erläutert hat „hat er sich von der Redaktion verfolgt gefühlt, und den Eindruck, der Spiegel wolle ihn wegschreiben". Nach einer ersten Phase habe ich ihn darauf angesprochen und ihn offen gefragt, ob er etwas dagegen habe, wenn ich diesen Kontakt auch künftig – mit aller Vorsicht – nützen würde. Daraus wurde ein gewisser Disput über Nutzen und Schaden, er verbot mir den Kontakt aber auch nicht – und ich unterrichtete ihn über sensible Fragen, die die beiden Spiegelianer aufgebracht hatten. Beide hatten über die Jahre die vereinbarte Vertraulichkeit gewahrt und gehörten letztlich zu den positiven „Spiegel"-Erlebnissen meinerseits, kritische gab es in den Jahren allerdings auch! Dazu an anderer Stelle mehr!

Einen ganz anderen Helmut Kohl konnten zum Beispiel französische Journalisten erleben. Freundlich, sensibel, entgegenkommend, klar – ich erinnere mich lebhaft an mein erstes Erlebnis. Über den Elysée war bei mir die Anfrage einer der bekannten Interview-Sendung „Heure de Vérité" – Stunde der Wahrheit gelandet – eine Sendung geschaffen und moderiert von François-Henri de Virieu unter Teilnahme von drei bekannten Journalisten, Alain Duhamel, Albert du Roy und Jean-Marie Colombani. In der

Vorbereitung hatte ich mir mehrere Sendungen angeschaut und eingehend den Stil der Sendung mit den Machern besprochen. Ich trug dem Bundeskanzler daraufhin vor, er möge kurze Antworten geben, nicht länger als 2 – 3 Minuten. Daraufhin lachte der Bundeskanzler los, ich müsse doch langsam die großen Stars kennen, sie würden eine Frage in einem 10-Minuten Statement verstecken und ihn dann bitten, sich kurz zu fassen. In der Sendung, die Anfang April 1990 im alten Palais Schaumburg aufgezeichnet wurde, habe ich einen extrem disziplinierten Bundeskanzler erlebt, der auf die ganz knappen, kurzen Fragen kurz antwortete und sich an sein Limit hielt. Dazu wollte er die Kamera-Mannschaft am liebsten in Bonn behalten. Endlich hatte ihn jemand in vorteilhafter Weise aufgenommen, nicht von unten, um ihn noch wuchtiger aussehen zu lassen, sondern schräg von oben!

Die Sendung hatte leider ein Nachspiel, auf das ich hätte besser achten müssen. Nach der Sendung diskutierte der Bundeskanzler munter mit den Journalisten weiter, auch über kritische Fragen der Wiedervereinigung Richtung Nachbarn im Osten. Und einer der Herren berichtete „auf seine Weise" darüber in Paris, wo einige ein Interesse hatten, es in Richtung Bonn zurückzuspielen, und zwar unter Nutzung der Bande, sprich über deutsche Journalisten und über Genscher. Die Kollegen im Elysée fragten mich indes offen nach dieser Diskussion und ich konnte Gott sei Dank die Äußerungen klarstellen.

Einen genauso hoch sensiblen Helmut Kohl erlebten dann Millionen Franzosen als zugeschalteten Gast in der Fernseh-Debatte zwischen Mitterrand und Séguin wenige Tage vor dem Maastricht-Referendum 1992 oder Jahre später im Interview mit Anne Sinclair in ihrer Reihe „7 sur 7".

Natürliche Spannungsfelder in der Regierung und Koalition

Aufgabenfeld und -stellung im Bundeskanzleramt erwiesen sich als Minenfeld im Verhältnis zu den Fachressorts. Die Abteilungen des Bundeskanzleramts sind nicht einfache „Spiegelabteilungen und -referate" zu den Fachministerien, sondern zugleich auch Helfer des Bundeskanzlers und des Chefs des Bundeskanzleramts zu deren Unterstützung wie zur möglichst reibungslosen Durchführung der Regierungs- und Koalitionsarbeit.

Für Helmut Kohl waren wir eine Mischung aus „Pendant" und Bindeglied zu den federführenden Ministerien, wir waren zugleich sein operativer Arm, den er ggf. einsetzen konnte, und zugleich Planungsstab, der mittel- und längerfristig Politik entwickelte.

Der Konflikt war und ist im deutschen institutionellen System strukturell angelegt, er ist durch den Spannungsbogen zwischen der „Richtlinienkompetenz" des Bundeskanzlers auf der einen Seite und dem „Ressortprinzip" auf der anderen Seite vorprogrammiert.

Erwartete der Bundeskanzler die Umsetzung seiner politischen Linie und Überzeugung, so bedeutete dies nicht unbedingt, dass damit das Auswärtige Amt, die Verteidigung, das Ministerium für Entwicklungszusammenarbeit oder die eigene Fraktion im Bundestag oder im Europäischen Parlament immer einverstanden sein mussten.

Die Presse stilisierte mitunter die damit verbundenen verdeckten, zuweilen auch offenen Meinungsverschiedenheiten und Konflikte hoch zum „Neben- oder heimlichen Außenminister". Dies klang natürlich gut und nach Schlagzeilen bzw. nach Ärger, entsprach aber in keiner Weise der Realität, der über weite Strecken engen und vernünftigen Zusammenarbeit mit den mir „anvertrauten" Häusern.

Zugleich ist es schon richtig, dass die formale Struktur mit dem „Ministerialdirektor" an der Spitze der Abteilung im Kanzleramt nicht einfach der Hierarchie der Fachressorts entsprach. Dennoch kann ich im Rückblick die echten Streitfälle an zwei Händen abzählen. Helmut Kohl, dem die Europapolitik wie auch einige Kernthemen der Außenpolitik besonders am Herzen lagen, bediente sich seiner Mitarbeiter, um Politik zu erläutern, Hintergründe diskret zu sondieren, Ideen zu testen, Vertrauensverhältnisse aufzubauen und zu vertiefen, Verhandlungen oder Treffen vor- oder nachzubereiten oder schlicht um seine Außenpolitik zu flankieren.

Daraus ist über die Jahre mit Politikern und Kollegen in Deutschland wie in Europa und auf internationaler Ebene ein enges Vertrauensverhältnis, eine Art Netzwerk entstanden. Mit vielen Kolleginnen und Kollegen bin ich noch heute befreundet oder zumindest in Verbindung. Mitunter musste ich für manche auch als der „verlängerte Arm" Helmut Kohls, sein „Strippenzieher", wie der Economist einmal titelte, aber auch sein „Terrier" oder „Wadenbeißer" erscheinen – auch dies gehörte zur Aufgabe – als ob es dies in den Ministerien oder in den Fraktionen oder selbst im Europäischen Parlament nicht auch gegeben hätte!

Umgekehrt erwartete das „Mutterhaus" Auswärtiges Amt – außer dem Minister selbst, der dieses Spannungsfeld sehr wohl einzuschätzen wusste – wie selbstverständlich die Hilfe bei der Durchsetzung seiner Auffassungen gegenüber dem Bundeskanzler(-amt) und den anderen Ministerien. Oft war damit von manchen Kollegen viel zu wenig Verständnis dafür verbunden, dass es für mich keine gespaltene oder doppelte Loyalität geben konnte.

Hinzu kamen – und auch das gehörte dazu – eine gute Portion Eifersucht, Neid über die vermeintliche Machtstellung bzw. deren Nutzung, abgesehen von der manchmal recht eigenwilligen, von Genscher geförderten und von Kohl in Nebenthemen geduldeten Interpretation des „Ressortprinzips" seitens des AA versus „Richtlinienkompetenz" des Bundeskanzlers.

Zudem verstanden die gleichen Kollegen viel zu wenig, dass diese vermeintliche Macht „abgeleitet" war und vom Kanzler jederzeit widerrufen werden konnte – und dass ich auch zuweilen unter unmissverständlicher Weisung seitens des Bundeskanzlers stand. Ich wäre immer der erste gewesen, der „seinen Hut hätte nehmen müssen". Insofern führten Führungsstil und -methode von Helmut Kohl dazu, dass ich regelmäßig auf Risiko arbeiten musste und zwar auf mein eigenes Risiko.

Oft genug habe ich im Kanzleramt versucht, das „Amt" und die Kollegen im Zweifel zu unterstützen, zu schützen und dafür genug Prügel, manchmal von beiden Seiten, einstecken müssen. Einer der wenigen, der dies, wenn auch (zu) spät begriff, war der frühere Außenminister Kinkel, der in der Schlussphase erfahren musste, von eigenen Leuten im Stich gelassen zu werden.

Manchmal kosteten die „Kollegen" mich mehr Nerven und Anstrengung als es die Sache letztlich wert war. Viele freuten sich daher als „Gottes Strafe" über die Wahlniederlage 1998, hofften auf meine sofortige Versetzung in den einstweiligen Ruhestand. Sie mussten sich noch ein wenig gedulden und mich als Botschafter zunächst bei der NATO in Brüssel, dann in Spanien ertragen. Mit anderen hat sich ein vertrauensvolles, je freundschaftliches Verhältnis bis heute erhalten, dafür bin ich ihnen dankbar.

Zugleich gab es aber auch Kollegen aus anderen Häusern, mit denen ich diskret Kontakt hielt. Wir nutzten ein über die Jahre gewachsenes Vertrauensverhältnis, um uns gegenseitig auch über sensible Vorgänge zu unterrichten. Ich nenne insoweit bewusst Vizeadmiral Ulrich Weisser, er war einer der wenigen strategisch denkenden in der Bonner Szene, er war der Vertraute des selbstbewussten, oft an die Grenzen seiner „Autonomie" gehenden Verteidigungsministers Volker Rühe und im Kanzleramt im Umfeld des Bundeskanzlers nicht wohl gelitten. Trotzdem hielten wir engen Kontakt, hielten uns diskret auf dem laufenden, ohne unbedingt unseren Chefs darüber alles zu berichten – für ihn wie für mich nicht ohne Risiko, aber das gehörte einfach zum Geschäft.

II. Kapitel
Helmut Kohls „rote Fäden" –
Determinanten deutscher Außenpolitik

1. Ausgangspunkte und Grundlagen

Ausgangspunkt meiner Beobachtungen und Betrachtungen als „Zeitzeuge" der Ära Kohl müssen die Determinanten, die Grundlagen und Ziele deutscher Außenpolitik darstellen. Ich möchte dabei auch vor allem der Frage nachgehen, inwieweit diese sich mit der deutschen Wiedervereinigung und dem Ende des Ost-West-Konflikts verändert haben.

Es mag kaum jemanden, der mich kennt, verwundern, dass ich das deutsch-französische Verhältnis und seine Zukunft quasi „vor die Klammer" ziehe und ihm besondere Aufmerksamkeit widme.

Darauf aufbauend folgen die Entwicklung der deutschen Europapolitik in jenen Jahren als dem zentralen Baustein deutscher Politik sowie die Fragen nach der deutschen Außenpolitik, insbesondere das Verhältnis zu Nordamerika, ehemals Eckpfeiler unserer Außenpolitik, heute in der Gefahr des Auseinanderdriftens, sowie zu Asien und den anderen Kontinenten. Sie zeigen auf, wie sehr die heutigen Fragen, Krisen, Konflikte doch in Wahrheit bereits in jener Zeit „angelegt" waren und nicht gelöst werden konnten bzw. sich anders als gedacht entwickelt haben. Dem schließen sich aufbauend auf der Rückschau Überlegungen zur Zukunft und Zukunftsfähigkeit Deutschlands und Europas an.

Deutschlands Geschichte, seine geopolitische Lage, seine innere politische und wirtschaftliche Statur bestimmen seine Außenpolitik – ein banal klingender Satz, dessen Ausbuchstabierung jedoch alle Probleme und Fallstricke offenlegt.

Deutschland war und ist in Europa das Land mit den meisten Grenzen, wir haben mehr unmittelbare Nachbarn als alle anderen Partner – insgesamt neun. Deutschland liegt mitten auf dem Kontinent, ein Durchgangs-, heute würde man sagen Transitland an der Schnittstelle von Ost und West, Nord und Süd, ein offenes Land, nur zu einem geringen Teil mit natürlichen Grenzen. Über Autobahngebühren, Grenz- oder Immigrationskontrollen – heute über Flüchtlinge – bei uns zu sprechen und eine entsprechende Politik zu praktizieren, ist ein gutes Stück komplizierter als für viele unserer Partner in Europa.

Es kommt hinzu, Deutschland ist heute mit seinen gut 80 Millionen Einwohnern das bevölkerungsreichste Land und zugleich die stärkste Wirtschaftskraft Europas. Dies macht unsere Lage schwieriger, zudem gibt es uns eine größere Verantwortung nach innen wie nach außen.

Wesentlich ist auch, dass wir ein Land mit einer schwierigen Geschichte sind. Es ist hier nicht der Raum, dies im Einzelnen auszuführen und zu bewerten. Wir haben mit die kürzeste Geschichte als Nation, wir müssen uns der Verantwortung für die durch die Nazis im deutschen Namen geschehenen Verbrechen an den Juden, aber auch anderen europäischen Nationen stellen. Wir können sie nicht einfach in das Buch der Geschichte ablegen, sondern müssen wissen, wie wir damit umgehen.

Mir ging diese Frage immer wieder durch den Kopf, als sich im Jahre 2000 in einer mir bis heute kaum verständlichen Aktion die Bundesregierung unter Bundeskanzler Gerhard Schröder zusammen mit dem französischen Präsidenten Jacques Chirac an die Spitze der Bewegung setzte, um den Nachbarn Österreich angesichts des Eintritts des liberal-radikalen Jörg Haider in die Regierung unter Bundeskanzler Wolfgang Schüssel auf die europäische Anklagebank zu setzen. Ziel war es, im Vorgriff auf die neuen, noch gar nicht in Kraft getretenen europäischen Vorschriften des Vertrages von Nizza Österreich unter Quarantäne bzw. Kuratel zu stellen. Ich dachte mit Schaudern an mögliche andere Fälle, an größere Länder wie Frankreich oder Italien, aber auch an uns selbst.

Wie würden dann die Mitgliedsländer der EU und ihre Institutionen reagieren? Und, wenn meine Informationen richtig sind, hatte wie so oft eine menschliche Reaktion am Anfang dieses politische Erdbeben ausgelöst: Jacques Chirac hatte vergeblich versucht, dem österreichischen Bundeskanzler klar zu machen, er müsse auf eine Koalition mit den Freiheitlichen verzichten, dies vor einem rein französischen Hintergrund. Er befürchtete, dass dadurch der Front National hoffähig, regierungsfähig werden könnte. Schüssel musste der Bannstrahl daher doppelt hart treffen! Sein Ziel war es doch, die Freiheitlichen durch die Einbeziehung in Regierungsverantwortung zu zerreiben. Und Gerhard Schröder, ihm schien dies gut in die Abgrenzung zur CDU zu passen.

Was bedeutet dies für den Umgang mit Geschichte? Kann dies die richtige Antwort auf das Entstehen populistischer Bewegungen in einzelnen Ländern sein? Muss nicht die Politik selbst durch Inhalte auf solche Gefahren reagieren? Muss Europa insoweit nicht politisch helfen anstatt abzustrafen?

Denken wir nur an die aktuelleren Fälle in der EU – Ungarn und Polen, Fälle, in denen sehr leichtfertig mit einer halbwegs objektiven Betrachtung umgegangen wird, ohne den geschichtlich-politischen Hintergrund dieser Länder zu bedenken – und ohne die Frage zu stellen, ob wir, der frühere Westen genug getan haben, um die junge Demokratie in diesen Ländern zu fördern. Messen wir nicht allzu leicht mit zweierlei Maß, wie jüngst mein AA-Crew Kollege Rudolf Adam in einem Cicero-Beitrag sehr eindrucksvoll und durchaus berechtigt herausgearbeitet hat.[3] Und versuchen wir bitte nicht, alle Vorgänge und Entwicklungen unbedingt juristisch zu erfassen! In Wahrheit denken wir doch in Europa in den verschiedenen Staaten über die Grundlagen von „Demokratie" und „Rechtsstaat" bis heute recht unterschiedlich.

Das europäische politische Gefüge, seine Maschinerie sind insofern noch nicht hinreichend gefestigt, sie sind abhängig von politischen Strömungen, ja Stimmungen in den einzelnen Mitgliedstaaten, sie werden leicht zu bequemen Zielscheibe, ja zum Sündenbock!

Die genannten kritischen Beispiele stammen aus der Zeit „nach Helmut Kohl", seine Ära war genauso wenig frei von Gratwanderungen dieser Art – und damit Themen, über die wir oft, und nicht nur beiläufig, diskutiert haben.

Die jüngere Geschichte hinterlässt verständlicherweise bei uns Narben, Ängste, Schuld- bzw. Verantwortungskomplexe, zum Teil auch eine gewisse Verklemmtheit, wie französische Freunde durchaus berechtigt häufig feststellen.

Die Wiedervereinigung hat diese Komplexität unserer Lage noch verstärkt. Wir standen und stehen nicht nur vor der Herausforderung die neuen Bundesländer zu integrieren, unseren Landsleuten zum gleichen „Standard" wie im Westen zu verhelfen. Wir haben diese Aufgabe in ihrer Tragweite meiner Auffassung nach am Anfang unterschätzt, wir wussten einfach zu wenig, haben manches auch buchstäblich verdrängt. Zu Anfang lag dies vielleicht auch daran, dass alles schnell gehen sollte und musste. Hinzu kommt, dass die Mehrheit der Deutschen letztlich nicht mehr an das Zustandekommen der Wiedervereinigung geglaubt hat bzw. sich mit ihr abgefunden hatte.

Wenn sich schon im November 1989 eine Minderheit im Führungskreis des Kanzleramts auf Beamtenebene – nämlich die klassischen „Deutschland-Politiker" – gegen die „Zehn Punkte" des Bundeskanzlers

---

[3] Rudolf Adam, Wie die Wertegemeinschaft ihre Glaubwürdigkeit verliert, Cicero vom 29. 01. 2018

aussprach, um die bisherige Entspannungspolitik nicht zu gefährden, wie sollte dann die Mehrheit in der Bevölkerung denken?

Ich bin davon überzeugt, wir werden für die volle Angleichung der Lebensverhältnisse letztlich mindestens zwei Generationen brauchen. Dies gibt uns einen Eindruck, welcher Herausforderung wir uns in Wahrheit bei der Ost-Erweiterung der Europäischen Union gegenüber standen und stehen.

Hand aufs Herz: wären die Mitgliedstaaten der „alten" EU bereit, zwei Jahrzehnte jährlich 4% ihres Bruttoinlandsprodukts für die Wiedervereinigung mit einem Teil ihres Landes zu „opfern"? Dies sind die jährlichen Transferleistungen Deutschlands gegenüber den neuen Bundesländern.

Der französische Präsident François Mitterrand hat einmal fast beiläufig – seine eigene Premierministerin Edith Cresson korrigierend – im Rahmen eines deutsch-französischen Gipfels nach der deutschen Einheit 1991 in Lille, natürlich außerhalb des Protokolls, festgestellt, wenn ein Staat dies in Europa könne, dann sei es Deutschland – und dieses Deutschland sei dann stärker als je zuvor.

Nur: diese neue Größe Deutschlands hat das unbewusste Misstrauen, auch Neid und Missgunst unserer Freunde und Partner aufs Neue geweckt. Für manche wird es – verstärkt durch die politisch-wirtschaftliche Schwäche Frankreichs wie anderer Partner, das Auseinanderdriften der Kraft der beiden Länder zum Gefühl der „Erniedrigung". Dies äußert sich selten offen, ist jedoch latent vorhanden, bricht leicht aus und hat sich heute angesichts des wirtschaftlichen Gewichts noch verstärkt.

Zugleich wird von uns als dem „wirtschaftlichen Hegemon" jedoch zunehmende Normalität und vor allem auch Solidarität erwartet. Die „Ausrede" deutsche Teilung steht uns nicht mehr zur Seite. Bundeskanzler Helmut Kohl hat hier zu Recht auf einen vorsichtigen, graduellen Prozess gesetzt und dies vor allem auch im Hinblick auf etwaige Einsätze der Bundeswehr unterstrichen.

Auch wenn man objektiv davon ausgehen muss, dass Deutschland – wie umso stärker seine großen Partner Frankreich oder bisher das Vereinigte Königreich – sich noch erst in seiner neuen Rolle, seinem Platz in Europa zurechtfinden muss, so nehmen uns die Partner diese „Selbstfindung" mit zunehmendem Abstand von der Wiedervereinigung allenfalls eingeschränkt ab.

Aufgrund unserer geopolitischen Lage sind wir Deutschen, ob wir das so mögen oder nicht, auf Gedeih und Verderb von der Entwicklung um uns herum abhängig, Europa ist die politische und wirtschaftliche Grundlage unseres Wohlergehens, daher ist, so banal dies klingt, die europäische Entwicklung von vitalem Interesse für die Existenz und Zukunft unseres Landes.

Zugleich sorgt die Einbettung in die europäische Integration dafür, Deutschland mit seiner Größe und Geschichte, aber auch ein wenig aufgrund unseres Charakters für die anderen Europäer verkraftbar, „erträglich" erscheinen zu lassen. Dies bedeutet nicht, dass wir nur schlucken, alles hinnehmen müssen, nein, wir müssen vielmehr alles daran setzen, dass diese Entwicklung mit unserem wohlverstandenem Interesse übereinstimmt. Ein deutsches „Fremdeln" im Verhältnis zu Europa, eine sichtbare Dominanz trägt unwillkürlich zu einem Abwehrverhalten seitens der Partner, ja zu einer Renationalisierung in Europa bei. Dies setzt ein gesundes Maß an Bescheidenheit, an permanenter Vertrauensbildung und auch an Selbstbewusstsein voraus, wobei es uns Deutschen aufgrund unseres Charakters mitunter nicht leichtfällt, das richtige Maß zu finden. Es wird von uns ein Maß an psychologischem Geschick verlangt, das uns in unserer Geschichte selten gelungen ist.

Dies gilt zum Beispiel ganz besonders für das Verhältnis zu den kleineren Mitgliedstaaten. Eine der großen Stärken von Helmut Kohl im europäischen Konzert war die Pflege des Verhältnisses zu dieser Mehrheit der Mitgliedstaaten. Er ermahnte uns Mitarbeiter unablässig, bei aller Notwendigkeit der engen Zusammenarbeit mit Paris, London, Madrid, Rom oder zunehmend auch Warschau immer ein offenes Ohr für die Anliegen und Auffassungen der kleineren Mitgliedstaaten zu haben.

So wichtig es sei, mit Frankreich die besten und engsten Beziehungen zu pflegen, so wichtig sei es, mit den anderen Partnern, insbesondere mit den kleineren Ländern eng und vertrauensvoll zusammen zu arbeiten. Die Beispiele „Luxemburg" oder „Dänemark" standen insofern für viele andere Partner und schloss aber auch die anderen „Großen" ein – ob das Vereinigte Königreich, Italien, Spanien oder Polen.

Ein nordischer Politiker, früherer sozialdemokratischer Ministerpräsident eines dieser kleineren Länder, bestätige mir dies mehrfach mit den Worten: „In der Kohl-Ära wussten wir, dass wir bei Euch gut aufgehoben sind. Wir konnten uns auf Helmut Kohl immer verlassen. Er hat uns nie übervorteilt oder im Regen stehen lassen. Wenn ich ein echtes Problem mit Brüssel, anderen Mitgliedstaaten oder selbst zu Hause hatte, konnte ich ihn immer erreichen oder Dich als Überbringer nutzen. Ihr habt uns Kleine nie über den Tisch gezogen, sondern uns geholfen. Leider ist dies vorbei".

Oder nehmen wir die in Deutschland immer wieder aufkeimende Debatte über den „Zahlmeister Europas". Es ist richtig, wir haben über die Jahre, gemessen an dem Bruttoinlandsprodukt pro Kopf als der wohl vernünftigsten Messzahl, mehr in die Brüsseler Gemeinschaftskasse gezahlt als wir daraus erhalten haben. Deutschland ist der größte Nettozahler. Heute sind dies jährlich über 13 Mrd. €. Auf der anderen Seite steht Polen mit über 12 Mrd. € als der größte Nettoempfänger [4]

Mir scheint indes, dass es diesen Geistern nicht bewusst war und ist, wie sehr Europa zu unserem Wohlstand beiträgt. Ein Gutteil unserer Exporte geht nach EU-Europa, sie bilden trotz aller Globalisierung unverändert das „Rückgrat" der deutschen Wirtschaft. Hätten wir nicht offene Grenzen und den europäischen Binnenmarkt, so wäre ein solches Maß an Wohlstand nie möglich gewesen. Natürlich müssen die Wirtschaft selbst wie auch die Politik bei der Setzung der Rahmenbedingungen darauf achten, dass weder daraus noch aus den Exporten in andere Weltregionen zu grosse Abhängigkeiten entstehen.

Und es steht auf einem anderen Blatt, dass es selbstverständlich ist, für einen gerechten oder zumindest zu rechtfertigenden Beitrag einzutreten. Wir sind mit der europäischen Ausrichtung, die von allen bisherigen Bundesregierungen mit unterschiedlicher Intensität mitgetragen wurde, in Wahrheit gut gefahren.

Heute ist Deutschland zum ersten Male in seiner Geschichte nur von Ländern umgeben, mit denen es in Frieden und Partnerschaft lebt. Wie anders hätte bei uns wie in Europa über die Jahre ein solches Maß an Wohlstand, an sozialer Sicherheit entstehen können, wie anders könnten wir heute auf über ein halbes Jahrhundert Frieden, Freiheit, Demokratie und Rechtsstaat zurückblicken. Darauf können und sollten wir Deutschen und Europäer stolz sein.

Aus all diesen Prämissen folgen ganz natürlich die grundlegenden Prioritäten der Außenpolitik Deutschlands, vor und erst recht seit der deutschen Wiedervereinigung: Frieden und Freundschaft mit allen Nachbarn und vor allem die europäische Integration, aufbauend auf dem deutsch-französischen Verhältnis.

Eckpfeiler deutscher Außenpolitik

In diesem Sinne waren für Helmut Kohl **vier Eckpfeiler** oberste Richtschnur und zugleich Leitmotiv deutscher Außenpolitik als Grundlagen für die bestmögliche Vertretung unserer vitalen deutschen Interessen:

---

[4] Siehe die anschauliche Statistik für 2018 in www.statista.com vom 29.10.2019

Erstens: Das Ziel der Wiedervereinigung des deutschen Volkes in Frieden und Freiheit nie aus den Augen verlieren, dabei immer das Schicksal der Menschen in einem geteilten Land zu beachten und erstes Augenmerk auf die Konsequenzen für sie zu setzen.

Zweitens: Ein enges, vertrauensvolles deutsch-französisches Verhältnis, ähnlich in seiner Zielsetzung auch mit allen unseren Nachbarn, als Basis vor allem auch der europäischen Politik

Drittens: Das Engagement für die europäische Integration mit einem guten partnerschaftlichen Verhältnis zur Kommission und nicht nur zu Paris, London, Madrid oder Rom, sondern vor allem zu den kleineren Mitgliedstaaten.

Viertens: Eine möglichst enge Partnerschaft mit Washington als unserem engsten Verbündeten in der NATO, dem entscheidenden Garanten unserer Sicherheit und Freiheit in Europa, aber auch ein gutes Verhältnis mit Moskau und Peking.

Diese vier Eckpfeiler sollten nie als eine exklusive Ausrichtung der Politik oder eine Vernachlässigung unserer Interessen gegenüber anderen Ländern und Regionen der Welt missverstanden werden.

Man müsste hier, auch durch die Geschichte geprägt, viele Beispiele nennen.

Hervorzuheben ist das Verhältnis zu dem Staate Israel, eine Beziehung, die seit Konrad Adenauer immer ein ganz besonderes Gewicht für die deutsche Politik und Außenpolitik gehabt hat und unverändert hat – eine Beziehung, die wie Helmut Kohl auch mir besonders am Herzen lag und der immer wieder ein ganz besonderer Einsatz galt. Ähnliches gilt für das Verhältnis zu Polen, aber auch zu anderen Nachbarn wie Luxemburg oder die Niederlande.

2. Deutschland – Frankreich – und die „anderen Partner"?

Für Helmut Kohl war die Beziehung zu Frankreich Grundlage und Schlüssel der europäischen Einigung. Was aber in keinem Falle für ihn bedeutete, das Beziehungsgeflecht und die Qualität des Verhältnisses zu den anderen Partnern zu vernachlässigen, im Gegenteil!

Ich widerstehe der Versuchung, die Grundlagen und Entwicklung deutscher Europapolitik anhand der deutsch-französischen Gipfelbegegnungen und -konsultationen sowie Ministerräte von Mitte der 80er Jahre, wie ich sie erlebt habe, nachzuvollziehen. Auf die eine oder andere Begegnung werde ich eingehen müssen, ich möchte den roten Faden vielmehr durch die Themen und führenden Persönlichkeiten finden.

Wir waren uns immer bewusst, dass ohne eine deutsch-französische Verständigung die europäischen Herausforderungen nicht zu bewältigen sind. Ebenso klar war es uns auch, dass eine gemeinsame deutsch-französische Haltung für die Gesamtheit der Mitgliedstaaten nicht automatisch akzeptabel sein muss. Und doch war es uns immer offensichtlich, dass von der Fähigkeit Deutschlands und Frankreichs zu einem tragfähigen Kompromiss die Zukunft der europäischen Integration abhängig ist. Dies gilt heute in einer Union von 28 bzw. 27 Mitgliedstaaten unverändert, vielleicht sogar noch stärker als damals.

Ist nicht alles schon über dieses Verhältnis gesagt? Über diese schicksalhafte Beziehung im Herzen Europas, diese über Jahrhunderte so oft über Krieg und Frieden entscheidende Nachbarschaft ist wahrscheinlich mehr als über jede andere Beziehung zwischen zwei Ländern gesagt und geschrieben worden.

Diese beiden Nachbarn, die zuweilen in den Medien verklärt als – wenn auch atypisches – (Ehe-)Paar bezeichnet werden, sind immer seitens der Medien, vor allem auch seitens der Partner immer mit größter Aufmerksamkeit und kritischem Argwohn beobachtet worden.

Immer wenn es in Europa gut lief und Deutschland und Frankreich sich mit gemeinsamen Initiativen an die Spitze der Bewegung stellten, so sprach man in manchen Ländern fast automatisch vom Risiko eines schädlichen Direktoriums.

Immer wenn sich Europa in einer krisenhaften Lage befand und die beiden Partner nicht einig waren, so war die Kritik nicht weniger deutlich – die Partner warfen dem Tandem vor, es vernachlässige seine gemeinsame europäische Verantwortung. Man kann auch ernüchternd feststellen, recht werden wir es niemandem machen können, versuchen wir daher grobe Fehler so weit irgend möglich zu reduzieren.

Die deutsch-französische Annäherung und Aussöhnung hat es nach dem Zweiten Weltkrieg erlaubt, das europäische Einigungswerk in Gang zu setzen und es bis weit in die 90er Jahre entscheidend vorangebracht.

Deutschland und Frankreich haben alle Fortschritte der europäischen Einigung bis hin zu den Verträgen von Maastricht und Amsterdam zum Teil durch spektakuläre Initiativen trotz oft gegensätzlicher Interessen und Persönlichkeiten immer wieder wesentlich gefördert bzw. den notwendigen Kompromiss möglich gemacht. Natürlich steckte hinter Initiativen oder Kompromissen angesichts widerstreitender Interessen und Standpunkte oft genug ein gehöriges Maß an Kraftanstrengung und politischem Willen aufeinander zuzugehen, und zwar auf beiden Seiten.

Dies galt nicht nur für das Zusammenwirken auf europäischer Ebene, sondern auch für das bilaterale Verhältnis, für besondere Gesten wie der gemeinsame Besuch in Verdun 1984, aber auch für Anstöße zur Vertiefung der Zusammenarbeit. Man denke z.B. an ARTE, an den deutsch-französischen Kulturrat, den Verteidigungs- und Sicherheitsrat, die deutsch-französische Brigade oder an den Finanz- und Wirtschaftsrat.

Zuweilen war die innenpolitische Seite in Paris oder Bonn-Berlin auch damit nicht oder nicht ganz einverstanden. Der Erfolg hat uns indes recht gegeben. Besonderes Beispiel auf europäischer Ebene ist die Wirtschafts- und Währungsunion. Die deutschen und französischen Positionen standen sich zu Anfang der Arbeiten in der Sache unversöhnlich gegenüber, Helmut Schmidt und Valéry Giscard d'Estaing schienen zehn Jahre zuvor mit dem EWS das politisch mögliche erreicht zu haben. Die Franzosen versuchten zunächst, uns auf die Probe zu stellen, immer wieder Forderungen einzubringen, die für sie natürlich, für uns aber unannehmbar waren. Sie mussten einsehen, dass dieses Thema unseren Kompromissspielraum aufgrund seiner innenpolitischen Sensibilität nahezu auf Null schrumpfen ließ – und dass sie vielleicht doch besser damit fahren würden, wenn sie unserem Modell folgten.

Oder die Energiepolitik. Auch hier konnten – können auch heute noch – die Grundlagen und Perzeptionen nicht gegensätzlicher sein, dort das Land mit staatlich gelenkter Energiepolitik, mit Electricité de France, EDF, als der beherrschenden Staats-Gesellschaft, mit der Kernenergie als dem großen Energielieferanten – hier das Land mit den großen vier Energieversorgern, Oligopolen, mit den Stadtwerken, mit der tiefen Skepsis ja Angst vor der Kernenergie, mit der psychologisch überhöhten Stellung der Kohle, der besonderen Rolle des Gases (Russland!) und vor allem der erneuerbaren Energie – Wind und Sonne – als Fetisch! Ja, dies ist meine Kurzbeschreibung der Lage im Energiebereich! Komplizierter geht es kaum!

In den neunziger Jahren versuchten wir – der Freund und Kollege Sighart Nehring und ich – mit den Franzosen, einen „historischen" Kompromiss zur Öffnung und Liberalisierung des europäischen Energiemarktes zu erreichen. Wir diskutierten stundenlang mit den Kollegen, loteten Möglichkeiten eines Kompromisses aus, hielten Rücksprache mit Verbänden, mit den Bundesländern, mit anderen Partnern. Wir schlugen schließlich den Franzosen einen stufenweisen Ansatz, Privat- und Industriekunden unterscheidend, vor, den die Franzosen dann nach einem gewissen Zögern zu Hause vertreten konnten, und der zur Richtschnur für den Kompromiss in Brüssel wurde.

Es war übrigens Otto Wiesheu, der damalige bayerische Wirtschaftsminister, der uns auf diesen Pfad gebracht hatte.

Im Nachhinein muss ich freilich offen eingestehen, dass der damals gewählte Ansatz uns einer gemeinsamen europäischen Energiepolitik nicht näher gebracht hat, schade! Und ich musste Jahre später von außen, zugleich als Vertreter eines in dieser Branche tätigen großen Unternehmens, mitansehen, dass uns in Deutschland die erste – wie auch später die zweite – „Energiewende" uns diesem Ziel auch nicht näher gebracht hat, im Gegenteil!

Und doch wartet Europa unverändert auf den „historischen Energie-Kompromiss" zwischen Deutschland und Frankreich, zwischen dem Land, das an der Kernenergie festhält und dem, das stattdessen auf erneuerbare Energien setzt. Ein solcher – wünschenswerter und durchaus möglicher „historischer" Kompromiss setzt freilich den Respekt vor der Wahl des Partners voraus und den Willen, gemeinsam Energieeffizienz und erneuerbare Energien zu entwickeln.

Die letzte EU-Kommission um Jean-Claude Juncker schien weitaus mehr als ihre Vorgänger, vielleicht auch dank der Vorarbeit seitens des von vielen so geschmähten und unterschätzten Kommissars Günther Oettinger, willens, einen gemeinsamen Energiemarkt und eine „Energie-Union" in die Tat umzusetzen. Und doch, Fortschritte sind bis heute mehr als beschränkt! Unterschiedliche Auffassungen und Herangehensweisen, unterschiedliche Traditionen und Geschichten, systemimmanente Schranken – und vor allem unterschiedliche Perzeptionen sind geblieben und bereiten zunehmend Schwierigkeiten.

Ein ähnliches, zugleich ganz besonderes Beispiel ist die nukleare Verteidigung, ein Kapitel, in dem man mehr von außen eine im Grunde im Innern durchaus vorhandene Zwietracht mit Hilfe von Unterstellungen zu verstärken suchte.

Manche versuchten – ohne Erfolg – uns zu unterstellen, die Regierung Kohl habe trotz des klaren Verzichts auf Nuklearwaffen durch die Hintertür eine Beteiligung gesucht. Die Linie war immer klar, keine eigenen Waffen, aber Beteiligung im Sinne einer Teilhabe durch Einbeziehung in Konsultationen bzw. gemeinsam mit anderen Alliierten Unterstützung der Amerikaner beim Einsatz.

Für Präsident Mitterrand war der amerikanische Schutz Grundlage der Abschreckung des Westens gegen die Sowjetunion, die französischen Waffen waren auch wohl für ihn in Wahrheit komplementärer Natur. Frankreich wollte nicht allein von der amerikanischen Politik abhängig sein.

Zugleich verstand er, dass Frankreich, allein auf sich gestellt nicht nukleare Schutzmacht für Deutschland sein konnte. Er hatte aber Verständnis, ohne dass die Deutschen insoweit nachhaken mussten, für die kritische Lage für Deutschland als damaligem „Frontstaat", vor allem in Bezug auf den möglichen Einsatz der französischen nuklearen Gefechtsfeld- oder Kurzstreckenwaffen im Rahmen der Vorneverteidigung des französischen Territoriums. Stichworte „Pluton" und „Hades"! Von daher bot er dem Bundeskanzler Konsultationen vor einem eventuellen Einsatz an – dies bei einer Frage, die für beide Seiten von hoher politischer Sensibilität war. Klar war immer, dass das letzte Wort über den Einsatz beim französischen Präsidenten blieb. Eine Diskussion über Sinn und Zweck der französischen Nuklearverteidigung – über Sinn und Zweck des Plateau d'Albion, der Luft- und U-Boot-gestützten Nuklearwaffen war, so hoch interessant, nur außerhalb des klassischen Rahmens von Konsultationsgesprächen möglich. Die Gefechtsfeldwaffen von damals sind abgerüstet – und doch liegt das Thema heute wieder zu Recht auf dem Tisch.

Angesichts der Unsicherheiten um die amerikanische Politik hat der französische Präsident Emmanuel Macron angeregt, Gespräche über eine europäische Teilhabe mit Hilfe von Konsultationsmechanismen aufzunehmen. Und Berlin tut sich leider unverändert schwer mit dieser Frage, leider mit zum Teil einem Denken, das fern der Realität ist.

„Deutschland-Frankreich" war in vielen Bereichen ein „Geben und Nehmen", ohne aber bewusst den Partner nicht zu überfordern. Kritische Phasen wurden so gemeinsam überwunden, auch wenn wir nicht immer sofort die „Ideallinie" fanden.

Grundlage für solche gemeinsame Vorgehensweisen bildete ein über Jahre aufgebautes Vertrauensverhältnis zwischen den Spitzen beider Seiten, das dem Partner letztlich die Sicherheit gab, nicht benachteiligt oder überfordert zu werden. Daraus sind über die Jahre auch Freundschaften erwachsen, ob zwischen Beamten oder Politikern. Helmut Kohl stand in all den Jahren zwei französischen Politikern besonders nahe – François Mitterrand und Jacques Delors. Über letzteren wird im Rahmen der Europa-Politik zu sprechen sein.

Zwei Präsidenten, neun Premierminister

Ich möchte auf das Verhältnis zu den beiden Präsidenten François Mitterrand und Jacques Chirac näher eingehen, zugleich aber auch die neun Premierminister Frankreichs nicht vergessen, mit denen es Helmut Kohl zu tun hatte.

Helmut Kohl hat in den sechzehn Jahren seiner Kanzlerschaft insgesamt neun Premierminister an der Seite von zwei Staatspräsidenten erlebt, einige davon waren, wie man in Frankreich gerne sagt, präsidentiabel – und nur ein einziger schaffte es schließlich, und das war Jacques Chirac, im dritten Anlauf!

Dies sagt aber nichts über das für den Partner nicht leicht zu durchschauende Verhältnis zwischen Staatspräsident und Premierminister. Vor der ersten „Cohabitation" mit Chirac hatte Helmut Kohl bereits zwei Premierminister „erlebt" (Pierre Mauroy und Laurent Fabius), in meiner Zeit sollten unter Mitterrand fünf weitere hinzukommen (Jacques Chirac, Michel Rocard, Edith Cresson, Pierre Bérégovoy, Edouard Balladur) sowie dann unter Chirac selbst zwei: Alain Juppé und Lionel Jospin.

Der Bundeskanzler bezeichnete sich bei der dritten Cohabitation dann öfters scherzhaft als „Spezialisten" im Umgang mit diesem französischen Phänomen, das mit den Koalitionsregierungen im deutschen Sinne nicht vergleichbar ist. Naturgemäß standen die Premierminister politisch und verfassungsmäßig im Schatten des Präsidenten, der eine oder andere versuchte es trotzdem, sich einen gewissen Freiraum zu verschaffen oder zu erkämpfen. Dies galt besonders in Zeiten der Cohabitation für Chirac selbst, für Edouard Balladur und für Lionel Jospin, aber auch in Zeiten „gleicher politischer Flagge" für Michel Rocard oder Alain Juppé.

Trotzdem suchte der Bundeskanzler, soweit möglich, zu dem einen oder andern ein vertrauensvolles Verhältnis aufzubauen. Ich denke insoweit besonders an Michel Rocard oder Alain Juppé, mit denen ich mich selbst freundschaftlich verbunden fühle, auch wenn sie ganz unterschiedliche Persönlichkeiten waren bzw. sind.

Mit Michel Rocard bin ich nach seinem Ausscheiden „warm" geworden, ich musste erst die besondere Persönlichkeit dieses Mannes kennen und schätzen lernen. Er wurde für mich zu einem älteren Freund, mit dem die Diskussion, ja der politische Disput immer eine Freude war. Er entpuppte sich als ein „Querdenker", der die Diskussion, ja den inhaltlichen Disput zur Sache suchte, vom Inhalt her eher ein skandinavisch geprägter Sozialdemokrat, der einsehen musste, dass sich seine Partei nicht in diese Richtung entwickeln ließ. Die regelmäßigen Gespräche mit ihm bis zu seinem Tode im Jahre 2016 waren jedenfalls immer ein Vergnügen! Gerade die Gegensätze in der französischen Parteienlandschaft und Führungsstruktur, die einfach mit der deutschen politischen Kultur in keiner Weise vergleichbar oder vereinbar sind, waren für uns wie für andere aber nicht leicht zu handhaben.

François Mitterrand

Wer hätte gedacht, dass zwei so unterschiedliche Persönlichkeiten, ein auf den ersten Blick so gegensätzliches „Paar" wie Francois Mitterrand und Helmut Kohl, ein Tandem und in gewisser Weise auch Freunde werden sollten, die verantwortlich waren für den späteren europäischen Aufschwung und die Europa immer wieder auf das richtige Gleis setzten.

Ich habe diese Beziehung oft als „europäische Komplizenschaft" („complicité européenne") bezeichnet, ein Wort, das in der Sprache unseres Nachbarn nicht nur den negativen Beigeschmack wie in der deutschen Sprache, sondern vor allem auch positiv im Sinne einer „gemeinsamen Verschwörung" für eine gute Sache verstanden werden kann.

Oft genügte bei Europäischen Räten ein Satz, ein Stichwort, das der andere – auch wenn er wie Mitterrand gerade dabei war, seine legendären Ansichtskarten zu schreiben – dann aufnahm und den Faden fortspann, die politische Idee weiterentwickelte. Es gab aber auch immer wieder Rücksichtnahme des einen auf die politischen Grenzen oder Sensibilitäten des Partners.

Regelmäßig machte die Geschichte auch nicht halt vor seinen Gesprächen mit anderen Staats- und Regierungschefs, vor allem mit Präsident Mitterrand. Die beiden redeten ausgesprochen gern über Geschichte, ob es um den Widerstand während der Besetzung Frankreichs ging oder über den Algerienkrieg, um nur einige Themen zu nennen.

Zu vorgerückter Stunde konnte es dann passieren, dass Hubert Védrine auf die Uhr schauen musste und vorsichtig bekannte: „Herr Bundeskanzler, Herr Präsident, in einer Stunde (oder in einer guten halben Stunde) wird die Presse auf Sie warten".

Daraufhin kam dann der Kommentar, zumeist von Mitterrand: „Ach ja, schon? Das Gespräch war jetzt viel interessanter als Euer Technokraten-Zeug". Na gut – wir trugen dann vor, was wir vorbereitet hatten. Dann haben wir zusammen mit den beiden Chefs konzentriert die Tagesordnung durchgearbeitet. Das war nicht weiter schlimm, da sich die beiden gut kannten, ergänzten und wussten, wo evtl. Probleme und Fallen lauern könnten. Die beiden gingen raus vor die Presse und haben in Kurzform über die wesentlichen Sachthemen berichtet frei nach dem unausgesprochenen Motto: „Für weitere Fragen stehen die Herren Védrine und Bitterlich zur Verfügung." Das gute war, Hubert Védrine und ich, wir verstanden uns ausgezeichnet. Und an solchen Abenden haben wir Geschichte, auch vieles persönliches über unsere Chefs und ihren Lebensweg gelernt.

Eines dieser Beispiele war der Algerien-Krieg, die ausstehende Aussöhnung Algerien-Frankreich. Auf Bitten von Helmut Kohl berichtete Mitterrand ohne Umschweife über das schwierige Verhältnis zum „früheren Departement", seine Hintergründe und unerledigten Probleme. Unter Hinweis auf die Aussöhnung mit Frankreich und Polen bot der Bundeskanzler offen seine Mithilfe in Bezug auf Algerien an, wenn Frankreich dies wünsche. François Mitterrand schien nicht abgeneigt, doch die politische Klasse Frankreichs mochte von einer solchen Hilfestellung nichts wissen, und der Präsident war in der letzten Phase seiner zweiten Präsidentschaft zu geschwächt und durch seine Krankheit gezeichnet, um diesen Widerstand zu überwinden. Helmut Kohl interessierte sich als Politiker und Historiker für dieses hoch sensible, schwierige Kapitel französischer Geschichte und Gegenwart – und so stand dieses Thema zum Beispiel im Mittelpunkt eines faszinierenden Meinungsaustauschs mit dem marokkanischen König Hassan II Anfang Juni 1996 in Rabat. Hassan II war sich mit Helmut Kohl darin wohl einig, dass die Hilfe von Freunden zur Überwindung der inneren Blockaden in Frankreich nützlich sein könnte.

Bei den Gesprächen sprach Mitterrand auch offen seine Jugend an, er, der aus einer rechten, katholisch geprägten Familie stammte, in Vichy mitgemacht hat und dann in den Widerstand ging. Védrine und ich hatten das Vergnügen, das bekannte Buch von Pierre Péan ein halbes Jahr vor Erscheinen kennen zu lernen. Kohl und Mitterrand diskutierten über ihre Jugendzeit, über Familiengeschichte und Mitterrand über seine Flucht aus Deutschland.

Die Legendenbildung um die Feierlichkeiten anlässlich der 50. Wiederkehr der Landung der Alliierten in der Normandie am 6. Juni 1994 sind ein anderes typisches Beispiel für die Sensibilitäten im deutsch-französischen Verhältnis, aber auch für das persönliche Verhältnis Kohl-Mitterrand. Um die Nicht-Teilnahme des Bundeskanzlers haben sich – bis heute – eine Reihe von Legenden gerankt. Eine SPIEGEL-Anfrage anlässlich des runden Feiertages 2004 – an dem Bundeskanzler Gerhard Schröder teilnahm – hat mir dies eindrucksvoll vor Augen geführt.

Ich erinnerte mich in den groben Zügen an jene Umstände. Klar war mir, dass es eine echte Einladung nicht gegeben hatte. Hubert Védrine hatte bei mir vorsondiert, ob der Bundeskanzler eventuell an einer Einladung interessiert sein könnte. Und der französische Präsident stellte dem Bundeskanzler direkt die gleiche Frage, die der Bundeskanzler in etwas wie folgt beantwortete, er sei sich der Bedeutung einer solchen Geste seitens des Präsidenten mehr als bewusst, frage sich aber, ob diese dem Präsidenten nicht

Schwierigkeiten bereiten könne, zumindest noch gegenüber einzelnen Verbänden und Ländern. Aus der Sicht vieler seien die Wunden noch nicht vollständig verheilt.

Und es sei angemerkt, die Normandie war mit Verdun nicht vergleichbar! Noch 1966 anlässlich der 50-Jahrfeier der Schlacht von Verdun, auf dem Höhepunkt der Freundschaft zwischen de Gaulle und Adenauer dachte de Gaulle nicht daran, Adenauer einzuladen. 1984 erst schien die Zeit für eine solche Einladung reifer. Genau wie man bis hin zu gemeinsamen Forschungsvorhaben nochmals 30 Jahre brauchte! Damit war das Thema aber nicht erledigt! Mitterrand antwortete dem Bundeskanzler, er danke ihm für seine offene Antwort, er wolle jenen Tag daher gerne mit einer besonderen Geste an das deutsche Volk verbinden – und so entstand die Idee eines großen deutsch-französischen Jugendtreffens zwei Tage später in Heidelberg!

Interessant genug, dass der SPIEGEL-Redakteur mir dann bedeutete, dies alles stimme mit seinen Recherchen überein. Die „Story" wurde dann aber in der Ausgabe des SPIEGELS nur am Rande erwähnt, sie passte halt nicht ganz in das Bild der Hamburger Redaktion. Noch erstaunter war ich, als der Redakteur mir dann die „Materialien" seiner Recherchen überließ: Ich fand darin Papiere aus verschiedenen Häusern der Bundesregierung, die den Kern der Frage des Journalisten nicht beantworteten, aber auf einer bestimmten Perzeption – eine Einladung muss wohl erfolgt sein – aufbauten! Wir waren damals wohl zu diskret bei der Behandlung dieser Frage.

Hinzufügen muss man, dass sich dieses deutsch-französische „Paar" damals auf ein zweites Tandem innerhalb der Regierungen stützen konnte, das nicht weniger unterschiedlich war als die beiden Chefs selbst, auf die beiden Außenminister Roland Dumas und Hans-Dietrich Genscher. Beide waren keine „gewöhnlichen" Kabinettsmitglieder, sondern hatten jeder auf seine Weise eine besondere Stellung und eine „eigene Agenda". In den ersten Jahren habe ich in Paris, soweit irgend möglich, auch regelmäßig im Kabinett von Roland Dumas vorbeigeschaut und mit seinem Kabinettsdirektor, Bernard Kessedjan, den ich in Brüssel kennen und schätzen gelernt hatte, gesprochen. Nicht selten kam Roland Dumas für einen Café dazu.

Ein anderes Beispiel ist der in Frankreich wohl kaum hinreichend bekannte 20. Juli 1944. Mitterrand war einmal zu den regelmäßigen offiziellen Konsultationen in Bonn und Helmut Kohl erzählte ihm, er habe eben einen Gast bei sich gehabt. „Vielleicht interessiert Sie dieser Gast. Er ist der letzte Überlebende des 20. Juli 1944, Ewald von Kleist. Würde es Sie interessieren, ihn zu treffen?" – „Gerne!"

Daraufhin wurde Ewald von Kleist gesucht, er war zuvor beim Bundeskanzler und verließ gerade das Kanzleramt – er wurde an der Wache vom

Bundesgrenzschutz gestoppt. Er möge bitte sofort zurück zum Kanzler kommen. Ewald von Kleist hat dann zunächst im Beisein von Kohl, die Mitarbeiter gingen raus, in der Folge mit Mitterrand alleine gesprochen, der sich die Geschichte des Ewald von Kleist und des Widerstands des 20. Juli angehört hat.

Mitterrand bekam seine, ihn faszinierende deutsche Geschichtsstunde. Bei dem Gespräch mit Kleist fasste sich nach einer Stunde der Leiter des Kanzlerbüros, Walter Neuer, ein Herz und fragte vorsichtig nach: „Herr Bundeskanzler, die Delegationen, auch der Premierminister werden unruhig. Die haben schon gemeint, es gibt eine Krise zwischen uns. Sie haben jetzt schon eine Stunde überzogen."

Kern um den Präsidenten und den Bundeskanzler waren die engen Mitarbeiter – eine französische Wochenzeitung bezeichnete uns in jenen Jahren als „Musketiere" – das waren in den „Mitterrand"-Jahren zunächst Horst Teltschik bzw. Peter Hartmann und Jacques Attali, Jean-Louis Bianco und vor allem Hubert Védrine, die „Conseiller diplomatique" Pierre Morel, Jean Musitelli, die „Europa-Berater" Elisabeth Guigou und ihre Nachfolger Sophie-Caroline de Margerie bzw. Thierry Bert, später in der Zeit von Jacques Chirac waren dies Jean-David Levitte, Pierre Ménat und Jean-François Cirelli – auf unserer Seite natürlich Johannes Ludewig und sein Nachfolger Sieghart Nehring, aber auch Walter Neuer, der Leiter des Kanzlerbüros, gehörte genauso zu diesem engeren Kreis.

Die „complicité" unserer Chefs galt auch für uns. Wir waren angesichts unterschiedlicher Interessen oft unterschiedlicher Auffassung, verfolgten unterschiedliche Ansätze und Methoden, wir diskutierten aber Inhalte, wenn notwendig streitig und intensiv, bis wir Ansätze zu einem gemeinsamen Vorgehen sahen, die zugleich den Partner nicht überforderten. Wir „erduldeten" manchmal die Spötteleien unserer Chefs über unsere gemeinsame Ausbildung, die ENA – wollten es dann aber den Chefs umso mehr zeigen, dass wir es konnten!

Unvergesslich einer dieser Abende im Vorfeld von Maastricht im Elysée. Wir hatten den Chefs eine der gemeinsamen Initiativen vorgelegt. Und der Bundeskanzler schloss sich launisch dem lakonischen Kommentar des Staatspräsidenten an, dies sei ja alles schön und gut, der Text aber zu technokratisch und politisch viel zu lang. Der Hinweis des Kanzlers „ich lasse Euch den Bitterlich zur Überarbeitung da" führte zu einer nächtlichen Neufassung. Ende der Arbeit morgens um 4 Uhr – der Elysée hatte ein Hotelbett gefunden und morgens früh ging es mit der ersten Maschine zurück nach Köln-Bonn, direkt mit dem – handgeschriebenen – kürzeren Text zum

Bundeskanzler, der ihn sogleich auch billigte: „Warum nicht gleich so?". Er hatte in der Sache recht, nur wütend – und k.o. – war ich trotzdem!

Und so wussten damals Kanzleramt und Elysée, dass ich am Rande meiner Gespräche regelmäßig eine ältere Dame aufsuchte, zumindest für einen Café. Es war Georgette Rabinowitch, die beste Freundin meiner Schwiegermutter. Sie hatte ihren Mann, einen bekannten Pariser Anwalt durch Denunziation seitens seiner ersten Frau im KZ Auschwitz verloren und während des Krieges in Paris jüdische Kinder betreut, die eines Tages trotz aller Vorsicht von der Gestapo gestellt und verschleppt wurden, sie selbst aber mit Glück und Verstand davonkam. Die Gruppe, die die Kinder betreute, war denunziert worden und die Kinder traf das gleiche Schicksal wie ihren Mann!

Und die Familie meiner künftigen Frau hatte sie bewusst zum ersten Besuch bei meinen Eltern mitgenommen. Ich war für sie der erste Deutsche, mit dem sie sprach, ja sie hatte Vertrauen in mich und wurde für mich zur „tante Georgette" oder mütterlichen Freundin.

Jacques Chirac

Der 2019 verstorbene Jacques Chirac war ein ganz anderer Typus eines Politikers. Weitaus offener, spontaner, menschlicher, direkter, ja derber, volkstümlicher, populistischer als Mitterrand. Jacques Chirac war natürlich für Helmut Kohl kein Unbekannter. Die beiden kannten sich aus der europäischen Parteienbewegung und vor allem aus der ersten „Cohabitation" in Paris von 1986 – 88 mit Jacques Chirac als Premierminister. In allen Bereichen war er immer ein überaus herzlicher, freundschaftlicher, aber nie bequemer Partner.

Er stand Kohl politisch in mancherlei Hinsicht näher, doch er entpuppte sich als ein schwierigerer, zuweilen unberechenbaren Partner, vor allem in Bezug auf die europäische Integration, der er mit einer gewissen inneren Distanz gegenüberstand.

Chirac hatte als Premierminister während der ersten Cohabitation sehen müssen, wie sehr das französische System ihn in die zweite Reihe setzt und vor allem dem Staatspräsidenten die notwendige Freiheit und Absicherung gibt. Er litt spür- und sichtbar darunter, hinzu kam für ihn, den ich oft als menschlich großartigen Politiker erleben durfte, ein gewisses Maß an Misstrauen und Neid. Sein Ehrgeiz war es daher, aus seinem Blickwinkel nur konsequent, Präsident der Republik zu werden und an der Spitze dieser „republikanischen Monarchie" zu stehen.

Apropos Parteienlandschaft und Cohabitation muss ich an eine Begebenheit denken, die uns damals Ärger mit den Freunden aus der RPR um

Jacques Chirac einbrachte. Im Frühjahr 1989 hatte ich den Bundeskanzler zu einem der vielen bilateralen Abstimmungsgespräche in den Elysée begleitet.

Hubert Védrine, der spätere Generalsekretär des Elysée und Außenminister Frankreichs in der Regierung von Lionel Jospin, der in all den Jahren für uns und mich immer ein verlässlicher und vertrauensvoller Freund und Partner war, packte auf Geheiß des Präsidenten das erste Exemplar des geplanten Wahlplakats der französischen Sozialisten für die Europawahl im Juni 1989 aus. Es zeigte unter der Überschrift „für den Frieden" jenen historischen symbolträchtigen Händedruck von Francois Mitterrand und Kohl in Verdun vom 22. September 1984, freilich von hinten aufgenommen, aber doch unzweideutig erkennbar, wer die beiden Herren auf dem Bild waren....

Helmut Kohl und Francois Mitterrand auf einem französischem Wahlplakat 1989.
Quelle: picture-alliance/ dpa / afp

Sollte Helmut Kohl etwa dem französischen Präsidenten sagen, dass er dieses Plakat, da es für die Wahl des Parti Socialiste warb, für nicht politisch korrekt hielt? Dies gegenüber einem Präsidenten, der genau wusste, was er tat – und sein typisches spitzbübisches Lächeln gegenüber dem Bundeskanzler aufsetzte. Sollte Helmut Kohl wütend den Elysée verlassen, die Freundschaft aufkündigen oder ironisch reagieren? Letzteres tat er – und Hubert Védrine schenkte mir dieses Plakat als Erinnerung. Es hängt heute in meiner Pariser Wohnung und wenn ich es sehe, denke ich mir nur, einem anderen ist bisher kein vergleichbarer Streich eingefallen! Es bedurfte einiger Zeit und Überzeugungsarbeit, um diese Wunde bei den Konservativen und bei Jacques Chirac selbst zu verheilen. Doch der Umgang mit Chirac blieb auch in der Folge schwierig, auch wenn die Treffen mit ihm immer wieder durch seine Herzlichkeit und Spontaneität gekennzeichnet waren.

Schon vor Beginn des eigentlichen Wahlkampfes Anfang 1995 beobachtete Jacques Chirac alle Bemühungen seines Konkurrenten – und unter Mitterrand noch amtierenden Premierministers – Edouard Balladur um Kohl mit tiefstem Misstrauen. Und dies galt für Kanzler wie auch für mich.

Mit Argus-Augen betrachtete das politische Paris die Einladung von Balladur zum informellen Treffen in Chamonix im Januar 1995, wenige Wochen bevor er seine Kandidatur offenlegte. Manche gutmeinenden Beobachter meinten, wir hätten eine solche Begegnung vermeiden oder von vorneherein absagen sollen – doch eine Absage hätte für Balladur, aber nicht nur für ihn, einen Affront bedeutet. Wir versuchten daher, den informellen Charakter in den Vordergrund zu stellen. Daher sollte es keine Begegnung mit der Presse geben. Doch Balladurs Pressesprecher sorgte – ohne uns darüber zu informieren – beim Ausflug für den klassischen „Fototermin"! Der Bundeskanzler war, sehr verständlich, wütend – der erste strafende Blick galt mir. Ich verstand ihn, auch wenn ich mich diesmal unschuldig fühlte.

Aber sei es drum! Helmut Kohl musste damit rechnen, dass nicht nur Chirac, sondern eben auch Balladur der Wahlsieger sein konnte – und es war wichtig, die „Präsidentiablen" in Frankreich näher zu kennen, um ggf. ein Vertrauensverhältnis aufbauen zu können. Ich hielt Kontakt zu beiden Seiten, doch die persönliche Kenntnis und Einschätzung des anderen ist durch nichts zu ersetzen! Dies kostet Mühe und viel Zeit, doch nur so kann ein Verhältnis des Vertrauens entstehen.

Daher war es für den Bundeskanzler wichtig, den Premierminister, der schon zuvor als Finanzminister für Deutschland kein leichter Partner war und mit dem er nur schwer warm wurde, durch ein Treffen ohne Protokoll näher kennen zu lernen. Hatte Balladur doch Maastricht und vor allem die Wirtschafts- und Währungsunion mit eigenen, eher britischen Ideen näher stehenden, aber uns nicht konformen Gedanken begleitet und vor allem eines der größten Projekte um eine enge Zusammenarbeit in der Rüstungspolitik und gemeinsamen Ausrüstung der beiden Armeen 1993 zu Fall gebracht.

So gehörte es im deutsch-französischen Verhältnis auch zur Regel, dass alle „präsidentiablen" Franzosen vom Bundeskanzler zum informellen Gespräch empfangen wurden, freilich mit Rücksicht auf die „Herrschenden" mit der Maßgabe „keine Presse, kein Fototermin".

Und eine ebenfalls ungeschriebene Regel lautete, dass man sich auf Chef-Ebene gegenseitig aus Wahlkämpfen heraushielt. Es war Usus, dass man jeweils zu den Partei- und Wahlkongressen der anderen Seite, die „zweite" oder „dritte" Geige entsandte, um den Kanal zur anderen politischen Farbe auf Spitzenebene nicht zu verschließen. Erst in jüngerer Zeit ist dieser nützlichen Praxis leider ein Ende bereitet worden, wie sich gerade bei der Teilnahme von François Hollande beim SPD-Parteitag im Vorwahlkampf 2012 und der anschließenden Weigerung der Bundeskanzlerin, ihn zu empfangen, gezeigt hat. Die Folgen sind bekannt, sie haben jedenfalls zum Teil zu dem wachsenden Misstrauen zwischen Berlin und Paris beigetragen!

Rücksichtnahme auf die Sensibilitäten des anderen war ein Schlüssel der „Philosophie" und eine der großen Stärken Helmut Kohls in all den Jahren, von einem Partner nie mehr verlangen, als er objektiv aufgrund seiner politischen Grundlagen und Umstände zu leisten vermag – dies galt für Frankreich wie für alle anderen Partner!

In den Monaten vor der Wahl habe ich mich bemüht, den Kontakt mit allen wichtigen Lagern aufrecht zu erhalten. Ich kannte die Protagonisten wie auch ihre wesentlichen Mitarbeiter aus ihrer früheren Funktion in der Regierung. In Abstimmung mit dem Bundeskanzler schaute ich mich in den Hauptquartieren der großen Kandidaten um, wollte mehr über deren Arbeitsweise und Methoden, über deren Wahlkämpfe wissen.

Die früheren Strafverfahren gegen Jacques Chirac und seine Mannschaft wie auch die noch laufenden gegen Edouard Balladur und seine engen Mitarbeiter; die allesamt Fragen aus jener Zeit gelten, müssen erschrecken. Es schien dort immer wieder letztlich auch um die Finanzierung des Wahlkampfes zu gehen, als Mittel wurden dazu „Retro-Kommissionen" für Staatsgeschäfte mit Drittländern genannt.

Chiracs Mannschaft jedenfalls nahm uns den Ausflug nach Chamonix übel, ließ auch mich das spüren. Erst Pierre Lellouche riskierte es, mich informell in der Schlussphase des Wahlkampfs wieder in das „Hauptquartier" des Kandidaten Chirac einzuladen. Aus der Sicht mancher in der Pariser Parteizentrale der Gaullisten war ich der „Bösewicht", der dem Bundeskanzler kategorisch dazu geraten hatte, alle Versuche aus Paris nach gegenseitigen Hilfen in der Wahlkampffinanzierung abzulehnen. Die

Versuche schienen mir weder mit den Regeln der deutschen Parteienfinanzierung kompatibel noch auch „ansonsten" sehr durchdacht.

Helmut Kohl gab sich in der Folge alle erdenkliche Mühe, um mit Jacques Chirac ein ähnliches Verhältnis zu entwickeln wie zuvor zu François Mitterrand. Nach seiner Wahl standen die Zeichen zunächst in Richtung auf ein noch engeres Verhältnis. Nach seiner Wahl im Mai 1995 hatte er Helmut Kohl zu einem ersten Treffen nicht nach Paris, sondern nach Straßburg eingeladen. Es begann mit einer Überraschung nach der Ankunft in der Straßburger Präfektur, einem Gebäude aus der Zeit der Besetzung des Elsasses durch das Deutsche Reich 1871 – 1918. Der Gang zum Restaurant in der Altstadt war ein „Bad in der Menge".

Chirac hatte als Überraschung zu Ehren des Kanzlers eine „spontane" Jubel-Kundgebung der Straßburger und elsässischen RPR-Jugend organisiert, das selbst die polizeiliche Mannschaft um den Präsidenten vor ernste Probleme stellte – sein Personenschützer musste mich an jenem Abend aus der Menge, die Chirac begeistert feierte, in den engen Sträßchen der Altstadt regelrecht befreien!

Und das Abendessen bei „Yvonne", dem Stammrestaurant von André Bord mit dem gesamten Reichtum der elsässischen Küche sollte Zeichen setzen, die aber nicht lange hielten.

Kohls freundschaftliche Retourkutsche war ein Ausflug in der Pfalz, der mittendrin ein Ziel enthielt, das nur der Fahrer des Bundeskanzlers kannte. Wir wussten, dass Chirac die ersten Monate des Militärdienstes – vor seiner Versetzung nach Algerien – nach seiner Eheschließung in der Pfalz verbracht und dort – wenn ich mich recht erinnere, in Neustadt – gewohnt hatte. Die kleine Kolonne hielt vor dem Haus an – und alleine Bernadette Chirac erkannte sofort das Haus ihrer ersten Ehemonate!

Jacques Chirac wollte bald darauf seine Verbundenheit mit Helmut Kohl durch die Verleihung der Ehrenlegion an mich unterstreichen. Er brachte die Auszeichnung als Überraschung zu einem der informellen Treffen in Bonn mit, meinte zum Bundeskanzler, er müsse dazu einige Worte sagen. Er hob zu einer euphorischen Lobesrede an – die der Bundeskanzler nach fünf Minuten recht grob, aber zugleich freundschaftlich stoppte. Er bitte den Präsidenten und Freund nicht weiter zu reden, sonst wisse er nicht, wie er, wenn der Präsident so weiterspreche, mich von dem Baum wieder runterholen könne.

Höhepunkte der Kontroversen mit Chirac waren schließlich 1997/98 die Dispute mit ihm in der Schlussphase zum Euro sei es über den Stabilitätspakt sei es um den ersten Präsidenten der EZB, die untrügliche Zeichen dafür wurden, dass auch das deutsch-französische Verhältnis seine Tiefen hatte oder zwangsläufig haben musste.

Darauf ist im Rahmen der Europa-Politik weiter einzugehen – doch Chirac war ein „Sponti". Er konnte beinhart verhandeln, anschließend himmel-hoch-jauchzend und freundschaftlich sein.

So hatte er Helmut Kohl früh in seine Absicht eingeweiht, die Wehrpflicht abzuschaffen. Helmut Kohl versuchte in intensiven Gesprächen vergeblich, ihn vom Gegenteil zu überzeugen. Für Jacques Chirac blieb die fehlende Wehrgerechtigkeit im französischen System das ausschlaggebende Argument. Er sah nicht die Chance, dieses Manko zu überwinden. Es gab natürlich ein zweites Argument, das Chirac aber nicht nutzte – das war die nüchterne Kosten-Nutzen-Analyse der Franzosen, der Helmut Kohl bestimmt als kurzsichtig widersprochen hätte.

In ähnlicher Weise war Jacques Chirac bemüht, in Kenntnis der deutschen Sensibilität um das Thema „Nuklear" dem Bundeskanzler die Hintergründe und Ziele der Wiederaufnahme der französischen Kernwaffenversuche zu erklären. Helmut Kohl verstand die Bedeutung des Themas für Jacques Chirac, hörte interessiert zu, machte eine gute Miene zu dem Spiel...

1997 wurden wir Zeuge der dritten „Cohabitation" à la française, eines Präsidenten mit einem Premierminister und einer Regierungsmannschaft aus unterschiedlichen politischen Lagern. Diesmal erstmals für uns ein Präsident der „Rechten" – wenn dieses Bild auch nur eingeschränkt erlaubt ist – mit einem Premierminister und einer Regierung der „Linken".

Die Mitsprache bzw. das letzte Wort des Präsidenten beschränkte sich in Ausübung seiner verfassungsmäßigen Vorbehaltsrechte auf die Außen- und Sicherheitspolitik und damit auch auf die Bestellung des Außen- und Verteidigungsministers.

Ich hatte die Chance, während dieser Zeit jederzeit den alten Freund und Weggefährten Hubert Védrine, der Außenminister geworden war, anrufen und mit ihm sprechen zu können. Er erleichterte auch den Zugang zur Mannschaft um Lionel Jospin, dessen zunächst spröde wirkende, nüchterne, abwägende Art der Bundeskanzler bald zunehmend schätzen lernte. Er war in gewisser Weise berechenbarer, verlässlicher als Jacques Chirac.

Das gleiche galt leider weniger für einige Mitarbeiter seines Kabinetts, mit denen ich mich auseinandersetzen musste. In jener Zeit wurde ich „Opfer" des wohl einzigen Bruchs der Vertraulichkeit im Verhältnis zu den Kabinetten des Präsidenten und Premierministers. Schade, aber wohl in dem „Spektakel" Politik nicht zu vermeiden! Die Kollegen um Jospin wollten einfach nach außen unterstreichen, dass nicht der Präsident Frankreich alleine führte, sondern dass auch der Premierminister ein Wort mitzureden hatte.

Valéry Giscard d'Estaing

Erwähnen muss ich in dieser Reihe das Verhältnis von Helmut Kohl zu Valéry Giscard d'Estaing. Man konnte es im Grunde sehr klar als ein „Nicht-Verhältnis" geprägt durch eine „herzliche gegenseitige Abneigung" charakterisieren. Für Giscard war Helmut Schmidt alles und umgekehrt hielt Kohl Distanz zu ihm.

Chirac suchte ab Anfang seiner Amtszeit 1995 fast krampfhaft eine Aufgabe für Giscard auf europäischer Ebene. Er wollte um jeden Preis vermeiden, ihm eine besondere Aufgabe in Frankreich zu geben, er mache ihm zu Hause nur Schwierigkeiten. Daher das Ziel einer angemessenen Beschäftigung auf europäischer Ebene – und Helmut Kohl schien eingedenk seines Misstrauens gegenüber Giscard taub auf diesem Ohr. Letztlich war es dann Gerhard Schröder, der den Vorschlag Chiracs, „VGE" mit dem Vorsitz der „EU-Konvention" zu betrauen, laufen ließ.

Der Zufall wollte es, dass ich ab 2003 in Paris regelmäßig mit ihm zusammentreffen sollte. Er war der Ehrenpräsident des „Comités France-Chine", des China-Ausschusses des französischen Arbeitgeberverbandes MEDEF und ich gehörte aufgrund meiner Tätigkeit für Veolia zum Vorstand dieses Ausschusses. Ich habe in jenen Jahren von diesem hochgebildeten Präsidenten nicht nur in Sachen China viel gelernt. Wesentlicher Gegenstand unserer Gespräche war immer wieder Europa, auch und gerade während der Konvention. In jener Zeit wurde ich in gewisser Weise zu seinem regelmäßigen „Sparringspartner" – und immerhin kam ihm dann von Zeit zu Zeit eine respektvolle Bekundung über Helmut Kohl über die Lippen, natürlich immer nach Helmut Schmidt.

„VGE" ist am 2. Dezember 2020 im Alter von 94 Jahren verstorben. Er hat Frankreich damals grundlegend verändert, modernisiert – ein tragendes Beispiel waren die Rechte der Frau, er legalisierte die Abtreibung, erlaubte der Frau, ein eigenes Bankkonto ohne die Zustimmung des Ehemannes zu eröffnen. Er war zugleich ein Präsident voller Widersprüche, sein Credo lautete: liberal, sozial, europäisch – wichtig für uns Deutsche war sein Engagement für Europa auf Grundlage der deutsch-französischen Zusammenarbeit – Bundeskanzlerin Angela Merkel hat ihn zu Recht gewürdigt: Frankreich hat einen Staatsmann verloren, Deutschland einen Freund und wir alle einen großen Europäer!

Ich könnte über eine Vielzahl von Begegnungen mit anderen Franzosen berichten. Ich greife bewusst René Monory heraus, der Kohl eine Première verschaffte. Der Bundeskanzler war der erste ausländische Staats- und Regierungschef, der im Senat in Paris gesprochen hat. Die Idee zu diesem Unternehmen hatte sein Kabinettchef, Jean-Dominique Giuliani, seit einigen Jahren Präsident der angesehenen Robert-Schuman-Stiftung in Paris. Er trug mir diese Einladung Monorys, 1992–98 Präsident des Senats, vor, und der Bundeskanzler stimmte zu und sprach am 13. Oktober 1993 im Senat.

Jean-Dominique, der einer meiner und unserer besten Freunde in Paris geworden ist, und ich diskutierten die Risiken, vor allem die mögliche Perzeption auf Seiten Mitterrands, seine Mannschaft erhob keine Einwände.

Ich bin überzeugt, wäre die Einladung vom Präsidenten der Nationalversammlung – damals auch in den Händen der Konservativen, hätte der Präsident vielleicht reagiert, so aber letztlich vor dem Hintergrund der besonderen Stellung des Präsidenten des Senats ließ der Elysée die Einladung „laufen". Im französischen System ist der Präsident des Senats für bestimmte Fälle die Nummer 2 des Staates, der das Amt des Präsident ad interim im Falle der Vakanz des Amtes des Präsidenten oder im Falle dessen Verhinderung ausübt.

Botschafter

Angesichts der permanenten Direktkontakte zwischen Bonn und Paris hatten die beiden Botschafter eine undankbare Aufgabe, in gewisser Weise mussten sie daher ihr Amt neu erfinden, um nicht „mission impossible" nach Hause zu melden.

In Bonn galt dies zunächst für Serge Boidevaix in der höchst sensiblen Zeit um die Wiedervereinigung. Er wusste damals nicht, dass ich seine, angesichts der verbreiteten Skepsis an der Seine gegenüber Deutschland recht vorsichtig geschriebenen Berichte öfters in Paris lesen durfte – die Kollegen in Paris wollten mehr Sicherheit über die Bonner Intentionen haben. Sein Nachfolger Bertrand Dufourcq blieb nur ein gutes Jahr – der erfahrene Verhandler der äußeren Grundlagen der deutschen Einheit wurde in Paris als Generalsekretär des Außenministeriums, des Quai d'Orsay gebraucht.

Ihm folgte im November 1993 der Straßburger François Scheer, einer der erfahrensten Diplomaten des Quai d'Orsay. Zusammen mit meinem Freund Bernard Kessedjan war er 1992 in der Affäre um den Palästinenser-Führer Georges Habache auf Forderung der damaligen Premierministerin Edith Cresson geopfert worden, 1994 sollte er in Bonn erneut in die Schlagzeilen geraten. Er hatte sich in einem Hintergrundgespräch mit Journalisten anscheinend kritisch über die Bundesregierung und den Aussenminister geäußert, leider hielt die Quelle nicht dicht, sondern suchte die Schlagzeile! Folge war ein wütender Bundeskanzler, der François Scheer am liebsten sofort nach Paris schicken wollte. Nur, eine Erklärung des Botschafters des engsten Partners zur „persona non grata" hätte leicht dazu geführt, dass dieser professionelle Bock seines Pressereferenten außer Kontrolle geraten würde. Bundesaußenminister Klaus Kinkel wie auch ich versuchten den Kanzler zu besänftigen und die Affäre tiefer zu hängen. Der Kompromiss bestand am Ende darin, dass er in das Auswärtige Amt „einbestellt" wurde. François Scheer hielt sich danach gegenüber der Öffentlichkeit sehr zurück, die Gespräche mit diesem kritischen, nach außen ohnehin kühlen Geist habe ich immer geschätzt – er hatte das Glück, wie seine Vorgänger um sich eine exzellente Mannschaft zu wissen. Die Verbindung in das Kanzleramt wurde damals in diskreter, informeller Weise von Claude-France Arnould gehalten, spätere Chefin der Europäischen Verteidigungsagentur EDA und Botschafterin in Belgien. Die französische Schule war „schuld" an dieser besonderen Schiene. Meine Frau und ich waren mit der Schule dank unserer Kinder, dank der Tätigkeit meiner Frau und meiner Funktion in der Führung durch die Elternschaft eng verbunden. Wir lernten uns auf diese Weise kennen und schätzen. Sie wurde in jenen Jahren zu einer unserer besten Freundinnen und so entstand zugleich ein informeller, effizienter Kanal zwischen der Botschaft und mir.

Joseph Rovan

Das Verhältnis zu Frankreich war Gegenstand des permanenten Meinungsaustauschs zwischen Bonn und Paris – und natürlich haben wir wie die Franzosen auch Quellen außerhalb von Regierung und Parlament gesucht und konsultiert.

Helmut Kohl stützte seine Politik gegenüber Frankreich nicht zuletzt auf eigene Erfahrungen mit dem Nachbarn aus seinen Jahren in Mainz und dann in Bonn auf der Bank der Opposition sowie vor allem auf Persönlichkeiten, auch und gerade außerhalb des „Apparates".

Im Grunde hat Kohl seine Gesprächspartner zur Geschichte, aber auch zu aktuellen Themen und Hintergründen befragt – Geschichte, Hintergründe, Umstände, Umfeld und die gesellschaftliche Entwicklung waren für ihn Schlüssel des Zugangs zu einem anderen Lande wie zu seinen führenden Persönlichkeiten.

Einer seiner liebsten Gesprächspartner in Paris und über Frankreich war Professor Josef Rovan, er traf sich aber auch durchaus regelmäßig mit führenden Persönlichkeiten der französischen Gesellschaft – Journalisten, Historikern, Politikern. Distanz hielt er zu einer anderen großen Persönlichkeit im deutsch-französischen Verhältnis, zu Alfred Grosser! Er schien ihm parteipolitisch „auf der anderen Seite" festgelegt, Grosser schien umgekehrt von Kohl wenig zu halten, zugleich wusste Kohl auch, wie sehr Alfred Grosser, in Frankreich und Deutschland zum gleichen Thema völlig unterschiedliches sagen konnte. Die Abneigung – und das musste ich über die Jahre erfahren – beruhte auf Gegenseitigkeit!

Auch ich brauchte einige Zeit, um mit Alfred Grosser zurecht zu kommen, mich mit ihm freimütig auszutauschen, ihn zu respektieren und schätzen zu lernen. Die Schicksale von Alfred Grosser und Joseph Rovan, beide in Deutschland geboren und aufgewachsen, waren in gewisser Weise vergleichbar, sie stehen für die Schicksale einer ganzen europäischen Generation.

Joseph Rovan, in München und Berlin aufgewachsen, jüdischer Herkunft, glaubte, dem NS-Regime durch die Flucht nach Frankreich zu entrinnen, seiner neuen Heimat leistete er Beistand, er schloss sich der Résistance an, wurde festgenommen, gefoltert und in das KZ Dachau verschleppt. Dort lernte er einen französischen Jesuiten kennen, mit dem er – noch im KZ – eine Bewegung zur Aussöhnung mit Deutschland gründete. Er wurde zum Vorbild für seine Generation und für die Jugend. Unermüdlich versuchte er die Brücke zwischen seiner alten und neuen Heimat zunächst wiederaufzubauen, sie zu festigen und sie zu verbreitern Er war ein unermüdlicher Übersetzer, Mittler, Antreiber, Mahner, vor allem aber auch Bindeglied. Sein großes Werk über die deutsche Geschichte – eines der besten Darstellungen dieser Art überhaupt – bildete in gewisser Weise sein Vermächtnis. Rovan hatte immer eine offene Tür beim Bundeskanzler – und ich, wenn man so will – die Arbeit!

Einer seiner Ideen war die „notwendige Vernetzung" von Elysée und Bundeskanzleramt, um einen permanenten Gesprächsfaden und Austausch herzustellen. So trug er – ohne Erfolg – dem Bundeskanzler den Gedanken eines Beamtenaustauschs vor. Die von uns allen hoch geschätzte Sophie-Caroline de Margerie, die die Nachfolge von Elisabeth Guigou übernommen hatte, sollte aus seiner Sicht in das Bundeskanzleramt abgeordnet werden, während ich für diese Zeit in die Elysée gehen sollte.

Bis zu seinem Tode im Jahre 2004 blieb Joseph Rovan der ruhelose, leidenschaftliche Intellektuelle. Ihm verdanke ich auch in jenen Jahren den Zugang zu einem Kreis Pariser Intellektueller – „Cassiodore" um Jean-

Marie Soutou, Jorge Semprun und anderen. Und der oft sehr eigenwillige Joseph Rovan berief mich in den Vorstand dieses Kreises – was ich erst Jahre später beiläufig erfahren habe.

Für Helmut Kohl war es selbstverständlich, 2004 anlässlich der Totenfeier für Joseph Rovan nach dessen tragischem Tod nach Paris zu kommen und seinem Freund zu gedenken. Beschämend auf uns musste damals die Abwesenheit der Pariser Politik wirken!

Joseph Rovan ist für mich eines der zahlreichen Beispiele für die Fehleinschätzung eines Helmut Kohl durch die Medien wie durch manche Universitätslehrer und Philosophen, die weder Rovan noch Kohl ernst nahmen. Seit einiger Zeit verleiht die französische Seite einen „Joseph-Rovan-Preis" für Verdienste im deutsch-französischen Verhältnis. Ich frage mich allerdings, ob die bisherige Praxis der Bedeutung dieses Mannes gerecht zu werden vermag. Für mich wäre es zudem angemessen gewesen, das Vorschlagsrecht für den Preisträger dem Präsidenten und dem Bundeskanzler zu überlassen.

Helmut Kohl akzeptierte in gleicher Weise meine ständige Einladung und Aufnahme in einen anderen Pariser – politischen – Kreis, den von Simone Veil und ihrem Mann Antoine gegründeten „Club Vauban", in dem alle wichtigen französischen Politiker der „Mitte" vertreten waren, von Sozialisten bis hin zu Gaullisten. Dies waren um 40 Persönlichkeiten, darunter waren auch Politiker, die bis heute im Vordergrund stehen, sei es z.B. Yves Le Drian, den heutigen Außenminister, Xavier Bertrand, den Präsidenten des Regionalrates des Norden Frankreichs, oder Jean-Louis Bourlanges, den wortgewaltigen liberalen Abgeordneten. Es war ein Ort, der mir einen anderen Einblick in die französische Politik und in die Parteien verschaffte, mir aber zugleich erlaubte, in diesem Kreis immer wieder deutsche Politik zu „dechiffrieren". Versuche, ähnliche Kreise aufzubauen, gab es auch in der Bonner Republik, wenn auch mit mäßigem Erfolg.

3. Deutschland und seine „anderen" europäischen Partner

Helmut Kohl und die „kleineren Mitgliedstaaten"

Helmut Kohl ermunterte mich immer wieder, mich intensiv nicht nur um die „Großen", allen voran Frankreich, zu kümmern, sondern ganz besonders um die kleineren Partner – sein Paradebeispiel war Luxemburg, letztlich stellvertretend für die vielen andern. Er war sich bewusst, er konnte für alle Partner nicht die gleiche Zeit aufwenden, und doch bemühte er sich intensiv darum, gerade auch für diese Länder ein vertrauensvoller Partner – auf gleicher Augenhöhe – zu sein.

In all den Jahren konnten die Beziehungen ob zu Luxemburg, zu Belgien oder zu Dänemark, Schweden oder Finnland nicht besser sein. Ein Jacques Santer und später vor allem Jean-Claude Juncker, Wilfried Martens oder Jean-Luc Dehaene, Carl Bildt oder Sozialdemokraten wie Paavo Lipponen oder Poul Nyrup Rasmussen, um nur einige zu nennen, waren Kernbestandteile des Kohl'schen Netzwerkes und Freundeskreises in Europa. Parteipolitische Grenzen spielten dabei nur selten eine Rolle.

Unvergesslich bleibt mir der dänische Ministerpräsident Poul Nyrop Rasmussen, Sozialdemokrat, der mir gegenüber noch lange Jahre danach von diesen Beziehungen und der Rücksichtnahme auf seine innenpolitischen Schwierigkeiten nahezu schwärmte: Wir hätten nie versucht, ihn und sein Land über den Tisch zu ziehen, sondern Kohl habe immer auf ihn Rücksicht genommen. Dies galt mutatis mutandis für die andern „kleineren", aber auch für die „großen" Partner!

Helmut Kohl stand in all den Jahren zunehmend im Mittelpunkt des europäischen Geschehens. Er war – unterstützt von Jacques Delors – der nicht gewählte, aber doch von allen gesuchte und akzeptierte „Anführer" Europas und des Europäischen Rates, in gewisser Weise an der Spitze einer Art „permanenten europäischen Vermittlungsausschusses", eine von den Partnern bewusst akzeptierte Führung Europas!

Naturgemäß gab es dabei auch Länder, die im Reflex eher Helmut Kohl folgten als andere, es gab auch schwierigere, sensible Partner wie die Niederlande oder das Vereinigte Königreich oder auch mitunter Italien. Mein Problem war es, an der Seite Helmut Kohls deren Ansprechpartner zu sein, Probleme zu erkennen, sie zu kanalisieren, sie mit zu entschärfen – ein Arbeitspensum, das nur dank eines wenn auch kleinen, so doch hervorragenden Teams mit einem gut funktionierenden Frühwarnsystems mit den Kollegen aus den jeweiligen Ländern zu bewältigen war.

Und ein Problem war es zusätzlich, dass Helmut Kohl (leider) alle wesentlichen politischen Akteure aus diesen Ländern persönlich kannte, manche besser als ich selbst, und er zudem seine Vorlieben und Abneigungen über die Jahre entwickelt hatte. Eine permanente Herausforderung – zumal der „Chef" auch in Deutschland selbst seine parallelen Quellen hatte – und ich oft nicht wusste, mit wem er gerade zuletzt gesprochen hatte oder woher er die eine oder andere Information hatte. Das galt nicht nur für die Länder, die von Parteien geführt wurden, die der EVP angehörten, sondern auch für andere, wie z.B. für Österreich!

Teil dieses Netzwerkes waren in jenen Jahren auch meine Kollegen, Kabinettchefs oder diplomatische Berater der jeweiligen Regierungschefs. Und auch insoweit blieb das Verhältnis zu einem Teil eine gute, professionelle Beziehung, mit anderen wurde daraus ein sehr freundschaftliches Verhältnis, das zum Teil bis heute besteht. Ich nenne als Beispiele bewusst die Freunde aus den „kleineren" Mitgliedstaaten der EU, Martine Schommer, die hoch engagierte und sehr offene Luxemburgerin, Dominique Struye van Zwielande, den bedächtigen, immer verlässlichen Freund aus Brüssel, oder Niels Egelund, den dänischen Freund, den ich Jahre später in Paris wieder treffen sollte. Ich müsste über andere berichten wie die spanischen und italienischen Freunde, Ricardo Diez-Hochleitner und Umberto Vattani – und doch dies ist nur ein kleiner Teil einer oft verschworenen kleinen Gemeinschaft!

Deutschland und die anderen „Großen"

Ich hatte die Chance, in den Jahren an der Seite Helmut Kohls drei Premierminister des Vereinigten Königreichs zu erleben, zunächst Margret Thatcher, dann John Major und schließlich ab 1997 Tony Blair.

Margret Thatcher war für Helmut Kohl eingedenk ihres Misstrauens gegenüber Deutschland und gegenüber dem überzeugten Europäer Kohl wohl die schwierigste Partnerin. Der Bundeskanzler tat das ihm mögliche, um immer wieder die Brücke für das Vereinigte Königreich nach Europa zu bauen. Doch er biss bei ihr auf Granit!

Sie war mit der Kohl'schen europapolitischen Ausrichtung einfach nicht einverstanden, der Christdemokrat und Deutsche waren ihr im Reflex suspekt. Hugo Young schreibt in seinem blendenden Werk über die Insel und Europa zum Verhältnis zwischen Thatcher und Helmut Kohl *„but Schmidt she could understand, whereas Kohl she spent eight years regarding as a pain: verbose and difficult; They could not, for a start, speak the same language, a misfortune that partly lay behind her nickname for him: the gasbag* („der Schwätzer")" [5] Selbst bei dem für sie aus ihrer politischen Philosophie so wichtigen Thema des europäischen Binnenmarktes hakte es. Sprichwörtlich stand dafür ihr fast paranoid anmutendes Misstrauen gegenüber dem Projekt des Kanaltunnels zwischen Frankreich und der Insel, über das am Rande der Beratungen über die Einheitliche Akte in Luxemburg dank des damaligen dänischen Regierungschefs Witze unter den Regierungschefs kursierten!

---

[5] Hugo Young, This blessed plot – Britain and Europe from Churchill to Blair, London 1998, Seite 319/320

Auch die Tatsache, dass Charles Powell, ihr engster außenpolitischer Berater, in Brüsseler Tagen mein Kollege in einer der vertraulichen Arbeitsgruppen des Rates war, erwies sich für mich als nicht besonders hilfreich. Respekt vor dem anderen vielleicht ja, aber Vertrauen entstand daraus kaum.

Thatchers Misstrauen gegenüber Helmut Kohl wurde durch die Beratungen in der EU im Jahre 1988 noch stärker, ihre Haltung gegenüber der deutschen Einheit musste überzogen und selbst den Amerikanern befremdlich erscheinen. Letztlich hat Helmut Kohl in den Jahren 1988/89, beginnend mit der Sondertagung des Europäischen Rats im Februar 1988, dann aber vor allem durch die deutsche Wiedervereinigung, ganz entscheidend zu ihrem Niedergang und Ende beigetragen.

John Major hatte als ihr Nachfolger von Anfang an einen schweren Stand innerhalb der konservativen Partei. Sein Ton war gemäßigter, sein Bemühen um Ausgleich wirkte offener, und doch seine Margen waren beschränkt. Sein Verhältnis zu Helmut Kohl wurde durch die beiderseitige herzliche Abneigung gegen Margaret Thatcher erleichtert und durch gegenseitiges Vertrauen und Respekt geprägt. Dies zeigte sich vor allem in Maastricht und in der Folge um die Sicherung der Ratifikation durch das Unterhaus. In Maastricht war er gehalten, das Paket der von Kohl geförderten „sozialen Dimension" abzulehnen wie auch deutsch-französische Anliegen zugunsten einer stärkeren gemeinsamen Verankerung der Außen- und Sicherheitspolitik die Zähne zu ziehen – aufgrund der Einstimmigkeit im Rat kamen wir an ihm, am Vereinigten Königreich nicht vorbei.

Und in der Folge machten wir in Sachen Umsetzung des in Maastricht als Kompromiss vereinbarten „Subsidiaritätsprinzips" alle Verrenkungen, um ihm innenpolitisch entgegen zu kommen. Wir stimmten einem Gipfeltreffen zu diesem Thema unter britischem Vorsitz – im Herbst 1992 in Birmingham – zu, um die Konturen dieses Prinzips zu schärfen – vieles der damaligen Debatte erinnert an die heutige Diskussion der britischen Konservativen über Europa und zum Brexit!

Trotz aller gegenseitigen Bemühungen blieb das Verhältnis auch in der Zeit von John Major gespannt, Querschläger kamen von innen, aus der konservativen Partei und vor allem auch aus den Medien. Betroffen davon war nicht nur Helmut Kohl selbst, sondern auch die Mitarbeiter. So zerriss im August 1992 unter dem Titel „After you, Helmut" der damalige EG-Korrespondent des Daily Telegraph, Boris Johnson, heute Premierminister Ihrer Majestät, die Politik John Majors. Der Bösewicht für ihn war aber nicht Helmut Kohl, sondern vor allem ein gewisser Joachim Bitterlich!

Ich muss lachen, wenn ich heute diesen blendend geschriebenen Artikel lese, damals fassten deutsche wie britische Diplomaten Johnsons Analyse mit der Kneifzange an. Ich zitiere einfach einige der wesentlichen Aussagen Johnsons: *„Joachim Bitterlich who runs the European Affairs department in the Bundeskanzleramt, epitimises all that Our Men are up against in Bonn. His introverted, blondish mien is compared, predictably but accurately to that of an SS colonel, but one who loves France ...."*[6] Ich halte hier inne, man könnte noch so viel mehr zitieren, jedenfalls ein Beitrag zur Förderung aller negativen Vorurteile gegen die Deutschen.

Einige Jahre später setzte Andrew Roberts in seinem futuristischen Werk „The Aachen Memorandum" noch eins drauf: 2045 wurde nach der Einverleibung des Vereinigten Königreichs in die Vereinigten Staaten von Europa ein gewisser Joachim Bittersich einer der Verwalter der „South English Region" und die Beschreibung der Person ging in die gleiche Richtung.[7] Der Fairness halber muss ich hinzufügen, dass es in all den Jahren britische Kollegen – ja, Freunde – gab, die nicht nur exzellente Kollegen waren, sondern die sich ehrlich darum bemühten, solche (Vor-)Urteile zurückzuweisen. So drückte mir im vergangenen Jahr einer dieser britischen Kollegen „zur Erinnerung" einen kleinen Stapel von – inzwischen freigegebenen – Berichten in die Hand: „Sei uns nicht gram, wir haben damals schon überzogen."

Tony Blair wurde Mitte der neunziger Jahre mit seinem Slogan „New Labour, new Britain" zum „shooting star" von Labour und gewann im Frühjahr 1997 die Unterhauswahlen gegen die Konservativen. Blair schien sich auf den ersten Blick ernsthaft durchaus um ein entspannteres Verhältnis zu Deutschland und zu Helmut Kohl zu bemühen, in Wahrheit setzten er und sein Team aber auf einen Regierungswechsel in Deutschland. Kurz nach seinem Amtsantritt gab er beim Europäischen Rat in Amsterdam die britische „Nicht"- oder „Sonder"-Rolle in Bezug auf die soziale Dimension der EU auf, er warf unnötigen Ballast ab und schien bemüht, mit dabei zu sein – aber auch er blieb letztlich vorsichtig – distanziert.

Er hatte um sich ein exzellentes Team von engagierten Mitarbeitern geschart, Peter Mandelson, Jonathan Powell – der jüngere Bruder von Charles Powell, und Alastair Campbell, seinen Medienstrategen oder „spin doctor" – dem ich in Brüssel 1999 während des Kosovo-Konflikts wieder begegnen sollte. Diese Mannschaft hatte mit uns wenig am Hut, sie setzte auf den Wechsel in Bonn und war nicht immer „sauber" gegenüber uns!

---

[6] The Spectator vom 1. August 1992, S. 10-12
[7] Andrew Roberts, the Aachen Memorandum, London, 1995

Die Erinnerungen von Jonathan Powell „The New Machiavelli" unterstreichen diese Haltung in besonderer Weise. Eine wohltuende Ausnahme bildete Peter Mandelson, mit dem Gespräche, auch später als er Mitglied der EU-Kommission wurde, immer ein Vergnügen waren. Er versuchte ernsthaft, Deutschland zu verstehen und gemeinsames Handeln zu fördern. Er gehört – zusammen mit dem Freund Kenneth Clarke bei den Konservativen – zu der kleinen Kaste von Europa-Kennern und -Verstehern auf der Insel.

Zu Spanien wurde das Verhältnis in den Jahren an der Seite Helmut Kohls durch sein überaus freundschaftliches Verhältnis zu Felipe Gonzalez geprägt – eine Entwicklung, die manche meiner sozialdemokratischen Freunde als die Erfüllung eines an Helmut Kohl angetragenes Vermächtnis von Willy Brandt ansahen. Es war Helmut Kohl, der Willy Brandts Bitte umsetzte, beim Staatsakt nach seinem Tode möge nicht der amtierende Vorsitzende der Sozialistischen Internationale (SI), der Franzose Pierre Mauroy, die Gedenkrede halten, sondern eben sein europäischer Lieblingsschüler Felipe Gonzalez. François Mitterrand, der den Bundeskanzler auf diesen Vorgang telefonisch ansprach, sah dies auch ohne jedes Zögern ein.

Mit Felipe Gonzalez Nachfolger José Maria Aznar war die Beziehung vor allem zu Anfang durch Misstrauen geprägt, galt doch Helmut Kohl als der beste politische Freund seines ärgsten politischen Widersachers, Felipe Gonzalez. Die ersten Begegnungen waren mehr als schwierig, durch vorsichtiges Abtasten geprägt, selbst ein informelles persönliches Treffen mit dem Noch-Oppositionsführer Aznar in der Madrider Altstadt im engsten Rahmen stand nahe einem Desaster – dies dank eines Überraschungsgastes, den wir nicht erwartet hatten: Frau Aznar, die lebhaft versuchte, das gemeinsame Arbeitsessen mit dem Kanzler mit dem Thema „Abtreibung" einzuführen und mit Helmut Kohl darüber zu disputieren! Helmut Kohl schaute mich nahezu flehend an, mit Hilfe meiner Kenntnisse der spanischen Sprache darauf zu drängen, das Thema zu wechseln – unsere Dolmetscherin stand dem nicht nach: sie wollte mir den Job übergeben, wenn die „Tiraden" so weiter gingen!

Erst in der Folge begann sich das Verhältnis langsam zu entspannen und positiver zu entwickeln. Doch Aznar war gegenüber den Ratschlägen des älteren Regierungschefs und Parteiführers weitaus weniger empfänglich als sein Vorgänger – Spanien wurde für uns zunehmend eigensinniger und schwieriger! Und Aznar begann mehr und mehr die wirtschaftliche Performance Spaniens zu überschätzen – „Espana va bien" war sein lange Zeit erfolgreicher Slogan in Verkennung der tatsächlichen Umstände, vor allem der immer deutlicher werdenden Immobilien-Blase wie auch die Abschwächung des wirtschaftlich-industriellen Aufschwungs!

Zu Italien hatte Helmut Kohl über die Jahre, schon aus der Opposition, in gewisser Weise ein ganz eigenes, besonderes Verhältnis entwickelt, zu dem Land, seinen politischen Parteien und Führern. Er mochte Italien – und doch war das Land alles andere als ein leichter Partner. Ich habe einfach einmal durchgezählt, in meinen Bonner Jahren von 1985 – Ende 1998 hatte es die Bundesregierung mit 13 italienischen Regierungen zu tun, einige Namen sind heute mehr oder minder vergessen, andere haben Italien geprägt, ohne es aber hinreichend zu verändern.

Es waren gerade besondere Persönlichkeiten, die die italienische Politik über diese Jahre geformt haben. Man denke an Giorgio Napolitano, über den an anderer Stelle zu reden sein wird, oder an Giulio Andreotti, der aus der italienischen Politik über Jahrzehnte nicht wegzudenken war, an den oft unterschätzten Giuliano Amato oder an Carlo Azeglio Ciampi, der zum Garanten für die Teilnahme Italiens an der Wirtschafts- und Währungsunion wurde.

Zugleich setzte Helmut Kohl – vergeblich – darauf, dass sich die italienische „Schwesterpartei", die DC Democrazia Christiana, aus sich heraus zu einer modernen Partei entwickeln würde. Einer der jungen Christdemokraten aus diesen Jahren hat mich in den letzten Jahren nahezu schwärmerisch an die Begegnungen mit Helmut Kohl erinnert – es war Enrico Letta, der der Partei notgedrungen den Rücken kehren und sein Glück auf der linken Seite des Parteienspektrums suchen musste!

Und doch hat sich Italien über die Jahre gehalten, Krisen immer wieder, wenn nicht gemeistert, so doch überwunden, ja „durchgemogelt". Die Schuldenkrise ab 2007 führte das Land in echte Schwierigkeiten, und doch... Zugleich standen aber die italienischen Freunde in der europäischen Integration immer mit an der Spitze der Bewegung, sie waren, ob Linke oder Rechte grundsätzlich im Reflex pro-europäisch eingestellt. Erst mit Premierminister Berlusconi wurde das Verhältnis kühler, distanzierter – es standen sich auf einmal zwei schwer miteinander vereinbare Charaktere gegenüber. Mangels entschiedener Fortsetzung der Reformen wurde Italien mehr und mehr zu einem Sorgenfall für die Freunde in der Europäischen Union. Auch die Nachfolger Monti und Renzi mussten scheitern, das Parteiengefüge brach in sich zusammen. Es bleibt fraglich, ob das heutige Gefüge nach dem „Intermezzo" mit zwei extremen und im Grunde kaum vereinbaren Bewegungen und der jetzigen Mitte-Links-Regierung durchhaltefähig sein kann und dreißig Jahre versäumter Reformen nachholen kann. Dies haben zuletzt die Debatten über die Verteilung der Gelder aus dem Post-Covid-Fonds der EU gezeigt. Rom hat leider nicht mehr Brüssel und Berlin als Sündenbock, sondern muss selbst entscheiden!

III. Kapitel
Deutschland und Europa

1. Die achtziger Jahre – Erste EG-Reformen

Europa wurde ab Anfang der 80er Jahre Kern meiner Tätigkeit. Was waren die Grundlagen, die Vorzeichen für die deutsche Europa- und Außenpolitik Anfang der 80er Jahre? Deutschland stand zu jener Zeit mitten in der Zerreißprobe um die Aufstellung neuer amerikanischer Mittelstreckenraketen als Antwort auf die sowjetische Aufrüstung. Die deutsche Linke versuchte mit massiver Unterstützung, auch seitens von Teilen der evangelischen Kirche, durch machtvolle Demonstrationen den Verzicht der Stationierung zu erzwingen.

Wer hätte damals gedacht, dass die Sowjetunion auch und gerade an dieser Frage, an dieser Kette politischer Konsequenzen scheitern könnte?

Wer hätte geglaubt, dass ausgerechnet der neue US-Präsident Ronald Reagan sich mit dieser Politik der Stärke – nicht zuletzt damals mit SDI –, die von vielen, gerade auch in Deutschland als töricht, naiv, ja als gefährlich diffamiert wurde, durchsetzen und die Sowjetunion zu entscheidenden Schritten der Abrüstung und Rüstungskontrolle, ja in gewisser Weise zum „Offenbarungseid" ihrer bisherigen Politik anhalten könnte?

Wer hätte damals daran zu wagen geglaubt, dass die Mischung der westlichen Politik aus Stärke und der Förderung menschlicher Kontakte zum Ende des Ost-West-Gegensatzes und zur Öffnung von NATO und EU, zu einem neuen Verhältnis zu Russland und den anderen Nachfolgestaaten der Sowjetunion, ja zur Wiedervereinigung Europas führen würde?

Gleichzeitig schien die Teilung Deutschlands zementiert, auch wenn es damals – mit Solidarnocz in Polen – erste Anzeichen zunehmender Unzufriedenheit, ja des Widerstandes, des Aufbruchs im Osten gab

Wer hätte damals gedacht, dass sich nur sieben Jahre später die Mauer in Berlin öffnen sollte, wir das Geschenk der Wiedervereinigung unseres Vaterlandes erreichen und damit zugleich zunächst die Öffnung Europas Richtung Erweiterung von NATO und EU stellen konnten?

In diesem Zusammenhang muss auch der 1975 durch die Konferenz über Sicherheit und Zusammenarbeit in Europa (KSZE, später OSZE) eingeleitete Prozess gewürdigt werden, dessen Bedeutung von vielen in meiner Partei, auch von mir einige Zeit unterschätzt worden ist. Gerade die darin einbezogenen humanitären Fragen und Kontakte haben auch ganz wesentlich zur Verbreitung freiheitlichen Gedankengutes und zur Öffnung des Ostens beigetragen und manche positiven Entwicklungen gefördert.

Die bemerkenswerten Fortschritte in der europäischen Einigung Ende der 70er Jahre dank engen deutsch-französischen Zusammenwirkens, dank Präsident Valéry Giscard d'Estaing und Kohls Amtsvorgänger Helmut Schmidt, mit der Initiative hin zur Einführung des Europäischen Währungssystems (EWS) als Vorstufe einer europäischen Währungsunion hatten sich in recht kurzer Zeit umgekehrt in einen internen Abnützungskampf um die angemessene Aufbringung und Verteilung der Geldmittel in der EG, an der sie fast zu zerbrechen drohte.

Die Stimmung in der EG war bei Kohls Amtsantritt kritisch bis negativ. Eurosklerose, ein Kunstwort aus der Verbindung Europas mit einer schrecklichen Krankheit, war damals das beherrschende Stichwort bei seiner ersten Teilnahme an einer Tagung des Europäischen Rats im Dezember 1982 in Kopenhagen.

Wer hätte geglaubt, dass wir sechzehn Jahre später unmittelbar vor der Einführung des Euro als Kern der Europäischen Wirtschafts- und Währungsunion stehen würden und wir auch auf dem Wege zur Politischen Union Europas beachtliche Fortschritte geschafft hatten und wir vor der EU-Erweiterung auf 25 und mehr Mitgliedstaaten stehen würden?

Diese Rahmenbedingungen wurden damals dadurch „gewürzt", dass sich im deutsch-französischen Verhältnis, der Schlüsselbeziehung nicht nur für unsere Außenpolitik, sondern für die Entwicklung von ganz Europa an der Spitze zwei einander unbekannte Persönlichkeiten gegenüberstanden.

In Frankreich war im Mai 1981 ein Kohl bis dahin unbekannter Sozialist, Francois Mitterrand, durch einen viele überraschenden Wahlsieg über Valéry Giscard d'Estaing an die Macht gekommen – ein Mann, der als Persönlichkeit, als Politiker ein ganz anderen Weg als Helmut Kohl gegangen war, ein auf den ersten Blick gegensätzlicheres „Paar" hätte niemand erfinden können.

Und auch Kohls Wahlsieg wurde unter Hinweis auf seine politische Herkunft aus der „Provinz" und seine angeblich mangelnde europäische und internationale Erfahrung kritisch kommentiert.

Und wer hätte geglaubt, dass daraus einmal ein Tandem und Freunde wurden, die verantwortlich für den späteren europäischen Aufschwung werden, die Europa immer wieder aufs richtige Gleis setzen sollten.

Auf der anderen Seite des Atlantiks war bereits Anfang 1981 ein Mann zum 40. Präsidenten der Vereinigten Staaten gewählt worden, auf den auf den ersten Blick alle Stereotypen und Vorurteile passen sollten: Ronald Reagan. Wer hätte gedacht, dass ausgerechnet dieser Mann mitentscheidend für die grundlegenden Veränderungen in Mittel- und Osteuropa wie im Verhältnis zwischen Ost und West, dass die von ihm vertretene Politik ganz wesentlich zum Auslöser, zu einem der Katalysatoren des Zusammenbruchs des sowjetischen kommunistischen Systems werden sollte?

Er wurde noch 1987 eher milde belächelt, als er in Berlin Gorbatschow dazu aufrief, die Mauer niederzureißen. Sein Appell sollte schneller in Erfüllung gehen, als die meisten dachten oder zu hoffen wagten. Zu wenige hatten die Entwicklung in Polen, aber auch gerade in der Sowjetunion ernst genug genommen.

EG-Präsidentschaft im ersten Halbjahr 1983

Das erste wichtige Faktum des Jahres 1983 war zunächst der 20.Januar 1983 – die Rede des französischen Staatspräsidenten Mitterrand im Deutschen Bundestag zur Frage der Stationierung der amerikanischen Mittelstreckenraketen.

François Mitterrand stellte sich ostentativ an Kohls Seite, das Angebot einer solchen Intervention hatte er bereits Helmut Schmidt 1982 unterbreitet. Der französische Präsident sollte zu einem für Helmut Kohl wichtigen Streithelfer gerade auch in der innerdeutschen Debatte werden, die im Bundestag trotz und gegen alle Demonstrationen im November 1983 positiv mit einer Entschließung zugunsten der Stationierung der Raketen abschlossen, die Dislozierung begann nur wenige Wochen später.

Mit unsicheren Gefühlen gingen wir, ob in Brüssel, wo ich die Präsidentschaft an der Ständigen Vertretung mitorganisieren sollte, oder in Bonn, nach dem gescheiterten Europäischen Rat von Kopenhagen dagegen die deutsche Präsidentschaft in der EG im ersten Halbjahr 1983 an – seit Januar 1958 die 8. sechsmonatige Präsidentschaft Deutschlands im Rat der Europäischen Gemeinschaften. Immer eine Zeit besonderer Anspannung und Verantwortung, da jeder Mitgliedstaat so auch wir in den sechs Monaten seines Vorsitzes im Rat der EG besondere Ergebnisse und Fortschritte der Integration aufzeigen wollte.

Trotz aller Skepsis von vieler Seite haben wir es in jenem halben Jahr geschafft, Europa wieder aufs Gleis zu setzen. Der Europäische Rat von Stuttgart im Juni 1983 hat die richtigen Weichen gestellt. Im Rahmen der Feierlichen Deklaration zur Europäischen Union, für die Außenminister Hans-Dietrich Genscher im Einvernehmen mit dem Bundeskanzler die

Vorarbeit geleistet hatte, haben wir zwar nicht alles erreicht, was wir an sich schaffen wollten, vieles sollte weitaus mehr Zeit brauchen.

Aber wir hatten einen Umschwung, eine neue – eine positive – Stimmung in Europa herbeigeführt und zugleich die Weichen für spätere Reformen gestellt.

Selbst die Finanzprobleme waren auf dem Wege zu einer Lösung. Mittel war die grundsätzliche Verständigung, die Finanzmittel zu erhöhen, um damit den lange blockierten Erweiterungsverhandlungen zur Aufnahme der beiden Länder der Iberischen Halbinsel endlich zum Durchbruch zu verhelfen.

Gleichzeitig hatten wir die Grundlage für die Lösung des Problems des britischen Beitrages zum EG-Haushalt gelegt – Margaret Thatchers triumphierendes Wort „Ich habe meinen Scheck" machte damals die Runde. Abgeschlossen wurden die Finanzverhandlungen indes, vor allem dank griechischer Zusatzwünsche, erst ein Jahr später, im Juni 1984 in Fontainebleau unter französischem Vorsitz.

Nur: wir schleppten seither mit dem „britischen Problem und Sonderwünschen" einen unguten, immer wieder Zwietracht säenden Ballast mit uns. Leider blieben wir von einer gerechten Aufbringung der nationalen Beiträge zum EU-Haushalt und ihrer Verteilung ein gutes Stück entfernt. Der aus der Sicht vieler hohe, wenn nicht zu hohe Anteil Deutschlands an der EG-Finanzierung bereitete uns in der deutschen Innenpolitik immer wieder Kopfzerbrechen, zuweilen drohte sie sinnvolle, an unseren wohlverstandenen Interessen orientierte Europapolitik ernsthaft zu behindern. Ich muss zugeben, manche Kritik war auch aus meiner Sicht zum Teil durchaus verständlich, sie ließ aber auch größtenteils die großen Vorteile Deutschlands aus der europäischen Integration außer Acht.

Im ersten Halbjahr 1983, der ersten deutschen Präsidentschaft in der EU, bei der ich mitwirken durfte – es sollten zwei weitere an zentralerer Stelle folgen –, war für das neue deutsche Tandem Kohl – Genscher das europäische Umfeld alles andere als positiv: „Eurosklerose" blieb das Stichwort der Medien, Griechenland blockierte die EG und Margret Thatcher wollte ihr Geld zurück.

Sie war davon überzeugt, das Vereinigte Königreich zahle zu viel in die gemeinsame Kasse und erhalte dafür zu wenig, dazu blockierten Frankreich und Italien die laufenden Beitrittsverhandlungen mit Spanien und Portugal, vor allem aus Angst vor dem landwirtschaftlichen Potential der Kandidaten!

Genscher war als Außenminister und damit Vertreter der Bundesregierung im „Allgemeinen Rat" der deutsche Federführer in der Europapolitik. Er versuchte mit aller Kraft, die streitigen Probleme zu lösen oder zumindest zu entschärfen – darüber hinaus war er der Antreiber der Relance Europas. Helmut Kohl schien noch dabei, sich mit der für ihn neuen Umgebung, dem Arbeitsstil, das Verhalten der Kollegen im Europäischen Rat vertraut zu machen, „politische Witterung aufzunehmen" – was sich in den Folgejahren zunehmend und grundlegend verändern sollte!

So wurde der Europäische Rat im Juni 1983 in Stuttgart zu einem typischen Fortschritts-, nicht aber zu einem Lösungsrat! Fortschritte in allen Streitfragen, aber Lösungen allenfalls am Horizont! Man verabschiedete zwar die von Genscher zusammen mit seinem italienischen Kollegen Emilio Colombo initiierte „Feierliche Deklaration zur Europäischen Union" – erstmals sprach man statt von „Europäischen Gemeinschaften" von der „Europäischen Union", die wesentlichen Elemente der Erklärung sollte aber erst Helmut Kohl acht Jahre später in Maastricht in die Tat umsetzen.

Europa brauchte immer wieder solche Etappen wie Stuttgart oder vier Jahre später die Einheitliche Akte – und vor allem zunächst eine neue, positivere Stimmung. Und das war Stuttgart! Es war eine Tagung, die damit auch weniger durch konkrete Inhalte glänzen musste, mehr die Begebenheiten am Rande schienen im Vordergrund zu stehen:

So hatte der Bundeskanzler den Beginn der Sitzung am Sonntag auf 09.30 Uhr festgelegt – sehr deutsch: nein, er wusste, alle wollten am Sonntag so früh wie möglich nach Hause! Doch es fehlte eine Delegation, die Italiens, die fieberhaft gesucht wurde. Sie hatte ihr Hotel verlassen, war aber nicht im Stuttgarter Schloss angekommen.

Dass Mitterrand eigentlich immer zu spät kam, war allgemein bekannt und wurde akzeptiert, doch die Italiener? Wo steckten sie? Politik des leeren Stuhls? Streik gegen die Sonntagsarbeit? Mitnichten, gegen 10 Uhr sahen wir eine Gruppe wie im Pilgerzug über den Vorplatz Richtung Schloss spazieren – es waren unsere Italiener! Sie waren mit Ministerpräsident Fanfani und Außenminister Andreotti an der Spitze einfach in die Messe gegangen!

Wir erlebten in Stuttgart während der beiden Tage den ersten Fall „politischen" Asyls in der EG! Der italienische Brüsseler Ständige Vertreter, Botschafter Renato Ruggieri, später Außenhandelsminister und dann Chef der Welthandelsorganisation (WTO), war – als den Sozialisten Nahestehender – von seiner Delegation vom Informationsfluss abgeschottet worden! Er kam zu den „Anticis", die ihn natürlich alle kannten. Er fragte uns, ob er bleiben dürfe. Unsere Antwort war trotz des Zögerns einiger Kollegen letztlich „ja" und wir hatten damals den besten „0-Dollar-Berater" aller Zeiten! Dank seiner Kommentierungen machten die Notizen über den Verlauf der Beratungen des Europäischen Rats mehr Sinn! Und wir haben ihn dann spontan am Ende der Sitzung zum Mitglied ehrenhalber der Anticis ernannt.

Oder wer in Stuttgart dabei war, konnte die legendäre Schüttelreime des Ständigen Vertreters, Botschafter Gisbert Poensgen nicht vergessen, die der damalige Regierungssprecher Peter Boenisch zunächst erstaunt über für ihn völlig ungewohnte AA- und Europa-Produkte zur Kenntnis nahm, sie aber mangels anderer Neuigkeiten aus den Beratungen – und es gab viele solcher Saure-Gurken-Momente – stolz der europäischen Presse vorlas.

Nicht alle politischen Akteure – anscheinend auch eingeschlossen der Bundeskanzler selbst – schienen die dichterische Ader des Ständigen Vertreters zu schätzen – hatte er doch unter anderem frech formuliert: „Ob das bereits die Wende heißt, wenn man auf leere Hände weist?"!

In der Vergangenheit hatte der Botschafter mit seinen Schüttelreimen mehr Glück gehabt. 1974 hatte mitten in einer der Krisen um das Vereinigte Königreich der damalige deutsche Außenminister und spätere Bundespräsident Walter Scheel einen – wohl heute noch aktuellen – Poensgen'schen Schüttelreim spontan im Rat der Außenminister vorgelesen:

> „Wird England aus dem Laden scheiden,
> werden wir alle Schaden leiden,
> Das müssen wir den Briten singen
> und sie zu bess'ren Sitten bringen.
> Nur wenn wir treu zum Werke stehn,
> wird uns der Geist der Stärke wehn'."

Stuttgart wirkte politisch-psychologisch wie ein Befreiungsschlag. Wir konnten mit neuem Schwung, mit einer anderen Einstellung an die Weiterentwicklung der europäischen Integration herangehen – bis hin zur Verabschiedung der Einheitlichen Europäischen Akte vom Dezember 1985 in Luxemburg, die am 1.Juli 1987 in Kraft treten sollte.

Dies galt zunächst für die Aufnahme Spaniens und Portugals. Die Zustimmung seitens Frankreich, Italien und Griechenland – hinter deren innenpolitischen Schwierigkeiten sich manche andere bequem verstecken konnten – beim Europäischen Rat in Stuttgart am 12. Juni 1983 zügig an die Kernkapitel des Beitritts heranzugehen und sie zu lösen, erlaubten es, nach Jahren des Zögerns und der Blockade die Beitrittsverträge im Frühsommer 1985 nach 8 Jahren Verhandlungen endlich zu unterzeichnen.

Für uns Deutsche eine längst überfällige Entscheidung – wie oft hatten Kohl und Genscher diese Entscheidung angemahnt und klargestellt, dass die EG ohne die beiden traditionsreichen Länder der Iberischen Halbinsel ein Torso war.

Stuttgart war das Startsignal, von da an wurde in Brüssel im 16-Stunden Rhythmus gearbeitet, um den ehrgeizigen Zeitplan noch in die Tat umzusetzen. Wir brauchten allerdings noch einige Zeit, um die Verhandlungen in den zentralen Kapiteln zu deblockieren. In jener Zeit wurde ich für die Spanier oft zum Buhmann, während sich die Portugiesen voll auf die Kommission als Wahrer ihrer Interessen verließen. Wir hatten wenige Bereiche, in denen Deutschland besonders betroffen war und wir unsere Interessen deutlich zum Ausdruck bringen mussten, dafür die klare Handlungsanweisung aus Bonn seitens des Staatssekretärs Jürgen Ruhfus, ansonsten alles zu tun, den Beitritt der Iberischen Halbinsel endlich und zügig zum Abschluss der Verhandlungen zu führen.

So wurde ich in manchen problematischen Fragen zum Einfädler von Kompromissen. Den höchst selbstbewussten spanischen Freunden gefiel das überhaupt nicht, sie wollten ihre Linie durchsetzen, sie meinten, dass wir dies blind umsetzen und sie nicht auch noch regelmäßig auf Kompromisse einzugehen hatten.

Hierzu gehörte der Durchbruch in der schwierigen Landwirtschaftspolitik, ein Schlüsselkapitel der Beitrittsverhandlungen, das einige Jahre durch die Franzosen angesichts der Stimmung im Süden des Landes und in deren Schlepptau die Italiener erfolgreich blockiert worden war. Erst im Frühjahr 1984 gelang der politische Durchbruch.

Im Einvernehmen mit dem zuständigen Generaldirektor im Rat Gianluigi Giola, haben wir damals im kleinen Kreis einen Stufenplan für den Kernbereich „Obst und Gemüse" entwickelt und die Italiener um den Kollegen Enrico Pietromarchi für eine, wenn auch laue Unterstützung gewonnen: die graduelle Öffnung des europäischen Marktes wurde durch Kontrollmechanismen begleitet, die dem wohl am besten funktionierenden System der Importkontrolle in Europa „entliehen" war: dem schweizerischen Kontrollsystem!

Wer die Verhältnisse kannte, wusste um die hohe Sensibilität und um die peniblen Kontrollen in der Schweiz, die weit entfernt waren von jeglichem Hang zum Freihandel – böse Zungen behaupteten, die Schweizer zählten zu bestimmten Jahreszeiten jeden einzelnen Apfel, der importiert werden sollte! Die Freihandelsfreunde im Bonner Wirtschaftsministerium wie im AA waren entsetzt, allein die Landwirte verstanden, dass dies der einzige Weg war, den Widerstand der Franzosen auszuhebeln, und ließen mir freie Hand.

Für meinen französischen Kollegen, Jean de Gliniasty, waren dies die schwierigsten Wochen seiner Laufbahn. In Paris wollten manche seinen Kopf! Wie konnte er den Deutschen diesen Vorschlag durchgehen lassen. Paris wollte nicht schon wieder ein „Veto" einlegen bzw. dem Präsidenten die entstandene Lage eingestehen! Ja, Michel Rocard, der unkonventionelle Landwirtschaftsminister in Paris, mit dem ich später oft über diese Lage gesprochen habe, rettete ihn.

Aus heutiger Sicht stellt der Beitritt der beiden Länder eine echte nationale wie europäische Erfolgsgeschichte dar – aber welche politische Kraftanstrengung war damals notwendig, um die Verhandlungen nach über siebenjähriger Dauer zum Abschluss zu führen!

Für den noch jungen Diplomaten war die Teilnahme an der Unterzeichnung der Beitrittsakte in Madrid und Lissabon dann eine besondere Genugtuung und Ehre, zugleich mit dem Europäischen Rat in Mailand im Juni 1985 Abschluss vier intensiver Brüsseler Lehrjahre. Es ging nahtlos in Sachen Europa in Bonn, im Stab des Bundesministers des Auswärtigen weiter.

Das Stichwort „Lehrjahre" galt auch für ein anderes Thema, das Helmut Kohl aufgrund seiner Herkunft aus einer grenznahen Region besonders am Herzen lag: Die Öffnung der inneren Grenzen der EG. Ein innenpolitisch heikles Thema, aus dem sich Genscher im Grunde heraushielt. Er konnte dabei nichts gewinnen.

Wie so oft in den sechzehn Jahren hatten wir uns 1985 mit Frankreich an die Spitze der Bewegung gesetzt. Die Benelux-Länder schlossen sich dieser Initiative im Rahmen des sog. Schengener Übereinkommens an, benannt nach dem Ort der Unterzeichnung, der kleinen luxemburgischen Grenzstadt Schengen.

Heute in der EU ist dies für die meisten unter uns selbstverständlich, frühere Grenzen ohne Kontrollen zu überqueren, ohne einen Pass oder den Personalausweis vorzuzeigen und ohne anzuhalten. Aber wie lange haben wir gebraucht, um dies zu erreichen, wie lange haben wir gebraucht, um auch in den Verwaltungen manche Betonköpfe zu überwinden? Viel zu lang – und: wie lange haben wir gebraucht, um das notwendige Korrelat in Bezug auf eine engere polizeiliche und migrationspolitische Zusammenarbeit zumindest aufs Gleis zu setzen – auch viel zu lange und immer noch bei weitem nicht hinreichend! Es scheint unverändert am politischen

Willen und der Durchsetzungskraft zu fehlen, die notwendigen Ausgleichsmaßnahmen im Innern wie an den Außengrenzen in die Tat umzusetzen.

Helmut Kohl hatte sich schon als junger Politiker für die Abschaffung der Grenzkontrollen – in Jugendjahren noch symbolisiert durch das Niederreißen von Schlagbäumen in Wissembourg an der deutsch-französischen Grenze – eingesetzt. Zugleich durfte diese von dem Bürger begrüßten Maßnahmen nicht zu einer Einladung und Erfolgsgeschichte für das Verbrechen und für die unkontrollierte Migration werden, daher die Vorstellung, parallel hierzu, „Ausgleichsmaßnahmen" zugunsten einer engeren Zusammenarbeit der Innenbehörden über die Grenzen hinweg zu entwickeln.

In Deutschland, nicht zuletzt auch in dem von ihm geführten Bundeskabinett, wie auch vor allem bei den Bundesländern, stießen letztere Vorstellungen auf wenig Widerhall und Gegenliebe. Die skeptischen Innen- und Länderpolitiker sahen darin – zu Unrecht – vor allem den Versuch Kohls, ihnen Kompetenzen wegzunehmen und diese nach Europa zu verlagern, und dies ausgerechnet in einem Bereich klassischer Staatsaufgaben und staatlicher Souveränität.

Vorsichtig und hinter den Kulissen bereitete der Bundeskanzler ab 1985 die Diskussion über notwendige Ausgleichsmaßnahmen vor. Er bezog mich sehr bald in diese vertraulichen Überlegungen ein, die konkreten polizeilichen Erfahrungen aus dem Bundeskriminalamt erwiesen sich dabei als besonders hilfreich. Helmut Kohl riskierte es, erst 1988, dann 1991 das Thema auf europäischer Ebene aufzugreifen, und zwar mit moderatem Erfolg! Ein gewisser erster Durchbruch sollte erst 1997 in Amsterdam gelingen, doch die jüngste Entwicklung hat gezeigt, wie weit wir in Wahrheit noch von dem ursprünglichen politischen Anspruch entfernt sind!

Jacques Delors

Ein genauso wichtiges Thema, das ebenfalls seinen Niederschlag in der Einheitlichen Akte von 1987 fand, war die Schaffung des europäischen Binnenmarktes.

Es war Jacques Delors, seit Anfang 1985 Präsident der Europäischen Kommission, der diese hervorragende Idee zur Vervollständigung, in gewisser Weise zur Krönung des Gemeinsamen Marktes vorgeschlagen hatte. Es war zugleich ein echtes Fitness- und Konjunkturprogramm für die europäische und die deutsche Wirtschaft. Auch aus der Rückschau muss die kritische Frage erlaubt sein, ob wir damals diese Chance auch bei uns in Deutschland wirklich richtig verstanden und voll genutzt haben.

Ich hatte die Chance gehabt, Jacques Delors bereits Mitte der 70er Jahre in Paris als Lehrer und „Animateur" des großen Seminars an der ENA kennengelernt zu haben. Er hatte für viele der französischen Sozialisten als zweite Wahl nach Claude Cheysson, dem ersten Außenminister unter Präsident Mitterrand ab 1981, gegolten und profitierte davon, dass manche Mitgliedstaaten, darunter die Engländer von einem Cheysson als Präsident der Kommission nichts wissen wollten. Auch Helmut Kohls Intuition war viel stärker auf der Seite des neuen, zur Überraschung mancher, eingeführten französischen Kandidaten.

Jacques Delors' berufliches Vorleben vor seiner Zeit als Wirtschaftsminister – die Lehrjahre bei der Banque de France, seine gewerkschaftliche Vergangenheit, seine Jahre im „Commissariat au Plan", dem „Planungsstab" der französischen Regierung, sowie im Kabinett von Premierminister Chaban-Delmas und dann als Wirtschaftsminister – waren hilfreiche Atouts, eine Grundlage, auf der er aufbauen konnte.

Jacques Delors hatte von Anfang an erkannt, dass er sich erst das Vertrauen der Mitgliedstaaten und vor allem ihrer Regierungschefs erwerben musste, zu allererst deren erster „Diener" und „Helfer" zu sein, erst dann machte er sich daran auch eigene Ideen einzuführen, so den Binnenmarkt.

Zwischen Helmut Kohl und Jacques Delors, aber auch zwischen den Mitarbeitern entwickelte sich langsam vom zunächst vorhandenen Respekt eine echte – und vor allem auch herzliche – Freundschaft. Das einzige, was der Bundeskanzler seinem Freund Jacques, regelmäßig mehr scherzhaft vorhielt, war, dass er im Lichte aller seiner Überzeugungen nur die falsche Partei gewählt hätte.

In Deutschland wäre sein Platz, so Helmut Kohl, am besten im linken Flügel der CDU gewesen! Der gute Jacques Delors fragte mich in der ersten Zeit oft nach der Ernsthaftigkeit der politischen Frotzeleien des Bundeskanzlers – ja, deutscher und französischer Humor waren mitunter nur schwer zu übertragen, ja miteinander in Einklang zu bringen!

Eine der wenigen Störungen im Verhältnis der beiden bildete Jacques Delors Versuch, mich „abzuwerben", als er für sein Kabinett zu Beginn der 2. Amtszeit damit begann, die Nachfolge für Pascal Lamy zu suchen. Er hatte mich direkt darauf angesprochen. Es war ein sehr ehrenhafter, verführerischer Vorschlag, nur in Kenntnis der Empfindlichkeiten des Kanzlers hatte ich ihn vor einem solchen Vorstoß gewarnt. Aber auch dieses Intermezzo war bald vergessen – und es war Helmut Kohl, der dann auch die Verlängerung des Mandats von Jacques Delors für eine zweite Amtszeit „organisierte".

Paris – François Mitterrand – hatte in dieser Frage beharrlich geschwiegen, bis dann Jacques Delors Helmut Kohl diskret um Hilfe bat. Und der Bundeskanzler sprach den französischen Präsidenten direkt an, er sei doch wohl einverstanden, dass Jacques Delors im Amt bleibe – die Antwort war einfach, wenn er, der Bundeskanzler dies meine, dann sei das wohl so.

Jacques Delors wurde auf diese Weise bis heute zum herausragenden Präsidenten der Kommission, auch wenn er in den Jahren nicht alle seine innovatorischen Ideen durchsetzen konnte. Man denke insofern an sein Weißbuch „Wachstum, Wettbewerbsfähigkeit, Beschäftigung" aus dem Jahre 1993 gegen Ende seiner zweiten Amtszeit – das in vielen Bereichen und konkreten Ideen an Aktualität in keiner Weise verloren hat, im Gegenteil!

Seine Amtsführung – unterstützt durch Helmut Kohl, François Mitterrand, Felipe Gonzalez und andere – führte dazu, dass er für manche Hauptstädte zu stark geworden war – „nie wieder Delors" war der unausgesprochene Slogan bei der Suche nach seinen Nachfolgern in Brüssel!

Helmut Kohl hatte im übrigen 1992 beim Europäischen Rat in Edinburgh im Rahmen der Verhandlungen über den mehrjährigen EU-Haushalt noch bei seinen Kollegen durchgesetzt, dass Delors' Think tank „Notre Europe" in Paris nach Delors Ausscheiden aus der Kommission „auf Lebenszeit" aus dem europäischen Haushalt Unterstützung erfahren sollte – erst die Mittel- und Osteuropäer stellten diese Garantie nach ihrem Beitritt infrage! Delors schien von manchen in der Folge fast vergessen, von daher ist es umso erfreulicher, dass der Europäische Rat ihn – wie zuvor Helmut Kohl – im Juni 2015 zum (dritten) „Ehrenbürger Europas" ernannt hat.

Helmut Kohl hatte wohl insgeheim darauf gehofft, dass sich Jacques Delors zur Kandidatur bei den französischen Präsidentschaftswahlen im Mai 1995 bereit erklären würde. Er hat den Verzicht von Jacques Delors – aus Rücksicht, wie er sagte, auf seine Tochter Martine Aubry, und vor allem auf seine Frau Marie – bedauert. Zugleich hatte er Verständnis für den Freund, der sich nicht in die Härten des Wahlkampfes und der französischen Innenpolitik begeben wollte.

Zwischenschritt Einheitliche Europäische Akte

Auch die Einheitliche Europäische Akte im Jahre 1987 wurde von vielen als unzureichend kritisiert. Sie erlaubte es aber, den Weg der Integration mit der Vollendung des Binnenmarktes entschieden weiter voran zu gehen, sie war, wenn man das so will, der notwendige Vorläufer des Vertrages von Maastricht.

Und diese ersten Jahre praktischer Europapolitik hatten gezeigt, wie sehr das Europageschäft Überzeugungskraft, Beharrungs-, aber auch Einfühlungsvermögen und vor allem viel Geduld brauchte. Europa war und ist, frei nach Max Weber, das Bohren dicker Bretter und die Bereitschaft zum Kompromiss – die Ideallinie hat auf Dauer in der Entwicklung der Integration nie jemand durchsetzen oder durchhalten können.

Wir haben dies besonders zu Anfang von Kohls zweiter Präsidentschaft im ersten Halbjahr 1988 feststellen können. Erneut oblag es uns, zu versuchen, nach dem Scheitern im ersten Anlauf die Finanzen der EG zu ordnen. Es ging damals darum, einerseits die Aufbringung der EG-Mittel möglichst gerechter zu verteilen, andererseits die Ausgaben stärker auf die wirklich bedürftigen Regionen zu konzentrieren. Die dänischen Kollegen hatten wie schon 1982 die undankbare Aufgabe des ersten Anlaufes und waren im Dezember 1987 gescheitert.

Krisenmanagement – Helmut Kohls erstes europäisches Meisterstück

Der Bundeskanzler berief damals den Europäischen Rat zu einer Sondertagung für den 11. Februar 1988 nach Brüssel ein – dies ausgerechnet zu einem Termin, den manche der Mitarbeiter, die eng mit Bonn und den karnevalistischen Traditionen des Rheinlandes verhaftet waren, höflich ausgedrückt, mit Distanz aufnahmen, einige sprachen von „Streik" – es war der Donnerstag vor der Fastnacht, bekannt als Weiberfastnacht.

Nach zwei Tagen intensiver, schwierigster – erstmals über weite Strecken in Form des bei den Landwirtschaftsministern im Rahmen der jährlichen Agrarpreisverhandlungen längst traditionellen „Beichtstuhlverfahrens" praktizierten Verhandlungen, die mehrmals auf der Kippe standen, konnten wir uns auf eine erste, wenn auch bescheidene Fortführung der Reform der Agrarpolitik sowie des Finanzierungssystems der EG-Eigenmittel sowie auf die Verdoppelung und stärkere Konzentration der Mittel für die EG-Strukturfonds einigen.

Mehrfach drohten die Verhandlungen zu scheitern, jeder dachte allein an seine „Schäfchen", die Gespräche wurden mit harten Bandagen, aber mit offenem Visier geführt. Nach dem ersten Schlagabtausch der Regierungschefs auf Grundlage der Vorschläge der EG-Kommission wurde am ersten Tage deutlich, dass auf dieser Basis eine Einigung nicht möglich sein konnte. Es war auch bald abzusehen, dass ein Erfolg nicht in klassischer Zusammensetzung der Beratungen und Tagungsweise des Europäischen Rats zu erzielen war, wir griffen daher auf die althergebrachten Mittel der Agrarräte zurück, zum Beichtstuhlverfahren.

Die Taktik für die richtige Reihenfolge war rasch skizziert, alle Delegationen hatten zum Verdruss einiger Teilnehmer die freundliche Aufforderung erhalten, das Tagungsgebäude, den „Charlemagne" in Brüssel nicht zu verlassen. Frau Thatcher wurde ungeduldiger und ungeduldiger – nur sie wusste nicht, dass sie erst zum guten Schluss an der Reihe sein sollte. Mitterrand ließ sich durch nichts aus der Ruhe bringen, er schrieb wie immer seine Karten und überließ das praktische Geschäft dem Partner in der Cohabitation, Premierminister Jacques Chirac, zumal dieser ja mit dem Agrargeschäft gut vertraut war.

Und der Bundeskanzler, dem Franz Josef Feiter, damals noch der als Unterabteilungsleiter der „Agrar-Experte" im Kanzleramt (später Staatssekretär im Landwirtschaftsministerium) und ich am zweiten Morgen berichtet hatten, schickte uns mit einer sehr kritischen, taktischen Marschroute zu einem enttäuschten Jacques Delors, der noch am ersten Tage auf klassischem Wege vergeblich den Kompromiss gesucht hatte. Es bedurfte dann der Aufmunterung seitens Helmut Kohl, um die Verhandlungen, zunächst einzeln mit den verschiedenen Kontrahenten fortzuführen, um Möglichkeiten und Wege auszuloten.

Es gibt eine Reihe von Szenen, die mir auf Dauer im Gedächtnis geblieben sind. Hierzu gehört vor allem der ungestüme, fast kontraproduktive Versuch des damaligen französischen Premierministers Jacques Chirac, dem Bundeskanzler angesichts der Hartleibigkeit der Niederländer unbedingt helfen zu wollen.

Er stürmte damals plötzlich in den Raum, in den wir uns zusammen mit der EG-Kommission zum „Beichtstuhl" zurückgezogen hatten und machte in mehr als undiplomatischer Weise den Holländern klar, wie er sie beurteile und wie er ihre Zukunft sehe, wenn sie nicht endlich die Spielregeln der EG akzeptierten – sprachs und verschwand wieder. Er teilte dem Bundeskanzler ohne Vorwarnung lapidar mit, er wolle in seiner Gegenwart nur den Niederländern gegenüber klarstellen, er werde alles tun, um der deutschen Präsidentschaft zum Erfolg verhelfen. Wenn die Niederlande ihre Blockade an der Seite des Vereinigten Königreichs nicht aufgeben, dann werde er, wenn es sein müsse, die Grenzen zu den Niederlanden schließen! Die Niederlande würden im Übrigen soundso in Europa ja am meisten profitieren, ob in der Landwirtschaft oder vom Handel. Und ein solches Vorgehen sei auch angesichts der niederländischen Drogenpolitik geboten!

Sprach's und ging hinaus, bevor einer der Teilnehmer reagieren konnte....Im Raume brauchten die Anwesenden – nicht nur die beiden Holländer, sondern auch der Präsident der Kommission und Helmut Kohl einige Minuten, um die Fassung wieder zu gewinnen. Leichter war das Gespräch jedenfalls nicht geworden.

Lange Zeit waren die Verhandlungen durch den hinhaltenden Widerstand von Margaret Thatcher, die in dem niederländischen Ministerpräsidenten Ruud Lubbers einen geschickten Sekundanten gefunden hatte, geprägt. Sie begann erst dann einzulenken, als Helmut Kohl in der zweiten Nacht angesichts des drohenden Scheiterns zur Überraschung und zum Schreck mancher einen Entwurf von Schlussfolgerungen einführte, den ich in aller Eile auf seine Weisung hin verfasst hatte – „Bitterlich, wissen Sie einen Ausweg?". Den knappen Text hatte nur der damalige Generalsekretär des Rates, der umsichtige Däne Niels Ersboell, den man so schnell nicht aus der Ruhe bringen konnte, gegengelesen – er hatte das Ziel, auch das Risiko verstanden.

Diese Zeilen sahen lapidar vor, die EG und ihre Politiken fürs erste auf Grundlage nationaler Beiträge durch die dazu bereiten Mitgliedstaaten zu finanzieren – und die anderen, d. h. die dazu noch nicht bereiten Länder, einzuladen, sich dem anzuschließen.

Mit der reinen Lehre, dem Geist des klassischen Vorgehens in der EG war das schwer vereinbar, aber der Zweck heiligt manchmal die Mittel! Für manche zögernde war der Entwurf ein Schock, aber Helmut Kohl hatte damit Erfolg! Erst Lubbers, dann Frau Thatcher lenkten ein.

Vielleicht noch wichtiger für die zukünftigen EG-Beratungen war es, dass damals erstmals eine Lösung gegen den erklärten Willen von Frau Thatcher – die Kohl als Politikerin und Kollegin schätzte und respektierte, die aber letztlich das europäische Denken „auf dem Kontinent" nie ganz nachvollziehen oder gar teilen konnte oder wollte – zustande kam. Von da gab es häufiger Entscheidungen bei Enthaltung oder gegen die Stimme des Vereinigten Königreichs. Margaret Thatchers Einfluss in Europa begann zu schwinden – dies nicht ohne Konsequenzen für ihre eigene politische Zukunft auf der Insel. Denn auch dort begann sich Widerstand zu regen.

Juni 1988 Hannover: Geburtsstunde des Euro, Helmut Kohls zweites europäisches Meisterstück

Seit der Machtübernahme von Gorbatschow im Jahre 1985 schienen sich langsam in der damaligen Sowjetunion grundlegende Veränderungen anzubahnen. Gorbatschow suchte die Erneuerung des Landes und wollte dabei zugleich das System erhalten – er sollte daran scheitern, aber hat es riskiert, den Stein ins Wasser geworfen, den Erneuerungsprozess ausgelöst, den niemand mehr stoppen konnte.

Mit ihm entwickelte sich Stück für Stück ein neues deutsch-sowjetisches, später deutsch-russisches Verhältnis des Vertrauens und eines gegenseitigen Respekts, was sich im Zuge der deutschen Wiedervereinigung als mitentscheidend erweisen sollte.

In den USA hatte George Bush 1988 die Wahlen gewonnen und Ronald Reagan abgelöst. Reagans Verdienste werden auch heute noch oft unterbewertet. Es ist schon richtig, das Verhältnis zu ihm war nie ganz einfach, doch seine Meriten sind unbestreitbar. Sein Nachfolger sollte zu einem verlässlichen, zu einem guten Freund und Partner, ob im Rahmen der NATO oder im bilateralen Verhältnis, werden. Dies sollte sich vor allem im Prozess hin zur deutschen Wiedervereinigung erweisen.

In Frankreich war im Mai 1988 Francois Mitterrand für eine zweite siebenjährige Amtszeit wiedergewählt worden – gegen Jacques Chirac. Wir waren zuvor seit 1986 zwei Jahre „Zeugen", zuweilen auch Betroffene und Leidtragende der ersten französischen Cohabitation zwischen Gaullisten und Sozialisten.

Wir alle in Europa mussten erst einmal lernen, mit diesem sehr französischen Phänomen, das nichts mit dem deutschen Phänomen von „Koalitionen" zu tun hatte und das sich in den 90er Jahren wiederholen sollte, umzugehen – letztlich hat es sich aber für den Fortgang des europäischen Einigungsprozesses nicht als hinderlich erwiesen.

Die Veränderungen in der Sowjetunion und in Mittel- und Osteuropa sowie die Abstimmung unseres Verhaltens beschäftigten uns damals mehr und mehr in den europäischen wie transatlantischen Treffen.

Gleichzeitig suchten wir die Europäische Gemeinschaft weiter von innen her zu stärken und besser für die inneren wie äußeren Herausforderungen zu wappnen. Es war in Deutschland Hans-Dietrich Genscher, der dazu im Februar 1988 eine Idee des damaligen französischen Finanzministers Edouard Balladur aufgegriffen und weiterentwickelt hatte. Es ging darum, nach zwei gescheiterten Versuchen die Frage einer europäischen Währungsunion wieder auf die Tagesordnung zu bringen.

Die CDU/CSU ging zunächst eher auf Distanz, nur zögernd an diese Vorstellung heran, stand doch die "DM" symbolisch und praktisch für den Erfolg des Wirtschaftswunders in Deutschland in der Nachkriegszeit, sie war – und das begriffen unsere Partner nur langsam – noch vor der Flagge, vor der Verfassung, dem Grundgesetz, vor dem Bundestag und vor dem Entstehen deutscher Staatlichkeit entstanden.

Gemeinsam mit Jacques Delors hat der Bundeskanzler im Frühjahr 1988 und dann beim Europäischen Rat in Hannover im Juni 1988 einen Ansatz gesucht, der auch für die zögernden und zurückhaltenden Stimmen in Deutschland akzeptabel sein, zugleich aber auch einen wirklich erfolgversprechenden Weg aufzeigen könnte und sollte

Zwei „Modelle" für die weitere Aufbereitung des Themas schienen zur Auswahl zu stehen: ein „Rat der Weisen" oder ein „Ausschuss der Notenbankgouverneure". Helmut Kohl hielt sich in den Monaten vor Hannover nach außen taktisch zurück, er suchte das Modell, das ihm erlauben konnte, in dieser für Deutschland so hoch sensiblen Materie die Kontrolle über das Verfahren und die Inhalte zu bewahren – und Vertrauen hatte er in dieser Frage vor allem und in erster Linie in Jacques Delors selbst!

Bei einem informellen Treffen in der Pfalz hatten zuvor beide in aller Ruhe – und einer typischen Pfälzer Mahlzeit, einem, wenn auch „modernisierten" Saumagen – die Möglichkeiten und Risiken abgesteckt.

Die Frage der „Europäischen Wirtschafts- und Währungsunion" stand zwar nicht auf der offiziellen Tagesordnung des Europäischen Rates, war aber das zentrale Thema des Abendessens der Staats- und Regierungschefs.

Der Bundeskanzler erläuterte mir kurz vor Mitternacht mit knappen Worten im Auto auf dem Rückweg zum Hotel die wesentlichen Elemente seiner Linie und der Einlassungen seiner Kollegen beim Abendessen und wies mich an, sofort zum Hotel von Jacques Delors zu fahren und die Tendenz des Abends bis zum nächsten Morgen gemeinsam mit Jacques Delors in einen entsprechenden, natürlich konsensfähigen Text von Schlussfolgerungen umzugießen. Jacques Delors, Pascal Lamy und ich trafen uns gegen ein Uhr morgens in einem Hannoveraner Hotel und mussten den Abend erst einmal „sortieren", die Grundideen aber standen.

Am nächsten Morgen verständigte sich der Europäische Rat in Hannover darauf, und dies ohne große Debatte, einen Ausschuss zu bilden, der unter Vorsitz von Präsident Delors und unter Teilnahme der Notenbankgouverneure „auf persönlicher Grundlage" Vorschläge über Mittel und Wege hin zur Vollendung der Wirtschafts- und Währungsunion erarbeiten sollte.

Ich hatte dem Bundeskanzler am frühen Morgen den Textentwurf vorgelegt – und er sagte mir nur kurz, zeigen Sie bitte Hans Tietmeyer den Entwurf, ob er so in Ordnung ist. Der Zusatz „auf persönlicher Grundlage" war die Anregung von Hans Tietmeyer nach Rücksprache mit dem damaligen Präsidenten der deutschen Bundesbank. Karl-Otto Pöhl sicherte sich auf diese Weise eine gewisse „Unabhängigkeit", zugleich auch um der permanenten Mitsprache seiner Kollegen aus dem Direktorium der Bundesbank zu entgehen.

Ich bin überzeugt, dass es der damalige Staatssekretär im Finanzministerium, Hans Tietmeyer, war, der vielleicht zwar noch nicht von der Idee überzeugt, aber in Loyalität zum Bundeskanzler, an jenem Morgen die Sorgen und Ängste Pöhls in diese Richtung kanalisiert hat.

Es waren dann Jacques Delors und Karl-Otto Pöhl, die ganz entscheidend dazu beitrugen, dass im Frühjahr 1989 nach heftigen Debatten über den grundsätzlichen Weg – ob Ziel eine Einheitswährung oder nur eine gemeinsame Währung (neben den nationalen Währungen) sein sollte – das deutsche Modell die Grundlage der Vorschläge des Ausschusses bilden sollte.

An einem solchen "Durchmarsch" des deutschen Modells hatten weder Jacques Delors noch Helmut Kohl am Anfang geglaubt – auch nicht Karl-Otto Pöhl. Damit war auch der Weg zum Vertrag von Maastricht inhaltlich vorgezeichnet, auch wenn über Leitlinien und Kernbestimmungen noch heftig bis Maastricht disputiert werden sollte. Jacques Delors hatte früh verstanden, dass ein Durchbruch in dieser politisch hoch sensiblen Frage nur auf der Grundlage des deutschen Modells mit einer unabhängigen Zentralbank möglich war – der gläubige Christ Delors drückte es einmal anders aus „Nicht alle Deutschen glauben an Gott, doch alle Deutschen glauben an die Bundesbank"!

Der Europäische Rat von Hannover war damit die eigentliche Geburtsstunde des Euro und der europäischen Wirtschafts- und Währungsunion – doch bis Maastricht und zum Euro war es noch ein weiter Weg!

2. Die Chance der Deutschen Wiedervereinigung

Mitte der 80er Jahre deuteten sich im Gefüge des Ostblocks zunehmende Schwierigkeiten an, wobei wir im Westen im Grunde die Tragweite von Anfang an unterschätzten.

Dies galt für die Sowjetunion selbst, die im Wettlauf mit den USA nicht mithalten konnte. Entscheidend hatte dazu Reagan mit seinem SDI wie auch die offensichtlich mit den Saudis abgestimmte Politik des niedrigen Ölpreises als „politische Waffe" beigetragen. Die Wirtschaft war in einer mehr als prekären Lage, ja in einer Entwicklung des Verfalls. Der neue Generalsekretär der KPDSU, Michail Gorbatschow, suchte vergeblich das System zu bewahren, es aber zu modernisieren. Im Innern der Sowjetunion begann es zudem politisch zu kriseln. Gorbatschows Reformen hatten innere Diskussionen gefördert, aber auch Bestrebungen zumindest einiger Republiken, aus dem Sog der Wirtschaftskrise zu entkommen, und mehr Autonomie gegenüber Moskau zu erreichen.

Ab dem Frühsommer 1989 schienen sich die ehedem kommunistischen Länder und Regime in Mittel – und Osteuropa „in Auflösung" zu befinden. Es begann in Polen, ging in Ungarn weiter und ergriff dann selbst die DDR.

Es liefen parallel Absetzbewegungen in Ungarn, interessanterweise selbst aus der Parteizentrale heraus, mit der Öffnung der Westgrenze im Mai 1989, dann im August das Zerschneiden des Stacheldrahts durch die Außenminister Ungarns und Österreichs, Gyula Horn und Alois Mock, bis hin zur neuen demokratischen Verfassung im Oktober 1989.

In Polen hatte seit Anfang der 80er Jahre die Gewerkschaft Solidarnosz grundlegende Veränderungen des Systems gesucht, Antwort war die Ausrufung des Kriegsrechts – und nach schwierigen Jahren 1989 folgte der Durchbruch hin zu weitgehend demokratischen Wahlen und zur ersten demokratisch gewählten Regierung unter Ministerpräsident Tadeusz Mazowiecki. Dies galt aber vor allem für die DDR selbst, die in Wahrheit bereits in den 80er Jahren lange vor dem Honecker-Besuch in Bonn am Rande der Staatspleite stand und 1983 nur vorläufig durch den von Franz-Josef Strauss vermittelten Kredit hatte überleben können. Hinzu kam die Fluchtbewegung aus der DDR – Tausende suchten im Sommer 1989 Zuflucht in den deutschen Botschaften in Budapest, Warschau oder vor allem in Prag. Ohne dass wir dies von außen richtig wahrnehmen konnten, war das Regime der DDR auf dem Wege seiner eigenen Auflösung. Die Bürgerbewegung mit dem Slogan „Wir sind das Volk" in vielen Städten der DDR, vor allem in Leipzig, trug sehr entscheidend zu dieser friedlichen Revolution bei.

Selbst der neue sowjetischer Parteichef musste feststellen, dass ein Honecker, dass das Regime am Ende war. Man erinnere sich an die ihm zugeordneten Worte anlässlich seines Besuches am 7. Oktober 1989 in Ost-Berlin zum 40. Geburtstag der DDR, die die Runde machten: „Wer zu spät kommt, den bestraft das Leben"!

Von Sommer 1989 an hatte sich eine atemberaubende Entwicklung in Gang gesetzt und beschleunigt, die längerfristig nur schwer planbar oder vorhersehbar war. Die Politik musste – was zuvor nie geschehen war – parallel schwierigste Prozesse zu meistern versuchen, sie war gezwungen „auf Sicht zu fahren".

Dies vor allem aus einer doppelten Unsicherheit heraus: Offene Frage war zunächst, wie würde die Sowjetunion auf eine solche Bewegung reagieren? Der Westen misstraute in gewisser Weise der Ankündigung Gorbatschows, dass jedes Land nunmehr für sich verantwortlich sei und die Sowjetunion nicht mehr wie früher eingreifen würde. Er hatte das Ende der sog. Breschnew-Doktrin der beschränkten Souveränität verkündet – und wir hatten Zweifel, ob er das auch so wirklich meint und durchsetzen kann!

Und nicht minder schwierig war es für uns im Westen, die Lage in den einzelnen Ländern, aber auch in der Sowjetunion selbst objektiv einzuschätzen. Zum Teil wussten wir es nicht, zum Teil wollten wir es vielleicht auch nicht ganz wissen!

Seien wir ehrlich, die westdeutsche Bevölkerung und Politik glaubte mehrheitlich nicht mehr an die Möglichkeit der Wiedervereinigung! Gerhard Schröder sagte am 11. Juni 1989 der BILD-Zeitung: „Nach vierzig Jahren Bundesrepublik sollte man eine neue Generation in Deutschland nicht über die Chancen einer Wiedervereinigung belügen. Es gibt sie nicht". Oder der damalige Fraktionsvorsitzende der Grünen im hessischen Landtag, Joschka Fischer, hielt die Forderung für eine „gefährliche Illusion" und schlug vor, „das Wiedervereinigungsgebot des Grundgesetzes aus der Verfassung zu streichen". Oder Nobelpreisträger Günter Grass erklärte selbst noch im Dezember 1989 auf dem Bundesparteitag der SPD unter großem Beifall, die Deutschen hätten „wegen Auschwitz" das Recht auf die Einheit verwirkt.

Und für die Mehrheit unserer Nachbarn und Partner war die deutsche Teilung ein Faktum, vielen war diese Schwächung Deutschlands nur recht. Und die Minderheit glaubte nicht, dass sich alles auf einmal so schnell ereignen könnte, die Einheit nicht einmal binnen eines Jahres!

Und auf einmal begann sich damals dieses verschlossene Tor langsam zu öffnen. Und es ist – im Nachhinein – faszinierend festzustellen, dass ausgerechnet ein Amerikaner und ein Russe Verständnis für einen Bundeskanzler Helmut Kohl und seinen Traum von der deutschen Einheit aufbrachten – es waren George Bush sen. und Michail Gorbatschow!

Wolfgang Schäuble, mein erster Chef des Bundeskanzleramts, hielt dem neuen US-Botschafter und früheren CIA-Chef Vernon Walters, der meinte, er sehe die Wiedervereinigung durchaus noch während seiner Amtszeit, ungläubig-ironisch entgegen, wie viele Jahre er denn als Botschafter bleiben wollte, um dies zu erleben. Dessen trockene Antwort lautete: "Drei Jahre"! Er schien einen besseren Riecher als wir zu haben – oder aber über Erkenntnisse zu verfügen, die nur er hatte und nicht mit uns teilen wollte.

Die Öffnung der Mauer am 9. November 1989

Helmut Kohl war am Mittag des 9. November zum ersten offiziellen Treffen mit der ersten demokratisch gewählten Regierung Polens unter Ministerpräsident Tadeusz Mazowiecki nach Warschau gereist, der Besuch sollte auch in das politisch sensible Schlesien gehen.

Ich war damals noch nicht für Mittel- und Osteuropa verantwortlich und daher in Bonn verblieben – „Stallwache" unter Leitung von Eduard Ackermann, Kohls engstem Vertrauen in Sachen Medien. Als sich die Ereignisse in Ost-Berlin am 9. November überschlugen, versuchte Eduard Ackermann den Bundeskanzler in Warschau zu erreichen. Dies war damals ein kompliziertes Unterfangen über die internationale Vermittlung – Mobiltelefon und Internet sollten erst Jahre später folgen.

Ackermann erwischte schließlich den Kanzler bei dem vom Ministerpräsidenten für ihn gegebenen Empfang und berichtete ihm, was er, was wir gemeinsam in Bonn über Fernsehen und Telefon mitverfolgt hatten: die Öffnung der Mauer – und vor allem die Absicht der Berliner Sozialdemokraten unter dem Regierenden Bürgermeister Walter Momper, am nächsten Abend vor dem Schöneberger Rathaus eine Großdemonstration im Beisein von Willy Brandt zu organisieren.

Hinzu kam die unglückselige Absicht der Berliner CDU, sich davon zu distanzieren und zur gleichen Zeit eine Gegendemonstration auf dem Kurfürstendamm zu veranstalten. Dass Helmut Kohl sie – so Schwan – als „Armleuchter" bezeichnet hat, darf unter den Umständen nicht verwundern. Wenn das Zitat richtig ist, kann man es mit „Milde des Alters" umschreiben, ich hatte es etwas heftiger im Kopf. Kohl war über diese Entwicklung wie wir überrascht, er reagierte ungläubig und zugleich wütend über die eigene Partei. Er sah aber ein, dass er am nächsten Tag in Berlin dabei sein müsse, er fragte sich allerdings, wie er dies den Polen beibringen könne und die Polen dies aufnehmen würden. Er zweifelte offen, dass die Polen ihm die „Unterbrechung" seines Besuchs abnehmen würden.

Was blieb Kohl unter den Umständen anderes übrig, als das Spagat zu versuchen: seinen offiziellen Besuch zu unterbrechen, nach Berlin zu kommen und an der Veranstaltung vor dem Schöneberger Rathaus teilzunehmen. Die schwierigste psychologische Aufgabe war es indes den Polen die Lage zu erläutern und glaubhaft zu versichern, dass er den Besuch nur unterbrechen und er wiederkommen werde, um dann Auschwitz zu besuchen und nach Kreisau in Schlesien zu fahren! Auf den ersten Blick – aus heutiger Sicht schien die Logistik kein Problem: von Warschau nach Berlin sind es gut 400 km, nur damals gab es nicht nur keine Autobahn, sondern die Reise hätte durch DDR-Gebiet geführt, deren Führung naturgemäß an einer Durchreise seitens des Bundeskanzlers kein Interesse haben konnte. Und direkt Fliegen war gleichermaßen unmöglich, galt doch damals die Regelung der drei alliierten Luftkorridore nach Berlin, die nur von Flugzeugen bzw. Fluggesellschaften der drei Westalliierten benutzt werden durften!

Die Amerikaner, in der Person des damaligen Botschafters Vernon Walters retteten das Unternehmen. Der Bundeskanzler flog mit der Bundeswehr-Maschine von Warschau über die Ostsee nach Hamburg, wo ihn der Jet des amerikanischen Botschafters nach Berlin brachte.

Für Helmut Kohl alles andere als ein leichter Abend in Berlin – wurde er doch gnadenlos von der Mehrheit der von den Sozialdemokraten zusammen gerufenen Menschenmasse ausgepfiffen! Und das gleiche galt für die Nationalhymne – das Podium lud die Teilnehmer an der Demonstration ein, mitzusingen, vergeblich, das Pfeifkonzert ging weiter

Die Nachricht aus Berlin war für alle die Meldung, die Sensation – und es folgten Wochen; Monaten unsicherer Reaktionen. Für viele andere steht die Reaktion François Mitterrands, der vor allem Zeit und Sicherheit über die Reaktion der Sowjetunion wie der anderen Europäer zu gewinnen suchte. Uns mussten seine Reaktionen zwiespältig erscheinen. Er war noch eine Woche vorher zu den halbjährlichen deutsch-französischen Gipfelkonsultationen in Bonn gewesen und hatte sich dort gegenüber den Medien mehr als vorsichtig eingelassen, auf das Selbstbestimmungsrecht der Völker, zugleich aber auch auf die Notwendigkeit der demokratischen Verankerung und der Einbettung in die europäische Einigung verwiesen.

Hubert Védrine hat die Haltung François Mitterrands – im Lichte seiner Einlassungen vor dem französischen Ministerrat bereits am 18. Oktober – wie folgt zusammengefasst: „Frankreich wird nicht in der Lage sein, die Wiedervereinigung zu verhindern, sollte sie kommen. Wir können Deutschland schließlich nicht den Krieg erklären, um die Wiedervereinigung zu verhindern. Das einzige, was Frankreich machen kann, ist, darüber zu wachen, dass gewisse Prinzipien respektiert werden. Die Wiedervereinigung muss auf demokratische und friedliche Weise vollzogen werden".

Manche Beobachter unterstellten ihm, er habe vielleicht auch damit gerechnet und daraufgesetzt, dass die Sowjetunion „nein" sagen werde. Umgekehrt setzten manche in der sowjetischen Führung darauf, dass das Vereinigte Königreich und Frankreich die deutsche Einheit verhindern würden

Schließlich lud Mitterrand die Staats- und Regierungschefs der EG zu einem informellen Treffen in Form eines Abendessens in Paris für den 18.November 1989 ein, um über die politische Entwicklung in Mittel- und Osteuropa zu beraten. Formal stand die Frage der deutschen Einheit nicht auf der Tagesordnung – auch wenn eine gute Woche später der Bundeskanzler selbst die Initiative ergriff und das Zehn-Punkte-Programm vom 28. November 1989 als erste vorsichtige, mögliche Orientierung folgte.

Auf Anregung von Horst Teltschik hatte Helmut Kohl nach dem 9. November im Kanzleramt eine kleine Arbeitsgruppe eingesetzt, die die sich überstürzende Entwicklung begleiten sollte. Ihr gehörten unter Leitung von Horst Teltschik sein Stellvertreter Peter Hartmann, aus der „außen- und sicherheitspolitischen Abteilung" Uwe Kaestner als der für Mittel- und Osteuropa verantwortliche Referatsleiter und ich, aus dem „Redenschreiberstab" Kohls enge Mitarbeiter Michael Mertes und Norbert Prill, sowie aus dem Arbeitsstab Deutschlandpolitik, der nicht Teltschik, sondern direkt dem Chef des Bundeskanzleramts – damals Rudolf Seiters – unterstand, sein Leiter Claus-Jürgen Duisberg und Rüdiger Kass.

Schon diese Zusammensetzung bildete intern im Bundeskanzleramt ein gewisses Politikum, aber Horst Teltschik setzte zurecht auf Integration angesichts der sich zuspitzenden Lage! Und in dieser Gruppe entwickelte er mit uns die „Essentials", die er dann als „10 Punkte" formulierte und sie dem Bundeskanzler für die Bundestagsdebatte zum Haushalt am 28. November vorlegte. In aller erster Linie der letzte Punkt dieser zehn Punkte sollte die Aufmerksamkeit erregen – der Bundeskanzler sprach darin von der Möglichkeit der langfristigen Entwicklung „konföderaler Strukturen" mit der DDR.

Dies war seine – sehr vorsichtig, vage formulierte, aber politisch offensive – Reaktion auf die aus Ost-Berlin von Modrow eingeführte „Konföderation", die aber in erster Linie der Absicherung der DDR als einer der Zwei-Staaten galt, während es dem Bundeskanzler um einen „Zwischenschritt" auf dem Wege einer Wiedervereinigung ging – vor allem um diese Möglichkeit und eine Perspektive offen zu halten.

Wir hatten es der Entwicklung in der Sowjetunion und vor allem in der DDR zu verdanken, dass das Thema „Deutsche Einheit" den Weg zurück auf die Tagesordnung gefunden hatte. Wie er in seinem Bericht über die den Weg zur deutschen Einheit beschreibt, hatte Horst Teltschik zuvor Nikolai Portugalow, Mitarbeiter von Valentin Falin, des Deutschland-Spezialisten im ZK, auf dessen Wunsch empfangen.

Zu seinem Erstaunen übergab ihm dieser ein Non-Paper, das in mittelfristiger Sicht von einem Friedensvertrag und einer deutschen Konföderation die Rede war. Testballon – oder reine Unterstützung des Modrow-Plans zur Rettung der DDR. Erst Jahre später mussten wir nach Einblick in die Moskauer Akten feststellen, dass der Generalsekretär in Moskau über diese Mission informiert war.

Helmut Kohl, damals innenpolitisch und vor allem in der CDU selbst unter Druck, suchte eine Möglichkeit, wieder die Offensive für sich zu gewinnen – und insoweit waren der Emissär aus Moskau und der Modrow-Plan für ihn eine Chance, freilich unter anderen Vorzeichen als von Moskau und Ost-Berlin erhofft. DDR und Moskau waren gewissermaßen in eine selbstgestellte Falle und Fehleinschätzung in Moskau gelaufen!

Der Bundeskanzler selbst hatte über das Wochenende für den „Feinschliff" der zehn Punkte gesorgt. Horst Teltschik hatte in der Gruppe diese Eckpunkte „zur Abstimmung" gestellt – und unseren beiden Deutschlandpolitikern ging selbst diese – nur sehr eingeschränkt – neue politische Linie ein Stück zu weit! Sie stimmten dagegen!

Europäischer Rat Straßburg Dezember 1989

Und es sollte die wohl härteste Etappe im Verhältnis zu den europäischen Freunden und Partnern folgen: der Europäische Rat von Straßburg im Dezember 1989 ohne Zweifel der schwierigste Rat in der sechzehnjährigen „Dienstfahrt" des Bundeskanzlers.

Die deutsche Delegation bereitete ihre Abreise von Bonn nach Straßburg daher mit gemischten Gefühlen vor. Zu allem Überdruss schien sich der Wettergott gegen die Deutschen verschworen zu haben. Über dem Rheintal zwischen Straßburg und Köln lag dichter Nebel. Der Challenger der Luftwaffe konnte nicht fliegen, es stellte sich rasch heraus, auch der Hubschrauber musste ausscheiden. Es blieb der Delegation des Bundeskanzlers daher keine andere Wahl, die kleine Kolonne musste über die Autobahn, angeführt durch einen Porsche der Autobahnpolizei, wechselnd je nach Bundesland, von Bonn nach Straßburg, mit höchst möglichem Tempo, um die Verspätung in Grenzen zu halten.

Die „Blitzgeräte" waren natürlich nicht ausgeschaltet. Und so berichtete der Fahrer des Bundeskanzlers, „Ekki" Seeber, anschließend erzürnt über die hoch bürokratischen Anstrengungen, die gesammelten Strafmandate wegen Überschreitens von Geschwindigkeitsbegrenzungen zu annullieren und deren Festhalten in Flensburg zu vermeiden.

Die Entwicklung in der DDR, vor allem aber die Debatte um die deutsche Wiedervereinigung, aber auch die vom Bundeskanzler kurzfristig betriebene Erweiterung des Themas Wirtschafts- und Währungsunion um die „Politische Union" passte der französischen Präsidentschaft nicht ins Konzept – ihr Ziel war es, die Regierungskonferenz zur Wirtschafts- und Währungsunion auf das Gleis zu setzen.

Der Bundeskanzler bremste vor allem aus innenpolitischen Gründen die französische Euphorie, er war einverstanden mit dem Ziel, er war sich aber zugleich der hohen Sensibilität des Themas in Deutschland bewusst, Fehler oder überstürztes Vorgehen waren nicht erlaubt.

Aus seiner Sicht war die Frage noch nicht reif für eine Regierungskonferenz, wir waren in grundsätzlichen Fragen noch sehr weit, im Grunde zu weit voneinander entfernt. Er regte an, parallel zur Wirtschafts- und Währungsunion weitere Elemente der europäischen Einigung voranzubringen, wie insbesondere die Stärkung der Rechte des Europäischen Parlaments. Es war Helmut Kohl, der Anfang Dezember 1989 die Zielsetzung einer „Politischen Union" parallel zur Wirtschafts-Währungsunion in die Diskussion einführte „Politische Union" wird übrigens heute eher als Zielbestimmung für die weitere Integration in der Wirtschaft- und Währungsunion benutzt.

Der Bundeskanzler meinte damit nicht nur Reformschritte Richtung einer Stärkung der demokratischen Verankerung des Einigungswerks durch Stärkung der Kompetenzen des Europäischen Parlaments, nicht nur zugleich mehr Bürgernähe (Subsidiaritätsprinzip), sondern auch die Entwicklung einer Gemeinsamen Außen- und Sicherheitspolitik sowie von mehr Gemeinsamkeit in der Innen- und Justizpolitik.

Der Übermittler dieser Initiativen musste sich harte Fragen der französischen Kollegen gefallen lassen, die nahe an der Frage nach „Sabotage" waren – „ob der Bundeskanzler noch zu seinem Wort stehe?"

Die damalige Stimmung in Europa war gereizt, ja hoch nervös! Wir Deutsche fühlten uns verdammt alleine, anders ausgedrückt: um uns herum herrschte Unsicherheit, ja Distanz und Kälte. Viele sahen das Kartenhaus, dass man in zwei Generationen aufgebaut hatte, in sich zusammenfallen, die Karten wurden in gewisser Weise neu gemischt.

Der Vorsitzende des Europäischen Rats, Präsident Mitterrand, moderierte mehr als er führte, zögernd, „neutral". Andreotti, Thatcher und Lubbers verhielten sich im Grunde distanziert, die beiden letzteren offen dagegen; nur Felipe Gonzalez war für jeden sicht- und vernehmbar auf unserer Seite; bald sollten als erste Jacques Delors, der damalige belgische Ministerpräsident Wilfried Martens – und sehr persönlich der irische Ministerpräsident Charles Haughey – hinzukommen.

Die Gipfel-Erklärung in Straßburg und vor allem ihre unvermeidbare Passage zu Deutschland kam nur mit äußerster Mühe zustande – ein „Ja" zur Deutschen Einheit mit Kautelen, Genscher musste stundenlang mit seinen Kollegen verhandeln. Das Ergebnis war ein Text voller direkter und indirekter Vorbehalte und Bedingungen – wo war das über lange Jahre erarbeitete Vertrauen geblieben?

Unvergessen das Gespräch mit Felipe Gonzalez am Rande des Straßburger Gipfels. Er sagte Helmut Kohl, wie zuvor bereits telefonisch, die volle Unterstützung, jegliche Hilfe seiner Regierung und des spanischen Volkes für die Wiedervereinigung zu. Entscheidend war für ihn, den Prozess der deutschen Wiedervereinigung in die europäische Entwicklung einzubeziehen – Europa müsse also die Integration Ostdeutschlands mittragen.

Er fügte fragend hinzu, ob nicht der spanische Weg ab 1975 nach dem Tode Francos, insbesondere das weitest gehende Verzeihen, ein möglicher Ansatz auch für die Deutschen sein könnte. Der Bundeskanzler dankte dem Freund, meinte, am liebsten würde er das so tun, er habe aber Zweifel, ob man das spanische Vorbild auf Deutschland übertragen könnte; die Deutschen seien in solchen Fragen weitaus prinzipieller, gründlicher. Er sollte mit dieser Prognose recht behalten. Auch in Bezug auf die evtl. Übernahme der Folgekosten der deutschen Einheit durch die EU waren Kohl und Gonzalez unterschiedlicher Auffassung. Kohl war sich bewusst, dass eine solche Forderung nicht von der Mehrheit der Mitgliedstaaten mitgetragen würde. Aber dies änderte nichts an der positiven Aufnahme und Begleitung durch Felipe Gonzalez!

In dieser Zeit gebrauchte Gonzalez immer wieder das Bild des Reiters – "wir waren Zeugen eines historischen Geschehens, dessen Protagonist das Volk war, das sich erhoben hatte, wie ein Pferd, das den Reiter abgeworfen hat und durchgegangen war. Die historische Größe Kohls besteht darin, dass er dieses Pferd bestieg, um es zu reiten und zu lenken".

Unvergessen auch ein anderes Gespräch: mein Protokoll fand zu meiner Überraschung dank Horst Teltschiks „329 Tage" Eingang in die Öffentlichkeit [8] Es war das traditionelle Frühstück Helmut Kohls mit dem französischen Präsidenten am zweiten Morgen des Gipfels – bei dem es allein um den geplanten Besuch Mitterrands kurz vor Weihnachten in der DDR ging!

Mitterrand fragte mehrmals den Bundeskanzler, ob er denn nach Berlin reisen solle, ob er etwas dagegen habe. Wir wussten nicht recht, ob dies

---

[8] Horst Teltschik, 329 Tage, Innenansichten der Einigung, Siedler Verlag

ehrlich gemeint war – jedenfalls bestärkte der Kanzler den Freund, sich selbst ein Bild von der Lage zu verschaffen.

Die Berichte über den Besuch Mitterrands in der DDR vom 20–22. Dezember verwirrten uns doch ein wenig, auch wenn wir den Eigensinn der Nachbarn kannten. Mitterrands Besuch begann einen Tag nach dem in der Nachbetrachtung historischen Auftritt des Bundeskanzlers in Dresden, der den Willen der Bevölkerung mehr als deutlich unterstrichen hatte. Die Franzosen unterzeichneten in Berlin gleich fünf Vereinbarungen, darunter ein Regierungsprogramm über wirtschaftliche, industrielle und technische Zusammenarbeit für die Jahre 1990 – 1994, als ob eine Veränderung nicht am Horizont stünde und Frankreich den Erhalt der DDR garantieren wolle. Schief gelaufen schien nur die sorgfältig orchestrierte Diskussion mit Studenten in Leipzig: Mitterrand wurde unvermittelt gefragt, wieso DDR-Bürger in der jetzigen Lage noch ein Visum für Frankreich brauchten. Auf diese Frage war er nicht vorbereitet.

In den Folgemonaten begann Mitterrand langsam einzulenken, dies vor allem aufgrund beharrlicher Überzeugungsarbeit seitens des Kanzlers: die wichtigste Etappe schien mir das Vier-Augen-Gespräch in Latche Anfang Januar 1990 darzustellen, ergänzt und konkretisiert durch Gespräche Mitte Februar 1990 in Paris. Den Durchbruch ließ Mitterrand freilich erst nach der „letzten Absicherung" in seinem Sinne zu, wohl aus innenpolitischen Gründen und angesichts des Drucks der Polen und anderer, dem sensationellen Ergebnis der ersten freien Wahlen in der DDR am 18. März 1990.

Erst danach gab Mitterrand den Weg frei zur Erarbeitung und Lancierung der gemeinsamen Initiative zur Politischen Union im April 1990 – zwei parallele Regierungskonferenzen, einerseits zur Wirtschafts- und Währungsunion und andererseits zur „Politischen Union". Elisabeth Guigou und ich hatten den Text der deutsch-französischen Initiative seit Februar vorbereitet, er stand auch seither, wurde aber von Mitterrand erst nach dem 18. März frei gegeben.

Die Sondertagung des Europäischen Rats in Dublin am 29. April 1990 wurde zur wichtigen Etappe zur Absicherung der deutschen Einheit auf europäischer Ebene. Dublin, mit einem irischen Premier Charles Haughey, der sich mit stiller Freude und Genugtuung, mit freilich ganz eigenen Motiven, hinter uns stellte, begrüßte die deutsche Einigung als „positiven Faktor" für den europäischen Einigungsprozess, zugleich billigte die Staats- und Regierungschefs der EG den Plan der Kommission zur Einbeziehung der DDR in die EG-Verträge.

Auch hier war es Jacques Delors, der die Zeichen verstanden und bereits im Januar 1990 in der EG-Kommission in taktisch geschickter Weise unter dem stellvertretenden Generalsekretär, dem Niederländer Carlo Trojan eine besondere Arbeitsgruppe zur Prüfung der Möglichkeiten und Wege der Integration der DDR in die EG eingesetzt hatte.

Auch in der Folgezeit sollten sich die „Brüsseler" zumeist als hilfreich und großzügig bei allen Fragen in Bezug auf die Hilfen für die neuen Bundesländer erweisen. Auch einige Streitfälle und Enttäuschungen, zu denen „wir" sicherlich unseren Beitrag geleistet haben, vermögen an dieser Bewertung nichts zu ändern.

Karel van Miert, der belgische Sozialist und EU-Kommissar für Wettbewerbsfragen, mit dem ich auf Weisung des Kanzlers in der Folge öfters diskret zusammentreffen musste und mit dem wir in manch anderen Dingen – bei denen belgische Motive im Vordergrund schienen – nicht einverstanden sein konnten, bemühte sich hier im Verein mit seinem deutschen Generaldirektor Alexander Schaub immer wieder redlich um Absicherung unserer Anliegen.

Entscheidend auf der damaligen „westlichen Seite" war freilich die Haltung der USA. Präsident George Bush sen. und Secretary James Baker hatten, einfach gesagt, Vertrauen in die von Helmut Kohl geführte Bundesregierung und vor allem in Helmut Kohl selbst.

Während dieses Schlüsseljahres standen beide Regierungen, standen das Weiße Haus und das Bundeskanzleramt in ständigem Kontakt. Mehrmalige Besuche und Treffen, stetige Absicherung und Unterstützung, in der NATO, auch und gerade im Rahmen der sog. Zwei-plus-Vier-Verhandlungen zu den äußeren Aspekten der deutschen Einheit waren mitentscheidend dafür, dass wir Stück für Stück voran und zum Erfolg kamen.

Die „Bedenkenträger"

Demgegenüber behielt die britische Premierministerin Margaret Thatcher ihre distanzierte Haltung zur deutschen Wiedervereinigung bis zum Schluss bei. Die Perspektive der deutschen Einheit verstärkte zugleich ihre kritische Haltung gegenüber der europäischen Integration. Sie konnte sich einfach nicht von der durch ihre Jugend „im Empire" und durch den Kampf gegen Nazi-Deutschland geprägten Haltung lösen.

Ihr Nachfolger, John Major, schreibt in seinen Erinnerungen zutreffend: „Margarets Sicht war gerade: „Vertraue nie den Deutschen". Sie dachte, zwei Weltkriege bewiesen, dass das Land vom Instinkt her expansionistisch war. Großbritanniens Rolle war es zu stoppen" [9] Und in diesem Sinne misstraute sie Helmut Kohl! Der Bundeskanzler erinnerte immer wieder daran, wie sie in Straßburg mit einem Anflug von Verzweiflung feststellte: „Sie haben uns zweimal angegriffen, wir haben sie zweimal besiegt – und sie sind schon wieder da".

Im März 1990 versammelte sie auf ihrem Landsitz in Chequers eine Gruppe führender Akademiker und Experten aus Großbritannien und den USA, um die Implikationen der Deutschen Einheit zu erörtern – das Treffen selbst wie das von ihrem engsten Mitarbeiter Sir Charles Powell, den ich seit gemeinsamen Brüsseler Tagen kannte, geschriebene „Memorandum" wurde erst im Juli 1990 durch eine Indiskretion bekannt. Gerade dieses „Memorandum" löste eine öffentliche Kontroverse aus, da sich die Mehrheit der Wissenschaftler nicht mit der „Zusammenfassung" von Sir Charles Powell, die eine Reihe von Befürchtungen und Vorurteilen enthielt, identifizieren wollte und konnte.

Erst jüngst habe ich – dank meines damaligen britischen Kollegen und der Offenlegung der britischen Archive erfahren, dass Frau Thatcher noch im Juli 1990 einen Boten mit einem persönlichen Brief an Gorbatschow schickte. Der damalige britische Botschafter musste ihn persönlich übergeben. Er enthielt die inständige Bitte an Gorbatschow, die deutsche Wiedervereinigung zu stoppen. Margaret Thatcher hielt bis zum September 1990 an ihrem distanzierend-ablehnenden Kurs fest, selbst in der Schlussrunde der Zwei-plus-Vier-Verhandlungen bedurfte es des Anrufes aus Washington, um sie zu einem „Ja" anzuhalten!

Zu bedauern, aber symptomatisch, dass eine Reihe deutscher Politiker aus dem Kreis der Sozialdemokratie damals in ihrer Ablehnung der deutschen Wiedervereinigung und dem Gerede von einem drohenden „Vierten Reich" (erstmals Glotz im August 1989, dann auch Lafontaine im September 1989) die extremen anti-deutschen Reaktionen einiger weniger Politiker auf der Insel noch förderten – selbst Margaret Thatcher ging dies dann zu weit.

Innerhalb der EG zögerten auch manche unserer italienischen Freunde, sie schwiegen aber zunehmend. Dafür folgten allein die Niederlande der kritischen Linie der britischen Premierministerin.

Noch im Frühsommer 1990 ließ die damalige niederländische Regierung unter dem christdemokratischen Ministerpräsidenten Ruud Lubbers die Möglichkeit einer Konferenz aller Siegermächte des Zweiten

---

[9] John Major, Erinnerungen, S. 175

Weltkrieges sondieren – ob aus eigenem Antrieb oder im Benehmen mit der britischen Regierung sei dahingestellt, dafür aber unter scheinheiligem Bezug auf die Rechtsprechung des Bundesverfassungsgerichts, wonach eine Anerkennung der durch den Zweiten Weltkrieg geschaffenen Grenzen erst durch einen Friedensvertrag erfolgen könnte.

Es war ein Ansinnen, dessen Umsetzung geeignet gewesen wäre, die Wiederherstellung der Einheit zumindest zu verzögern, wenn nicht unmöglich zu machen. Dank des Verständnisses der Amerikaner und Russen wurde diese Forderung nicht weiterverfolgt – und Gott sei Dank hatten es die Niederländer unterlassen, bei anderen Europäern für diesen Gedanken zu werben – vielleicht wären die Griechen auf diesen Zug gesprungen!

Erst lange danach erläuterte uns anlässlich einer gemeinsamen Reise ein „Zeuge", der damalige Außenminister und spätere EU-Kommissar Hans van den Broek, die Hintergründe dieser Forderung. Er hatte mich gefragt, ob wir ihn mitnehmen könnten, und der Bundeskanzler hatte, wenn auch etwas mürrisch ja gesagt. Dieses sehr nachdenkliche Gespräch bestärkte den Bundeskanzler in seiner Distanz und seinem Misstrauen gegenüber Ruud Lubbers. Jahrelang hatte sich Helmut Kohl – ohne großen Erfolg – um ein vertrauensvolles Verhältnis bemüht.

Lubbers blieb geprägt durch seine Nähe zum Vereinigten Königreich, sein Misstrauen gegenüber Deutschland wie sein aus meiner Sicht komplexbeladenes Gefühl einer moralischen Überlegenheit. Seine fortlaufenden belehrend klingenden Briefe zur Unterrichtung über den Fortgang der Debatte über die Euthanasie in den Niederlanden lösten bei dem Bundeskanzler das eine um das andere Mal Kopfschütteln aus. Es schien, als ob die Niederländer den Deutschen klar machen wollten, wie man „Euthanasie" ethisch und moralisch korrekt betreiben könne. Es zeigte sich einmal mehr, wie Deutsche und Niederländer sich in ihrem Charakter so nahe und doch unvereinbar zueinander stehen können.

Der Bundeskanzler hat Ruud Lubbers gegenüber aus seiner Enttäuschung kein Hehl gemacht und ihm klar gemacht, was seine Haltung bei allem Verständnis für das schwierige, lange aus der Vergangenheit geprägte Verhältnis für ihn bedeutete.

Ruud Lubbers brachte mich nach dem Ende seiner Amtszeit bei einigen Treffen in Verlegenheit, in eine für mich schwierige Lage. Er bat mich bei zwei Konferenzen, an denen wir zusammen teilnahmen, um ein persönliches Gespräch, in dem er mir mündlich wie dann mit Hilfe einer Reihe von Notizen seine Haltung zu verdeutlichen suchte. Er war in Wahrheit distanziert zur deutschen Wiedervereinigung geblieben und suchte seine Zurückhaltung zu rechtfertigen.

Sein Nachfolger, Wim Kok, dessen Familie ganz besonders unter den Nazis gelitten hatte, ging hingegen zu meiner Überraschung wie der des Bundeskanzlers in ganz anderer, offener Weise auf den Bundeskanzler wie auch auf mich selbst zu. Ich war in einer niederländischen Fernseh-Sendung dort zur politischen Zielscheibe geworden. Hieraus sollte sich ein Neuanfang, ein Verhältnis von Vertrauen und Freundschaft entwickeln. Das Verhältnis zu Ruud Lubbers sollte aber einige Jahre später in der EU nochmals eine ganz besondere Rolle spielen.

Naturgemäß vor allem aus psychologischen Gründen am schwierigsten musste während dieser Monate das Verhältnis zu unserem unmittelbaren Nachbarn im Osten, zu Polen sein.

Polen musste naturgemäß daran interessiert sein, im Zuge der deutschen Einheit seine Westgrenze, die Oder-Neiße-Linie „abzusichern", eine Grenze, die von beiden deutschen Staaten anerkannt worden war, von uns freilich unter dem Vorbehalt der deutschen Einheit. Der Bundeskanzler hat daher auch von Anfang das vertrauensvolle Gespräch mit der ersten freigewählten polnischen Regierung unter Ministerpräsident Mazowiecki gesucht.

Bereits Anfang 1990 hatte Kohl diese Frage und den Weg, wie er ihn sich angesichts der innenpolitischen Belastungen in Deutschland vorstellen konnte, mit ihm unter vier Augen aufgenommen und leider vergeblich um Geduld und Verständnis für den Weg gebeten, den er aus der Innenpolitik heraus für richtig hielt. Polen betrieb mit allen Mitteln die vorzeitige Anerkennung – erst Anerkennung der Oder-Neiße-Grenze, dann Wiedervereinigung – und versuchten vor allem die Amerikaner und Franzosen als Verbündete zu gewinnen.

Auch im Bundestag, auch bei Einzelstimmen in der CDU fanden sie dafür zum Teil Verständnis. Helmut Kohl war es von Anfang an klar, dass an der Bestätigung der Anerkennung der Grenze kein Weg vorbei führen würde, sein Ziel war es, gerade auch in der CDU/CSU, in der viele Vertriebene ihre politische Heimat gefunden hatten, einen möglichst einvernehmlichen Weg zu finden. Im Frühjahr 1990 pfiff er mich regelrecht zurück, ich hatte mich gegenüber der Fraktion zu weit vorgewagt, er wolle nicht wegen dieser Frage 80 – 100 Gegenstimmen gegen die deutsche Einheit aus der CDU/CSU im Bundestag haben. Hintergrund war natürlich auch, dass Kohl auf einen Teil seiner Wählerschaft Rücksicht nehmen wollte. Ein sehr intensives Gespräch mit George Bush bestätigte ihn in seinem Weg – Bush unterstützte fortan entscheidend seinen Ansatz zur Anerkennung der polnischen Westgrenze durch das gesamtdeutsche Parlament.

Die Großmächte

Entscheidend für das Zustandekommen der deutschen Einheit waren aber weder Frankreich, noch das Vereinigte Königreich oder Polen – die drei wussten dies, es hielt sie jedoch nie davon ab, ihre Haltung und Störpotential in die Verhandlungen einzubringen. Entscheidend waren die USA und die Sowjetunion.

Helmut Kohl wusste die europäischen Protagonisten sehr gut einzuschätzen. Er hatte das Glück, auf amerikanischer Seite einen Präsidenten anzutreffen, der Europa verstand, der Sympathie für Deutschland hegte und vor allem der Helmut Kohl voll und ganz vertraute!

Es war George Bush sen. – und hier war das Wochenende vom 24./25. Februar 1990 der Schlüssel für die weitere Entwicklung, ja letztlich für den Erfolg der Verhandlungen.

Am besten hat vielleicht der Zeithistoriker Andreas Rödder die Ergebnisse jener Gespräche zusammengefasst. Er schreibt, dass in Camp David Kohl und Bush verabredeten „unter beinahe vollständiger Harmonisierung der beiderseitigen Positionen eine für den weiteren Fortgang wegweisende Aufgabenteilung: die Bundesregierung sorgte für die innerdeutsche Administration der Wiedervereinigung und für die materielle Ausgestaltung gegenüber der Sowjetunion, während die US-Regierung die Federführung auf internationaler und sicherheitspolitischer Ebene übernahm".

Der Zeithistoriker hat so wie viele seiner Kollegen freilich eines nicht berücksichtigt, was zudem die Bundesregierung um Helmut Kohl zu besorgen hatte: die positive Begleitung seitens der EG-Europäer und Nachbarn!

Parallel zur Abstimmung mit den Europäern und westlichen Alliierten aufbauend auf dem entstandenen Vertrauensverhältnis erfolgten die Gespräche und Verhandlungen von George Bush und Helmut Kohl mit Gorbatschow, wesentlich waren die Reisen des Bundeskanzlers zunächst am 10. Februar, dann vor allem am 15./16. Juli nach Moskau und in den Kaukasus, bei der der endgültige Durchbruch zustande kam.

Eine wichtige Etappe auf diesem Weg war bereits Ende Mai der Besuch Gorbatschows in den USA mit der Feststellung von Bush vor der Presse, dass das wiedervereinigte Deutschland aufgrund seines freien Willens der NATO angehören werde, einer Feststellung, der Gorbatschow nicht widersprochen hatte. Im Kern beruhte diese Einigung, über die von vielen Seiten berichtet worden ist, auf folgenden Elementen: Einverständnis der Bündnisfreiheit des vereinigten Deutschlands, Abzug der sowjetischen Truppen bis Ende 1994 und Reduzierung der deutschen Streitkräfte auf 370.000 Mann sowie Abschluss eines umfassenden Vertrages über die deutsch-sowjetischen Beziehungen.

Zusammenführung der inneren und äußeren Elemente der Einheit

1990 wurde zu einem Jahr höchster Spannung und Arbeitstempo. Erinnern wir uns an die Verhandlungen mit der DDR bis hin zur Unterzeichnung des Staatsvertrages zwischen den beiden Staaten über die Wirtschafts-, Währungs- und Sozialunion am 18. Mai 1990, dann an das Inkrafttreten der innerdeutschen Währungsunion am 1. Juli 1990

Die Krönung des Prozesses war dann der 3. Oktober 1990. In nur elf Monaten seit dem Fall der Mauer hatte Deutschland seine Einheit wiedergewonnen. Um es in den Worten von Egon Bahr auszudrücken, Helmut Kohl hatte die Gunst der Stunde mit Mut und Augenmaß genutzt.

Von da an sollte ein Kollege die Hauptrolle und -last der Umsetzung der „inneren Aspekte" der deutschen Einheit übernehmen, Johannes Ludewig. Er wurde, wie Thomas de Maizière zu Recht einmal bemerkt hat, der „Bauleiter" der deutschen Einheit. Von da an sahen wir den Kollegen und Abteilungsleiter 4 seltener, er berichtete regelmäßig in der morgendlichen Runde über Erfolge, schmerzliche Prozesse, Probleme – und in der Anfangsphase über gerade entdeckte Probleme, ob im Umweltschutz, bei Werften oder zum Beispiel in der Kommunalverwaltung: So kam er eines Morgens in die Lage und berichtete uns staunenden Thebanern, er brauche dringend eine größere Anzahl von Kommunalexperten, um die Struktur der Städte und Gemeinden wieder aufzubauen. Zudem suchte er in manchen Bereichen auch unsere Unterstützung, soweit es um die europapolitische Absicherung oder aber um mögliche Investitionen seitens unserer EU-Partner ging.

Auch ich lernte in den 90er Jahren langsam den „Osten" Berlins und Deutschlands kennen. Der tiefe Bruch der Lebensverhältnisse wurde mir schon bald klar – was schon im kleinen Saarland als tiefgreifender Einschnitt nach einer relativ kurzen Zeit empfunden wurde, was musste das erst recht für den Deutschen aus der ehemaligen DDR bedeuten. Oft genug habe ich mich dabei ertappt, an die Erzählungen meiner Mutter zurückzudenken, die regelmäßig alte Freunde meines Vaters in seiner Heimat, in Limbach-Oberfrohna in Sachsen besucht hatte, und deren drastische Erzählungen ich nie so ganz ernst genommen, sie für übertrieben gehalten hatte.

Im Nachhinein ist es leicht, einzugestehen, dass „wir" – Bundesregierung, Treuhand – damals oft „gut gemeint", vielleicht manchmal zu sehr als „Besser-Wessi", Fehler gemacht haben, wir betraten damals staunend Neuland, ein Land, das sich über zwei Generationen in einem völlig anderen Umfeld entwickelt hatte. Und noch heute scheinen uns manche Fehler der damaligen Zeit einzuholen! Und so kam ich zu dem – im Nachhinein zweifelhaften – Vergnügen, Kenntnis von den Vorgängen um die Übernahme des Bitterfeld – Komplexes durch die französische ELF Aquitaine einschl. des MINOL-Tankstellennetzes am Ende eines intensiven Lobbyings gegenüber Regierung und Bundestag zu erhalten und darin auch als Zeuge im Pariser Strafprozess impliziert zu werden.

Für die französische Politik um Mitterrand war diese Übernahme zu einem Prestige-Objekt in den neuen Bundesländern geworden – man wollte „Flagge" zeigen! Die deutsche Seite, Regierung wie Treuhand, hatten vergeblich versucht, die internationale und europäische Mineralöl-Industrie für dieses „Kombinat" zu interessieren, alle hatten nacheinander abgewunken.

ELF hatte sich schließlich 1992 verpflichtet, Leuna zu übernehmen und dort vor allem eine neue Raffinerie zu bauen. In Nachverhandlungen erhielt die französische Seite damals über entsprechende Zuschüsse hinaus das ostdeutsche Tankstellennetz Minol (heute Total).

Der Strafprozess hatte dagegen zum Teil seine eigene Realität, fern von dem tatsächlichen deutsch-französischen Geschehen der damaligen Zeit, sondern, soweit ich dies überblicken kann, in rein innerfranzösischen internen „Abrechnungen" mit einer erschreckenden Unkenntnis über den Nachbarn Deutschland und dessen grundlegende Mechanismen!

Ich wurde damals zu meiner Überraschung von der Verteidigung des einzigen deutschen Angeklagten, Dieter Holzer, als Zeuge für sein Einwirken als Mittelsmann auf die deutschen Entscheidungsprozesse benannt – was ich aus eigener Anschauung nur bestätigen konnte.

Den Saarländer Dieter Holzer hatte ich 1993 in China kennen gelernt. Die Vorstandschefs zweier bekannter deutscher DAX-Unternehmen hatten ihn mir bei einem Abend des Bundeskanzlers mit Spitzenvertretern der deutschen Wirtschaft, die ihn bei dem Besuch begleiteten, als ihren Vertrauten in und für China vorgestellt. Und ich musste in der Folge feststellen, dass seine Verbindungen bis in den obersten und engsten Führungskreis der Volksrepublik reichten.

Ich sollte 2003 als Zeuge vor der 11. Kammer des Tribunal Correctionnel in Paris in der „affaire Elf" aussagen, wie es in der Vorladung hieß. Ich hatte an dem Tag aber nicht das Gefühl, dass das Gericht wirklich an meiner Aussage interessiert war. Dies galt erst recht nicht für den Vertreter der Staatsanwaltschaft, der mich zu meiner Verwunderung von Anfang an mit dem Hinweis auszuschließen versuchte, ich sei ja ein befangener Zeuge, da ich für einen Bundeskanzler gearbeitet hätte, der wegen Korruption rechtskräftig verurteilt sei (!).

Mir verschlug es zunächst die Sprache – wo bin ich hier? In einem Rechtsstaat, der an objektiver Urteilsfindung interessiert ist? Meinen höflichen Hinweis und Bitte an den Vorsitzenden des Gerichts, der Staatsanwaltschaft klar zu machen, dass deren Behauptung rundweg falsch sei, eine abenteuerliche Unterstellung und ehrenrührige Behauptung darstelle, verbat sich dieser in einer Weise, die nicht fern von Darstellungen von Prozessen aus dunkler Vergangenheit entfernt schien. Der Vorsitzender erinnerte mich an seine Befugnisse und die Möglichkeit einer Ordnungsstrafe – gegen mich! Eine Korrektur an die Adresse der Staatsanwaltschaft folgte aber nicht.

Ich war froh und erleichtert, als ich das Gerichtsgebäude als freier Mann wieder verlassen hatte, mir schien, dass das Urteil längst geschrieben war. Vertrauen in die französische Justiz konnten die damaligen Erlebnisse nicht gerade fördern! Und über manche Aspekte dieser Affäre – soweit es um den Komplex „Bitterfeld" geht – würde ich noch heute gerne die nackte „Wahrheit" wissen!

Es gab aber auch Beispiele, die Freude bereiteten. So kam im Frühjahr 1990 „mein" Präsident des damaligen französischen Schulvereins in Bonn, seines Zeichens Chef von Renault in Deutschland, Luc-Alexandre Ménard, diskret auf mich und bat mich um Rat:

Einer seiner Betriebsratsmitglieder habe Kontakte in die DDR und einer seiner Verwandten, der eine der noch privat geführten Auto-Werkstätten leite, habe ihn angesprochen, ob er nicht einen Interessenten kenne, der mit ihm und Kollegen aus anderen Städten die Zukunft gestalten wolle. Was ich davon halte, wenn er einen Besuch zur Sondierung mache – „kommt die Einheit denn wirklich?"

Ich antwortete ihm, er müsse das unbedingt machen, vielleicht verstecke sich dahinter eine riesige Chance. Paris solle er diskret und dort nur seinen Vorstandschef unterrichten, da die politische Mehrheit dort der deutschen Einheit eher skeptisch gegenüberstehe. Und wenn jemand kritische Fragen stelle, dann könne er auf mich verweisen!

Gesagt getan, er fuhr damals mit seinem Betriebsrat auf getrennten Wegen in die DDR – und aus dieser Begegnung entstand noch im Laufe des Jahres 1990 das erste Netz von Renault-Vertragshändlern und -werkstätten. Er hatte als einzige Automarke die Chance des Neuanfangs und der Einheit voll genutzt.

Deutsche Einheit und Agrarpolitik – Konsequenzen

In den letzten Jahren musste ich mich erneut mit den Konsequenzen der deutschen Einheit, befassen. Es ging um die Integration der Agrarwirtschaft der neuen Bundesländer in die Europäische Union. Bundesminister Christian Schmidt hatte mich in die unabhängige Historiker-Kommission berufen, die das Wirken des heutigen Bundesministeriums für Ernährung und Landwirtschaft und seiner Vorgänger – Agrarpolitik im 20. Jahrhundert – unter die Lupe nehmen sollte[10].

Drei Schwerpunkte standen naturgemäß im Vordergrund des Interesses – die NS-Zeit, die leider auch 75 Jahre später für negative Überraschungen gut war, dann die Jahre der DDR und die Europäisierung der Landwirtschaft. Letzteres Thema, und damit auch meine Berufung, war innerhalb der Kommission nicht unumstritten. Ich war der einzige Nicht-Historiker, der einzige, der mit der Agrarpolitik aus eigener Anschauung vertraut war, und schien das gesamte Thema zu sehr von der politischen Seite und den Konsequenzen zu betrachten. Aber dies war ja gerade Christian Schmidts Absicht.

Gegenstand meiner Rückschau musste naturgemäß auch die Integration der DDR-Landwirtschaft in die EG bilden. Ich erinnerte mich an die Gespräche des Bundeskanzlers im Jahre 1990 mit dem Präsidenten der EG-Kommission Jacques Delors, wie auch meinerseits mit der von ihm unter Leitung von Carlo Trojan eingesetzten Task Force zur Integration der Wirtschaft der neuen Bundesländer in die EU. In vielen Gesprächen mit Kennern und Betroffenen der Entwicklung der 90er Jahre bin ich auf die besondere politische Bedeutung und zum Teil evidente Kritik an der Praxis in Bezug auf die Landwirtschaft in jenen Jahren gestoßen worden.

Umstritten waren und sind das noch von der DDR-Volkskammer kurzfristig verabschiedete und nach der Einheit mehrfach geänderte Landwirtschaftsanpassungsgesetz sowie die Praxis der Bodenverwertungs- und Verwaltungs-GmbH (BVVG), die seit 1992 ehemalige volkseigene land- und forstwirtschaftliche Flächen verkauft.

Eine vertiefte Prüfung der wesentlichen Problemstellungen, Maßnahmen und Entwicklungen zur Integration der Landwirtschaft der neuen Bundesländer in den 90er Jahren hätte natürlich den Rahmen der Untersuchung der Historiker-Kommission gesprengt. Mir schien aber, dass man-

---

[10] Agrarpolitik im 20. Jahrhundert – das Bundesministerium für Ernährung und Landwirtschaft und seine Vorgänger, hrsg. Von Horst Möller, Joachim Bitterlich, Gustavo Corni, Friedrich Kiessling, Daniela Münkel, Ulrich Schlie, Berlin Juni 2020

che der Kollegen, auch aus dem Ministerium, dieses Thema nicht besonders mochten, ja eine grundlegende Scheu davor zeigten. Mir wurden mehr oder minder formale Argumente entgegengehalten; der Kompromiss bestand am Ende darin, auf diese Fragestellungen in einer Fußnote (!) hinzuweisen. Darin heißt es:

> „Es ist zu begrüßen, dass die Geschichte der Treuhandanstalt, die für das Verständnis der Geschichte und der Folgen der deutschen Wiedervereinigung von zentraler Bedeutung ist, seit 2019 in einem wissenschaftlichen Großprojekt beim Institut für Zeitgeschichte bearbeitet wird. In meinen Gesprächen mit Zeitzeugen bin ich immer wieder auf diese Aspekte und ihre Konsequenzen hingewiesen worden, besonders für das Selbstverständnis und die politische Entwicklung im Osten Deutschlands. Birgit Breuel, die von 1991 bis 1994 die Treuhandanstalt führte, hat jüngst in einem eingehenden Interview diesen Wunsch bekräftigt: „Wir brauchen in Deutschland eine breite gesellschaftliche Debatte über die Mühen der Einheit."[11]

Man könnte auch Norbert Pötzl anführen, der in einem Kommentar zu seinem jüngst erschienenen Buch „Der Treuhand-Komplex" unterstrich, „die Treuhand gilt als Ursache aller Probleme im Osten Deutschlands. Ein Blick in die Archive reicht, dies als Mär zu entlarven."[12]

Es ist zu wünschen, dass sich die Wirtschafts- und Sozialgeschichte umfassend und vor interdisziplinär dieses politisch hoch sensiblen Themenkomplexes annimmt und die Politik diesen Prozess fördernd begleitet."

Vielleicht hat mein Bohren zur Vergabe des Forschungsauftrages beigetragen. Die objektive Aufarbeitung jener Jahre gehört für mich heute wohl mehr denn je zu einem Kernbereich, wie wir mit der Geschichte jener Zeit umgehen – daran wird die Bevölkerung in den neuen Bundesländern uns Westdeutsche messen.

Exkurs: Genscher und die Deutsche Einheit

Mir ist über die Jahre durch viele Gespräche mit Kollegen aus der US-Administration, aber auch aus anderen Regierungen wie auch der Wissenschaft bewusst geworden, dass und wie sehr Hans-Dietrich Genschers Haltung aus der Sicht mancher Amerikaner und Europäer in Bezug auf seine

---

[11] „Die Westdeutschen hätten das nicht durchgehalten" - ein Interview von Inge Kloepfer, FAZ Net 21.07.2019; siehe hierzu auch Goschler, Böick, Studie zur Wahrnehmung und Bewertung der Arbeit der Treuhandanstalt im Auftrag des Bundesministeriums für Wirtschaft und Energie, Bochum 2017
[12] Norbert F. Pötzl, Der Treuhand-Komplex" Herbst 2019 und sein Kommentar „Ende Legende" in Der Spiegel Nr. 37/2019, 70/71.

Rolle bei der Deutschen Einheit und dem Umfeld bis heute letztlich umstritten ist. Dies galt in erster Linie für die Frage, ob und inwieweit das wiedervereinigte Deutschland Mitglied der NATO sein sollte.

Die Behauptung, er habe den Russen zu weit entgegenkommen wollen, hat sich über all die Jahre hartnäckig gehalten. Das Stichwort lautete „Genscherismus".

Ich hatte immer Zweifel an dieser These, kann darüber auch aus eigenem Wissen nur in Teilbereichen ein eigenes Urteil fällen. Ich war nicht bei den Zwei-plus-Vier-Verhandlungen dabei, kann nur versuchen, Rückschlüsse aus vielen Gesprächen mit Genscher und anderen Akteuren zu ziehen. Andeutungen Peter Hartmanns, meines Vorgängers, der für Helmut Kohl diese Verhandlungen begleitete, schienen die amerikanischen Bedenken eher zu bestätigen. Juristisch gesprochen, war die Beweislage aber mehr als dürftig.

Der Verdacht der Amerikaner war, dass Genscher letztlich bereit gewesen sein soll, für die deutsche Einheit die deutsche NATO-Zugehörigkeit aufzugeben oder einzuschränken bzw. offen die Ablösung der bisherigen Militärbündnisse durch ein gesamteuropäisches Sicherheitssystem, aufbauend auf der KSZE, anzudenken und anzubahnen.

Beides hätte die Neutralisierung Deutschlands bedeutet bzw. hätte ihr nahe kommen können. Das ist das, was manche Amerikaner noch bis heute kolportieren. Österreichische Freunde haben mich darauf hingewiesen, auch aus dortigen Dokumenten ergebe sich, dass Genscher im Februar 1990 eine „österreichische" Lösung nicht für das wiedervereinigte Deutschland, sondern für die DDR vorgeschlagen habe. Das wäre jedoch eine Lösung gewesen, die weder für die Amerikaner noch für die Franzosen oder Engländer noch erst recht für Helmut Kohl akzeptabel gewesen wäre!

Ich weiß heute, Helmut Kohl hat während dieser Verhandlungen Hans-Dietrich Genscher zweimal gebremst, ja „zurückgepfiffen" – zunächst in der Anfangsphase von Zwei plus Vier, dann im Sommer auf dem Wege nach Moskau. Ich muss mich bei Dr. Maike Kohl-Richter bedanken, die mich in der Diskussion über jene Zeit auf diese Meinungsverschiedenheiten und den Hintergrund aufmerksam gemacht hat.

Helmut Kohl war von Abgeordneten auf eine Rede Genschers vor der WEU-Versammlung in Luxemburg am 23. März 1990 aufmerksam gemacht worden, in der Genscher in der mittelfristigen Perspektive von der Schaffung eines gesamteuropäischen Sicherheitssystems und der damit einhergehenden Auflösung von Warschauer Pakt und NATO sprach.

In dieser Rede heißt es zunächst: „Eine Neutralisierung Deutschlands würde zu einer Herauslösung der Deutschen aus dem europäischen Kontext führen. Eine deutsche Neutralität würde die Rolle unterlaufen, die den Bündnissen bei der Schaffung einer dauerhaften und gerechten Friedensordnung notwendigerweise zufällt. Sie würde unerwünschte Unsicherheit und Instabilität in Mitteleuropa schaffen.

Die Lösung der sicherheitspolitischen Aspekte der deutschen Vereinigung wird ein hohes Maß an Behutsamkeit und Staatskunst verlangen. Sie wird in dem Masse erleichtert werden, in dem die Notwendigkeit eines Wandels der Bündnisse von einer bisher antagonistisch-militärischen hin zu einer sicherheitsbildenden-politischen Rolle von allen Seiten verstanden und akzeptiert wird. Eine solche Entwicklung wird Fragen lösbar machen, die heute noch unlösbar erscheinen. Ich werde auf den Rollenwechsel der Bündnisse noch eingehen".

Genscher entwickelt diese Gedanken – aufbauend auf der KSZE – weiter und führt dann aus: „Den Bündnissen NATO und Warschauer Pakt fällt künftig eine besondere politische Steuerungsfunktion zu: Die den Völkern Europas von den Bündnissen gewährte militärische Sicherheit muss in einem ersten Schritt durch kooperative Sicherheitsstrukturen verstärkt werden. In einem zweiten Schritt müssen die kooperativ strukturierten Bündnisse in einen Verbund gemeinsamer kollektiver Sicherheit überführt werden. Sie schaffen neue Strukturen der Sicherheit in Europa, von denen sie zunehmend überwölbt werden, in denen sie schließlich aufgehen können.

Lassen Sie uns im Zeichen des tiefgreifenden Wandels in Europa den Mut zu einer sicherheitspolitischen Vision finden: Wenn wir uns im Harmel-Bericht von 1967 auf die Schaffung einer dauerhaften Friedensordnung in Europa verpflichtet haben, gehört dann nicht auch wesensnotwendig die Bereitschaft dazu, sich in einer endgültigen Perspektive einem System gemeinsamer kollektiver Sicherheit einzuordnen?

Das Grundgesetz der Bundesrepublik Deutschland hat zu diesem Zweck Voraussetzungen geschaffen, in die Beschränkung von Hoheitsrechten einwilligen zu können, „die eine friedliche und dauerhafte Ordnung in Europa und zwischen den Völkern der Welt herbeiführen und sichern". [13]

Eine programmatische, ja visionäre Rede Genschers, die auch Aussagen zu einer künftigen Struktur der KSZE wie dem Verhältnis zwischen Europa und den USA ausbuchstabiert! Es ist schade, dass sie nicht zum

---

[13] Rede veröffentlicht im Bulletin der Bundesregierung am 27. März 1990, Seite 309 ff

Ausgangspunkt einer vertieften Diskussion zunächst innerhalb der Bundesregierung, dann mit wichtigen Partnern wurde. Natürlich musste sie die „sicherheitspolitische Szene" aufschrecken – und trug dazu bei, das ohnehin latente Misstrauen gegenüber Genscher zu verstärken.

Genauso richtig ist es aber auch, dass der Bundeskanzler davon ausgehen musste, dass solche weitreichenden Gedanken vor einer Veröffentlichung durch den Vizekanzler und Außenminister mit ihm bzw. innerhalb der Regierung und Koalition besprochen und abgestimmt werden. Daher seine klaren Zeilen an die Adresse Genschers.

Doch auch dieses „Vorpreschen" war ein „typischer" Genscher, der öfters aus der Disziplin von Regierung und Koalition „ausbüchste", um seine ganz persönliche politische „Duftmarke" zu hinterlassen – eine vergleichbare Methode hatte er zwei Jahre zuvor in Sachen Wirtschafts- und Währungsunion verfolgt. Und in diesem konkreten Fall hatte nicht zuvor der Bundeskanzler mit seinen „10 Punkten" einen ähnlichen Alleingang unternommen?

In Sachen NATO bin ich mir bis heute aber nicht sicher, wie weit Genscher tatsächlich gehen wollte? Was war berechnende Taktik und was war Inhalt? Ich will auch nicht ausschließen, dass Genscher, schon aus taktischen Gründen, um die russische Haltung ganz auszuloten oder sie aus ihrer traditionellen Ecke herauszuholen, sich wahrscheinlich nicht geweigert hat, über ein solches Ansinnen der anderen Seite zu sprechen.

Und dazu gehörte ganz bestimmt auch die besondere Rolle der KSZE für ganz Europa – Eine Grundlage und Ausrichtung, deren Bedeutung in der deutschen Außenpolitik vor allem von Genscher geprägt worden ist und die in allen AA-Papieren nahezu gebetsmühlenhaft zelebriert worden ist.

Dies waren eine Positionierung und Vorstellung, die von der CDU/CSU und von Helmut Kohl nicht in gleicher Weise geteilt worden ist, auch wenn Helmut Kohl durchaus die Nützlichkeit der KSZE einsah, weniger deren Gipfeltreffen, die durch Protokoll und Ablauf jedes persönliche Gespräch nahezu erstickten. Eine Ersetzung der Atlantischen Allianz durch die KSZE konnte aber für ihn nicht in Frage kommen.

Der Ausbau der KSZE war eine Richtung, in die im Frühjahr 1990 zumindest Teile des Kremls die Deutschen „locken" wollten: Fortbildung der KSZE zur Kerninstitution einer neuen europäischen Sicherheitsordnung. Zugleich standen „wir" einer Fortentwicklung einer gemeinsamen europäischen Sicherheitsstruktur mit Russland nicht ablehnend gegenüber – der Bundeskanzler sprach diesen Gedanken 1996 vor der Münchner Sicherheitskonferenz ausdrücklich an.

Ich habe aber große Zweifel, ob Genscher bereit gewesen sein könnte, viel weiter zu gehen. Das kurzfristige Risiko seiner Rede im Frühjahr 1990 bestand vor allem in der potentiellen Schwächung der deutschen – und westlichen – Position in den angelaufenen Verhandlungen mit Moskau.

Einige der amerikanischen Freunde haben mich damals auf die deutsche Innenpolitik Jahre zuvor im Umfeld des NATO-Doppelbeschlusses aufmerksam gemacht und mich gefragt, ob Genscher damals wohl bereit gewesen wäre, die Koalition mit der SPD zugunsten dieses Beschlusses „zu opfern" – oder nicht? War der NATO-Doppelbeschluss nicht neben der Entwicklung in der Wirtschafts- und Finanzpolitik auslösendes Moment für den Koalitionswechsel zur CDU/CSU? Oder hat Genscher diese Frage bewusst nicht in den Vordergrund gerückt?

Ich glaube letztlich nicht, dass er bereit gewesen sein könnte, auf die NATO-Mitgliedschaft zu verzichten – er zeigte Flexibilität zuweilen in grundlegenden Weichenstellungen, vor allem eher in Fragen von Größenordnungen, z.B. in Bezug auf die künftige Größe der Bundeswehr.

Und es kam etwas Erstaunliches hinzu, die Moskauer Führung – vielleicht weniger die 2. Ebene – war trotz durchaus gegenläufiger Tendenzen letztlich realistisch nicht nur in Bezug auf die Zukunftsfähigkeit der DDR, sondern auch in Bezug auf NATO und EU. Das AA und vielleicht auch Genscher selbst schienen zuweilen Moskaus Minima zu überschätzen.

Und selbst wenn wir annehmen sollten, Genscher habe weiter gehen wollen, um die deutsche Einheit zu erreichen, so wäre er nicht weit gekommen, schon „wegen" Helmut Kohl. Und hätte er es in den damaligen Verhandlungen in diesem Sinne wirklich ernsthaft versucht, dann wäre er vermutlich auch von James Baker, Geoffrey Howe und Roland Dumas unmissverständlich gebremst und gestoppt worden.

Hans-Dietrich Genscher ist für viele überraschend 1992 zurückgetreten. Aus meiner Sicht hat er, wie nur wenige Politiker, wahrscheinlich gefördert durch seine gesundheitlichen Probleme, den richtigen Zeitpunkt gewählt: er trat auf dem Höhepunkt seiner Karriere ab, mehr konnte er nicht erreichen – er hatte die Europapolitik über Jahre mitentscheidend voran gebracht, viele Initiativen tragen seine Handschrift und seinen Namen. Vielleicht kann man auch sagen, er hat mit Helmut Kohl das erreicht, was man die „Unumkehrbarkeit" Europas nennen könnte.

Auch hatte er zu Recht gesehen, dass die Kernbereiche der Europa- und Außenpolitik mehr und mehr von den Staats- und Regierungschefs selbst wahrgenommen wurden und der eigenständige Platz und Gestaltungsspielraum für den Außenminister immer enger geworden war: der Bundeskanzler überließ dem Außenminister mehr und mehr eine „Nebenrolle" in der Außenpolitik, Nischen ausfüllen, politische Grundlagen und Orientierungen ergänzen und absichern.

3. Kernthemen der 90er Jahre

Der Vertrag von Maastricht

Parallel zu den Verhandlungen um die deutsche Einheit steckten wir in der EG in der Vorbereitung der beiden Regierungskonferenzen zur Wirtschafts- und Währungsunion sowie zur Politischen Union, die im Dezember 1990 in Rom eröffnet wurden.

Zu Anfang suchten unsere Partner in aller erster Linie die Verwirklichung der Wirtschafts- und Währungsunion voranzutreiben. Schon im Dezember 1989 hatte Helmut Kohl vergeblich versucht, Präsident Mitterrand und seine Kollegen von seiner Vorstellung einer parallelen Fortentwicklung der europäischen Integration hin zur Politischen Union zu überzeugen.

Aufhänger waren für den Bundeskanzler damals vor allem die zu schwach ausgebildeten Kompetenzen des Europäischen Parlaments als Kernelement von Demokratie auf europäischer Ebene, die innere Sicherheit, aber auch Tendenzen in Brüssel, in Europa vieles, ja zu vieles immer perfekter regeln zu wollen.

Von daher versuchte er damals den föderalen Charakter der EG zu stärken, auch im Sinne einer klareren Abgrenzung der Kompetenzen zwischen Brüssel und den Mitgliedstaaten, um unnötige Konflikte wie auch Eingriffe in das Handeln von Ländern und Gemeinden aus Brüssel zu vermeiden.

Er fand damals für diese Vorstellungen leider nicht die Unterstützung der großen Mehrheit der Kollegen – nur die Briten stellten sich mit offensichtlich anderen Motiven auf unsere Seite. Kompromiss war schließlich die Verankerung des Subsidiaritätsprinzips im Vertrag, das sich in der Folge leider weitgehend als zahnloser Tiger erweisen sollte.

Den Durchbruch hin zur parallelen Regierungskonferenz schafften wir – wie so oft – nach einer ganzen Reihe intensiver Gespräche durch die Erarbeitung einer gemeinsamen Haltung und gemeinsamer Anregungen bzw. Zielsetzungen im April 1990 mit unseren französischen Freunden. Es war einer der vielen wichtigen gemeinsamen Initiativen in seiner Amtszeit, die dann auch die anderen Partner mitzog. Diese beobachteten die Franzosen und uns oft genug durchaus mit Argwohn, manchmal mit Eifersucht.

Zuweilen forderten sie aber gemeinsame deutsch-französische Standpunkte oder Initiativen regelrecht ein, sobald sie merkten, dass anders eine Einigung oder Fortschritte nicht möglich waren. Das hinderte sie aber nicht daran, anschließend Deutsche und Franzosen heftig ob des Inhalts zu kritisieren. Wie man es machte, war es immer falsch... – nur mit dieser Kritik konnten wir letztlich gut leben, da Europa dank dieses engen Schulterschlusses immer wieder vorankam. Hinzu kam, auch die Franzosen und wir hatten bis zum Abschluss der Verhandlungen Auffassungsunterschiede und offene Differenzen. Frankreich war weitaus zurückhaltender in Bezug auf die Ausdehnung der Rechte des Europäischen Parlaments, auf die Vergemeinschaftung neuer Bereiche oder auch in Kernfragen der Wirtschafts- und Währungsunion. Uns schienen diese Divergenzen im Rahmen der Konferenzen aber durchaus überwindbar.

Das Jahr 1990 stand danach im Zeichen der Erarbeitung der Mandate – der Eckpunkte und der Agenda – der beiden Konferenzen. Besonders hilfreich, auch in Bezug auf die für uns sensiblen Punkte, war damals die italienische Präsidentschaft unter Ministerpräsident Andreotti, die es schaffte, die beiden Mandate, jeweils gegen die Stimme von Margaret Thatcher zu verabschieden und im Dezember 1990 die beiden Konferenzen zu eröffnen.

Die Italiener, die um die Sensibilität des Themas für uns wussten, denen aber auch ihr eigenes distanziert-kühles Verhalten im Zuge der deutschen Einheit bewusst war, wollten einfach „vorne" dabei sein und hatten mich gebeten, ihnen bei den Entwürfen zu helfen. Ich war damals schon ein wenig stolz, dass Hans Tietmeyer, der als einziger außer dem Bundeskanzler in diese Freundschaftsaktion eingeweiht war, meine Entwürfe ohne große Änderungen billigte.

Ein Jahr intensivster Arbeit, vor allem zur Ausarbeitung des so wichtigen „Kleingedruckten", sollte folgen, einschließlich zweier Europäischer Räte, zunächst im Juni 1991 in Luxemburg, dann im Dezember in Maastricht. Nach schwierigen Verhandlungen gelang es uns, unsere Linie bei der Wirtschafts- und Währungsunion, insbesondere aufbauend auf einer unabhängigen Europäischen Zentralbank nach dem Modell der Bundesbank durchzusetzen.

Wirtschafts- und Währungsunion und deutsche Einheit

In jener Zeit wie in den Jahren danach gab es immer wieder Vorwürfe, Bundeskanzler Helmut Kohl hätte die DM auf dem Altar der deutschen Einheit geopfert.

Solche Behauptungen lagen und liegen neben der Sache. Einerseits hatten wir den Prozess hin zur Währungsunion lange vor der deutschen Einheit eingeleitet und andererseits ging es ihm darum – wie Jacques Delors damals wiederholt unterstrichen hat – "dass sich an der deutschen Europapolitik nichts ändern sollte" und die "Zustimmung zur Wirtschafts- und Währungsunion auch als Beweis für das unveränderte europäische Engagement Deutschland verstanden" werden musste. Und: wir haben unser Erfolgsmodell auf ganz Europa ausgedehnt – ist das nicht ein Erfolg für uns?

Ich halte die Opfer-These für falsch, ja abwegig – die deutsche Einheit hat sicherlich die europäische Einigung hin auf dem Weg nach Maastricht gefestigt, verstärkt, mit abgesichert, aber nicht beschleunigt, noch haben wir dabei deutsche vitale Interessen verletzt, im Gegenteil. Von Opfer und Altar kann nicht die Rede sein.

Der Prozess hin zur Europäischen Wirtschafts- und Währungsunion setzte bereits im Frühjahr 1988 an: die erste Entscheidung fiel in Hannover im Juni 1988 mit der Einsetzung des Delors-Ausschusses, die Logik der Währungsunion folgte aus der Vollendung des Binnenmarktes heraus.

Der Fall der Mauer hat diesen Prozess bestärkt, ihn aber nicht beschleunigt. Frankreich wollte die Einsetzung einer Regierungskonferenz bereits im Dezember 1989 in Straßburg. Wir haben damals die Parallelität von Wirtschafts- und Währungsunion sowie Politischer Union eingeführt und im April 1990 auch durchgesetzt.

Der Beschluss zur Eröffnung der beiden Regierungskonferenzen folgte dann erst im Oktober 1990 bzw. Dezember 1990 in Rom. Paralleles Vorgehen in beiden Bereichen, zum Unwillen mancher in Europa. Hans Tietmeyer war damals für mich der Garant, dass da keiner versuchte, etwas nicht Akzeptables in den Text der Schlussfolgerungen hinein zu schmuggeln.

Und zu jenem Zeitpunkt waren für uns entscheidende Punkte noch umstritten, wie insbesondere die Unabhängigkeit der künftigen Europäischen Zentralbank. Einigung über diese für uns unverzichtbare Fragen wurde erst im Dezember 1991 in Maastricht erzielt.

Ich habe diese Fragen und Zusammenhänge mit der deutschen Einheit in einem Anhang der Erinnerungen von Werner Rouget eingehend erläutert [14] – es war ein Text, den ich ausdrücklich vom Chef des Bundeskanzleramts und vom Bundeskanzler selbst billigen ließ.

Maastricht wurde aufgrund eines deutsch-französischen Dissenses nicht eine komplette Wirtschafts- und Währungsunion, dies hing aber nicht mit der deutschen Einheit zusammen. Frankreich wollte damals als Gegengewicht zu einer eventuell unabhängigen Zentralbank, was sie erst in Maastricht akzeptiert haben, eine europäische Wirtschaftsregierung. Daraufhin rasselten bei uns die Rollläden runter, aus Angst vor einem französischen Dirigismus.

Den Ausgleich haben wir innerhalb der Politischen Union gesucht. Bei der Außen- und Sicherheitspolitik waren wir damals mit den Franzosen weiter fortgeschritten, als es heute der Fall ist. Nur die Außenministerien waren zurückhaltend-reserviert und die Briten wollten das nicht. Ähnlich haben uns andere in Bezug auf die Innen- und Industriepolitik zurückgepfiffen. Daher die hinkende politische Union. Alles andere ist Quatsch.

Es gelang uns dennoch, die Integration in Bezug auf die Politische Union – Gemeinsame Außen- und Sicherheitspolitik, erste Einbeziehung von Elementen der Innen- und Justizpolitik, Stärkung der Rechte des Europäischen Parlaments – weiterzuentwickeln.

Die Fortschritte gingen aber nicht so weit, wie wir es uns im Vorfeld erhofft und wie wir es uns zusammen mit der Mannschaft um Mitterrand vorgestellt hatten – uns wurde klar, dass hier in den kommenden Jahren noch viel Überzeugungsarbeit zu leisten sein würde. Aber wir waren auch hier auf dem richtigen Wege, den es vor allem auch in der Praxis auszufüllen galt.

Dies galt nicht nur für die Außen- und Sicherheitspolitik, sondern vor allem auch für das gesamte Spektrum der Innen- und Justizpolitik – und auch für die soziale Dimension der europäischen Integration.

Bedauerlich war für Helmut Kohl, dass wir in der Fortentwicklung der sozialen Dimension Europas kaum vorangekommen waren. Auf Grund der Haltung und Stimmung in der konservativen Partei wagte es John Major nicht, die „Sozialcharta" mitzutragen. In letzter Minute und mit viel Mühe schafften wir es in nächtlichen Verhandlungen – in engstem Zusammenwirken mit dem Chefjuristen der Kommission, Jean-Louis Dewost, und den Franzosen, im Trio mit Elisabeth Guigou und Pascal Lamy sowie

---

[14] Werner Rouget, Schwierige Nachbarschaft am Rhein, hrsg von Joachim Bitterlich und Ernst Weisenfeld, Bonn, 1998

mit Hilfe einer ganz neuartigen, ein wenig gewagten juristischen Konstruktion – die Charta durch Einräumung eines „opt-in" für die Briten, d.h. der Möglichkeit beizutreten, zu retten.

Innen- und Justizpolitik in der EU

Ich erinnere mich nur allzu gut daran, als der Bundeskanzler bereits 1988 den Entschluss fasste, dieses Thema erstmals mit seinen Kollegen im Europäischen Rat aufzunehmen. Ich musste die Vorbereitung insgeheim – unter bewusster Umgehung des Innenministers – mit Hilfe eines Vertrauten aus dem Bundeskriminalamt angehen. In der deutschen Innenpolitik hatte er für diesen Vorstoß im Grunde – außer hinter vorgehaltener Hand in der Polizei und dort vor allem im Bundeskriminalamt – kaum einen Verbündeten.

Für ihn war die Einbeziehung dieses Bereiches die logische Konsequenz der durch Schengen erfolgten Öffnung der Binnengrenzen.

Die Medien schienen sich im Juni 1988 bei jener Tagung auf der Insel Kreta kaum für diese weitreichende, im Grunde revolutionäre Initiative des Bundeskanzlers zu interessieren, sie hatten mehr Augen für „Mimi", die junge Lebensgefährtin des griechischen Ministerpräsidenten Andreas Papandreou. Mein Briefing für die Medien wurde jäh durch den Ruf „Mimi" beendet, die Journalisten kletterten auf Bänke und Stühle, kämpften regelrecht um Plätze am Fenster, um die am Pressezentrum vorbeigehende junge Griechin zu sehen! Und ließen „Briefing" „Briefing" sein!

Helmut Kohls Kollegen hörten ihm damals zunächst aufmerksam, ja wohlwollend zu – die Sympathie war jedoch bei einigen verflogen, als er – bewusst den Hinweis auf die Vorgeschichte der Schaffung des Bundeskriminalamts in Deutschland vermeidend – vielleicht nicht gerade psychologisch geschickt die Parallele zur amerikanischen Geschichte anführte und die entsprechende europäische Institution „Euro-FBI" nannte.

Helmut Kohl hatte selbst Hand an das Dossier angelegt und sich zum Ziel gesetzt, zumindest einen entsprechenden Prüfungsauftrag zu erreichen. Er berichtete uns Mitarbeitern damals sinngemäß, alles sei hervorragend gelaufen, der Kreis der Kollegen, einschließlich derjenigen aus bekannten zentralistisch organisierten Ländern, habe fortwährend nachdenklich-zustimmend genickt. Leider habe er dann das ominöse Wort benutzt, bei dem bei einigen spürbar die Klappe heruntergefallen sei.

Nach drei Jahren beharrlicher Vorarbeit schien ihm dann im Zuge der Vorbereitung des späteren Vertrages von Maastricht die Zeit für einen erneuten Vorstoß reifer. Diesmal billigte der Europäische Rat in Luxemburg im Juni 1991 sogar die Zielsetzungen eines von mir insgeheim mit einem

Kollegen aus dem Innenministerium erarbeiteten – nur sein Staatssekretär, nicht aber der Minister selbst war eingeweiht – und vom Bundeskanzler eingeführten Papiers, das die stufenweise Schaffung einer gemeinsamen Polizeibehörde mit Exekutivbefugnissen – Europol – sowie einer gemeinsamen Asyl-, Einwanderungs- und Ausländerpolitik vorsah.

Der Bundeskanzler hatte den Kollegen im Europäischen Rat ein sehr konkretes Papier übergeben, das sowohl Vorgaben für die Regierungskonferenz mit Blick auf den Vertrag von Maastricht als auch Vorgaben für Sofort- und vorbereitende Maßnahmen in diesen beiden Kernbereichen der Innenpolitik enthielt.

Zwei Zielsetzungen stachen besonders hervor: Einerseits die vertragliche Festlegung auf die Harmonisierung der Asyl-, Einwanderungs- und Ausländerpolitik (!) spätestens bis zum 31. Dezember 1993, deren nähere Festlegung durch einstimmige Entscheidung des Rates;

Und andererseits die vertragliche Festlegung auf die vollständige Einrichtung einer europäischen kriminalpolizeilichen Zentralstelle („Europol") für den Kampf gegen den internationalen Drogenhandel und gegen das organisierte Verbrechen ebenfalls bis spätestens zum 31. Dezember 1993; Festlegung der Einzelheiten durch einstimmige Ratsentscheidung; dabei stufenweise Entwicklung der Europol-Aufgaben: zunächst Relaisstation für den Informations- und Erfahrungsaustausch, dann in einer zweiten Stufe Einräumung von Handlungsbefugnissen auch innerhalb der Mitgliedstaaten.

Wir hatten uns jedoch zu früh gefreut – die federführenden Außenministerien, einschließlich des AA in Bonn, waren nicht besonders an dem Thema interessiert, und die EU-Innenminister schafften das Kunststück, diesen Plan binnen 6 Monaten vollends zu zerreden, die „Bedenkenträger" hatten mal wieder gewonnen. Und die Politik sollte es erst Jahre später wagen, unter dem zunehmenden Druck der Realität, das Thema wieder aufzunehmen.

Maastricht brachte uns daher nur einen ganz bescheidenen Schritt voran, erst im Rahmen der Umsetzung des Vertrages von Amsterdam sollte es wirklich vorangehen – zufrieden kann man damit auch nicht sein, sind wir doch immer noch nicht so weit, wie wir angesichts der Herausforderungen längst sein müssten. Helmut Kohl sollte weitere sechs Jahre warten müssen, bis endlich im Juni 1997 mit dem Amsterdamer Vertrag in Bezug auf die Innen- und Justizpolitik ein erster Durchbruch zur Schaffung eines „Europäischen Raumes der Freiheit, der Sicherheit und des Rechts" gelang. Trotz aller Bemühungen hat die EU den Rückstand von über 30 Jahren in dieser für den Bürger so wichtigen Frage nur zum Teil aufholen können. Immerhin sind wir seit Anfang der 90er Jahre auf dem richtigen Wege – und zuletzt haben die schrecklichen Attentate des 11. September 2001 den laufenden Arbeiten einen neuen Anstoß gegeben.

Es ist in erster Linie einem deutschen sozialdemokratischen Innenminister, Dr. Otto Schily, und seinem französischen Kollegen Nicolas Sarkozy zuzuschreiben, dass ab 2001 wirkliche Fortschritte in Gang gekommen sind und ein sicherlich lange noch nicht perfektes, aber ein immerhin effizienteres EUROPOL langsam, im Grunde viel zu langsam Gestalt annimmt.

Ich muss zugeben, ich hatte gegen Otto Schily zu Anfang einige Bedenken und Vorurteile. Eine eingehende Aussprache während meiner Madrider Zeit – und das Handeln dieses Mannes – musste mich eines Besseren belehren.

Und wenn ich heute mit dem TGV/ICE per Zug von Paris aus nach Frankfurt oder Stuttgart fahre, freue ich mich, die fliegende gemeinsame deutsch-französische Streife im Zug bei der Arbeit zu beobachten! Vor 20 Jahren noch war dies undenkbar! Nur: Wenn ich – 14 Jahre später im Lichte des Zustroms von Flüchtlingen – den Text der Initiative des Bundeskanzlers vom Juni 1991 lese, so könnten die Staats- und Regierungschefs der EU den gleichen Text mit Fug und Recht heute nochmals – aktueller denn je – verkünden, niemand würde bemerken, dass der Text rund 25 Jahre alt ist, und sie würden damit einen überfälligen Schritt in die Tat umsetzen!

Außen- und Sicherheitspolitik

Auch vor bzw. in Maastricht war es ausschlaggebend, dass das deutsch-französische Einvernehmen und Zusammenspiel funktionierte. Wir hatten das im Vorfeld der Maastrichter Tagung erneut bewiesen, als wir nach einer großen beiderseitigen Kraftanstrengung am 14. Oktober 1991 eine Initiative zur Gemeinsamen Außen- und Sicherheitspolitik ergriffen, an deren Ende sich ein knappes „pro memoria" befand, das dann in den Medien, ob in Europa oder in den USA, am meisten Aufsehen erregte: es war die Bereitschaft zum Ausbau der bisherigen deutsch-französischen Brigade bis hin zu einem Europäischen Korps.

Die vertrauliche Initiative wurde von den Briten prompt über eine Nachrichtenagentur in Brüssel – die wir damals dann nur als „The Agency" bezeichneten – an die Medien „durchgestochen" und entfaltete bei den „Atlantikern" einen – gesteuerten – Sturm der Entrüstung! Was haben uns damals viele kritisiert, man hat uns auch von mancher Seite schlicht missverstehen wollen! Dies galt nicht nur für unsere Freunde von der Insel, deren „Sperrfeuer" wir erwartet hatten, sondern vor allem für die niederländische Präsidentschaft, die intensiv dabei war, den Europäischen Rat in Maastricht vorzubereiten, nicht nur Höhepunkt ihres 6-monatigen Vorsitzes, sondern mit dem Ziel, dort den Durchbruch und die Einigung über das große Reformpaket zu schaffen.

Der niederländischen Regierung um Ruud Lubbers steckte im Oktober – als Peter Hartmann, mein damaliger Chef, und ich ihm am 12. Oktober 1991 im Auftrage des Bundeskanzlers vorab am Wochenende die Initiative erläuterten – noch die Enttäuschung über den sog. „schwarzen Montag", dem 30. September 1991, in den Knochen. Ein Tag, an dem die niederländische Präsidentschaft im Rat vor allem die Unterstützung von Hans-Dietrich Genscher für ihren ersten, integrationsfreundlichen Textentwurf auf dem Wege zum Vertrag von Maastricht erhofft, ja erwartet, aber letztlich nicht erhalten hatte.

Genscher hatte im Rat taktisch agiert, zunächst einmal die Aufnahme des Entwurfs durch andere Partner abgewartet, bevor er sich einlassen sollte. Er tat dies am Ende der Debatte in ähnlich kritischer Weise wie zuvor die Mehrheit der Partner, vor allem Frankreich und das Vereinigte Königreich, und nahm zielsicher nicht die generelle europapolitische Ausrichtung des Entwurfs unter die Lupe, sondern hinterfragte kritisch die aus seiner – und unserer – Sicht zu schwache Stärkung der Kompetenzen des Europäischen Parlaments.

An jenem Samstag im Haag lernte ich an der Seite von Ruud Lubbers den damaligen Politischen Direktor des niederländischen Außenministeriums, Peter van Walsum, kennen, der Jahre später als Botschafter in Bonn zu einer der wichtigen Persönlichkeiten bei der Entkrampfung und damit Verbesserung des deutsch-niederländischen Verhältnisses werden sollte.

Hinzugefügt sei, dass wahrscheinlich kaum einer der Beobachter eine dritte, vielleicht sogar noch entscheidendere Persönlichkeit erwähnen würde: es war Avi Primor, damals israelischer Botschafter in Bonn, der im Lichte seiner langjährigen Freundschaft mit der niederländischen Königin Beatrix und ihren Gatten, dem früheren deutschen Diplomaten Claus von Arnsberg wohl mehr als viele andere für den gelungenen „reset" im deutsch-holländischen Verhältnis getan hat.

Zurück zu den deutsch-französischen Initiativen der Jahre 1990 und 1991 zum Aufbau einer Gemeinsamen Außen- und Sicherheitspolitik: Ihnen sollte in Maastricht nur leider ein, wenn auch durchaus beachtlicher Teilerfolg beschieden sein, auf dem ein weiterer Aufbau möglich war – oder besser gesagt, gewesen wäre, wenn „man" dies gewollt hätte.

Dem Maastrichter Vertrag wurde in der Folge durchaus Potential bescheinigt, die tatsächlichen Möglichkeiten aber eher skeptisch beurteilt. Die nächsten größeren Schritte auf dem Wege zu einer Gemeinsamen Außen- und Sicherheitspolitik sollte erst Jahre später in Amsterdam bzw. in Lissabon möglich sein, doch auch bis heute sind wir immer noch von dem Ziel einer gemeinsamen Außen- und Sicherheitspolitik weit entfernt!

Helmut Kohl bedeutete mir damals offen, er unterzeichne dieses Initiativen gerne, da er diesen Weg für bedeutsam und richtig halte. Auf einen echten Durchbruch würden wir allerdings Jahre warten müssen, die Vorbehalte in vielen, vor allem in den anderen großen Hauptstädten seien insoweit noch viel zu stark gegen eine Abgabe gerade der Souveränität in diesem Bereich, der eng mit der Geschichte eines jeden Landes zusammenhänge.

Trotz offener und verdeckter Vorbehalte seitens der Partner setzte die Idee des Eurokorps sich aber durch, es wurde mit Sitz in Straßburg Stück für Stück Wirklichkeit, es steht zur Verfügung als Labor und Keimzelle für künftige länderübergreifende Strukturen in Europa.

Das erste Auftreten des Euro-Korps und damit deutscher Soldaten im Rahmen der traditionellen Parade am 14.Juli in Paris auf den Champs Elysées im Jahre 1994 muss unvergesslich bleiben. Heute ist das Euro-Korps, dem auch Spanien, Belgien und Luxemburg angehören, eine europäische Selbstverständlichkeit – letztlich unverständlich ist es, dass das Eurokorps – bis auf seinen Stab – nie echt zum Einsatz gekommen ist.

Es ist zu bedauern, dass die Mehrheit der Europäer der damit sichtbaren französischen Öffnung so misstrauisch und zögernd gegenüberstanden – gleiches gilt für das Zögern unserer französischen Freunde in der Zeit der zweiten Cohabitation ab 1992, noch einen größeren weiteren Schritt zu wagen, und zwar in Richtung auf die Vereinheitlichung der Ausstattung unserer Streitkräfte.

Hätten die Franzosen damals unseren – den in Wahrheit gemeinsam mit dem Elysée erarbeiteten Vorschlag akzeptiert (insbesondere Ausrüstung der 1. französischen Division in Deutschland mit Panzern des Typs Leopard zwei, Ausrüstung der deutschen Luftwaffe mit einem Geschwader Mirage 2000 und der französischen Luftwaffe mit der Aufklärungsversion des Tornado, Ausrüstung der Bundeswehr mit französischer Artillerie, gemeinsame Anstrengung zur Einbeziehung Frankreichs in das Eurofighter-Projekt u.a.m.), so wären wir heute in dieser für Europa so wichtigen Angelegenheit wie auch bei der überfälligen Reform der Bundeswehr längst viel weiter voran gekommen.

Französisches Maastricht – Referendum 1992

Schlüssel für das Inkrafttreten von Maastricht war schließlich das Referendum in Frankreich im September 1992. In jener Zeit stand die Stimmung in Frankreich auf der Kippe. An dem, wenn auch knappen Erfolg hatte Präsident Mitterrand, der sein ganzes politisches Gewicht in die Waagschale warf, entscheidenden Anteil.

Der Bundeskanzler konnte im Nachhinein stolz darauf sein, ihm dabei ein wenig geholfen zu haben. Im August 1992 erreichte mich die vorsichtige informelle Sondierung des Elysée, seitens des Freundes Hubert Védrine, ob der Bundeskanzler vielleicht bereit sein könnte, an einer großen Fernseh-Diskussion mit Präsident Mitterrand am 10. September wenige Tage vor dem Referendum mitzuwirken.

Der Bundeskanzler zögerte am Anfang, er wollte natürlich den Vorwurf der Einmischung vermeiden – auch wenn Europa heute immer weniger Außen- denn Innenpolitik darstellt. Ihm war vor allem das hohe politische Risiko bewusst – wäre das Referendum verloren gegangen, wäre er sehr leicht für manche der „Hauptschuldige" gewesen.

Er gab dann aber rasch seine Zustimmung und ließ sich von uns intensiv vorbereiten. Ohne ihn zu fragen, bat ich Hubert Védrine, für die Sendung den bestmöglichen Dolmetscher in Paris zu engagieren. Gefragt war einer, der in der Lage war, Helmut Kohl mit seinen Bandwurm- oder Schachtelsätzen, mit der ihm oft eigenen Sprache akkurat im Französischen „überzubringen", oft unter Erfindung des Verbes – das ja im Französischen im Gegensatz zum Deutschen „vorne" steht, Edgar Weiser gelang an jenem Abend eine Meisterleistung!

Eine phantastische Sendung – deren Art ich gerne einmal auch bei uns in Deutschland erlebt hätte. Philippe Seguin, der damalige Gegenspieler von Mitterrand in der Sendung wie im Wahlkampf um das Referendum, sagte mir Jahre später mehrmals offen, in Wahrheit habe Kohl das Steuer herumgerissen und das Referendum in Frankreich gewonnen. Ich hätte Kohl die Teilnahme eingeredet. Kohl – und damit ich – war für ihn der Sündenbock!

Nur: Was wir alle an jenem Abend nicht ahnten oder gar bemerkten – Präsident Mitterrand stand die dreistündige Sendung nur mit größter Mühe durch, seine schwere Erkrankung machte eine dringende Operation am nächsten Tage notwendig.

Die Gespräche mit ihm blieben oft faszinierend. Ich nenne nur die Diskussionen über die Zeit des Zweiten Weltkrieges. Francois Mitterrand, der zweimal aus deutscher Kriegsgefangenschaft geflüchtet war, wollte immer mehr über jene Zeit wissen – umgekehrt berichtete er, dies im Vorgriff auf eine Veröffentlichung, die 1994 in Frankreich viel Staub aufwirbelte, offen über seine Jugend während des Vichy-Regimes bzw. in der Résistance, über seine Gefangenschaft und Flucht aus Deutschland.

Mitterrands Vermächtnis – 8. Mai 1995 Berlin

Gerade in diesem Sinne verdient seine letzte große Rede in Deutschland, am 8. Mai 1995 anlässlich des gemeinsamen Gedenkens 50 Jahre Ende des Zweiten Weltkrieges in Berlin, kurz bevor er aus dem Amt ausschied, größten Respekt.

Sie war sein Vermächtnis gegenüber Deutschland und den Deutschen, aber auch mit Blick auf Europa – die europäische Einigung in seinen Augen als „Sieg Europas über sich selbst" – „Morgen also werden wir das Erreichte vollenden müssen, das noch nicht zu Ende geführt ist und es im Übrigen nie sein wird. Meinungsverschiedenheiten, Rivalitäten, Konkurrenzdenken, Blutrünstigkeit, Mordlust – sehen Sie, wie sich das selbst in Europa in manchen Regionen fortsetzt, wenige Kilometer von uns entfernt. Dies muss also unsere Geisteshaltung sein, begründet auf der Erfahrung derer, die gekämpft haben. Das ist die letzte Botschaft, die ich hinterlassen kann".

Sicherheitspolitik – die Tragödie des Balkan

Das Verhältnis zu Jugoslawien war über lange Jahre bestimmt durch die Sonderstellung des Landes im internationalen Machtgefüge – und durch die Persönlichkeit seines Präsidenten Josip Broz Tito, im Verhältnis zu Deutschland zudem durch über 700.000 Gastarbeiter in Deutschland und durch seine Bedeutung als Ferienland für deutsche Touristen, nicht zuletzt als Treffpunkt für Deutsche aus West und Ost.

Aus heutiger Sicht ist es relativ leicht einzugestehen, wie sehr wir alle die mittelfristigen Konsequenzen des Todes von Tito im Jahre 1980 aber auch die kritische wirtschaftliche Entwicklung in den 80er Jahren mit einem zunehmenden Nord-Süd-Gefälle unterschätzt haben. Titos Nachfolgern gelang es nicht, den Vielvölkerstaat zusammenzuhalten. Dies zeigte sich auch bei dem letzten Versuch seitens des 1989 neu gewählten Präsidenten Serbiens, Slobodan Milosevic, dies mit Gewalt durchzusetzen.

Mit zunehmenden Feindseligkeiten und einer ersten Zunahme der Ströme von Flüchtlingen im Jahre 1991 stand die Bundesregierung unter wachsendem innenpolitischem Druck, die Anerkennung der Unabhängigkeit Sloweniens und Kroatiens nicht zu verweigern. Hintergründe waren vor allem die zunehmende Zahl von Flüchtlingen, die große Zahl von Gastarbeitern und ihre Verankerung bei uns, nicht zuletzt auch in der katholischen Kirche – aber auch die gerade erlangte deutsche Einheit durch Verwirklichung des Rechts auf Selbstbestimmung. Die Bundesregierung steckte regelrecht in einem tiefen Dilemma, innenpolitisch polarisiert durch zwei Protagonisten zweier grundlegend gegensätzlicher Forderungen. Auf der einen Seite „betrieb" Johann Georg Reissmüller mit seinen Kommentaren in der Frankfurter Allgemeinen regelrecht die Anerkennung, während Rudolf Augstein im Spiegel die Bundesregierung zu politischer Zurückhaltung anhielt und Reissmüller als „Kriegstreiber" bezeichnete. Der Bundeskanzler wie sein Außenminister suchten dabei bewusst einen Alleingang zu vermeiden.

Sie hatten in dieser Zeit schwierigste Diskussionen im bilateralen wie im EG-Rahmen vor allem mit Frankreich und dem Vereinigten Königreich zu bestehen, sie haben immer wieder die Einigung über das weitere Vorgehen im EG-Rahmen gesucht. Besonders prägnantes, in der Öffentlichkeit aber kaum bekannten Beispiel war unsere Weigerung, der an den Bundeskanzler „aus dem Vatikan" durch den Nuntius herangetragenen Vorstellung zu folgen, die Anerkennung Kroatiens im Konzert mit Italien, Österreich, Ungarn, Polen und dem Vatikan vorzunehmen. Dies hätte in gewisser Weise die „Neuauflage" der Koalition von 1941 bedeutet. Es war im Oktober 1991, als der Nuntius um einen dringenden Termin bat und unter ausdrücklichen Hinweis auf den Papst selbst darum bat, den Bundeskanzler dringend damit zu befassen. Der Bundeskanzler war damals über diesen eklatanten Fauxpas der Außenpolitik des Vatikans entsetzt.

Erst auf der Grundlage von Beratungen und des Einvernehmens der EG-Außenminister – niemand, auch nicht der französische Kollege Roland Dumas, hatte den Feststellungen von Bundesminister Hans-Dietrich Genscher widersprochen – erfolgte am 19. Dezember 1991 der Beschluss des Bundeskabinetts, Slowenien und Kroatien anzuerkennen, um Befassung und dann Schutz der Bevölkerung durch die Vereinten Nationen zu erreichen.

Diese Entscheidung wird noch heute von manchen, vor allem bei unseren europäischen Partnern und Verbündeten als Fehler, als Vorpreschen, ja als Auslöser für die Ausweitung der Feindseligkeiten kritisiert. Ich halte unser Vorgehen auch im Nachhinein für vertretbar, auch wenn unsere Hoffnung auf ein rasches Eingreifen der Vereinten Nationen und eine friedliche Lösung zu fördern sich leider vielleicht als naiv und letztlich als trügerisch erwiesen hat. Es wäre aus meiner Sicht richtig gewesen, die Arbeiten der Badinter-Mission abzuwarten, die im März 1992 den EU-Außenministern ihren Bericht ablieferte.

Allein Slowenien blieb weitgehend von dem Konflikt verschont. Angesichts der menschlichen Katastrophe waren wir damals mehr als enttäuscht, ja verbittert über die Haltung der Vereinten Nationen, des Westens und der Europäischen Union.

Der innere Konflikt mit kaum zu überbietenden Grausamkeiten war nicht mehr zu bremsen. Die VN zögerten, griffen dann ohne probate Mittel ein. Die beschämenden Vorgänge, zunächst in Vukovar und anderswo reichten nicht aus, es bedurfte im Februar 1994 des Todes von 68 Menschen durch den Einschlag einer Mörsergranate auf einem Marktplatz im eingekesselten Sarajewo und vor allem des Massakers von Srebrenica im Juli 1995, um die Völkergemeinschaft entschiedener reagieren zu lassen.

Die Europäische Union blieb innerlich zerstritten, erst das Umschwenken der Amerikaner und dann in der Folge das Eingreifen der NATO brachte die Konfliktparteien an den Verhandlungstisch, der Konflikt wurde schließlich im November 1995 mit den Verhandlungen und dem Abkommen von Dayton, wenn auch nur provisorisch beendet.

Die Narben sind bis heute in keiner Weise verheilt, im Gegenteil, die Lage, vor allem in Bosnien, aber auch in Mazedonien und Serbien, ist zerbrechlich geblieben.

Besondere Verdienste haben sich damals Bundesminister Klaus Kinkel und seine Mitarbeiter, allen voran Wolfgang Ischinger, erworben, aber auch diejenigen, die sich – an der Spitze ein in der Szene wenig bekannter Politiker aus Baden-Württemberg, Dietmar Schlee – um die wachsenden Ströme von Flüchtlingen binnen kurzer Zeit kümmerten. Schlee hat damals als Koordinator wahrhaftig Kärrnerarbeit geleistet. Dies galt damals ganz besonders auch für ein Mitglied des Deutschen Bundestages, Christian Schwarz-Schilling, wie für eine Abgeordnete des Europäischen Parlaments aus dem Saarland, Doris Pack, der wir den Beinamen „Mutter Courage" gaben. Sie kämpften alle unermüdlich um die Linderung der Not und um einen möglichst raschen und gerechten Friedensschluss.

Während dieser Zeit hatte Deutschland binnen eines Jahres über 500.000 Flüchtlinge aus dem früheren Jugoslawien aufgenommen – mehr als doppelt so viel wie in allen anderen EU-Ländern zusammen. Die gemeinsame Kraftanstrengung und Leistung der Bundesregierung, der Bundesländer, der Gemeinden und seitens der Hilfsorganisationen, vor allem auch der Kirchen, in jenen Jahren ist viel zu wenig gewürdigt worden.

Auch wenn die Zahlen und die Umstände nicht vergleichbar sind, so denke ich heute angesichts der aktuellen „Flüchtlingskrise" an die damalige Zeit und daran, wie die Bundesregierung versuchte, die Lage in den Griff zu bekommen. Man muss sich daran erinnern, dass wir zu jener Zeit eine Flüchtlingswelle aus der DDR hinter uns hatten, als der Krieg in Jugoslawien ausbrach. In einigen Bundesländern sind die Innenbehörden und Minister letztlich ähnlich wie wir vorgegangen und hatten damit Erfolg.

Es ist richtig, dass dem Bundeskanzler die Entscheidung über einen möglichen Einsatz der Bundeswehr im ehemaligen Jugoslawien sehr schwer gefallen ist – dies vor allem vor dem Hintergrund der jüngsten Geschichte, der tiefen Narben und vielerorts offenen Wunden, die sie hinterlassen hat.

Er dachte an den Zweiten Weltkrieg, an den Einmarsch deutscher Elitetruppen, die von Hitler zur Hilfe und auf Bitten des italienischen faschistischen Bundesgenossen dorthin entsandt worden waren, an den Verlauf dieses Krieges, an seine Grausamkeiten und an das Blutopfer auf beiden Seiten. Einmal ganz abgesehen von der Debatte über Bundeswehr-Einsätze außerhalb klassischer Verteidigungsaufgaben im Rahmen des Bündnisses dachte er aber auch an die reale Verfassung der Bundeswehr, die so kurz nach der Deutschen Einheit mit einer solchen Aufgabe noch überfordert schien.

Er hat sich immer wieder gefragt, ob das ehemalige Jugoslawien der erste Schauplatz für einen ersten, dazu extrem schwierigen, hoch sensiblen Einsatz deutscher Truppen sein konnte? Hinzu kam, er war sich auch zumindest in der Anfangsphase des Konflikts nicht sicher, ob eine Mehrheit im deutschen Bundestag zu einem solchen Schritt wirklich bereit und reif war bzw. dem deutschen Volk vermittelbar war.

Seine Überlegung bestand daher darin, zunächst alles, aber auch alles zu tun, alle Möglichkeiten auszuschöpfen, Krieg zu verhindern bzw. ihn so schnell wie möglich zu stoppen. Erst danach war er bereit, dem Einsatz der Bundeswehr im Konflikt näher zu treten. Ich glaube, diese Haltung ist auch gut verstanden worden.

Ich muss zugeben, einmal im Einsatz konnten wir stolz auf die Bundeswehr und ihre Soldaten sein – vorzüglich vorbereitet, ausgezeichnet im Verhalten vor Ort. Selbst unsere aus der Vergangenheit heraus bestehenden Sorgen erwiesen sich letztlich zumeist als unbegründet.

Selbst für viele Serben war die Anwesenheit der Bundeswehr für ihre Sicherheit von außerordentlicher Bedeutung. Wahrscheinlich haben hier über die Jahre die vielen Hunderttausend Gastarbeiter mehr bewirkt als wir für möglich gehalten hätte.

Kroatien bildete in jenen Jahren ein besonders sensibles Thema. In all den Jahren hat sich Präsident Tudjman auf allen Kanälen vergeblich bemüht, Kohl zu einem Besuch im „befreiten" Kroatien zu bewegen. Der Bundeskanzler war extrem zurückhaltend, auch wenn ihm ein triumphaler Empfang sicher gewesen wäre, galt er doch in gewisser Weise zu Recht als der „Vater" der kroatischen Unabhängigkeit.

Mein Ansprechpartner war sein fließend Deutsch sprechender diplomatischer Berater, der seine Studienjahre in Innsbruck verbracht hatte – es war Ivo Sanader, später stellvertretender Außenminister und dann Ministerpräsident. Meine stoische „Anregung", um einen solchen Besuch in Erwägung zu ziehen, war in Abstimmung mit dem Kanzler und dem Auswärtigen Amt mit dem Ziel erfolgt, die Anstrengungen Richtung Verankerung von Demokratie und Rechtsstaat zu verstärken.

Ich traf ihn Jahre später – er war schon Ministerpräsident – bei meinem ersten Besuch in Zagreb im Rahmen einer Reise des französischen Arbeitgeberverbandes wieder. Aus allen Wolken fiel ich, als ich die Nachricht seiner Verhaftung und Verurteilung wegen angeblicher Korruption las.

Am Horizont war jedoch seit 1995 ein anderes Streitthema, der Kosovo. Es ist kaum in der Öffentlichkeit bekannt, dass sich Bundeskanzler Helmut Kohl zuletzt noch von Herbst 1997 bis in den Frühsommer 1998 intensiv, auch persönlich darum bemüht hat, den drohenden bewaffneten Konflikt um den Kosovo zu vermeiden und zugleich den Nachfolgestaaten des früheren Jugoslawien die europäische Perspektive und Verantwortung nahe zu bringen.

Hierzu gehörten auch diskrete Kontakte zum Milosevic-Regime, aber auch zu den Regierungen von Bosnien und Kroatien, in die nur sehr wenige eingeweiht waren.

Das Scheitern dieser Sondierungen, die ich in seinem Auftrage diskret an verschiedenen Orten Europas mit einem engen Vertrauten Milosevics und mit tatkräftiger Unterstützung eines deutschen Abgeordneten, der den Bundeskanzler intensiv in diese Richtung drängte und den ich damals näher kennen und schätzen lernte, Willy Wimmer, durchführte, wurde einerseits sicherlich durch die starre Haltung der kroatischen Regierung unter Präsident Tudjman wie insbesondere seitens der serbischen Führung begünstigt.

Milosevic fühlte sich sicher, in Paris, Washington, London und Moskau noch besser "aufgehoben" zu sein als bei uns, er meinte, dort mehr erreichen zu können; andererseits waren ihm die erheblichen Auffassungsunterschiede unter den Europäern wohl bekannt.

„Unser" Angebot an die serbische Führung, für die ich inständig gegenüber dem engen Vertrauten von Milosevic warb, setzte damals auf die stufenweise Integration des Landes in die EU, Milosevic beharrte auf seiner Linie und bot uns für ein Stillhalten in Sachen Kosovo – und Bosnien! – quasi die „Übernahme" der serbischen Wirtschaft an. Im Sommer 1998 musste ich schließlich die Gespräche mangels Aussicht auf Erfolg abbrechen.

Damals haben wir eine große Chance verpasst, den Konflikt europäisch zu lösen, und zwar im Sinne des Geistes, der zur Gründung und Vertiefung der europäischen Integration geführt hatte – und damit unter Beweis zu stellen, dass wir wirklich aus der Vergangenheit gelernt haben.

Die Folgen sind bekannt. Nach dem Scheitern der Bemühungen Holbrookes und Albrights musste es im Herbst 1998 letzten Endes zur Entscheidung der Allianz kommen, die Serben mit Hilfe militärischen Eingreifens zum Einlenken zu zwingen.

In jenen Jahren wie in der Folgezeit habe ich mich oft mit Hubert Védrine – er war von 1997 bis 2002 französischer Außenminister – über diesen Konflikt ausgetauscht. Und es ist für diese Gespräche auch heute noch bezeichnend, unsere Ausgangspunkte und -analysen sind oft unterschiedlich, wir ergänzen aber einander und finden uns letztlich zu einer gemeinsamen Bewertung und Linie!

Mir steckte in gewisser Weise die erfolglosen Bemühungen im Jahre 1997/98 „in den Knochen", ihm das Scheitern der Friedenskonferenz in Rambouillet im Februar 1999: Wir waren beide am „Autismus", an der Intransigenz und Sturheit von Milosevic gescheitert, bei ihm kam die für uns beide unverständliche pro-albanische Haltung des US-State Department unter Madeleine Albright hinzu – eine Linie, deren Konsequenzen ich später in Brüssel bei der NATO kennen gelernt habe!

Und heute sollten wir uns bewusst sein, dass dieser Balkan-Konflikt noch immer nicht wirklich auf Dauer gelöst ist. Vor allem Bosnien-Herzegowina scheint immer noch ein Land auf mehr als „wackligen" Grundlagen und selbst kleinere Probleme und Konflikte können sich rasch unkontrolliert ausbreiten.

Es muss insofern aus der kritischen Rückschau die Frage erlaubt sein, ob wir – ob damals oder in jüngerer Zeit – im Rahmen der EU immer das richtige getan haben. Zweifel bleiben vor allem naturgemäß im Hinblick auf den Kosovo und Bosnien, aber auch Serbien oder Albanien und letztlich auch in Bezug auf Kroatien, das sich auch als 28. Mitglied der EU ungeheuer schwertut.

Die Distanz zwischen der EU und dem Balkan wird schon durch den Vergleich des Pro-Kopf-Einkommens deutlich: der Kosovo erreicht gerade einmal 23 Prozent des EU-Durchschnitts, 44 Prozent sind es in Montenegro, Bulgarien als EU-Schlusslicht erreicht 48 Prozent, bei Kroatien und Slowenien sind es immerhin 61 bzw. 85 Prozent.

Europa ist und bleibt der zentrale Orientierungspunkt und -ziel der Balkanländer, daher auch das erste Ziel von Emigrationsströmen. Die Schwäche der Region liegt vor allem in der Politik begründet, der Diskurs ist noch oft rückwärtsgewandt, die Macht in bestehenden Gruppen zementiert, die traditionellen Eliten unverändert stark, die politischen Institutionen zu schwach.

Das durch die kriegerischen Auseinandersetzungen aufgestaute Misstrauen der Bevölkerung und politischen Eliten verhindert Fortschritte und eine regionale Integration.

Auch heute fehlt es den Europäern unverändert an einem tragfähigen Konzept zur weiteren Stabilisierung des früheren Jugoslawiens, Serbien hat in jüngster Zeit durchaus Fortschritte gemacht, manche meinen, mehr als das jüngste EU-Mitglied Kroatien. Bosnien-Herzegowina bleibt das Land mit hohen Risiken, er kommt nur schwer voran, von kohärentem Zusammenwachsen keine Spur.

Und gerade mit dieser Region müsste sich die EU weitaus intensiver beschäftigen, ist sie doch für die Sicherheit und die Entwicklung der EU von höchster Bedeutung. Ich habe mich, gerade in jüngster Zeit immer wieder gefragt, warum bitten die Staats- und Regierungschefs der EU nicht einfach die Kenner der Szene des Balkans in ihrer Mitte, über die künftige Politik gegenüber dieser Region diskret und ohne Scheuklappen nachzudenken und ihnen ihre Schlussfolgerungen und Anregungen vorzutragen.

Ich denke bewusst an die beiden Regierungschefs von Österreich und Ungarn. Mit letzterem habe ich mehrfach darüber gesprochen und ihn ermuntert – versucht hat er es bei einem der Abendessen des Europäischen Rats, anscheinend mit mäßigem Erfolg: „Das interessiert die Mehrheit in Wahrheit nicht"!

Eine neue Rolle für die Bundeswehr

Helmut Kohl setzte darauf, das wiedervereinigte – und nicht mehr durch Vorbehaltsrechte belastete – Deutschland mit aller Vorsicht Stück für Stück in das europäische und internationale Geschehen zu integrieren, in gewisser Weise die deutsche Außen- und Sicherheitspolitik soweit irgend möglich zu „normalisieren".

Eines der schwierigen Kapitel war der Einsatz der Bundeswehr über die klassische Kernaufgabe der Verteidigung hinaus: „out of area" – d.h. „außerhalb des NATO-Gebietes". In Deutschland gab es insoweit schon bald nach der deutschen Einheit heftige Debatten, vor allem in der SPD, aber auch beim Koalitionspartner FDP. Unseren europäischen und internationalen Freunden kam die deutsche Debatte nicht schnell genug voran – es sei doch jetzt an der Zeit, dass Deutschland seine Verantwortung voll und ganz wahrnehme, die früher immer genannten Gründe seien doch jetzt entfallen.

In der „ersten Phase" nach der Vollendung der deutschen Einheit konnten wir noch darauf verweisen, dass die Bundeswehr zunächst einmal die ungeheuer komplexe Aufgabe der Integration der früheren NVA in die Bundeswehr bewältigen müsse, dies werde einige Jahre in Anspruch nehmen.

Im zweiten Golfkrieg waren die Forderungen nach einer direkten Beteiligung der Bundeswehr noch nicht die lautesten, doch „Solidarität" war schon klar gefordert. Der SPIEGEL schrieb damals am 04.02.1991 „Die Deutschen an die Front – gedrängt von den Verbündeten gab die Bonner Regierung bewährte Prinzipien ihrer Außenpolitik preis. Die Deutschen sind zur Kriegspartei geworden". Daraus folgte für uns einerseits die Unterstützung Israels, seine Luftabwehrfähigkeiten durch Zurverfügungstellung von Patriot-Raketensystemen bzw. seinen Schutz gegenüber einem befürchteten Einsatz von biologischen oder chemischen Kampfstoffen zu stärken. In jener Zeit erfolgte auch die Zusage der Lieferung von U-Booten – ein Thema, das mich in der Folge regelmäßig beschäftigen sollte.

Andererseits folgten daraus konkrete Unterstützungsleistungen für die Türkei und für die Alliierten, insbesondere im Mittelmeer – insgesamt war es eine Vielzahl von Maßnahmen sowie die Beteiligung an den Kosten der Alliierten. Gerade letzteres trug Helmut Kohl und uns den Vorwurf der „Scheckbuchdiplomatie" ein! Wie hätten die gleichen Kräfte erst aufgeschrien, wenn wir uns bereits 1990/91 zum Einsatz von Soldaten an der Seite der Alliierten entschlossen hätten!

Der Bundeskanzler war überzeugt, eine Sonderrolle – das Verbleiben in einer Nische – nicht länger durchhalten zu können, für einen direkten Kampfeinsatz der Bundeswehr an der Seite der Alliierten erschien ihm aber wie uns allen der Zeitpunkt verfrüht. Wir waren uns freilich bewusst, dass dieser Zeitpunkt sicher in den kommenden Jahren auf uns zukommen werde.

Er ging dabei schon im Rahmen des Golfkrieges bis an die Grenze des politisch Vertretbaren. Die SPD war während jener Zeit voll mit sich selbst beschäftigt, eher mit einigen Ausnahmen auf einem pazifistischen Pfad. In der FDP war das Vorgehen voll umstritten – und die CSU machte es sich auf der anderen Seite zu leicht!

Daher suchte Helmut Kohl in den 90iger Jahren einen Einstieg in Stufen. Beispiele waren 1991 die Beteiligung der Marine am Minenräumen nach dem zweiten Golfkrieg im Persischen Golf oder 1993 die Entsendung eines Feldlazaretts nach Phnom Penh im Rahmen von UN-Missionen.

Es folgten Einsätze in der Adria (Sharp Guard), in Somalia (UNOSOM II) und vor allem auf dem Balkan im Rahmen der Einsätze IFOR und SFOR.

Die verfassungsrechtliche Zulässigkeit solcher Einsätze im Rahmen von UN- oder NATO-Mandaten hat das Bundesverfassungsgericht – damals durch die SPD und den Koalitionspartner FDP angerufen – durch sein Urteil vom 12. Juli 1994 geklärt.

Endlich sagten wir uns, zumal dieses Thema zu einer mehr als gereizten Stimmung in der Koalition innerhalb der CDU/CSU wie vor allem gegenüber dem Koalitionspartner FDP geführt hatte. Die CDU/CSU verstand noch halbwegs den Widerstand seitens der Mehrheit der Sozialdemokraten, dass aber der Vizekanzler und Bundesaußenminister Klaus Kinkel selbst die Klage der FDP in Karlsruhe vertreten musste, ging manchen zu weit!

Darüber hinaus ist dieses Urteil die Grundlage des Parlamentsvorbehaltes für den Einsatz bewaffneter deutscher Streitkräfte im Ausland, der 2005 in Form eines Gesetzes durch das Parlamentsbeteiligungsgesetz festgelegt worden ist.

Das Bundesverfassungsgericht hat in seinen Urteilen seither klargestellt, dass entsprechend Art. 87a und 24 GG die Bundeswehr mit Zustimmung seitens des Bundestages im Rahmen der UN, der NATO und EU und nach den Regeln dieser Systeme tätig werden darf.

Über Inhalt und Grenzen des Parlamentsvorbehalts wie des konkreten europäischen bzw. internationalen Rahmens wird seither regelmäßig diskutiert, ob im Bundestag oder vor dem Bundesverfassungsgericht, aber auch mit den Partnern Deutschlands. Wo sind zum Beispiel die Grenzen zwischen einer – nicht zustimmungspflichtigen – humanitären Rettungsaktion und einem – zustimmungspflichtigen – Kampfeinsatz?

Gehören solche Rettungsaktionen zum Kernbereich der Exekutive oder muss der Bundestag zustimmen, sobald Waffen eingesetzt werden können? Wie weit muss das Mandat der Bundeswehr in letzteren Fällen festgeschrieben werden?

Ist nicht der Parlamentsvorbehalt ein Hindernis für die reibungslose Zusammenarbeit mit unseren Freunden und Verbündeten? Sollten wir nicht unser Instrumentarium an den Franzosen ausrichten? Manche unserer Verbündeten – auch in Paris – stellen bis heute regelmäßig fest, dass der Parlamentsvorbehalt eine Zusammenarbeit mit der Bundeswehr unnötig erschwere, ja in manchen Fällen unmöglich mache. Ich finde es normal, dass wir uns zu Anfang mit dem internationalen Einsatz der Bundeswehr schwergetan haben und es darum gehen musste, hierfür, soweit als möglich klare Kriterien festzuschreiben.

Man muss zudem feststellen, dass der Bundestag bisher letztlich jedem Antrag der jeweiligen Bundesregierung seine Zustimmung nicht verweigert hat, auch die mitunter heftigen Debatten waren Zeugnis eines gewachsenen Bewusstseins an internationaler Verantwortung Deutschlands. Wie könnte es sonst sein, dass rund um den Globus heute tausende Bundeswehr-Soldaten im Einsatz sind.

Man mag zugeben, dass einerseits die Bundesregierung, um das Parlament zu einer möglichst breiten Zustimmung zu bewegen, alle Vorsichtsmaßnahmen, „caveats" in den Beschlussantrag einbaut und andererseits je nach Grad der Vorbereitung des Parlaments und der Komplexität des Einzelfalles Deutschland hierfür einen zusätzlichen Zeitbedarf von einem Monat im Verhältnis zu anderen Verbündeten hat – eine Frist, die aber, wenn unbedingt notwendig, ganz erheblich verkürzt werden kann.

Trotzdem halte ich den Vorbehalt des Bundestages für grundsätzlich richtig, über die Verfahren muss man heute, im Lichte der Erfahrungen mehr als zweier Jahrzehnte nachdenken dürfen.

Auch uns störte der Parlamentsvorbehalt damals nicht, wir waren insoweit noch gewissermaßen „Pioniere", wir suchten und mussten über seine Grenzen nachdenken, waren manchmal eher vorsichtig als zu risikofreudig. So löste der damalige Koalitionspartner die Anrufung des Bundesverfassungsgerichts aus, für den man Verständnis haben konnte oder auch nicht – brauchten wir für die Entsendung von Soldaten in die A-WACS-Flugzeuge der NATO die Zustimmung des Bundestages oder hätte insofern die Unterrichtung des Parlaments ausgereicht – des Parlaments, das mit seiner Mehrheit ja die Entsendung hätte stoppen können!

Was ich mir heute wünschen würde, ist die Vertiefung der Arbeit in den federführenden Bundestagsausschüssen für Verteidigung und Außenpolitik im Sinne „permanenter Ausschüsse", auch und gerade mit unseren wesentlichen Verbündeten, deren Legislative und Exekutive. Hier müsste auch auf parlamentarischer Ebene im Grunde eine „Permanenz" regelmäßiger Briefings auch seitens wichtiger Verbündeter, der Beobachtung von potentiellen Krisenherden und Krisen entstehen, die die Beschlussfassung in den Parteien und im Parlament erleichtert und ggf. beschleunigen kann.

Darüber hinaus ist es zu begrüßen, dass langsam auch eine Diskussion über die grundlegende Frage der Rechtsgrundlage für Einsätze im internationalen Rahmen in Gang zu kommen scheint. Eine solche Diskussion entspricht nicht nur unserem deutschen Reflex, wenn irgend möglich alles durch das Recht zu erfassen und zu lenken, sondern einem echten Bedürfnis angesichts der oft gegebenen Unsicherheit über die Tragfähigkeit der Rechtsgrundlagen von internationalen Einsätzen:

Artikel 24 Absatz 2 des Grundgesetzes, den man bisher immer herangezogen hat, setzt als Grundlage ein „System gegenseitiger kollektiver Sicherheit" voraus, d.h. einen Beschluss von EU, NATO auf Basis eines Sicherheitsratsbeschlusses der VN. Artikel 87a des Grundgesetzes würde hingegen den Einsatz der Streitkräfte „zur Abwehr einer drohenden Gefahr für den Bestand oder die freiheitlich demokratische Grundordnung des Bundes" erlauben, d.h. ggf. auch ohne oder im Vorgriff auf ein Mandat des VN-Sicherheitsrats.

In den Diskussionen mit den französischen Kollegen wie auch mit einigen wenigen anderen spielte auch schon damals das mögliche Ziel der Bildung einer gemeinsamen „europäischen Armee" eine Rolle. Uns war allzu bewusst, wie sensibel dieses Thema gegenüber letztlich allen Mitgliedstaaten – und nicht zuletzt gegenüber NATO und den USA war. Und wir wussten, dass dies keine kurzfristige Zielsetzung sein konnte.

Wir haben dies gespürt, als wir die Idee des europäischen Armeekorps lancierten. Wir wurden von einiger Seite regelrecht beschimpft, und doch bei einigem Nachdenken mussten auch harte Kritiker einsehen, dass eine europäische Armee oder gemeinsame Einheiten der europäischen Nationen nicht notwendigerweise die Atlantische Allianz schwächen musste, im Gegenteil!

Und unsere amerikanischen Freunde haben uns Europäer oft genug eingeladen, mehr für unsere Verteidigung zu tun und mehr Verantwortung zu übernehmen. Konsequenz für die USA wäre es, dass ihnen ein echter Partner zur Seite stehen würde.

Damit wären wir bei einem Thema, das uns damals wiederholt beschäftigt hat – ohne dass wir den politischen Mut hatten, es bis zum Ende durchzudenken und es offen in die Politik einzuführen: Wäre es nicht geboten, dass sich die Europäer auch innerhalb der NATO regelmäßig untereinander abstimmen? Ich selbst habe diese Haltung zum Verdruss mancher Kollegen über lange Jahre offen vertreten.

Die Amerikaner werden einen europäischen „caucus" auf den ersten Blick vielleicht in der Praxis nicht besonders mögen, die Zeit ihrer dominanten Rolle der Vergangenheit und die Möglichkeit, die Europäer gegeneinander auszuspielen, wäre vorbei. Die Ausrichtung der NATO auf Grundlage „zweier Pfeiler" – nicht „zweier Blöcke" – ist aus meiner Sicht die langfristige Zukunft eines umfassenden partnerschaftlichen Verhältnisses zwischen den USA und Europa!

Angesichts der Lage an den Außengrenzen der EU und im Umfeld Europas ist es kaum verwunderlich, dass die Debatte um die Bildung einer „europäischen Armee" immer wieder aufgegriffen worden ist. Der letzte Präsident der EU-Kommission, Jean-Claude Juncker, knüpfte an eine wenig spektakuläre Meldung an, die eher mehr als Nachricht denn als Schlagzeile vermeldet wurde. Der Inspekteur des deutschen Heeres kündigte an, dass Deutschland 2016 ein Bataillon auf polnischem Boden permanent unter polnisches Brigade-Kommando stellen werde, und umgekehrt ein polnisches Bataillon auf deutschem Boden unter das Kommando einer deutschen Brigade.

Ähnliches gilt, wohl noch stärker, für die Vertiefung der Zusammenarbeit durch gegenseitige Unterstellung von wichtigen Einheiten mit der niederländischen Armee. Auf den ersten Blick vielleicht nicht der große Wurf, aber in keiner Weise zu unterschätzende Schritte! Vorreiter für die Bildung solcher gemeinsamer Einheiten waren die seit 1989 bestehende Deutsch-Französische Brigade und 1997 die Unterstellung einer niederländischen Brigade unter deutsches (Korps-)Kommando. Und ganz am Anfang haben wir die Deutsch-französische Brigade bzw. dann das Europäische Korps als Nucleus einer gemeinsamen europäischen Armee bezeichnet, vielleicht verfrüht, vielleicht vorschnell. Die jüngst erfolgte Bildung einer gemeinsamen deutsch-französischen Lufttransport-Einheit mit Sitz in Evreux/Normandie ist ein erneuter Baustein einer engeren Verzahnung der Zusammenarbeit.

Dies waren und sind alles Schritte in die richtige Richtung, die in Zukunft, dessen bin ich sicher, weitere Verstärkung, ja Multiplizierung erfahren werden. Wahrscheinlich wird es nur in Etappen, ja in vorsichtigen Stufen vorangehen – gerade um zu verhindern, dass aus diesem langfristigen Projekt – mit den Worten einiger Politiker der Grünen – eine „schöne Seifenblase" wird!

Mich würde es nicht wundern, wenn wir bis zum Jahre 2030 über eine europäische Armee, nicht im Sinne einer geschlossenen Armee, dafür mit spezialisierten Einheiten, eine Armee der europäischen Nationen, verfügen.

„Vertiefung und Erweiterung" – perpetuum mobile Europas

„Vorspiel": Die „kleine" EU-Erweiterung – die „Neutralen"

Nach Maastricht war Europa ein Stück vorangekommen. Im Frühjahr 1994 wurden die Beitrittsverhandlungen mit Österreich, Finnland, Schweden und Norwegen erfolgreich abgeschlossen.

Die Verhandlungen hatten sich schwieriger als gedacht gestaltet, die Mehrheit unserer Partner war eher zögerlich und es bedurfte nicht zuletzt kräftiger Mithilfe unsererseits sie zu einem positiven Ende zu bringen. Die Zurückhaltung beruhte auf einer Mischung von Gründen, die eher politisch-psychologisch denn sachlich begründet waren: Vier Kandidaten standen vor der Tür, die wirtschaftlich gut dastanden, durchaus mit den „Starken" der EU vergleichbar waren. Da war aber zum einen das Gefühl im Süden und Westen der EU, diese Länder würden nur den deutschen Einfluss verstärken – und zu allem Überdruss, drei von ihnen sind „neutrale" Staaten, die den Bemühungen um eine Stärkung der Außen- und Sicherheitspolitik nicht gerade förderlich sein würden.

Im Zuge der grundlegenden Veränderungen im Mittel- und Osteuropa, dem Zerfall des Warschauer Pakts und der Sowjet-Union hatte zunächst Österreich eine radikale Umkehr seiner bisherigen Haltung zur EU vollzogen. Diese wurde gefördert durch den 1989 von Delors präsentierten Vorschlag eines „Europäischen Wirtschaftsraumes". Österreich, aber auch die anderen Neutralen fühlten sich dadurch in die 2. Reihe ohne Möglichkeiten der Mitbestimmung beim Binnenmarkt zurückgesetzt.

Ermutigt durch Sondierungen bei Gorbatschow übergab Außenminister Alois Mock im Juli 1989 dem amtierenden Ratsvorsitzenden Roland Dumas den Beitrittsantrag Österreichs. Schweden folgte 1991, Finnland, Norwegen und die Schweiz 1992. Allein die Schweiz musste nach der gescheiterten Volksabstimmung im Dezember 1992 ausscheren und im Februar 1993 begannen die Beitrittsverhandlungen mit den drei Neutralen und Norwegen.

Es kam natürlich hinzu, dass 1990 bereits auch die Länder Mittel- und Osteuropas offen um den Beitritt zur EU nachgesucht hatten, die EU recht hilflos eine Antwort suchte und erst im Juni 1993 Kriterien formulierte, die eher dazu geeignet waren, den Beitritt dieser Länder hinauszuschieben.

Ende Februar 1994 berichtete Außenminister Klaus Kinkel dem Bundeskanzler telefonisch aus Brüssel, die Schlussrunde der Verhandlungen mit den vier Kandidaten stecke in einer Sackgasse, nichts gehe mehr voran. Und der Bundeskanzler versicherte dem Vizekanzler und Außenminister, dass er voll hinter seinen Bemühungen stehe; Er hatte zudem keine bessere Idee, als Klaus Kinkel anzubieten, mich zur Verstärkung seines Teams nach Brüssel zu entsenden, und zwar mit der klaren Marschroute, dazu beizutragen, eine Trendwende und den Durchbruch herbeizuführen – und, wenn immer notwendig, ihn direkt einzuschalten. Und so machte ich mich zwei Stunden später auf den Weg nach Brüssel. Die Stimmung in der EU war nicht pro Beitritt, sondern kritisch-zurückhaltend, um es diplomatisch auszudrücken – zugleich galt positiv ausgedrückt das Motto: „Der Kohl will das so, der sagt, das ist in Ordnung und daher ziehen wir mit, verkaufen uns aber so teuer wie möglich".

Delors, nahe dem Ende seines zweiten Mandats, ließ „seine" Kommission laufen, dies bedeutete, sie war nicht besonders hilfreich, einige Mitgliedstaaten versteckten sich hinter der Kommission, andere stellten letztlich kaum erfüllbare Forderungen. Die Brüsseler Verhandlungen wurden auf Seiten der Kommission von Hans van den Broek, zuvor von seinem Landsmann Frans Andriessen geführt, den Vorsitz im Rat hatten die Griechen inne – Außenminister Theodore Pangalos, mit dem viele seiner Kollegen einige Probleme hatten. So auch Klaus Kinkel!

Brüssel stand am Anfang einer harten Woche mit Tag- und Nacht-Verhandlungen. Die erste Nacht war schief gegangen und hatten die Sackgasse bestätigt. Und so versuchten „wir" auf verschiedenen Ebenen die Lage zu drehen.

Nach Ankunft im Ratsgebäude war ich auf Theodore Pangalos zugegangen und hatte ihm freundschaftlich meine Weisungslage erläutert – ich konnte mich über ihn in den folgenden Tagen und Nächten wie auch danach nicht beklagen, im Gegenteil! Die Kandidaten waren ihrerseits auch nicht gerade zimperlich. Man konnte sich schon zuweilen fragen, wer wem beitritt! Es gab in den jeweiligen Delegationen aber auch solche, die die Lage und die Risiken begriffen hatten und mit vollem Risiko interne Positionen aufgaben und aktiv das Einvernehmen mit der EU suchten – so zum Beispiel Franz Fischler, später erster österreichischer Kommissar für Landwirtschaft in Brüssel, oder Brigitte Ederer, damalige EU-Staatssekretärin im Wiener Bundeskanzleramt.

Den beiden hat – jedenfalls aus meiner Sicht – Österreich den Durchbruch zu verdanken! Problem der Österreicher war eine ansonsten nicht besonders mutige Koalition in Wien, ein leider sehr kranker Verhandlungsführer – Außenminister Alois Mock – und der „Tick" einiger Wiener, die meinten, alle Wege nach Brüssel führten über Paris, und Paris würde helfen! Dazu waren zwei Dossiers innenpolitisch gefährlich – Landwirtschaft und die leidige Transit-Frage!

Die Schweden hatten ihre Probleme mit den bestehenden Monopolen, ob in Bezug auf den Alkohol oder anderes, allesamt kaum oder nicht vereinbar mit EU-Recht. Finnland machte sich Sorgen um die nordische Landwirtschaft – im Rat schien dagegen die Stimmung daraufhin zu deuten, als stünde Europa knapp vor einer drohenden Überschwemmung mit Rentierfleisch! Nicht besser erging es den Norwegern – wo Briten, Spanier und auch Franzosen nichts, aber auch nichts getan haben, um den Norwegern die Annäherung an die EU in Sachen Fischerei zu erleichtern, im Gegenteil!

Dementsprechend war die Nervosität auf allen Seiten permanent nahe einem Siedepunkt. Pangalos gab öfters polternd Stimmungen nach und stieß dem einen oder anderen vor den Kopf. Es gab daher immer wieder kritische Momente, an denen alle ihren Anteil hatten. Auch Klaus Kinkel, den ich sehr schätze, der aber in seiner engagierten Art zuweilen für einige zu direkt war. Er ist dann aber auch von den andern nicht gerade gerecht behandelt worden. Sein unvergesslicher und an die Medien durchgestochener Ausspruch in einer kritischen Phase im Rat an die Adresse des spanischen Außenministers Carlos Westendorp „Ich breche Ihnen das Kreuz"! Das war schwäbisch grob, letztlich aber freundschaftlich gemeint, als Ermunterung, ein Österreicher hätte ihn verstanden und es locker hingenommen, der Spruch wurde leider von einem unerfahrenen Dolmetscher wörtlich übersetzt, mit der Folge, dass Westendorp beleidigt den Verhandlungssaal verließ. Es bedurfte in jener Nacht einiger Diplomatie, um ihn wieder an den Verhandlungstisch zu bringen und auch diese Krise zu überwinden.

Wir schafften nach zwei Nächten schließlich den Durchbruch mit allen Ländern. Und seien wir ehrlich, ohne deutsche Beharrlichkeit – und ohne die stärkere Hand und Autorität des Bundeskanzlers hätten wir wahrscheinlich einige Monate länger gebraucht, vielleicht sogar zunächst einmal die Wunden eines Scheiterns im ersten Anlauf verheilen lassen müssen.

Leider lehnte die norwegische Bevölkerung, und dies schon zum zweiten Male, in einem Referendum das Ergebnis als unzureichend ab, vielleicht haben wir Europäer gerade die für dieses Land wichtigen Kapitel nicht sensibel genug verhandelt – auch wenn wir dabei an die Grenzen des damals in der EU möglichen gegangen sind. Ich meine damit vor allem die Idee, das norwegische Fischereischutz-Regime in die EU zu übernehmen.

Ich bedaure, dass der damaligen, von Helmut Kohl hoch geschätzten sozialdemokratischen Ministerpräsidentin Gro Harlem Brundlandt dieser Erfolg trotz aller ihren Engagements nicht vergönnt war.

Die EU-Kommission nach Delors

Das Jahr 1994 war aber auch unmittelbar vor und zu Beginn unserer EU-Präsidentschaft durch die erste schwere <u>Krise um die Zukunft der Kommission</u> überschattet. Es war klar, dass sich Jacques Delors nach zwei erfolgreichen Amtszeiten Ende 1994 zurückziehen würde.

Relativ früh waren zwei Kandidaten in die Öffentlichkeit getreten. Sir Leon Brittan, früherer konservativer britischer Innen- und Außenhandelsminister, dann EU-Kommissar für Wettbewerb, später zuständig für die Außenbeziehungen, und Ruud Lubbers, der scheidende niederländische Ministerpräsident.

Helmut Kohl war sich bewusst, dass beide Kandidaten anerkannte Politiker waren, aber sowohl für die schwierige anstehende Phase der europäischen Einigungsprozesses als auch für uns nicht gerade die idealen Kandidaten waren. Er hat sich daher auch sehr lange zurückgehalten und eine ganze Reihe sondierender Gespräche geführt, freilich ohne sich zunächst festzulegen. Eines schien ihm von Anfang an klar – und dies musste Lubbers auch wissen – er konnte aufgrund seiner Haltung bei der Deutschen Einheit für Kohl nicht als Kandidat in Betracht kommen. Dies galt für die EU, nicht aber für andere wichtige internationale Organisationen – in der NATO kam die Frage „Lubbers" wieder auf den Tisch: Und Kohl hat ihn ausdrücklich nicht abgelehnt, es waren die Amerikaner, die ihr Veto gegen Lubbers einlegten.

In der EU war Kohl an der einvernehmlichen Wahl eines Nachfolgers von Delors gelegen. Er sollte – entsprechend der bisherigen Übung – diesmal aus dem konservativen Lager, aus der Gruppe der Europäischen Volkspartei kommen. Zum Eklat kam es beim Europäischen Rat auf der griechischen Insel Korfu im Juni 1994. Weder Brittan noch Lubbers waren konsensfähig. Daher kam es zur Kandidatur von Jean-Luc Dehaene, dem belgischen Premierminister, der sich bei den Sitzfragen die europapolitischen Sporen verdient hatte. Präsident Mitterrand wie auch der Bundeskanzler unterstützten ihn gerne. Alle stimmten zu – bis auf das Vereinigte Königreich. John Mayor legte damals, innenpolitisch bedingt aufgrund der

Widerstände in seiner konservativen Partei, gegen die Wahl von Jean-Luc Dehaene als künftigen Präsidenten der Kommission sein Veto ein, aus für mich damals im Grunde nicht nachvollziehbaren Gründen:

Aus London wurde gestreut, Dehaene sei ein kein Konservativer, sondern ein linker „Christsozialer", dazu ein gefährlicher europäischer Föderalist! Die Atmosphäre in der konservativen Partei war damals so vergiftet, dass er, um politisch zu überleben, zu diesem Mittel gegriffen hat – ob er sich und dem Vereinigten Königreich damit wirklich einen Gefallen getan hat, steht auf einem anderen Blatt.

Wenn man an die EU-Personaldebatte des Jahres 2014 denkt, kann man nur schlussfolgern, wie sich Geschichte wiederholt – oder wie doch Politiker kaum aus der Geschichte gelernt haben. Das Verhalten der britischen Konservativen gegenüber der europäischen Einigung hat sich im Grunde seit Thatcher bis heute nicht verbessert, sondern tendenziell verschlechtert. „Brüssel" ist der beliebteste Feind der britischen Konservativen geblieben, die bis heute ihren inneren Frieden mit der Entwicklung auf dem Kontinent nicht gemacht haben.

Nachdem in Korfu alle Bemühungen gescheitert waren, John Major zu einer Änderung seiner Haltung zu bewegen, oblag es dem Bundeskanzler, in seiner Eigenschaft als amtierender Vorsitzender des Europäischen Rates im 2. Halbjahr 1994 einen Ausweg aus dieser institutionellen Krise zu finden. Wir konnten letztlich froh darüber sein, dass sich dann im Juli 1994 Jacques Santer, der luxemburgische Ministerpräsident dazu bereit erklärte, dieses Amt zu übernehmen.

Jacques Santer sollte Jahre später vorzeitig seinen Rücktritt erklären, nachdem ihn der Rat und vor allem das Europäische Parlament in einer Angelegenheit im Stich gelassen hatten, für die er weiß Gott nichts konnte: Es ging um die Umstände der Amtsführung einzelner Kommissare, vor allem seitens der französischen Kommissarin und früheren Premierministerin Edith Cresson. Das Parlament wollte ihren Rücktritt – und Frankreich, damals in der Cohabitation" zwischen den Sozialisten und den Konservativen, noch mit Chirac und seinem Premierminister Jospin, wollte nicht Frau Cresson zu einem Amtsverzicht bewegen. Im Nachhinein kann ich nur feststellen, dass Paris besser dagestanden hätte, Jacques Santer zu helfen, indem man Edith Cresson zurückzieht. Noch heute trauern manche Brüsselaner Jacques Santer zunehmend nach – es begann mit seinem Rücktritt eine Periode der Schwäche der EU-Kommission, sei es mit Romano Prodi oder mit José Manuel Barroso an der Spitze.

In jedem Fall musste man feststellen, die neue komplexe Lage post Maastricht plus Erweiterung am Horizont hatte Spuren hinterlassen. Es begannen schwierigere Jahre in der EU.

„Querschläger"? – „Kerneuropa" – Schäuble-Lamers-Papier

Die 90er Jahre standen in der EU einerseits im Zeichen der Umsetzung von Maastricht, d.h. der Vorbereitung auf die Einführung der gemeinsamen Währung, wo ja noch einiges wesentliches zu regeln war, insbesondere die Bestimmung des Kreises der Teilnehmer oder aber auch der Namen. Zugleich pochten andererseits zwei Gruppen von Ländern an die Tür der EU – kurzfristig die nordischen Länder und Österreich, wohlhabende Länder, aber neutrale, und wir mussten entscheiden, wie wir die Länder Mittel- und Osteuropas behandeln sollten.

Die Mehrheit der EU-Mitgliedstaaten stand einer Erweiterung skeptisch gegenüber, sie forderten zunächst weitere Schritte der Vertiefung, nachdem in Maastricht nicht alles gelungen war und wir im ersten Anlauf eine „hinkende" Union erreicht hatten. Für viele der Aspiranten war Helmut Kohl der einzige, dem man vertraute, zu seinem Wort zu stehen!

Dies waren die äußeren Umstände der – 10. – deutschen Präsidentschaft im Rat der EU im zweiten Halbjahr 1994, eine Präsidentschaft zudem mitten im innerdeutschen Wahlkampf 1994. Kohl hatte uns die Marschroute aufgegeben, möglichst streitige, schwierige Themen zu meiden. Immerhin gelang es in jenem Herbst, gemeinsam die Strategie der Heranführung der mittel und südosteuropäischen Länder an die EU zu verabschieden.

Wie ein Donnerschlag musste in dieser Zeit das Schäuble-Lamers-Kerneuropa-Papier im September 1994 wirken – es wollte eine mögliche Antwort auf all die Dilemmata geben, vor denen wir in der EU standen, es war ein von vielen unterschätzter, zugleich bedeutender Anstoß für die Debatte über die weitere Entwicklung – zugleich konnte es uns in dem konkreten Moment – Präsidentschaft und Wahlkampf – nicht besonders in das politische Konzept passen.

Karl Lamers hatte mir das Papier kurz vor der Veröffentlichung gezeigt, ich habe ihm von einer Veröffentlichung abgeraten. Ich musste es dann für den Bundeskanzler kommentieren. Wenn man so will, war ich für manche, vor allem für Schäuble, der sich bewusst hinter Lamers gestellt hatte, gleich der Bösewicht.

Vor einigen Jahren habe ich Karl Lamers[15] als Andenken meine damalige Stellungnahme an den Bundeskanzler geschickt. Er reagierte versöhnlich, „man" habe meine kritische Rolle damals wohl zu überspitzt gesehen.

Damals in der Zeit mit den Beitrittsverhandlungen, der Erweiterung auf 15, dem Bemühen der Vorbereitung einer weiteren Vertiefung, d.h. auf Amsterdam, um gewisse Scharten von Maastricht auszuwetzen, passte uns das nicht ins Umfeld und in die Taktik. Hinzu kam der laufende Bundestagswahlkampf 1994, Divergenzen innerhalb der Partei waren kein gutes Zeichen gegenüber dem Wähler – und:

Wir brauchten in der EU-Präsidentschaft die kleineren Länder, nicht nur die Ur-Gemeinschaft der Sechs! Von denen fühlte sich schon Italien nicht ganz als Teil des Ansatzes. Ferner: Was sollten die Beitrittskandidaten denken, diejenigen, die im laufenden Prozess standen, wie auch die künftigen aus Mittel- und Osteuropa? Für sie alle war „Kerneuropa" gleichsam Abschied vom Traum! Trotz all dieser Bedenken: Von der Idee her war der Ansatz überhaupt nicht falsch, sondern letztlich langfristig der richtige Weg.

Der Bundeskanzler teilte meine Auffassung, dass das Papier uns einfach nicht in die Umstände und in die Taktik der damaligen Zeit passte. Das Timing war das Problem. Es kam einige Jahre zu spät oder aber zu früh!

Ich bin damals wie in der jüngeren Zeit oft nach der Rolle von Wolfgang Schäuble gefragt worden. Ist er damals aus der Disziplin ausgebüchst? Wollte er bewusst ein Zeichen gegen Kohl setzen? Oder war es einfach „politische Rollenverteilung"?

Lamers war für mich einer der geschätztesten Gesprächspartner im Bundestag, er war in keiner Weise ein Konformist, er war für die Exekutive kein bequemer Partner, er war oft Quer-, aber auch Vordenker – wir hätten mehr Persönlichkeiten von seinem Schlage oder von dem Willy Wimmers gebraucht. Nur, wenn Lamers etwas im Kopf hatte, war er schwer zu bremsen – und von daher war auch zu seinem Schutz, zu seiner Abdeckung der Fraktionsvorsitzende Schäuble wichtig!

Ein solches Rollenverständnis muss in einer Partei erlaubt sein, es gehört auch zum politischen Geschäft. Es tut der Partei gut, wenn Ideen nicht nur aus der Exekutive kommen, sondern gerade auch aus ihrer Mitte, aus dem Parlament! Zudem ist es ja auch von Vorteil, ab und zu einen Mi-

---

[15] Karl Lamers, MdB, CDU, 1980-02 im Deutschen Bundestag.

nenhund das Terrain testen zu lassen. Man hat einen Stein ins Wasser geworfen und geschaut, was daraus wird. Grundsätzlich hatten wir nichts gegen eine solche Diskussion, weil sie irgendwann im Zuge einer Erweiterung von 15+ auf uns zukommen musste.

Daher haben wir uns auch nicht richtig dagegen gewehrt. Im Gegenteil haben wir es gefördert, dass wir gewisse Initiativen von 15 oder dann 25 aktiv gefordert haben. Das betrifft den Verteidigungsbereich, aber auch andere Bereiche. Das war durchaus auch Allgemeingut.

Was ich am meisten bedauert habe, war, dass die Franzosen überhaupt nicht auf das Schäuble-Lamers-Papier reagiert haben! Mitterrand war geschwächt am Ende seiner zweiten Amtszeit, im Grunde steckte Frankreich nicht nur in der zweiten „cohabitation", sondern bereits tief im Wahlkampf für den Mai 1995. Erst Chirac ging sechs Jahre später auf das Papier ein, wenn auch indirekt in seiner Reaktion auf die Rede von Joschka Fischer vor der Humboldt-Universität!

Insgesamt muss man feststellen: Die Ideen Schäuble-Lamers haben letztlich Einfluss auf die europäische Einigung gefunden. Man musste nur sehen, dass sie damals nicht durchsetzbar waren. Welche Schwierigkeiten hatten wir mit der „verstärkten Zusammenarbeit", die wir verteidigt haben? Das war in Wahrheit eine andere Form von Schäuble-Lamers. Welche Schwierigkeiten hatte die Schröder-Regierung damit, die „strukturierte Zusammenarbeit" durchzusetzen? Und: genauso interessant war es, dass unter dem Eindruck des Schäuble-Lamers-Papiers einige der Partner ihre Bemühungen verstärkten, ja von der ersten Stunde beim „Euro" dabei zu sein!

Der künftige Präsident der EU-Kommission und das Schäuble-Lamers-Papier waren aber nicht die einzigen Hindernisse einer EU-Präsidentschaft 1994 mitten im Bundestagswahlkampf – die Devise lautete, „Ball flach halten", Risiken minimieren.

Und so hatten die Kollegen aus dem Auswärtigen Amt zwar ganze Arbeit in Sachen künftige Mittelmeerpolitik der EU geleistet, einer Initiative, die gut anstand, da wir als die Protagonisten und Förderer der EU-Erweiterung nach Osten galten.

Doch Helmut Kohl überließ die Umsetzung dieser Initiative der nachfolgenden Präsidentschaft, diejenige seines Freundes Felipe Gonzalez, den er seit Jahren über alle Massen schätzte und mochte!

Vertrag von Amsterdam

Angesichts der absehbaren Fortsetzung der Erweiterung Richtung Mittel- und Osteuropa waren wir damals einig, dass wir weitere innere Fortschritte, vor allem in Bezug auf die Politische Union brauchten, um die EU effizienter und zugleich bürgernäher auszugestalten.

Ausgangspunkt der weiteren Überlegungen war ein informelles Treffen der Staats- und Regierungschefs der EU auf Einladung von Felipe Gonzalez in Formentor auf der Insel Mallorca im September 1995, wo diese in sehr offener Weise über die zukünftige Entwicklung der EU „laut nachdachten". Ein hervorragendes Treffen, das leider seither keine Wiederholung gefunden hat.

Es war der Beginn des Prozesses hin zum Europäischen Rat und zum Vertrag von Amsterdam im Juni 1997 – erneut oblag es dem niederländischen Vorsitz, die EU auf Kurs zu halten. Auch diese Beratungen haben die Hoffnungen und Erwartungen vieler in der EU – wie immer – nicht erfüllen können. Trotzdem war Amsterdam ein Stück besser als sein Ruf!

Schengen – ungeliebtes Labor, verkannte Notwendigkeiten

Für uns war es am wichtigsten, dass wir es geschafft haben, in der Weiterentwicklung in Richtung auf eine gemeinsame Innen- und Justizpolitik, vor allem durch die stufenweise Vergemeinschaftung des Asylrechts, der Sichtvermerkspolitik, der Außengrenzkontrollen, der Einreise- und Aufenthaltsbedingungen für Angehörige von Drittländern, durch die Übernahme von Schengen in den Gemeinschaftsrahmen und der Zuordnung erster operativer Befugnisse an Europol wirkliche Fortschritte zu erzielen.

Doch wir wussten, dass bis hin zum Aufbau eines echten Korrelats im Innern zum Abbau der Grenzkontrollen noch ein langer Weg vor uns lag, hatten wir uns doch an einen der klassischen und traditionellen Bereiche nationaler Souveränität gewagt.

Wie schwierig dies in der Praxis war, mussten wir in den Jahren öfters erfahren, so bei den Vorbehalten in der Innenpolitik gegenüber dem Wegfall der Grenzkontrollen gegenüber Italien im Zuge des Österreichischen Beitritts zum Schengener Abkommen. Italien war Schengen längst beigetreten, doch die Innenminister zögerten gegenüber Italien auf Grenzkontrollen zu verzichten – die Argumente waren zumeist hart an der Grenze von Populismus.

In den Verhandlungen „mauerte" der damalige Innenminister Manfred Kanther. Er hatte mit Europa wenig am Hut und überließ diese Frage seinem Staatssekretär Schelter, freilich ohne ihm entsprechende Verhandlungsmargen zu geben, und so riefen die Österreicher den Bundeskanzler zu Hilfe. Dessen Lust hier einzugreifen war allerdings sehr beschränkt, und ich bekam den Missmut des Kanzlers ab! Wir flogen zusammen mit Kanther nach Innsbruck – und hatten die Chance damalige und künftige italienische Politik kennen zu lernen!

Die italienische Delegation wurde durch Ministerpräsident Romano Prodi geführt, der sich aber spürbar zurückhielt. Wortführer war zunächst Piero Fassina, Europaminister der Linken, der uns im Grunde unflätig attackierte – und neben Ministerpräsident Prodi und ihm saß ein unscheinbarer älterer Herr, vor dem uns Kanther gewarnt hatte: Giorgio Napolitano, früherer Kommunist, heute Mitglied der Sozialisten der PDS, Innenminister, der sich zur Überraschung aber uns gegenüber als sehr offen, grundlegend pro-europäisch und mehr als hilfreich erwies – mit ihm und dem damaligen österreichischen Innenminister Schlögl wurde der Kompromiss gefunden! Typisch Europa....

Europäisches Parlament – der Gewinner von Amsterdam

Amsterdam brachte dann auch gewisse Stärkungen der gemeinsamen Außen- und Sicherheitspolitik, ohne freilich den notwendigen qualitativen Sprung nach vorn zu erzielen, sowie der sozialen Dimension – nachdem der neue britische Premierminister Tony Blair auf das „Opt-out" seines Vorgängers verzichtete. Auch die Verbesserung der Möglichkeiten flexiblen Vorgehens durch eine Gruppe von Mitgliedstaaten ist durchaus zu erwähnen.

Die Außenminister als Federführende in diesen Fragen taten sich leicht, wenn es darum ging, Kompetenzen anderer Fachressorts nach Brüssel zu verlagern. Wenn es jedoch um ihre eigentliche Domäne ging, taten sie sich mehr als schwer. Sie waren insofern im Ergebnis nicht europäischer als die zu Recht viel gescholtenen Innenminister!

Helmut Kohl sollte Recht behalten mit seiner These, dass die Außen- und Sicherheitspolitik aufgrund der mit ihr, zumindest in einigen Mitgliedstaaten verbundenen Traditionen nur eines der letzten Bausteine der europäischen Integration werden könnte.

Der große Gewinner von Amsterdam war das Europäische Parlament – auch wenn es bis heute noch nicht seinen Platz in Europa wirklich gefunden hat. Ich habe auch heute – weitaus mehr als in früheren Jahren – grundlegende Zweifel, ob wir in Sachen parlamentarische Kontrolle der EU wirklich auf dem richtigen Pfad sind.

Aus meiner Sicht haben wir über lange Jahre die Rolle der nationalen Parlamente vernachlässigt – sie sollten, auch wenn sich dadurch die Entscheidungsprozesse weiter „verkomplizieren, eine Art zweite Kammer bilden und in für die Entwicklung der EU wesentlichen Fragen zustimmen müssen.

Und eines muss ich auch offen hinzufügen: der institutionelle Durchbruch zu einer vor allem effizienteren und bürgernahen Union gelang uns erneut nicht. Wir bissen uns an der Frage der Größe der Kommission, der Stimmengewichtung wie auch der Ausdehnung von Abstimmungen mit qualifizierter Mehrheit fest – und standen deswegen auch vor einem Scheitern.

Ein notdürftiger, in der letzter Minute am frühen Morgen insoweit von Helmut Kohl zusammen mit Tony Blair auf Bitten der niederländischen Präsidentschaft mit Spanien, hinter dem sich einige versteckten, erreichter Kompromiss brachte die „Einigung". Immerhin Kurs und Richtung stimmten.

Die Wiedervereinigung Europas

NATO und EU brauchten viel Zeit, um die Umwälzungen in Mittel- und Osteuropa zu verdauen und daraus die Konsequenzen zu ziehen. Naturgemäß drängten alle diese Länder auf ihren möglichst baldigen Beitritt, es ging ihnen ganz einfach um den Beitritt zu zwei erfolgreichen Bündnissen in Europa, einerseits der Atlantische Allianz als Schutz gegen Russland und andererseits der EU als unentbehrliche Hilfe für ihre wirtschaftliche Aufholjagd!

Wie die EU so zögerte die NATO zunächst nach den Umbrüchen in Mittel- und Osteuropa. Sie bot diesen Ländern – einschl. der Russischen Föderation – ab 1991 bzw. formell 1994 zunächst die Zusammenarbeit im Rahmen des Programms „Partnerschaft für den Frieden" an.

Die NATO überarbeitete zunächst einmal ihr „strategisches Konzept" und äußerte als neue Aufgabe, gerade unter dem Eindruck des Konflikts im ehemaligen Jugoslawien die Bereitschaft zur Mitwirkung an „peace keeping"-Einsätzen. Wie in Deutschland so stand auch im Bündnis die Frage nach Einsätzen „out of area", d.h. außerhalb ihres bisherigen Bereichs, im Vordergrund der Diskussionen.

Seit Anfang der 90er Jahre, vor allem aber im Zuge des Erweiterungsprozesses kursiert immer wieder die Behauptung in Verlautbarungen oder Interviews, wonach der Westen im Rahmen der deutschen Einheit zugesagt habe, eine Erweiterung der NATO nach Osten nicht zu betreiben. Dies war und ist ein Mythos – 1990 war es allein um den militärischen

„Status" der neuen Bundesländer, der ehemaligen DDR gegangen, und um nichts anderes. Die entsprechenden Zusagen sind unsererseits voll eingehalten worden, was Michail Gorbatschow in einem eingehenden Interview im November 2014 nochmals ausdrücklich bestätigt hat.

Noch Anfang 1994 – d.h. sechs Monate nach dem EU-Angebot von Kopenhagen – war die Antwort, vor allem geprägt durch die Amerikaner, noch ein „Jein" in Sachen Erweiterung.

Erst im Herbst 1994 begann die Clinton-Administration im Vorfeld der Zwischenwahlen zum Kongress unter zunehmendem innenpolitischen Druck – polnische Lobby, einzelne Senatoren, bekannte Persönlichkeiten wie Kissinger oder Brzezinski – umzudenken. Sie zielte darauf ab, bereits beim NATO-Rat im Dezember 1994 grundsätzliche Weichen für die Aufnahme neuer Mitgliedstaaten zu stellen.

Anfang Oktober konnte ich aber bei einem meiner regelmäßigen Sondierungsgespräche in Washington eine klare Konzeption noch nicht erkennen. Die Kernfragen – welche künftigen Mitgliedsländer? Welche konkreten Bedingungen? Welche „Kompensation" für Russland? – schienen mehr oder minder noch offen.

Man nannte mir gegenüber die vier Visegrád-Länder – Polen, Tschechien, Slowakei und Ungarn – als mögliche Kandidaten, unumstritten war jedoch nur Polen. Offen auch die Frage einer uneingeschränkten Ausdehnung der Garantie des Artikels V des NATO-Vertrages einschließlich vor allem der Geltung des amerikanischen Nuklear-Schirms für diese Länder. Auch in Bezug auf die Bedingungen war man noch nicht festgelegt, man schien sich eher an den Erweiterungs-„Bedingungen" der EU von Kopenhagen zu orientieren. Große Zurückhaltung hörte ich im Hinblick auf den künftigen Status der Länder des Baltikums, Bulgariens und Rumäniens – selbst eine „positive" Neutralität wie im Falle Österreichs schien eine der Möglichkeiten darzustellen.

Den Bundeskanzler alarmierte mein Bericht über die Sondierungen in Washington. Daher nutzte er ihn wie die Unterrichtung seitens Präsident Clinton und Premierminister Major über deren Gespräche mit dem russischen Präsidenten Boris Jelzin und vor allem im Lichte dessen unverändert instabilen innenpolitischen Entwicklung dazu, diesen beiden wichtigen NATO-Verbündeten seine Haltung in Sachen NATO-Erweiterung diplomatisch, aber doch unmissverständlich klar zu machen:

Er bekräftigte die Übereinstimmung, diese Frage „mit Umsicht und ohne Zeitdruck" zu behandeln und zunächst die „Partnerschaft für den Frieden" mit allen interessierten Staaten in Mittel-, Ost- und Südosteuropa als Beitrag zur „Vertrauensbildung in Europa, nicht zuletzt im Verhältnis zu Russland" auszubauen.

Der Bundeskanzler warnte ausdrücklich davor, „voreilig in eine öffentliche oder halböffentliche Debatte" – einschließlich in den NATO-Gremien – einzutreten, da dieses Thema von „größter politischer Sensibilität" sei. Er hielt es für notwendig, „in bilateralen vertraulichen Kontakten unter den wichtigsten Bündnispartnern zunächst eine gemeinsame politische Linie zu erarbeiten".

Wesentlich erschien es dem Bundeskanzler, diese Frage auch „in aller Offenheit mit Russland zu erörtern", „da eine Erweiterung der NATO ein Beitrag zu Sicherheit und Stabilität in ganz Europa sein solle". In diesem Zusammenhang plädierte er auch dafür, Russland stärker in die europäischen Sicherheitsstrukturen einzubeziehen, insbesondere durch eine Intensivierung der Zusammenarbeit im Rahmen der KSZE – eine Frage, die beim KSZE-Gipfel im Dezember 1994 in Budapest weiterentwickelt werden könnte.

Erst im Juli 1997 beim NATO-Gipfel in Madrid konnte das Bündnis sich in einem Kompromiss zu einem Angebot zur Aufnahme von Beitrittsverhandlungen an eine erste Gruppe von Ländern durchringen: Polen, Tschechien und Ungarn – diese Beitritte wurden im März 1999 vollzogen. Die baltischen Länder, die Slowakei, Rumänien und Bulgarien sollten später folgen.

Um diese Entscheidung haben sich bald „Legenden" vornehmlich seitens der interessierten Länder entwickelt. In Wahrheit waren ihr in der Nacht schwierige, hinter den Kulissen mitunter hitzige Verhandlungen bis in den frühen Morgen mit meinem amerikanischen Kollegen Sandy Berger und auf der anderen Seite Jean-David Levitte, dem französischen Conseiller diplomatique des Präsidenten und mir vorausgegangen, bis wir dann unseren Chefs den Kompromiss vorschlagen konnten.

Die Amerikaner hatten auf einmal von Anfang an auf einen großen Kreis gedrängt, während wir mit Unterstützung der Franzosen aus Rücksicht auf die Gesamtlage in Europa und die zerbrechliche Entwicklung in Russland wie anderen Ländern der ehemaligen Sowjet-Union eher vorsichtig in Stufen vorgehen wollten – unsere Interessen waren dabei leider auf unterschiedliche Länder ausgerichtet! Der Bundeskanzler dachte in erster Linie an Polen, die Tschechoslowakei und Ungarn als ersten Schritt, die Franzosen hatten Polen, aber auch die Frankophonie – Rumänien – im Auge!

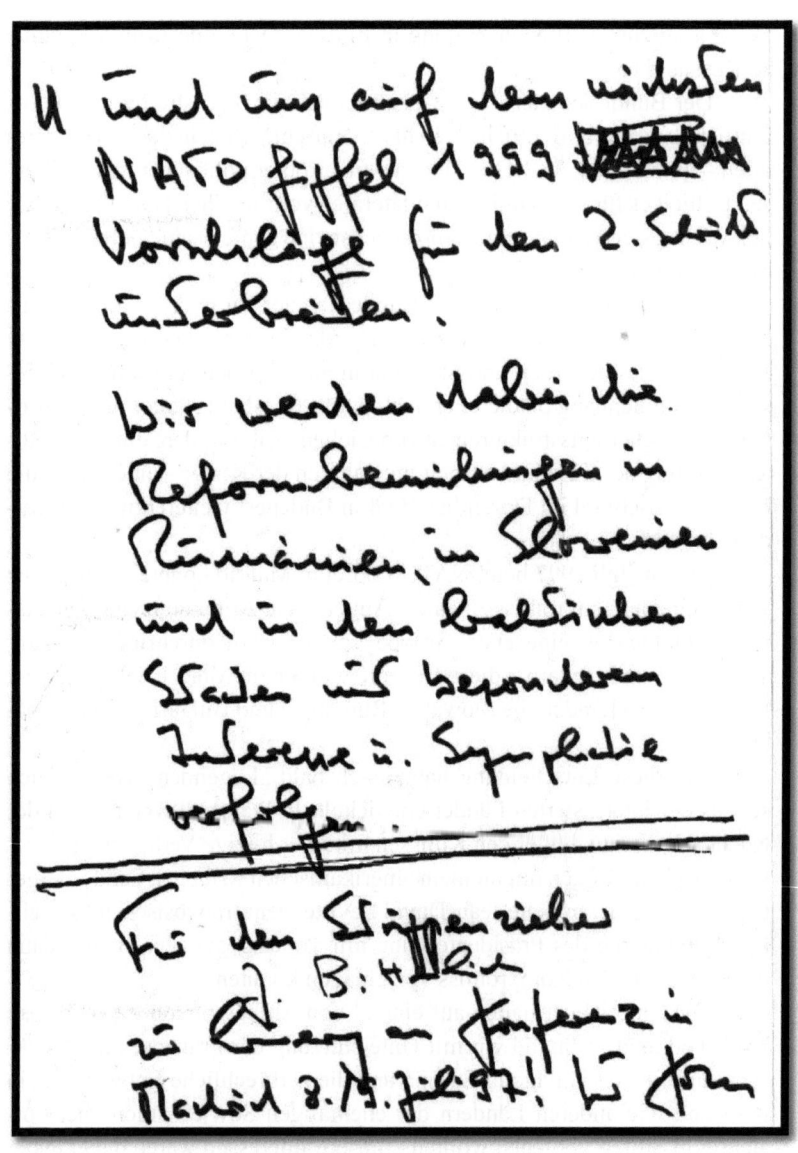

handschriftlicher Text des Madrider Kompromisses
mit Anmerkungen des Bundeskanzlers

Wir suchten vor allem zu vermeiden, Russland, das in einer extrem schwierigen Übergangszeit – und zwar politisch wie wirtschaftlich –

steckte, unnütz in die „Ecke zu drängen", sondern dieses Land zu unterstützen und es stärker in ein europäisches Sicherheitssystem einzubeziehen. Wir wollten dies durch eine forcierte Erweiterung nicht gefährden, daher ein Vorgehen in Stufen mit paralleler Herausbildung gemeinsamer Strukturen.

In diesem Sinne erfolgte in Paris 1997 die Unterzeichnung der „Grundakte über gegenseitige Beziehungen, Zusammenarbeit und Sicherheit" zwischen der NATO und der Russischen Föderation mit der Einrichtung eines Konsultationsforums, dem „Ständigen Gemeinsamen NATO-Russland-Rat".

Im November 2002 wurden dann von der NATO sieben weitere Länder „eingeladen": Bulgarien, Estland, Lettland, Litauen, Rumänien, Slowakei und Slowenien. Diese Beitritte wurden 2004 vollzogen. Auch hier wurde dies parallel verbunden mit der Stärkung des Konsultationsgremiums hin zum „NATO-Russland-Rat".

Im April 2008 beim Gipfel in Bukarest folgten dann Albanien und Kroatien, sie sind seit 2009 Mitglied der NATO. Die Anträge Georgiens und der Ukraine wurden auf die lange Bank geschoben – beide waren durch die Amerikaner nachdrücklich gefördert worden, stießen aber zu Recht auf den Widerspruch seitens Frankreichs und Deutschlands: Angela Merkel und Nicolas Sarkozy bremsten die Amerikaner zumindest fürs erste aus! Beim NATO-Gipfel im April 2009 in Straßburg/Kehl stand dagegen die offizielle Rückkehr Frankreichs in die NATO im Vordergrund, um stärker Einfluss auf Strategie und Reformen zu gewinnen – ein Thema, das uns seit Mitte der neunziger Jahre fortwährend beschäftigt hatte!

Wir hatten damals bereits auf Bitten der Franzosen Vorsondierungen mit den Amerikanern aufgenommen, die anschließenden Verhandlungen bissen sich aber an französischen Forderungen nach einer „Teilhabe", ja Übernahme des Mittelmeer-Kommando der NATO in Neapel fest und scheiterten. Für unsere amerikanischen Freunde war eine „Teilung" des Kommandos angesichts der besonderen Stellung der Mittelmeer-Flotte nicht akzeptabel.

Ich füge hinzu, leider hatten unsere Partner in jenen Jahren weder den Reflex noch den Willen, die Grundlagen der KSZE bzw. OSZE weiter zu entwickeln; Amerikaner standen dem ohnehin distanziert gegenüber, andere Europäer schienen eher auf Tauchstation, vielleicht befürchteten sie eine zu starke Einforderung einer Rolle unsererseits? Auch das Auswärtige Amt, die klassische KSZE-Bastion, schien den Kompass verloren zu haben.

„NATO-Renaissance" 2014 dank Putins Vorgehen?[16]

Die Atlantische Allianz hat im Frühjahr 2019 ihren 70. Geburtstag begangen. Zeit für den wohl verdienten Ruhestand? – weit gefehlt, für die „Wiederauferstehung" oder „Renaissance" muss sie der Krise um die Ukraine – in erster Linie Vladimir Putin und einigen Heißspornen verschiedener Provenienz – danken.

Ähnlicher Dank muss einigen weiteren wohl meinenden Stimmen in unseren Ländern gelten, die aber schon Probleme mit dieser Institution und der klaren Bestimmung ihrer Zukunft zu haben scheinen: Das Bündnis hat sich – ähnlich wie die EU – treiben lassen, letztlich ohne richtiges Konzept und ohne grundlegende Überprüfung seiner Ziele.

Am Anfang der NATO hatte der berühmte Satz gestanden, den nur ein Engländer aussprechen konnte: Zweck der NATO ist es, die Amerikaner drinnen oder bei der Stange zu halten, die Russen draußen und die Deutschen unten!

Grundlage des Bündnisses war, ganz generell beschrieben, aus amerikanischer wie britischer Sicht der aufkommende Ost-West-Konflikt nach dem 2. Weltkrieg und der Schutz der amerikanischen (und britischen) Interessen in Europa gegenüber der Sowjet-Union. Auch die Einbindung Deutschlands kann insoweit als wesentliche politische Begründung angeführt werden.

Die Allianz wurde zudem gefördert durch die Unfähigkeit der Europäer untereinander in den 50er Jahren. Sie brauchten in der frühen Nachkriegsgeschichte in Sachen Sicherheit und Verteidigung einen „Paten" bzw. einen, der sie zusammen führt und -hält.

Das konnten nur die USA sein, denn die Franzosen sind halt die Franzosen oder für viele eigensinnige Kantonisten und die Engländer schauen in erster Linie auf die Amerikaner und auf den Kontinent, damit dieser im Gleichgewicht bleibt – divide et impera!

Im Jahre 1954 hatten die Franzosen dank einer missglückten Abstimmung in der Assemblée Nationale den Durchbruch zu einer Europäischen Verteidigungsgemeinschaft verhindert – ehrlich muss man aber einräumen, dass die Sache in Wahrheit bei weitem noch nicht reif war.

Wir brauchten erst einmal den deutsch-französischen Ausgleich und den Weg Richtung Aussöhnung. Immerhin folgten daraus nach der missglückten EVG-Abstimmung drei wesentliche Schritte: zunächst als Voraussetzung die Lösung der Saar-Frage – hoch umstritten unter den

---

[16] Vortrag Universität Hildesheim vom 20. Oktober 2014 in verkürzter Fassung

Bonner-Parteien – mit dem Referendum am 23. Oktober 1955 und der anschließenden Rückkehr des Saarlandes in den (west-)deutschen Staatsverband, dann einerseits die Aufnahme der Deutschen als Mitglied in die NATO (wo sie ein gleichberechtigteres und vollwertigeres Mitglied wurden als zuvor in der EVG) und schließlich andererseits der Durchbruch Richtung EWG und Euratom als zweite (und dritte) Institution der europäischen Integration, die Römischen Verträge. Dies war das, was die Brüsseler „NATO 1.0" nennen.

Anders ausgedrückt, dies sind die ersten 40 Jahre des Bündnisses: die Garantie der Sicherheit Westeuropas gegen die Sowjet-Union durch eine starke permanente US-Militärpräsenz in Europa und den amerikanischen Nuklearschirm. In diesem „Schatten" – oder besser ausgedrückt": dank dieses Schutzes konnte sich parallel die europäische Integration gründen und fortentwickeln: von 6 auf 12 Mitglieder, bis hin zur Einheitlichen Europäischen Akte.

Und im Schutz der NATO konnten wir es uns leisten, paneuropäische Strukturen über den Eisernen Vorhang hinweg zu entwickeln: ich denke naturgemäß in erster Linie an den Helsinki-Prozess, die KSZE ab Mitte der 70er Jahre! Und, vergessen wir eines nicht, das erfolgreiche an der NATO war die Kriegsverhütung, das Verhindern, der Versuchung zu erlegen und uns anzugreifen. Achtung, nach allen Szenarien der damaligen Zeit wäre von Deutschland, West und Ost, wahrscheinlich nur eine nuklear verseuchte Steppe übriggeblieben!

Zugleich und vor allem war die Allianz, waren die Amerikaner Garanten unserer Freiheit – und sie trugen entscheidend dazu bei, dass wir lernten und uns zu einer parlamentarischen Demokratie entwickeln konnten, neben der britischen der besten auf dem europäischen Kontinent! Vergessen wir nicht zugleich die wesentlichen Beiträge seitens der KSZE, die Auflehnung gegen die Sowjet-Union in Ländern wie Ungarn, Polen oder in der damaligen Tschechoslowakei, auch die deutsche Ostpolitik. Sie alle machten zusammen die Folgeentwicklung erst möglich.

Seit jener Zeit gelten die Deutschen als „atlantisch orientiert" und „im Zweifel pro USA – und gegen Europa" – in Paris gibt es insofern diesen permanenten Zweifel über die Deutschen: entweder Washington oder Moskau, nicht aber europäisch – da wir den Gedankenspielen der Franzosen nicht verhaftet sind, und diese unsere deutschen Gedanken kaum oder nicht verstehen! Ein aktuelles Problem.

Und dann brach das gegnerische System binnen zwei Jahren in sich zusammen – die „Strategen" im Westen hatten die Entwicklung in Polen und die reale Lage im Warschauer Pakt einschl. der DDR unterschätzt:

1987 hatte noch ein ehemaliger amerikanischer Präsident, Ronald Reagan, von vielen belächelt, in Berlin eine mutige Rede gehalten, die die Mehrheit der Deutschen wohl nicht ganz verstanden hat „Mr Secretary General, tear down this wall". Reagan war es, der das Sowjet-System in am Ende unüberwindbare Probleme gejagt hatte: SDI, Krieg der Sterne plus gezielte Hightech-Aufrüstung, sowie die Waffe niedriger Öl-Preise im Zusammenspiel mit den Saudis. Resultat: overkill, die Sowjet-Union konnte nicht mithalten.

Spätestens Mitte der 80er Jahre war die DDR im Grunde bankrott, ein von Franz-Josef Strauss vermittelter Kredit über 1 Mrd. DM verzögerte ihr endgültiges Ende. Und es kam hinzu: der Mensch – und den Medien sei Dank, uns die Einzelheiten der letzten Wegstrecke der DDR heute nochmals nach 25 Jahren in Erinnerung zu rufen!

1989/90 – damit sind wir in den Anfängen von „NATO 2.0". Die Amerikaner entwickelten damals den Slogan „creating a Europe whole, free and at peace" – für die Russen die Fortsetzung der Einkesselung und die Förderung ihrer „paranoia" – und die Grundlage unserer heutigen Probleme!

Die NATO dachte damit an Erweiterung – bzw. die Mittel- und Osteuropäer wollten verständlicherweise Teil des Schutzschildes der NATO werden. Nur: damit taten sich NATO und EU schwer – sie brauchten beide einige Zeit, insofern den entsprechenden Ansatz zu entwickeln, sich im Konsens darauf zu verständigen. Bis 2009 kamen zu den 16 NATO Mitgliedern 12 neue hinzu (EU ähnlich – von damals 12 bzw. 15 auf heute 28).

Die Rücksichtnahme auf den ex-Feind und neuen Partner Russland stellte uns in all den Jahren vor Probleme. Wir wollten die Russen nicht in der NATO haben, sondern versuchten, gemeinsames zu entwickeln, blieben dabei auf weniger als der halben Strecke stehen, ein solches Beispiel ist der „NATO-Russland-Rat".

Wir schafften es aber nicht, gesamteuropäische Strukturen in Sachen Sicherheit zu schaffen. Die KSZE wurde zur OSZE und begann etwas in Vergessenheit oder in ein Dornröschen-Schlaf zu geraten. Die russischen Vorschläge wurden weder von den Amerikanern noch in der NATO seriös geprüft.

Garanten für die Rücksichtnahme auf die Stabilität Russlands in den 90er Jahren waren vor allem Deutschland, Helmut Kohl – gefolgt von den USA, Bill Clinton! Ansonsten kümmerte sich keiner um das Riesenreich – wie auch um die Ukraine!

Zugleich zogen wir die Erweiterung zeitlich in die Länge, und Gott sei Dank hatten Merkel und Sarkozy 2008 den richtigen Reflex, die Aufnahme Georgiens und der Ukraine gegen das US-Betreiben fürs erste zu verhindern. Allerdings läuteten in Moskau alle Alarmglocken – Vorläufer war die Putin-Rede 2007 in München, die kaum einer im Westen sonderlich ernst genommen hatte!

Zuvor hatten wir in den 90er Jahren den ersten Konflikt auf europäischem Boden, den Krieg im und um das frühere Jugoslawien – von vielen schon fast vergessen, aber immer noch nicht überwunden. Aufgrund des Zögerns der Amerikaner, aber auch der europäischen NATO-Größen tat sich die NATO insoweit sehr schwer, erst Srebrenica und Sarajewo öffneten die erste Bresche, der Kosovo die zweite.

Deutschland hat sich in jenen Jahren dank Helmut Kohl zunehmend in die operative NATO integriert und mehr und mehr mitbestimmt. Wir haben zudem versucht, durch diskrete Verhandlungen 1997/98 auch den Kosovo-Konflikt zu entschärfen, sind dabei leider an einem halsstarrigen Milosevic gescheitert – er meinte, er bekomme von den Amerikanern, Franzosen, Engländern und Russen mehr!

Und wieder machten sich dann die großen Strategen Gedanken um die Zukunft des Bündnisses, „mission accomplished"? Wenn das nicht der 11. September 2001 gewesen wäre! Und damit sind wir bei „NATO 3.0"!

Im Mittelpunkt der Einsatz in Afghanistan, hinzu kommt die Beteiligung an „Atalanta", der Mission gegen die Piraterie vor der Küste Somalias unter EU-Führung – für manche in der NATO in Brüssel ein Albtraum!

2010 nahmen 150.000 Soldaten unter NATO-Kommando an sechs Operationen auf drei Kontinenten teil! Also eine operativ aktive Allianz!

Mit dem Ende des Einsatzes in Afghanistan, den ich im Gegensatz zu den deutschen Außenministern der letzten 20 Jahre nicht als gelungen ansehen kann, flammte natürlich wieder einmal die Debatte über die Zukunft der Allianz auf, naturgemäß verstärkt durch die „Tendenz" der Amerikaner, sich weniger um Europa und Umgebung zu kümmern denn um Asien. Achtung – zwei missglückte Interventionen, nicht direkt der NATO, aber in engem Zusammenhang mit ihr, aus diesen Jahren beschäftigen uns noch heute mehr als uns lieb sein kann: Irak und Libyen. Sie sind ursächlich für ein wachsendes Misstrauen zwischen Europäern und Amerikanern.

Mit dem Abzug aus Afghanistan „mission accomplished"? – Nein, es kamen Vladimir Putin und die Ereignisse in der Ukraine zu Hilfe – die NATO tat sich schwer, sich erneut, wieder selbst zu erfinden, aber dies geschah innerhalb von sechs Monaten – „NATO 4.0"!

Die NATO hat 2014 in Wales beim Gipfel darauf durchaus mit Umsicht, recht klar reagiert, im Tenor vergleichbar mit der EU – mit einem klassischen „double track"-approach, um ihren östlichen Mitgliedstaaten Sicherheit zu geben und die Tür für einen Ausgleich nicht zu verschliessen!

Und gleichzeitig stehen seither die klassischen Fragen wieder auf der Tagesordnung: die Zukunft der kollektiven Verteidigung, der Kernaufgabe der NATO, aber auch die Frage nach möglichen weiteren Zielsetzungen; die Erweiterung der NATO und ihr Verhältnis zu den Nachbarn im Süden und Osten, vor allem Russland, ihre militärischen Fähigkeiten, die im letzten Jahrzehnt gelitten haben, und schließlich das Verhältnis zur EU, zur „GSVP, der gemeinsamen Sicherheits- und Verteidigungspolitik".

Der Leser möge mir diesen Ausflug in die Entwicklung nachsehen. Die bekannten Protagonisten werden mir vorhalten, keine Sorge, wir sind auf dem richtigen Wege. Aus meiner Sicht nein, Der amerikanische Präsident Donald Trump hält uns auf der einen Seite zu Recht die mangelnden Anstrengungen in Sachen Sicherheit vor, „Friedensdividende" klingt besser bei uns! Auf der anderen Seite sind die Amerikaner distanzierter und vor allem unberechenbarer geworden. Was bedeutet wirklich à la longue „America first". Müssen die Europäer sich nicht mehr um ihre eigene Sicherheit kümmern? Meine Antwort lautet „Ja, unbedingt". Aber nicht um die Amerikaner los zu werden, sondern um neues Verhältnis, eine neue Partnerschaft zwischen Europa und USA „auf gleicher Augenhöhe" zu entwickeln – auch wenn dies besonders für Deutschland sehr schwierig werden wird und es militärisch-politisch Farbe bekennen muss!

Die „große" EU-Erweiterung – Kriterien und neue Partner

Vor der NATO hatte der Europäische Rat im Juni 1993 in Kopenhagen die ersten grundlegenden Weichen für die Öffnung der Europäischen Union Richtung Mittel- und Osteuropa gestellt, und zwar durch drei „Kriterien" für die Aufnahme neuer Mitglieder:

Erstens: Das Politische Kriterium – die institutionelle Stabilität als Garantie für die demokratische und rechtsstaatliche Ordnung, für die Wahrung der Menschenrechte sowie die Achtung und den Schutz von Minderheiten;

Zweitens: Das wirtschaftliche Kriterium – eine funktionsfähige Marktwirtschaft sowie die Fähigkeit, dem Wettbewerbsdruck und den Marktkräften innerhalb der Union standzuhalten;

Drittens: Das Kriterium der Übernahme des Besitzstandes der Gemeinschaft – die Fähigkeit, die aus einer Mitgliedschaft erwachsenden

Verpflichtungen zu übernehmen und sich auch die Ziele der Politischen Union sowie der Wirtschafts- und Währungsunion zu eigen machen zu können.

Auch die EU hat die Öffnung nach Osten in Etappen aufgenommen. Sie war in der Lage, relativ frühzeitig erste, leider nicht immer effiziente Hilfsprogramme in Gang zu setzen und das Nachdenken über geeignete Ansätze zur Einbeziehung dieser Länder einzuleiten.

Dass die EU dafür drei Jahre brauchte, hat weniger etwas mit der Rücksichtnahme auf die Sowjet-Union bzw. Russland zu tun, sondern vor allem mit der internen Stimmung, die skeptisch-kritisch gegenüber einer erneuten Erweiterung, aber auch gegenüber den Ländern Mittel- und Osteuropas war.

Jacques Delors hatte versucht, ein Modell zu sondieren, das die Kandidaten besser auf den Beitritt vorbereiten sollte. Die Kollegen des Elysée hatten für Mitterrand ein alternatives Modell ins Spiel gebracht, die „Europäische Konföderation", dies mit einem doppelten Ziel, einerseits in Sachen EU-Erweiterung Zeit zu gewinnen, und andererseits ohne Beteiligung der Amerikaner einen Ersatz für oder aufbauend auf – dies wurde nie ganz klar – die aus der KSZE hervorgegangenen OSZE als Grundlage eines paneuropäischen Sicherheitssystems zu schaffen.

Doch die Mitteleuropäer rochen sehr schnell den Braten und lehnten unter Führung des damaligen tschechischen Präsidenten Vaclav Havel diese Vorstellungen rundweg ab. Sie befürchteten, auf lange Zeit im „Wartezimmer" der EU zu verbleiben.

Die Lektüre der Schlussfolgerungen von Kopenhagen macht den Kompromiss unter den Westeuropäern, ihre vorsichtige Annäherung, ja Zurückhaltung überdeutlich. Dem ersten grundlegenden Schritt der EU im Jahre 1993 folgte zunächst eine „Vorprüfung", ein „screening", dann aber erst gut vier Jahre später in Luxemburg die Festschreibung der Methode der Beitrittsverhandlungen und ihrer konkreten Aufnahme.

In diesem Sinne sind 1998 die Verhandlungen mit einer ersten Gruppe von sechs Ländern, der sog. Luxemburg-Gruppe, bestehend aus Tschechien, Ungarn, Polen, Slowenien, Estland und Zypern, aufgenommen worden. Ab 2000 folgten weitere sechs Länder, die sog. Helsinki-Gruppe mit Lettland, Litauen, Slowakei, Bulgarien, Rumänien und Malta.

Diese Verhandlungen mit 10 dieser Länder kamen erstaunlich gut und schnell voran. Bulgarien und Rumänien hatten von sich erklärt, sie bräuchten mehr Zeit. Die ersten Zehn haben die Verhandlungen Ende 2002 unter dänischem Vorsitz abgeschlossen, nach Abschluss der Ratifikation in allen EU- und in allen beitretenden Ländern sind die Zehn seit Mai 2004

Mitglieder der EU-Familie, Rumänien und Bulgarien folgten drei Jahre später.

Ich lasse dahingestellt, ob es richtig war, den Ansatz von Luxemburg eines individuellen Herangehens an die einzelnen Bewerberländer aufzugeben und mehr in einer geopolitischen Sichtweise den „big bang" mit zehn Kandidaten zugleich anzustreben. Es muss insbesondere die Frage erlaubt sein, ob bei allen legitimen Ansprüchen der Kandidatenländer auf einen möglichst zügigen Beitritt sich nicht die EU ein wenig „verhoben" hat bzw. einzelne Länder überfordert worden sind.

Hinzu kommt eine für mich schwerwiegendere Frage: Ich hatte über die Jahre mehr und mehr den Eindruck, dass „wir" – die „Alt-EU" – mit Ausnahme von Deutschland und einer Minderheit von Mitgliedstaaten in Wahrheit diese Beitritte zum Teil widerwillig, ohne innere, manche sogar gegen die eigene Überzeugung auf „technokratische" Weise vollzogen haben – ohne uns wirklich mit der Vergangenheit, der Geschichte, den Agenden dieser Länder in der Tiefe auseinandergesetzt zu haben. Erst langsam sind diese Divergenzen ans Tageslicht getreten und sind in gewisser Weise verantwortlich für die umgreifenden Divergenzen zwischen „Ost" und „West" in Europa.

Hinzu kam für viele Mitgliedstaaten die Sorge der institutionellen Schwächung der Europäischen Union durch die große Erweiterung, von daher gesehen wiegt das Scheitern der inneren Reform im Verfolg des EU-Konvents noch schwerer!

Erfreulich schienen in der ersten Phase besonders die Anstrengungen und Veränderungen in Ungarn, das von Anfang an den engen Schulterschluss und unsere permanente Beratung und Hilfe gesucht hat, aber danach auch in Tschechien, in Polen wie vor allem in den Ländern des Baltikums anzusehen.

Heute muss man feststellen, dass wirtschaftlich die drei Länder des Baltikums und Polen eindeutig an der Spitze der Bewegung stehen – vor allem die Fortschritte in Polen seit Mitte der 90er Jahre entpuppten sich als bemerkenswert und als die nicht erwartete Überraschung. Erstaunlich auch die Entwicklung in der Slowakei, während Tschechien und Ungarn doch an Boden verloren haben. Schlusslichter sind Kroatien, Bulgarien und Rumänien.

Und man muss hinzufügen, dass die politische Stabilität in allen diesen Ländern hinter den Erwartungen der West-Europäer zurückgeblieben ist. Ich frage mich, ob wir in den 90er Jahren genug getan haben, um die Entwicklung des Parlamentarismus, des Rechtsstaates, der politischen Parteien, demokratischer Strukturen nachdrücklich zu fördern. Helmut Kohl war im „alten Westen" des Kontinents einer der wenigen, denen dies besonders am Herzen lag. Wie oft bat er seine Kollegen um Unterstützung, diese stimmten selbstverständlich zu, zumeist war es ein „Lippenbekenntnis"!

Schon damals hatte ich Zweifel an dem „Beitritts-Konzept" der Kommission wie der Mehrheit der Mitgliedstaaten – und wir hatten weder mit Alternativ-Konzepten Erfolg – sie waren zumeist im Auswärtigen Amt ausgearbeitet worden waren und überzeugten nur mäßig, noch haben wir selbst genug getan, um „das Politische" voranzubringen.

Die EU hat die Erweiterung Richtung Mittel- und Südosteuropa „technokratisch" vollzogen, ohne wirklich zu begreifen, woher diese Länder kamen und welche eigene Agenda, Tradition und Geschichte dabei in den Ansatz zu integrieren waren!

Ungarn schien Anfang der 90er Jahre mit seinen Reformen auf den ersten Blick am weitesten fortgeschritten. Erstaunlich für uns der permanente Regierungswechsel nach jeder Wahl mit extremen Schwankungen und wichtigen Richtungsänderungen, Ungarn wurde zunehmend schwer voraussehbar und instabiler!

In der ersten Phase um und in der Folge der deutschen Einheit setzte Helmut Kohl auf die Reformkommunisten um Nemeth, Horn sowie dann vor allem auf den leider zu früh verstorbenen Ministerpräsidenten Jozsef Antall (1990–93). Diese enge, Ungarns Annäherung fördernde Beziehung hielt auch unter Peter Boross (1993–94) und Gyula Horn (1994 – 1998).

In jenen Jahren reiste ich im Auftrag des Kanzlers recht oft nach Budapest, um die ungarische Regierung im Verhältnis zu Brüssel zu beraten und deren Bemühungen zu flankieren. Unvergesslich in jener Zeit der Besuch bei der kleinen deutschen Minderheit in Ungarn, die mir – anscheinend als dem ersten Besucher aus Bonn – einen begeisterten Empfang bereitete: sie schien erstmals wahr genommen zu werden.

1996 traf Helmut Kohl in Berlin zum ersten Male mit dem „neuen Star" der ungarischen Politik zusammen, Viktor Orban, damals noch Führer der Opposition. Zwei Jahre später sollte er als frisch gebackener ungarischer Regierungschef wiederkommen.

Das erste Gespräch war überwiegend abtastend, ja zuweilen schwierig – „es wird schwer, mit ihm warm zu werden", so waren die Worte des Bundeskanzlers im Anschluss an das Treffen! Viktor Orban blieb aber auch in der Zeit danach dem Bundeskanzler bzw. dem Alt-Bundeskanzler verbunden, und dies zunehmend freundschaftlich – für ihn war und ist Helmut Kohl der entscheidende Wegbereiter der ungarischen Freiheit und der Integration Ungarns in die Europäische Union wie auch der Wegweiser für die Zukunft Europas – dies hat Viktor Orban auch mehrfach öffentlich unterstrichen.

Ein ungarischer Freund kommentierte dies sehr einfach mit den Worten, es sei gut, dass der Bundeskanzler Viktor Orban auch weiterhin – bis zu seinem Tode – wahrnimmt. Er sei einer der wenigen in Westeuropa, der Orban zuhöre – und dem Orban auch zuhöre und dessen Ratschlägen er folge. In gewisser Weise sei Helmut Kohl sein Vorbild!

Kontakte in jüngerer Zeit haben mich in der Auffassung bestärkt, dass man „im Westen" Viktor Orban und seine Politik nicht immer unvoreingenommen beurteilt, vielleicht steht er sich selbst auch mit zuweilen ungestümen Äußerungen und Ausbrüchen manchmal selbst im Wege.

Mich haben seine Überzeugungen in Bezug auf die Lage und Zukunft seines Heimatlandes, seine Kenntnisse und Beurteilung der jüngeren Entwicklungen in Mitteleuropa wie vor allem auf dem Balkan ungleich mehr beeindruckt als das was ich in Brüssel, Berlin oder Paris zu hören bekam. Warum sollte er nicht ein Mandat seiner Kollegen erhalten, hier hilfreich zu sein und ein Konzept für die Entwicklung des Verhältnisses zum Balkan zu erarbeiten.

Viele scheinen auch etwas vergessen zu haben oder wissen es einfach nicht. Im Juni 1989 gab es in Budapest eine große Demonstration von 250.000 Menschen zum Gedenken an die Opfer des Ungarn-Aufstandes. Und sie wurden Zeugen einer spektakulären Rede eines 26-jährigen Nicht-Kommunisten, der von sowjetischer Okkupation und kommunistischer Diktatur redete und den Abzug der Sowjettruppen sowie die nationale und politische Unabhängigkeit des Landes forderte. Dieser 26-jährige war Viktor Orban!

Gleiches gilt für Viktor Orbans Dissertation – die wenigsten wissen, dass er über „Solidarnosz" geforscht und geschrieben hatte und aus dieser Zeit Polen und seine Führungen wohl besser kennt als viele seiner Kollegen.

Für viele war die positive Entwicklung Polens nach einer Radikalkur in der ersten Hälfte der 90er Jahre überraschend, heute ist unser Nachbar das Positivbeispiel, Modell für die Transformationsländer Mittel- und Osteuropas!

Auch hier suchte Helmut Kohl von Anfang an, auch nach den mitunter schwierigen Jahren mit Premier Tadeusz Mazowiecki, den aktiven Schulterschluss mit Warschau und bemühte sich, vor allem durch bilaterale Vorarbeit die EU-Integration zu erleichtern. Auf der anderen Seite suchte Polen in jenen Jahren Stabilität im Innern und Wirtschaftsreformen. Angesichts der gegebenen Strukturen war es schon erstaunlich, dass Polen die Radikalkur ihres Finanzministers Leszek Balcerowicz mitmachte und daraus sich dann der Aufschwung entwickelt hat. Rudolf Hermann, der Korrespondent der Neuen Züricher Zeitung, nannte dieses Tandem einmal den „Brückenbauer" und den „Schocktherapeuten".

Sie setzten angesichts der desolaten wirtschaftlichen Entwicklung gemeinsam im Dezember 1989 ein Paket von 11 Gesetzen im Sejm durch, das das Land grundlegend „umkrempeln" sollte: Arbeitsrecht, Haushalt des Staates und der Staatsunternehmen, Kreditwesen, Lohnpolitik, Steuern und Wechselkurse. Es brauchte einige Zeit, bis es seine Wirkung entfaltete, es wurde aber zur Grundlage des polnischen Wunders!

Die Arbeit mit den polnischen Nachbarn war dabei nicht leicht: Wir erlebten in jenen Jahren zwei selbstbewusste Präsidenten, Lech Walesa (bis Dezember 1995), dann Aleksander Kwasniewski (ab 1996) sowie allein in meiner Zeit fünf Ministerpräsidenten Hanna Suchocka (1992–93), Waldemar Pawlak (1993–95), Jozef Oleksy (1995–96), Wlodzimierz Cimosziewicz (1996–97) und Jerzy Buzek (1997–2001).

Dies galt zum Beispiel auch für ein aus unserer Sicht sensibles Thema, die Öffnung zusätzlicher Grenzübergänge und eine zügigere Abfertigung an den großen Kontrollstellen, wo sich unhaltbare Schlangen bildeten. Helmut Kohls Volontarismus brachte mir für zwei Jahre die Zusatzaufgabe eines „Grenzbeauftragten" ein. Er hatte dieses – damals schwierige – Thema im Juli 1995 beim polnischen Premierminister Oleksy aufgegriffen und ihn scheinbar beiläufig gefragt, wer bei ihm diese Fragen betreue. Und auf unserer Seite hatte ich ohne Vorwarnung für die nächsten zwei Jahre diesen heiklen Auftrag.

Kohls zweiter offizieller Besuch im Juli 1995 in Warschau war für die Polen nicht nur mit Blick auf den erhofften EU-Beitritt von besonderer Bedeutung. Der Bundeskanzler betonte vor den Abgeordneten von Sejm und Senat, er sei zuversichtlich, der Durchbruch werde „um das Jahr 2000" gelingen, wohlbemerkt der „Durchbruch", nicht der Abschluss. Jacques Chirac setzte dem einige Monate später eins drauf, er sprach an gleicher Stätte von einem „Beitritt bis zum Jahre 2000" – kein Wunder, dass die Polen zunehmend ungeduldig wurden.

Der Besuch erlaubte zugleich einen Einblick in die werdende Parteienstruktur Polens. Der Bundeskanzler traf an einem Nachmittag mit allen Führern der im Sejm vertretenen Parteien zusammen. Der „Zukunftsfähigste" schien dem Kanzler wie auch mir damals der jüngste zu sein, Aleksander Kwasniewski, Führer der SLD, der neuen Sozialdemokratischen

Partei Polens. Seine rechte Hand war Marek Siwiek, sein Sicherheitsberater, in dieser Eigenschaft ein Kollege, mit dem ich gerne arbeitete. Er wechselte später ins EP.

Kwasniewski sollte bereits Ende 1995 in die Fußstapfen der „Ikone" Lech Walesa treten und er, der vor der Wende Jugendminister war, sollte in Sachen NATO- und EU-Beitritt aufs Tempo drücken. Leider vernachlässigte er in diesen Jahren die Absicherung des Aufbaus seiner eigenen Partei! Ich füge hinzu, auch „wir" haben uns in jenen Jahren nicht genug um die jungen Parteien in den Ländern Mittel- und Osteuropas gekümmert, die alle Schwierigkeiten hatten, eine stabile Entwicklung zu nehmen – zu frisch war und ist die Vergangenheit in jenen Ländern!

Wir – Helmut Kohl, ja Deutschland – hatte in jenen Jahren auch die Chance, das Glück des Tüchtigen, auf polnischer Seite nicht nur von exzellenten Botschaftern in Bonn wie in Berlin, sondern von einem guten Geist begleitet zu werden – von Professor Wladyslaw Bartoszewski!

Er hatte sich während seines ganzen Lebens nie von der Zielsetzung abbringen lassen, in einem Polen der Freiheit zu leben und zu sterben – und gleichzeitig die Aussöhnung mit Deutschland und Österreich durchzusetzen sowie die polnisch-jüdische Verständigung.

Er war Widerstandskämpfer gegen die Nazis und die Kommunisten, kam ins KZ Auschwitz, wurde dort vom Roten Kreuz herausgeholt, er kam nach dem Kriege unter den Kommunisten ins Gefängnis, wurde 1981 interniert und 1995 polnischer Außenminister. Er war in der Lage – mit rasender Sprechgeschwindigkeit (daher „Maschinengewehr Gottes" genannt) – beiden Seiten jeweils in ihrer Muttersprache, die unbequeme Wahrheit ins Gesicht zu sagen und alles zu tun, sie auf den Weg des Besseren zu bringen.

Viele in den deutschen Medien haben die Lebensleistung dieses polnischen Patrioten, Intellektuellen und Praktikers, aber auch seine tiefe Freundschaft, ja das nahezu innige Verständnis mit Helmut Kohl leider nie begriffen – er war insofern Garant der positiven Entwicklung des Verhältnisses zu Polen, er war immer „Polens Deutschland-Beauftragter"! Unvergessen vor allem auch seine Rede zum 8. Mai 2005 vor dem Deutschen Bundestag!

Polen bleibt aber immer ein gegenüber Deutschland hoch sensibler Nachbar. Das hat etwas mit Geschichte und geopolitischer Lage zu tun. Erstaunlich genug, dass manche in Polen heute voll auf eine möglichst enge Kooperation mit Berlin setzen, während andere davon überzeugt sind, dass Polen eigene regionale Akzente, auch in Richtung auf EU, setzen sollte. „Ostmitteleuropa" ist das Stichwort, d.h. Polen als natürlicher

Anführer des Visegrád-Verbundes mit Ungarn, Tschechien und der Slowakei unter Hinzunahme der drei baltischen Länder. Einige würden dazu gerne im Sinne des zwischen den Weltkriegen von Jozef Pilsudski entwickelten „Intermarium"-Konzepts Österreich, Slowenien und Kroatien. Auch Bulgarien und Rumänien hinzurechnen – ein Raum zwischen Ostsee und Adria bzw. dem Schwarzen Meer als Gegengewicht gegen das Tandem Frankreich und Deutschland.

Träumereien? Vielleicht ja, aber diese Überlegungen zeigen, wie sehr Polen bemüht ist, nicht nur eine nationale, sondern auch eine regionale Identität und/oder Verbundenheit zu entwickeln, um im EU- und NATO-Verbund ernst(er) genommen zu werden.

Die Balten hatten Helmut Kohls Zurückhaltung, ja Scheu angesichts der absehbaren überhöhten Erwartung vor einem ersten offiziellen Besuch wie gegenüber ihrer zügigen Aufnahme in die NATO zu unserem Bedauern kaum verstanden – ihm schien es vorrangig, zunächst ihre gerade wieder errungene Unabhängigkeit gegenüber Russland abzusichern und ihnen gegenüber der EU wie unseren Partnern tatkräftig zur Seite zu stehen.

Er war sich sicher, er hat ihnen dadurch mehr helfen können als durch offizielle Besuche – Problem war auch, er hätte gleichzeitig und für die gleiche Zeitdauer alle drei Länder besuchen müssen, nur: bei wem anfangen, mit wem beenden, ohne die anderen zu vergrätzen?

Der Bundeskanzler traf mit den Spitzen der drei baltischen Länder erstmals im Mai 1996 bei Ostseegipfel in Visby auf Gotland und dann im Januar 1998 in Riga zusammen.

Mir trug es in der Zwischenzeit, abgesehen von Begegnungen mit den Botschaftern und Politikern der drei Länder eine Reihe von Treffen besonderer Art ein, vor allem mit Estland. Das erste in Bonn mit dem damaligen estnischen Außenminister und heutigen Präsidenten Toomas Ilves. Er wollte mich unbedingt im Kanzleramt aufsuchen, da er bei dem Kanzler bzw. bei mir die Ursache der Zurückhaltung Deutschlands sah.

Mit Rücksicht auf Bundesminister Klaus Kinkel und in Übereinstimmung mit dem Bundeskanzler lehnte ich ab, es kam dann schließlich auf Einladung des estnischen Botschafters zu einem Treffen im Restaurant, in dem Ilves mir mehr als deutlich die Perzeption in Tallinn vortrug und ich versuchte, den Standpunkt des Kanzlers zu erklären.

Das Gespräch sollte vertraulich bleiben, was ihn nicht davon abhielt, dieses Treffen mit kritischem Unterton in der traditionell überaus Baltikum-freundlichen FAZ „durchzustechen"!

Das zweite Treffen folgte Jahre später, und zwar 1999 in Brüssel. Der scheidende estnische Präsident Lennart Meri, eine für mich der großen

Persönlichkeiten seines Landes wie auch des Neuanfangs in Mittel- und Osteuropa, lud mich zu einem Mittagessen im kleinsten Kreis in die estnische Botschaft ein.

Es war ein leidenschaftlicher, letztlich versöhnlicher Meinungsaustausch über den besten Weg der Integration und des Schutzes der baltischen Staaten durch EU und NATO. Für Meri hatte das Hinausschieben der estnischen Aufnahme in die NATO durch den NATO-Gipfel in Madrid eine herbe Enttäuschung bedeutet! Umgekehrt schien er aber auch langsam zu verstehen – wenn auch nicht einzusehen –, dass es im Westen in Wahrheit weder eine Mehrheit geschweige denn ein echtes Verständnis für Estland wie für die beiden anderen baltischen Länder gab, und die Deutschen insoweit recht allein auf weiter Flur standen!

Litauen lernte ich erst später – von der Ferne aus – kennen. Ich schulde die Entdeckung seiner Geschichte und Lage einem außer- und ungewöhnlichen Botschafter dieses Landes in Madrid, ich spreche von Vytautas Dambrava.

Vytautas war mit dem Einmarsch der Roten Armee 1945 in den Westen, dann in die USA geflüchtet, hatte Jahre, zum Teil für die amerikanische Regierung in Lateinamerika gearbeitet. „Seine" Heimat rief ihn nach seiner Pensionierung in den USA zurück – und zwar mit der Bitte, eine Botschaft in Europa zu übernehmen. Und er, unser Nachbar in Madrid, hat mir während langer Abende baltische und vor allem litauische Geschichte nahegebracht, während ich ihm EU und NATO zu dechiffrieren suchte.

Lettland war in diesen Jahren etwas außen vor geblieben – außer jenem denkwürdigen Besuch mit dem Bundeskanzler im Januar 1998 in Riga – wo er die Zeit zu einem langen Spaziergang durch die Stadt, zu einer Geschichtsstunde über die Hanse und zu einem Ausflug in die Architekturgeschichte Europas nutzte – geprägt durch die Kirchen um die Petri-Kirche und den Dom, aber auch und vor allem durch die zahlreichen Gebäude im Jugendstil.

Wir erfuhren damals beiläufig, wie wenig unsere amerikanischen Freunde Respekt vor solchen Traditionen hatten. Die Amerikaner wollten halt „MacDonald" mitten in der Stadt platziert sehen, ausgerechnet in einem der schönsten Jugendstilgebäude, die Letten zuckten zurück und gaben schließlich nach: ausgerechnet ein recht harscher Brief des amerikanischen Vizepräsidenten Al Gore, sonst sehr pro „Umwelt und Klima", gab am Ende den Ausschlag. Bis heute sehen viele Letten diese Geschichte und deren Folgen als eine „Jugendsünde", als einen Fehler der jungen Demokratie an.

Im Nachhinein ist man angeblich ja immer klüger. Und doch bleibe ich davon überzeugt, dass unser Ansatz erfolgversprechender war als mit dem Kopf durch die Wand zu wollen.

Es gab damals weder in der EU noch in der NATO eine Mehrheit zugunsten einer zügigen Realisierung der Aufnahme dieser Länder, unsere Partner – einschließlich der Franzosen und Briten – waren zurückhaltend: Für sie schien einfach die Furcht im Vordergrund zu stehen, Deutschland dehne seine Wirtschafts- und politische Einflusszone nach Osten aus.

Im Rückblick hätten wir damals unsere russischen Partner mehr in Richtung auf eine echte Anerkennung der baltischen Länder und vor allem auf den Abschluss von Grenz- und Kooperationsabkommen drängen müssen, um diesen Ländern noch deutlicher das Gefühl von Sicherheit nach all den Jahren Sowjetherrschaft zu geben.

Der Beitritt zu NATO und EU hat erlaubt, das schwierige Verhältnis zu unserem unmittelbaren Nachbarn, der Tschechischen Republik, weiter zu entkrampfen.

Leider war ein Dialog mit Prag erst Anfang der 90er Jahre langsam in Gang gekommen. Die Kräfte einer integren und hervorragenden Persönlichkeit wie Präsident Havel reichten nicht aus, in der tschechischen Politik einen ähnlichen Sprung nach vorn wie in den Jahren zuvor mit Polen zu erreichen.

Erst am 21.Januar 1997 kam es im Prager Palais Liechtenstein zur Unterzeichnung der von Peter Hartmann als Staatssekretär des Auswärtigen Amtes – und damit einer Person des Vertrauens für den Bundeskanzler wie den Außenminister – in mühevoller Kleinarbeit verhandelten „Deutsch-Tschechischen Erklärung über die gegenseitigen Beziehungen und deren künftige Entwicklung" durch den Bundeskanzler und den tschechischen Ministerpräsidenten Vaclav Klaus wie durch die beiden Außenminister Klaus Kinkel und Josef Zieleniec.

Sie vermochte aber nur zu notdürftig den Dissens über die Bewertung der Vertreibung der Sudentendeutschen und die sog. Benes-Dekrete zu verdecken. Dennoch ist den beiden heutigen Ko-Vorsitzenden des Deutsch-Tschechischen Gesprächsforums, Christian Schmidt und Libor Roucek, zuzustimmen, dass diese Erklärung „kein Dokument der Rechtfertigung oder geschichtlichen Schönrednerei" ist, „sondern ein politisch und intellektuell anspruchsvolles Eingeständnis geschichtlicher Irrwege und eine Auseinandersetzung mit den Folgen chauvinistischer Überheblichkeit".

Vor allem der Nachfolger Havels und langjährige Präsident Vaclav Klaus blieb ein Problem für Helmut Kohl und für Deutschland, dies vor allem aber aufgrund seiner euroskeptischen Haltung und regelrechten Aversion gegenüber dem Euro! Es war einfach unmöglich, ihn zu einer konzilianteren und konstruktiven Haltung zu bewegen.

Helmut Kohl nahm sich vergeblich viel Zeit, mehr Zeit als mit anderen Partnern aus Mittel- und Osteuropa, um ihn nachdenklicher und offener zu stimmen. Auch mein gutes, durchaus vertrauensvolles Verhältnis zu seinem Kanzleichef auf der Burg, Jiri Weigl, vermochte daran nichts zu ändern.

Ich traf Vaclav Klaus nach meinem Ausscheiden noch mehrmals in Prag und Paris – die Treffen wurden freundschaftlicher im Ton, ich blieb für ihn der Exponent einer aus seiner Überzeugung heraus falschen Politik! Er war und blieb Euro-skeptisch und letztlich auch distanziert gegenüber der europäischen Integration! Vaclav Klaus hat aufgrund seiner oft störrischen Art die Integration Tschechiens in die EU nicht gerade gefördert.

Ein ähnlich schwieriger Fall war der langjährige slowakische Ministerpräsident Vladimir Meciar. Er versuchte immer wieder nach Bonn eingeladen zu werden bzw. zunächst den Bundeskanzler bei multilateralen Gipfeln zu sprechen, vergebens, der Bundeskanzler machte in gewisser Weise einen Bogen um ihn.

Meciar hatte mich vor Kollegen zum „schwarzen Schaf", zur „persona non grata" erklärt, sei ich doch der Verantwortliche dafür, dass er von Bonn, von Helmut Kohl nicht gebührend wahrgenommen wurde. Dass dies mit seiner eigenen Politik zu tun hatte, wollte er nicht wahrhaben – der Gipfel war für ihn, dass ich 1997 auf Bitten aus den Fraktionen des Deutschen Bundestages in Absprache mit dem Chef des Bundeskanzleramts die Spitzen der Vierer-Koalition, die ihn ablösen sollte, unter Mikulas Dzurinda zu einem informellen Gespräch empfangen habe.

Meciars Politik hatte zwar die saubere Trennung von Tschechien 1993 erlaubt, zugleich aber die Slowakei für viele Jahre in die Isolation geführt. Umso erfreulicher ist es, dass die Slowakei den so entstandenen Rückstand trotz einer schwierigen Innenpolitik – man denke nur an die Probleme der ungarischen Minderheit – über die Jahre wettgemacht hat und in manchen Fragen durchaus progressiv wurde, wie zum Beispiel im Steuerrecht wurde die Slowakei zum ersten europäischen Land, das erfolgreich eine „flat tax" einführte!

Rumänien kam nur langsam voran und hatte erhebliche Schwierigkeiten, sich von den alten Strukturen zu lösen. Trotz aller Vorbehalte machte der Bundeskanzler keinen Bogen um dieses Land, bestand doch bereits unter Nicolae Ceausescu letztlich eine sehr emotionale Beziehung zu Rumänien: Über Jahre versuchten alle Bundesregierungen der deutschen Minderheit in Siebenbürgen zur Seite zu stehen, auch durch „Freikauf" von Menschen.

Ich durfte in jenen Jahren an den ersten Begegnungen mit dem gewählten Präsidenten Ion Iliescu und seiner Mannschaft teilnehmen, ein Mann, der schwer einzuschätzen war, war er schon – siehe Polen – ein wirklicher „Reformkommunist" auf dem Wege zum „Sozialdemokraten" oder war er noch in Wahrheit sehr von der „alten Schule"?

Damals schien er sich um Reformen zu bemühen, tat sich jedoch schwer, auch darin Demokratie und Opposition als solche zu akzeptieren. Mir schien, dass ich gerade diese Gruppen schwerer mit einer „Modernisierung" taten wie dies in Polen und anderswo geschehen war. Und zudem schienen mir manche, auch der früheren Kommunisten, erstaunlicherweise „im Reflex" eher den Amerikanern nahe zu stehen als Europa.

1996 schien sich vieles mit der Wahl von Emil Constantinescu zum Präsidenten zu ändern, der vor allem im Verein mit seinem umtriebigen und hoch motivierten Europaminister Alexandre Herlea ein Hoffnungsträger wurde – dessen Durchsetzungskraft im Dickicht der rumänischen Innenpolitik aber auch nicht lange hielt.

Ich bin seither recht oft in Rumänien gewesen, ich konnte durchaus Fortschritte feststellen, in mancherlei Hinsicht schien mir das Land aber auch oft genug „einen Schritt nach vorn und zwei Schritte zurück oder zur Seite" zu machen.

Auf diese Weise waren wir alle Ende 2014 bei den Präsidentenwahlen über den Sieg eines Außenseiters überrascht, auch wenn ihm die Regierung alle möglichen Knüppel in den Weg gelegt hatte.

Es war ausgerechnet eine Persönlichkeit, die den Kampf gegen die Korruption auf seine Fahne geschrieben hatte – und die dazu der Vertreter der deutschen Minderheit in Rumänien ist.

Klaus Johannis, dem ich vor Jahren beim Besuch einer Delegation aus dem früheren Siebenbürgen kurz begegnet war, ist ein wirklicher Hoffnungsträger, dem man nur wünschen kann, das Land – über das es mehr Vorurteile als echte Urteile gibt – endlich dauerhaft auf einen erfolgreicheren Weg zu bringen.

Bulgarien stand weniger im Vordergrund unserer Bemühungen. Der Bundeskanzler besuchte im Juni 1993 Sofia, sein Gastgeber war Präsident Schelju Schelew (1990 – 97). Sein Nachfolger Petar Stojanow (bis 2002) versuchte endlich Reformen einzuleiten und suchte den Kontakt mit Deutschland. Bonn und Berlin waren 1996 – 98 seine Ziele.

Schwerpunkt in der Folge waren Besuche der Ministerpräsidenten, vor allem Iwan Kostow, in gewisser Weise ab 1997 Hoffnungsträger, freilich nur für eine beschränkte Zeit/

In Madrid habe ich Simeon Sakskoburggotski und seine Familie kennen gelernt. Simeon von Sachsen-Coburg und Gotha war als Simeon II der letzte Zar von Bulgarien (1943–46), er musste mit der kommunistischen Machtübernahme ins Exil gehen. Er hat lange Jahre in Spanien als Repräsentant des französischen Konzerns für Rüstungselektronik Thomson-CSF, später Thales gearbeitet und gelebt.

1996 besuchte er erstmals wieder Bulgarien, 2001 erfolgte die Gründung der „Nationalen Bewegung Simeon II". Angesichts eines klaren Abwärtstrends in allen Bereichen bat ihn seine Heimat 2001 um Hilfe und rief ihn zurück. Von 2001 – 2005 war er Ministerpräsident seines Landes. Aber auch er kam kaum voran. In jenen Jahren war ich als Mann der französischen Wirtschaft öfters in Bulgarien, lernte damals auch den Bürgermeister von Sofia und heutigen starken Mann des Landes, Boiko Borissov, kennen. Er hat das Land stabilisiert – hat er es aber wesentlich vorangebracht? Meine Brüsseler Freunde setzen hier nicht nur ein kleines Fragezeichen!

EU-Türkei – Geschichte ohne Ende?

Mit der **Türkei,** dem 13. Kandidaten sollten die Verhandlungen erst dann aufgenommen werden, wenn die EU urteilt, dass die Türkei die politischen Bedingungen eines Beitritts erfüllt.

Die deutsche Haltung während der Amtszeit Kohls in dieser Frage ist im Jahr 1997 von mancher interessierten Seite aktiv zur Legendenbildung genutzt worden.

Ich war mir mit dem Bundeskanzler einig, dass die EG – wie auch zum Teil die NATO – über lange Jahre nicht eine adäquate Politik gegenüber diesem wichtigen Lande mit seiner großen Tradition und Geschichte, seiner eigenen Kultur verfolgt hatte.

Über lange Jahre stand Kohl mit seiner Unterstützung der Türkei – auch gegenüber Washington – allein auf weiter Flur. In Washington änderte sich dies erst mit dem Golfkrieg, bei dem man die „strategische Nützlichkeit" der Türkei zu entdecken glaubte. Bis dahin hatte die griechische Lobby klar die Oberhand behalten. In manchen EG-Hauptstädten war dies nicht anders.

Von je her hatte er daher für eine möglichst enge Assoziierung der Türkei mit der EG, später der EU plädiert. In Bezug auf einen Beitritt hat er immer seine Bedenken klargemacht – dabei auch immer wieder klargestellt, dass die Ablehnung seinerseits nicht auf einer Aversion gegen den Islam, d.h. auf religiösen Motiven beruht. Die Aufnahme eines solchen großen Landes mit seiner eigenen Kultur und Geschichte würde die EU überfordern – und umgekehrt auch die Türkei. Dies war und ist auch meine Überzeugung – ein Veto seinerseits irgendwelcher Art war damit nie verbunden. Ich bin aber immer davon ausgegangen, dass diese Zurückhaltung nicht das letzte Wort des Kanzlers darstellen werde. Vielmehr schien ihm die unsichere innenpolitische Entwicklung in der Türkei immer wieder Anlass zu seiner abwägenden Zurückhaltung zu geben.

Diese Haltung hat der Bundeskanzler mehrfach in aller Ruhe sei es im Rahmen der EVP im Frühjahr 1997 oder der EU, zuletzt vor allem bei der Tagung des Europäischen Rates in Luxemburg im Dezember 1997, verdeutlicht.

Verkürzte und falsche Zitate – Kohl wurde unterstellt, er habe seine Zustimmung für den Beitritt gegeben – führten im Frühjahr 1997 nach einem Treffen der EVP-Parteichefs in Brüssel wie vor allem dann Ende September 1997 nach dem Besuch des türkischen Ministerpräsidenten Mesut Ylmaz in Bonn zu Stürmen der Entrüstung, die nur schwer zu glätten waren. Kohl hatte in ihn, der in Köln studiert hatte, grosses Vertrauen gesetzt, Ylmaz enttäuschte ihn damals zutiefst.

Ich habe damals das Wochenende damit verbracht, Ylmaz dazu zu bewegen, was anscheinend für manche die Höchststrafe zu sein scheint, sich für seine groben Entstellungen gegenüber türkischen Medien und Entgleisungen zu entschuldigen. Er hat dies immer abgelehnt. Daraufhin blieb mir nichts anderes übrig, als wie mit dem Bundeskanzler abgesprochen über den Regierungssprecher eine ebenso harsche, zurückweisende Erklärung zu veranlassen.

Eine echte, offene Aussprache über die Zukunft der Türkei in ihrem Verhältnis zu Europa wurde immer weniger möglich. Ende 1997 erörterten die 15 Regierungschefs in Luxemburg erstmals diese Problematik, eine Einigung schien ausgeschlossen. Manchen fehlte der Mut, die Mehrheit versteckte sich hinter Jean-Claude Juncker und dem Bundeskanzler, kaum einer wollte als der angebliche „Bösewicht" dastehen.

Zwei Jahren später machten die Staats- und Regierungschefs der EU daraus ein grundsätzliches „Ja" mit Vorbehalten. Die Zukunft möge erweisen, ob sie mit dieser Linie richtig lagen. Meine Bedenken gelten unverändert fort.

Heute geht diese Debatte hinter den Kulissen unverändert weiter. Nur zuweilen kommt sie an das Tageslicht auf dem Wege über die Presse, es gilt als „politically not correct" die Aufnahme der Türkei in Frage zu stellen. Ich bin davon überzeugt, dass es – ohne eine echte vorherige Debatte – weder in der Assemblée noch im Deutschen Bundestag bei einer wirklichen geheimen und freien Abstimmung eine Mehrheit für den Beitritt der Türkei geben würde. Auf der anderen Seite ist es genauso richtig, dass wir Europäer die Türkei seit Anfang der 60er Jahre mit Versprechungen hinhalten – und irgendwo muss hier eine Grenze sein, aber wohin, zu mehr Ehrlichkeit oder zu mehr Heuchelei?

Die Türkei ist ein zu wichtiges Land und Partner für Europa – wir können es uns nicht leisten, dass die Diskussion weiter im Leeren verläuft und dass die Türken uns im Grunde für einen wenig verlässlichen Partner halten müssen.

Daher habe ich in zwei Beiträgen zunächst in Paris im Rahmen des von französischen und türkischen Industriellen gegründeten „Institut du Bosphore", dann in Deutschland in einer Veröffentlichung der Convoco-Stiftung vor einiger Zeit dafür plädiert, diesen Schwebezustand zu beenden und die Türkei zunächst als Vollmitglied mit allen Rechten und Pflichten in den Binnenmarkt aufzunehmen. Nach einer Frist von zehn Jahren sollten sich beide Seiten in aller Offenheit zusammensetzen und prüfen, ob auch eine Vollmitgliedschaft vorstellbar und verkraftbar ist. Jedenfalls sollte die Türkei einen besonderen Status erhalten, der auch in den Bereichen Außen- und Sicherheit wie Innen und Justiz die Nähe der Partner unterstreicht.

Hinter vorgehaltener Hand stimmten meine türkischen Freunde diesem Ansatz zu, gaben aber zu bedenken, dass ein solcher Vorschlag allein von den Europäern kommen müsste. Sie drängten gleichwohl immer wieder auf Eile, da sich die türkische Politik von der Realität entferne – man brauche sich nur die Entwicklung der letzten Jahre anzuschauen.! Diese Entwicklung unter Erdogan stellt die frühere politische Linie der Türkei insgesamt in Frage: aufgrund innerpolitischer Schwächen stellt er offen die grundlegende Ausrichtung der Türkei seit Atatürk in Frage, ja er scheint von ihr Abschied nehmen zu wollen. Seine Haltung in jüngster Zeit – ob in Bezug auf die Gasfunde im östlichen Mittelmeer, sein Vorgehen im Nahen Osten, in Syrien, seine Haltung zur „Umwidmung" der Hagia Sofia – stellen die weitere Annäherung und ein vernünftiges Miteinander mehr als in Frage.

Vorbereitung auf den Euro

Auch nach Ratifikation des Vertrages von Maastricht glaubten viele noch nicht an den Erfolg der Wirtschafts- und Währungsunion. Der Vertrag hatte den Mitgliedstaaten der EU anspruchsvolle Ziele für ihre Wirtschafts- und Finanzpolitik aufgegeben, die damals nur von einer kleinen Minderheit erfüllt werden konnten, und zudem einige Fragen von nicht zu unterschätzender politischer Bedeutung offen gelassen, wie insbesondere den Sitz der Europäischen Zentralbank, den Namen der künftigen Währung und vor allem das konkrete Szenario zur Einführung.

Psychologisch war es daher besonders wichtig, am Anfang dieser Übergangs- und Vorbereitungsperiode die Weichen richtig zu stellen. Sie hatte im Sommer 1992 mit einer Zerreißprobe, mit dem Test, ob die Europäer zusammenhalten und dies auch durchhalten, begonnen – und es sollte nicht die einzige, im Grunde gegen die Europäer gerichtete Spekulationswelle bleiben – „man" wollte zumindest testen, ob und inwieweit die Europäer es tatsächlich ernst meinen bzw. ob sie wirklich durchhaltefähig sind.

Das Europäische Währungssystem, das EWS, stand mehrfach in schweren Turbulenzen – es wurde durch Spekulationswellen gegen das britische Pfund, den französischen Franken und die Lira erschüttert, hielt aber dank engen deutsch-französischen Zusammenhalts und dann einer von vielen kritisch betrachteten Ausweitung der Bandbreiten.

Es begann mit jenem „schwarzen" Mittwoch für das britische Pfund am 16. September 1992: die Regierung Major trat aus dem Europäischen Währungssystem (EWS) aus und musste das Pfund abwerten. Der „Schuldige" war schnell ausgemacht: die intransigente Politik der Deutschen Bundesbank und die Bundesregierung! Die Turbulenzen dauerten an mit der Lira und vor allem dem französischen Franken.

Einer der entscheidenden Momente war der 22. September 1992, nur 2 Tage nach dem knapp gewonnenen Referendum in Frankreich. Während der Turbulenzen reiste der Bundeskanzler zu einem seiner normalen informellen Treffen mit Präsident Mitterrand nach Paris. Der Präsident begrüßte den Bundeskanzler und seine kleine Delegation reichlich missmutig. Es war klar, dass ihn etwas tief bedrückte. Auf die Frage des Bundeskanzlers kam die kurze Feststellung, „die Kasse der Banque de France ist leer, wir haben alle Reserven gegen die Spekulation eingesetzt. Wir kommen jetzt nicht umhin, den Franken abzuwerten und wieder Kapitalverkehrskontrollen einzuführen".

Der Bundeskanzler hielt inne – er war davon ausgegangen, dass sich die Währungsfront beruhigt hatte – und fragte den Präsidenten, ob er mit Washington telefonieren könne; dort laufe ja noch die Herbsttagung von IMF und Weltbank und Finanzminister wie Bundesbankpräsident seien noch dort, er wolle mit ihnen sprechen, um deren Lagebeurteilung zu hören und deren Auffassung über das beste weitere Vorgehen.

Gesagt getan, vom Büro eines der Mitarbeiter des Präsidenten erreichte der Bundeskanzler die Herren Schlesinger – nicht gerade ein Freund des Euro –, Tietmeyer und Waigel. Er besprach mit ihnen die Lage und bat um Prüfung, wie man am besten den Franzosen helfen könne.

Entgegen einer weit verbreiteten Auffassung hat François Mitterrand an jenem Tage den Bundeskanzler nicht auf eine verbindliche gemeinsame Erklärung gedrängt, wonach die Bundesbank den französischen Franken unter allen Umständen verteidigen werde. Er wusste um die Sensibilität des Themas auf unserer Seite.

In Washington hatte die Spitze der französischen Delegation auf Weisung aus Paris längst die Zelte abgebrochen und war, damals noch über New York per Concorde, auf dem Wege zurück nach Paris zur Krisensitzung. Als „Stallwächter" waren verblieben vor allem der Staatssekretär des Finanzministeriums, „le Directeur du Trésor", Jean-Claude Trichet, und einer seiner Mitarbeiter, Pierre Duquesne – und sie verhandelten dann mit der deutschen Delegation.

Der staunenden Welt unterstrichen beide Seiten am Abend von Washington aus ihre gemeinsame Entschlossenheit im Kampf gegen die Spekulation.

Und, was allerdings nicht Gegenstand der gemeinsamen Erklärung war, zugleich erhielt die Banque de France einen Beistandskredit seitens der Bundesbank, dies in einer Größenordnung, die uns heute geringfügig vorkommen würde, die aber damals völlig ausreichend war, um die Kassen kurzfristig wieder abwehrfähig zu machen. Es ging, wenn mich die Erinnerung nicht trügt, um einen zweistelligen Milliarden-Betrag in DM!

Die Märkte muckten noch kurz auf, knickten dann aber rasch ein, als sie den Ernst der Absicht erkannten, und die Lage normalisierte sich rasch, der Kredit war nach ein paar Monaten zurückgezahlt. Trotz aller harter Diskussionen der Protagonisten aus Bundesbank und den Finanzministerien am Ende letztlich ein besonderes Kapitel deutsch-französischer Vertrauensbildung und Vertrauens, vor allem gegenüber einer Person, Helmut Kohl!

Anschließend war wieder die italienische Lira – als relativ schwaches Glied im Konzert der europäischen Währungen – Ziel der Spekulationen. Mich erreichte damals die Krise an einem Samstagmorgen durch ein Telefonat aus dem Lagezentrum des Kanzleramts „Da ist jemand am Telefon und versucht den Kanzler zu erreichen, er klingt italienisch". Es war

Carlo Azeglio Ciampi – Wir fanden mit vereinten Kräften dann glücklicherweise den Bundesfinanzminister auf dem Münchner Flughafen. Und wieder war es bemerkenswert, dass die Welle mit vereinten Kräften und dank der Hilfe der Bundesbank gestoppt werden konnte.

Es ist damals viel darüber spekuliert und recherchiert worden, wer wohl hinter den Spekulationswellen gegen die schwächeren europäischen Währungen steckte. Einer der Spekulanten hat sich bekannterweise geoutet – George Soros, aber der Verdacht konnte damals und auch später nie ganz entkräftet werden, dass die „amerikanische Finanzszene" im Einklang mit Regierung und FED ganz bewusst den Europäern klar machen wollte, wer das Sagen hat. Ich hoffe sehr, sie mögen sich auch in Zukunft weiter gründlich verheben!

Auch über die Hintergründe der Schwächen in Europa ist damals vieles geschrieben und behauptet worden. Manche stellten darauf ab, dass allein die Deutschen letztlich für die Schwäche der anderen in Europa verantwortlich waren, die Finanzierung der Deutschen Einheit habe die DM geschwächt, die Bundesbank habe darauf mit Diskont-, sprich Zinserhöhungen in Deutschland reagiert und andere von einer Geldpolitik niedriger Zinsen abhängige Länder in eine wirtschafts- und finanzpolitische Klemme gebracht!

Zuzugeben ist, dass bereits in jener Zeit die Wirtschafts- und Finanzpolitik der Mehrzahl der europäischen Länder „de facto" von Deutschland und der Zinspolitik der Bundesbank abhängig gewesen ist. Manche Kritiker scheinen dabei auszublenden, dass es damals um einen Diskontsatz in einer Höhe von 8% ging und dies allein während der Zerreißprobe 1992/93 während eines Jahres – schon im Herbst 1993 war er wieder bei knapp 6%!

Und es fragt sich doch, ob man allein mit der Deutschen Einheit und der Politik der Bundesbank bereits die Entwicklung in ganz Europa erklären konnte – oder lag dies nicht auch und vor allem an der politischen Schwäche einiger der anderen europäischen Staaten?

Unmittelbar nach diesen Bewährungsproben – und noch vor Inkrafttreten der zweiten Stufe der Währungsunion im Jahre 1994 – hatte sich die belgische Präsidentschaft sich im 2. Halbjahr 1993 daran gemacht, sich darum zu bemühen, das große Paket der europäischen Sitzfragen zu lösen, einschließlich der Frage des Sitzes der Europäischen Zentralbank.

Unsere belgischen Freunde bereiteten diese Fragen akribisch vor und beriefen für den 29. Oktober 1993 eine Sondertagung des Europäischen Rates nach Brüssel ein.

Zu Beginn der Beratungen staunten die Kamerateams vor dem Ratsgebäude im Zentrum von Brüssel, damals noch dem „Charlemagne", nicht schlecht, als der deutsche Bundeskanzler aus einem Wagen der belgischen Autobahnpolizei stieg, die uns von der deutsch-belgischen Grenze bis nach Brüssel Gastfreundschaft gewährt hatte – ein Unternehmen nicht ohne Hindernisse in einem Lande mit ausgeprägten föderalen Strukturen und einer Reise durch die verschiedenen Landesteile! Grund war der Nebel, der unseren BGS-Hubschrauber bei Aachen gestoppt hatte.

Es gehört zu den hervorragenden Leistungen des damaligen belgischen Ministerpräsidenten Jean-Luc Dehaene und seiner Mitarbeiter, mit welcher Sensibilität sie – obwohl auch Betroffene – an diese Fragen herangegangen sind und mit welcher Geschicktheit sie die immer höchst schwierigen Sitzfragen einer Lösung zugeführt haben.

„Strippenzieher" hinter den Kulissen an der Seite des Ministerpräsidenten war Dominique Baron Struye de Swielande, sein diplomatischer Berater, der über viele Jahre für die belgischen Ministerpräsidenten in schwierigen Lagen und Bereichen immer wieder die Rolle des „Feuerwehrmannes" übernommen hat, einschließlich des Einsatzes in einer besonderen Zeit als Botschafter in Kinshasa. Auch übertrug ihm die Brüsseler Politik die Organisation des Übergangs von Bonn nach Berlin zur Jahrhundertwende.

Leider ist dieser gute Freund – und große belgische, ja europäische Diplomat, Vorbild für uns alle – 2015 allzu früh verstorben. Seine Freunde und Weggefährten werden die Anwesenheit von Herman van Rompuy, dem früheren Präsidenten des Europäischen Rats, als Vertreter der belgischen Ministerpräsidenten und die Trauerrede des amtierenden Verteidigungsministers de Crem, Dominiques letztem Chef nicht vergessen

Eine Sitzfrage bleibt indes umstritten, die des Europäischen Parlaments, Straßburg und Brüssel, eine Arbeitsteilung, die auf Dauer nicht durchzuhalten sein wird.

Für uns war die Brüsseler Entscheidung umso wichtiger, als sie unsere Bemühungen flankierte, die Europäische Zentralbank nach Frankfurt zu holen. Dazu gehörte natürlich zusätzlich eine gehörige Menge an geduldiger Überzeugungsarbeit, um zögernde Kollegen und solche, die eigene Ziele verfolgten (wie z.B. Ruud Lubbers oder John Mayor), zu überzeugen oder wenigstens zum Einlenken zu bewegen. Für uns war der Erfolg dieser Bewerbung ein Schritt, der für die Akzeptanz der Währungsunion in Deutschland von besonderer Bedeutung war.

Eine nicht minder sensible offene Frage war der Name des künftigen europäisches Geldes. Lange hatte sich hartnäckig die von den Franzosen eingeführte und für uns unmögliche Bezeichnung „ECU" als Favorit gehalten.

Wir entgegneten gegenüber dieser Namensgebung oft, in Deutschland gebe es eine fast gleichnamige Biermarke (EKU) und im Übrigen könnten sich die Deutschen unter „ECU", diesem französischen Begriff aus fernen Zeiten des Mittelalters nichts vorstellen. Hinzu kam, dass „ECU" ja auch „European Currency Unit" (Europäische Rechnungseinheit) bedeutete, unsere Verrechnungsmethode der nationalen Währungen für den europäischen Haushalt.

Erst im Dezember 1995 konnte beim Europäischen Rat in Madrid dank der Vorarbeit von Theo Waigel und seiner Mannschaft die Verständigung auf „Euro" festgemacht werden.

Es blieb vor allem in der deutschen Debatte, aber auch in manchen anderen Ländern die Sorge um die, um die, ausgedrückt in der modernen Politiksprache, „Nachhaltigkeit" der Anstrengungen um möglichst stabile und vergleichbare Verhältnisse in der Wirtschafts-, Finanz- und Haushaltspolitik der Partner zur Flankierung der Währung, und dies auf der Grundlage möglichst konkreter Kriterien.

Es war für viele Kritiker nicht ausreichend, dass diese Kriterien bei Eintritt in den Euro gelten, sondern sie müssten die permanente Messlatte für die einzelnen Länder sein.

Und so entstand 1995 – in erster Linie zur Absicherung gegenüber der kritischen deutschen Innenpolitik – die von Theo Waigel eingeführte deutsche Forderung nach dem Stabilitätspakt!

Nach schwierigsten Beratungen, nicht zuletzt mit unseren französischen Nachbarn, die in der Schlussphase im Dezember 1996 in Dublin eher an Verhandlungen in einem Basar als eine echte Verhandlung zur Sache erinnern mussten, konnten wir uns auf den Stabilitäts- und Wachstumspakt verständigen können. Und schon damals hatte der luxemburgische Nachbar und junge Ministerpräsident – Jean-Claude Juncker – entscheidenden Anteil am Kompromiss.

Nicht durchsetzbar war allein die ursprüngliche deutsche Forderung nach automatisch wirkenden Strafen für die Sünder – der Rat sollte jeweils darüber entscheiden.

In Dublin war ich zugleich Zeuge – oder besser Dolmetscher – eines ganz besonderen Gesprächs. Präsident Chirac traf dort erstmals auf Finanzminister Theo Waigel, zugleich Vorsitzender der CSU – und bat ihn in einer der Verhandlungspausen um ein Vier-Augen-Gespräch. Chirac bat mich, das Gespräch zu übersetzen. Er wollte Waigel näher kennen lernen, sich ein Bild machen, ihn „beschnuppern", war doch für ihn Franz-Josef Strauss über lange Jahre der CSU-Partner gewesen.

Das Gespräch zog sich in die Länge und nur wenige Meter saß daneben wartend der Bundeskanzler mit einem zunehmend misstrauischen und missmutigen Blick!

13.12.1996 in Dublin: Jacques Chirac, Theo Waigel, Joachim Bitterlich und Helmut Kohl
Quelle: picture-alliance / dpa / Tim_Brakemeier

Der Bundeskanzler hat mich aber danach nie nach dem Inhalt des Gesprächs gefragt – er erkannte die besondere Rolle des Dolmetschers in jener Lage an.

Nicht minder sensibel waren die Diskussionen um den Kreis der Länder, die letztlich dabei sein sollten. Es ging einfach darum, wer erfüllt die zuvor in Maastricht festgelegten Kriterien der Staatsverschuldung und der Neuverschuldung. Die berühmten „60%" und „3%" – diese konkreten Zahlen hatten die Franzosen statt einer komplexen Definition vorgeschlagen!

Interessant genug, für den Fall Belgien interessierte sich kaum jemand trotz der überhöhten Staatsverschuldung – Belgien schien selbst für die Dogmatiker bei uns kein Problem, dafür aber umso mehr Italien, das für viele der unsichere Kantonist zu sein schien – übrigens nicht nur in Sachen Wirtschafts- und Währungsunion! Italien konnte einfach die Bedingungen, auch auf absehbare Zeit nicht voll erfüllen, die Verschuldung des Landes war viel zu hoch, um das Doppelte der Maastricht-Kriterien von 60%, immerhin machte es ernste Reformanstrengungen, die mit den Namen Giuliano Amato und Carlo Azeglio Ciampi verbunden sind.

Auf der anderen Seite war es für viele – auch für den Bundeskanzler – schwer oder gar letztlich nicht vorstellbar zu sein, Italien auszuschließen.

In jenen Jahren wurde Ciampi quasi zum „Garanten" Italiens im Verhältnis zu seinen Partnern! Ihm hat es Italien letztlich zu verdanken, von Anfang an, dabei gewesen zu sein.

Ciampi stellte Jahre später in einem Interview fest, dass Italien ohne die Aufnahme in die Wirtschafts- und Währungsunion vor dem Abgrund und dem finanziellen Zusammenbruch gestanden hätte:

Das Problem seien nicht nur die unvermeidbare Abwertung der Lira gewesen, sondern die immensen Staatsschulden mit einer durchschnittlichen Laufzeit von nur einem Jahr. Jede neue Emission sei damit zu einem Zitterspiel geraten und es sei fraglich gewesen, wie lange Italien dies hätte durchstehen können mit von den Finanzmärkten geforderten immer höheren Zinsen.

Und: man stelle sich einmal, auch im Rückblick, diese Entwicklung vor. Italien hätte Europa, und auch vor allem Deutschland, mitgerissen, mit allen Konsequenzen für die deutsche Wirtschaft und die politische Stabilität Europas. Von daher gesehen war es unbedingt richtig und letztlich weise, die Italiener trotz aller dogmatischer Bedenken mitzunehmen!

Leider hat dieses stolze und zugleich komplexe Land in der Folge „dank" seiner innenpolitischen Begebenheiten ein gutes Jahrzehnt verloren und sucht unverändert einen neuen Elan zur Sanierung des Bankensektors und engagierten Strukturreformen. Bisher haben die Bemühungen des letzten Jahrzehnts von Mario Monti, Enrico Letta oder Matteo Renzi nicht eine breitere Grundlage und Gefolgschaft gefunden. Italien ist das „Sorgenkind" der Euro-Zone geblieben, das zudem zunehmend sensibel auf alle Ratschläge und Empfehlungen reagiert, die von „nördlich der Alpen" stammen!

Der spätere, oft kritisierte Beitritt Griechenlands, steht auf einem ganz anderen Blatt. Auch die Griechen wollten unbedingt dabei sein, und dafür war ihnen jedes Mittel recht – getürkte Statistiken wie auch – ich nehme das Wort „Erpressung" in der Politik ungern in den Mund – nennen wir es „sanfter Druck" mit einer „politischen Geisel": Zypern.....!

In diesem Fall war eine derartige Drohung nicht notwendig, die Staats- und Regierungschefs stimmten nicht 1998, aber 2001 der Aufnahme Griechenlands zu – es war für sie wohl ein Fall minderer Bedeutung, die Aufnahme eines Landes dessen BIP halt nur knapp 2% des EU-BIPs ausmachte. Daraus konnten ja wohl keine Probleme entstehen. Was konnte man dabei schon falsch machen?

Ich hatte in jenen Jahren die Chance, einen griechischen Ministerpräsidenten, Konstantinos Simitis, kennen zu lernen, der sich ernsthaft darum bemühte, sein Land zu modernisieren, aber letztlich an seiner eigenen

Partei, der sozialistischen PASOK, scheiterte – sie stürzte ihn kurzfristig, als er versuchte, das Rentensystem zu reformieren. Aber auch er ist in seinem Lande bis heute umstritten geblieben. Vor dem 01. Januar 1999, dem ersten Teil des Starts der Währungsunion blieb die mitschwierigste Klippe, die Ernennung des ersten EZB- Präsidenten und des Direktoriums am 2./3. Mai 1998. Es hat hierüber viele Berichte gegeben, von denen die wenigsten der Wahrheit zumindest nahekamen bzw. sich darum bemühten.

Manche waren offensichtlich mit der Zielsetzung geschrieben, Legenden zu bilden, manche waren schlicht darauf aus, zu verleumden.

Für uns war klar, dass der erste Präsident nach der zu unseren Gunsten erfolgten Sitzentscheidung kein Deutscher sein konnte und daher der auch meiner Sicht für diese schwierige Aufgabe am besten geeignete Hans Tietmeyer leider nicht von uns ins Spiel gebracht werden konnte.

Die Bundesregierung hatte sich daher bewusst von Anfang an dafür entschieden, einen Kandidaten aus einem kleineren Land als ersten Präsidenten zu unterstützen, der zudem in seiner Ausrichtung und Denkweise am ehesten die Garantie für die Umsetzung der Ziele der Währungsunion bot.

Dies war der Niederländer Wim Duisenberg, der zudem den Vorteil hatte, er war in Dublin zum Präsidenten des Europäischen Währungsinstituts als Vorläufer der EZB ernannt worden und damit auch eingearbeitet.

Von Anfang hatten jedoch unsere französischen Freunde mit zunehmendem Druck darauf gepocht, dass ein Franzose – auch im Sinne eines Gleichgewichts mit uns, mit der „deutschen" Konstruktion der Währungsunion und dem Sitz der EZB in Frankfurt – erster Präsident werden sollte.

Präsident Chirac und Premierminister Jospin hatten dafür Jean-Claude Trichet benannt, den Präsidenten der französischen Zentralbank, uns über lange Jahre auch aus früheren Funktionen, vor allem als Staatssekretär im Finanzministerium, der in Paris als mächtigster Beamter galt, bekannt, ebenfalls wie Duisenberg ein exzellenter Mann.

Er hatte in Paris aufgrund seiner zunehmend unabhängigen Haltung gegenüber der Regierung den Beinamen „Hans Trichet" oder „Jean-Claude Tietmeyer". Die Franzosen kannten unsere Haltung, ließen aber nichts unversucht, operierten auch nicht immer ganz sauber...

Paris hatte die Kandidatur von Duisenberg mit Unterstützung der Regierung Wim Koks im Grunde nicht zur Kenntnis nehmen wollen. Chirac lehnte Duisenberg von vorneherein ab, er sagte uns sinngemäß mehrmals, dieser sei doch nur von den Notenbankpräsidenten bestimmt worden. In diesem Falle könne aber doch nicht das Wort von Technokraten gelten, sondern das Primat der Politik, sie allein könne das letzte Wort haben! Und

Duisenberg habe es im Übrigen noch nicht einmal für notwendig gehalten, ihm, dem Präsidenten, für die Verleihung der Ehrenlegion zu danken.

Erschwerend kam hinzu, dass in jenem Halbjahr die Engländer die EU-Präsidentschaft innehatten – die Engländer, die in Maastricht außerhalb der Währungsunion geblieben waren und für die wir im Vertrag ein Art Einstiegsklausel, ein opt-in, vorgesehen hatten.

Tony Blair und seine Mannschaft hatten sich anscheinend einfach zu wenig mit dieser sensitiven Problematik auseinandergesetzt und darauf gehofft, dass die Euro-elf sich schon untereinander einigen würden.

Der Streit traf sie daher, diplomatisch ausgedrückt, unvorbereitet – anders gesagt, sie hatten das Problem gerochen, wollten aber in keiner Weise den „Schwarzen Peter" ernten. Sie gingen mit der Erwartung in die Diskussion, Franzosen und Deutsche müssten und würden sich insoweit einigen und sie würden dies dann quasi als „Notar" bzw. als „neutraler Dritter" zustimmend zu den Akten nehmen.

Interessant genug Jonathan Powells Erinnerungen. Er, Tony Bairs Stabschef, betont ganz einfach, sie seien bei Ankunft in Brüssel informiert worden, Deutsche und Franzosen hätten sich geeinigt – nur sie hatten uns zuvor nicht nach der letzten Entwicklung der Bemühungen zwischen Paris und Bonn gefragt.

Ich schließe nicht aus, dass unsere französischen Kollegen ihnen ein entsprechendes Signal gegeben hatten, um den Druck auf Helmut Kohl zu erhöhen. Die Freunde aus Paris hatten sich seit Januar 1998 auf Trichet versteift, „großzügig" zunächst ein Jahr, dann zwei Jahre zu Anfang für Duisenberg angeboten, was der Kanzler strikt ablehnte.

Er war einem Kompromiss nicht verschlossen, dieser sollte aber vertragskonform sein. Im unmittelbaren Vorfeld boten sie dann überraschend die „Teilung" der achtjährigen Amtszeit zwischen Duisenberg und Trichet an – eine aus unserer Sicht im Lichte der Verträge „faule" und nicht akzeptable Lösung.

Die Entscheidung wurde so mehr und mehr zu einer „Prestige-Entscheidung". Und niemand hatte anscheinend auch in Paris den Präsidenten der Republik darauf hingewiesen, dass die Niederlande unmittelbar vor Wahlen standen!

Und viele hatten vergessen, dass die Niederlande die Ablehnung ihres Kandidaten Ruud Lubbers als Präsident der EU-Kommission noch nicht verdaut hatten. Die Fronten verhärteten sich zunehmend!

Die Briten hatten daher einen Entwurf für die Schlussfolgerungen vorgelegt, der niemanden, auch vor allem nicht uns und erst recht nicht die Niederlande befriedigen konnte.

Es folgte am 2./3. Mai in Brüssel ein stundenlanges, letztlich unwürdiges Gezerre, das erst nach Mitternacht durch entschlossenes Handeln und mit Hilfe der persönlichen Erklärung von Wim Duisenberg positiv abgeschlossen werden konnte. Helmut Kohl hatte – um jegliche Missverständnisse zu vermeiden – darauf bestanden und Duisenberg hatte sie aus eigenem Antrieb vor meinen Augen in Gegenwart weniger Zeugen selbst formuliert.

Wim Duisenberg hatte in den Vorgesprächen mit seiner eigenen Regierung wie mit Tony Blair die klare Aussage getroffen, er wolle aufgrund seines Alters nicht die volle Amtszeit von acht Jahren ausüben, sondern werde aus eigener Entscheidung den Zeitpunkt seines Ausscheidens bestimmen. Unsere französischen Nachbarn insistierten, er müsse ein verbindliches Datum nennen.

Nach stundenlangen Beratungen unter den Staats- und Regierungschefs bat Helmut Kohl – der auch unter Druck seiner Koalitionspartner Theo Waigel und Klaus Kinkel wie auch seitens Hans Tietmeyer stand, dessen Rolle mir bis heute nicht klar ist, – Wim Duisenberg zu sich und bat ihn, ihm zu erläutern, wie er sich seine Präsidentschaft und seinen Rückzug vor dem Ablauf der achtjährigen Amtszeit vorstelle.

Er werde alles dafür tun, diesen Willen bei den Kollegen durchzusetzen. Wim Duisenberg formulierte dann vor dem Bundeskanzler selbst in Englisch seine Erklärung – und diktierte sie mir langsam, las sie nochmals vor; Dorothee Kaltenbach und ich übersetzten sie parallel ins Deutsche.

Kern seiner Erklärung war, angesichts seines Alters nicht die volle Amtszeit (von acht Jahren) im Amt bleiben zu wollen. Es sei jedoch seine Absicht, „zumindest solange im Amt zu bleiben, bis die Übergangsregelungen für die Einführung der Euro-Noten und -Münzen sowie für den Einzug der nationalen Noten und Münzen in Übereinstimmung mit den in Madrid vereinbarten Regelungen verwirklicht sind". Und er setzte hinzu, „auch in Zukunft wird die Entscheidung zurückzutreten, alleine mir vorbehalten bleiben".

Der Europäische Rat akzeptierte kurz nach Mitternacht diese Erklärung ohne weitere Diskussion. Schockierend war in jener langen Nacht dann aber auch die abschließende Begegnung des Bundeskanzlers mit der Presse. Als er den Kompromiss um die Ernennung von Duisenberg vortrug, lachten einige Journalisten lauthals los – als ob ihnen nicht klar sein konnte, dass jene Beratungen am Ende einen politischen Kompromiss brauchten! Helmut Kohl machte dies demjenigen, der ihm wie ein „Rädelsführer" erscheinen musste, in unmissverständlichen Worten klar. Es war der damalige Korrespondent einer bekannten deutschen Tageszeitung, die auch heute noch Sprachrohr einer gewissen Euroskepsis ist.

In allen diesen schwierigen Beratungen, schon zuvor in Dublin, wurde Jean-Claude Juncker, der luxemburgische Premierminister, eines der größten Talente, Kenner und Persönlichkeiten der europäischen Politik, zu einem unentbehrlichen Freund, Helfer und Sekundanten. Jean-Claude Juncker kannte Deutschland, gerade auch seine Haken und Ösen, wie kein anderer – er stand uns oft genug freundschaftlich zur Seite, konnte aber auch, wenn es sein musste kritisch, unbequem sein.

Allen Auguren zum Trotz ist die Einführung des Euro in ihren zwölf Ländern glänzend verlaufen und ich bin sicher, der Euro wird – trotz der Krise ab 2007, die keine Euro-Krise, sondern vor allem eine Krise der Bankenregulierung und ausufernder Staatsschulden darstellt – als eine der großen Währungen der Welt seinen Weg machen.

Natürlich musste man sich bewusst sein, dass die Wirtschafts- und Währungsunion nicht am Reißbrett entstanden war, sondern letztlich einen politischen Kompromiss darstellte! Sie hatte von Anfang an ihre Stärken und Schwächen.

Zu den Schwächen gehörte ohne jeden Zweifel die schwache Integration auf der Seite der Wirtschaftspolitik, aber auch in Bezug auf Haushalts- und Finanzpolitik, aber auch Steuern und Abgaben! Dies war aber das deutsche Modell, in dessen Vordergrund die Sicherung der Unabhängigkeit der Europäischen Zentralbank stand und das wir durchgesetzt hatten!

Dies war vielen von Anfang an bewusst – Frankreich wollte von Anfang an als Pendant zur Währungsunion die „europäische Wirtschaftsregierung" durchsetzen, ohne freilich klarzustellen, was damit gemeint ist – und die Deutschen waren daher überzeugt, dahinter könne letztlich doch nur der französische Dirigismus wie der Versuch stehen, die Unabhängigkeit der europäischen Zentralbank nach deutschem Modell auszuhebeln! Daher das kategorische deutsche „Nein" in den 90er Jahren!

Im Grunde letztlich genauso falsch wie der französische Versuch mit Mitteln der alten Schule europäische Wirtschafts- und Finanzpolitik kontrollieren und betreiben zu wollen. Schade, dass es die Politik beider Länder versäumt hat, dieses hoch sensible Thema vor dem Ausbruch der Krise „sine ira et studio" aufzugreifen!

Ich habe in Vorträgen mehrfach vergeblich versucht, diese Idee zu lancieren, etwa durch die Bildung eines „Ausschusses der Weisen" – ich schlug Tietmeyer, Ciampi und Delors vor –, um die Grundlagen eines gemeinsamen Vorgehens in der Wirtschafts-, Finanz- und Fiskalpolitik zu erarbeiten. Auch Jacques Delors fand mit diesem Anliegen kaum Gehör.

Eine andere Schwäche konnten wir damals freilich nicht ahnen: Wir konnten nicht wissen, dass sich das Bankenwesen und damit die Finanzierungsgrundlagen unserer Wirtschaft ab der zweiten Hälfte der 90er Jahre grundlegend verändern sollten. Stichwort Liberalisierung und Globalisierung der Banken! Diese Liberalisierung – ohne parallele Regulierung! – sollte mitverantwortlich die große Krise ab 2007 auslösen! Seit 2010 versucht die europäische Politik diesen Problemkomplex unter Kontrolle zu bekommen bzw. deren Risiken für das Ganze – Stichwort „Banken-Union"!

Und es war ein entscheidender Punkt hinzugekommen: Die kleineren Volkswirtschaften in Europa – ob Irland, Finnland, Belgien, Luxemburg, Portugal oder Griechenland – machten zusammen genommen zwar weniger als 10 % des Bruttoinlandsprodukts der EU aus, ihr Risikofaktor war aber unweit grösser, dank „systemischer" Auswirkung ihrer Risikofaktoren! Eine Auswirkung einer neuen Bankenwelt, die Politik und Wissenschaft lange ganz erheblich unterschätzt haben.

Stärken und Schwächen hatte der Euro von Anfang an, es ist auch und vor allem zu bedauern, dass solche Schwachstellen nicht in der ersten guten Phase angegangen und bereinigt wurden, in der Krise war und ist dies weitaus schwieriger. Es ist schon anmaßend, wenn der SPIEGEL unter den gegebenen Umständen heute zuweilen den Euro verteidigt, zuweilen locker von einer „Fehlkonstruktion des Euro" spricht und dafür die „sentimentale Politik Helmut Kohls verantwortlich macht, die selten auf die Zahlen achtete".

Dies ist schon starker Tobak oder einfach polemisches Schlechtreden eines Politikers – genauso wie er im gleichen Artikel unterstellt, dass Angela Merkel „die Europapolitik wieder zu einer Sache der Nationen gemacht (hat), den Traum eines Bundesstaats Europa hat sie nie geträumt" – auch letztere an die Adresse von Helmut Kohl gerichtete Feststellung ist, wie bereits dargelegt, eine in keiner Weise gerechtfertigte Unterstellung! Diese Unterstellungen – die eine wie die andere – werden durch Wiederholung auch nicht wahrer oder besser.

Es entbehrt zumindest nicht der politischen Ironie, dass ausgerechnet die Regierung unter Gerhard Schröder, der noch Anfang der 90er Jahre in den Wahlkämpfen seit Anfang an die Vorstellung der Währungsunion als „verfehlte Frühgeburt" abgetan hatte, im Frühjahr 2002 gemeinsam mit Jacques Chirac die Bestimmungen des Stabilitäts- und Wachstumspaktes zu umgehen versuchte und damit dem „blauen Brief" aus Brüssel aus offensichtlichen Wahlkampfmotiven zu entgehen.

Es gab anscheinend ernste Debatten in der damaligen Bundesregierung über das Vorgehen. Während Finanzminister Eichel, wie er mir Jahre später in einem persönlichen Gespräch bestätigte, auf ein EU-konformes Vorgehen drängte, schien der Bundeskanzler mit Unterstützung seines damaligen Chefs des Kanzleramts, Frank Walter Steinmeier, und seines „EU-Sherpa", Reinhard Silberberg, auf die Konfrontation mit Brüssel zu setzen.

Schröder und Chirac suchten mit ihren durchaus verständlichen Nöten nicht die Kooperation der Kommission Prodi – der im Grunde ja die Kritik am Stabilitätspakt zu teilen schien –, sondern gingen vielmehr stattdessen mit dem Kopf durch die Wand! Vielleicht schien ihnen Prodi auch zu schwach, um als vernünftiger Partner mitspielen zu können. Mir schien es, dass vor allem Schröder wie auch Chirac die Innenpolitik und die bevorstehenden Wahlen – und das Bestehen der „Kraftprobe" gegen die Kommission – im Auge hatten. Interessant, dass damals ausgerechnet Italien und Griechenland den deutsch-französischen Vorstoß unterstützten, der dann 2005 in Form einer stärkeren Ausrichtung der Kriterien auf das „strukturelle Defizit" von der EU sanktioniert worden ist.

Gerhard Schröder hat damit – ich sage bewusst: leider, aus innenpolitischen, vielleicht überbewertetem Kalkül – die Glaubwürdigkeit dieses bewusst gesetzten und von allen akzeptierten Rahmen in einem sehr frühen Stadium der Existenz des Euros gefährdet und vor allem andere dazu eingeladen, es mit Verträgen und vereinbarten Kriterien nicht ganz ernst zu nehmen – dies obwohl er das gleiche vertragskonform auf einem anderen Wege hätte erreichen können!

IV. Kapitel
Deutschlands Rolle in der Welt
Wachsende Verantwortung
und Engagement des
wiedervereinigten Deutschlands

1. Wachsen in größere Verantwortung

Wenn wir auf die vergangenen dreißig Jahre zurückblicken, so hatte die deutsche Einheit auch eine von vielen zu Anfang nicht so gesehene und beachtete Konsequenz: Deutschland wurde mehr und mehr nicht nur europäisch, sondern auch international gefordert und als Partner gesucht. Bonn und dann Berlin wurden zu einer Hauptstadt, die nach Washington und Beijing zunehmend besucht und gesucht wird.

Damit war die Forderung nach stärkerem humanitärem, finanziellem, aber auch politischem, wirtschaftlichem und militärischem Engagement verbunden.

Dies war schon beim Golf-Krieg im Jahre 1991 zu spüren. Die Bundesregierung ist damals von mancher Seite dafür kritisiert worden, dass sie sich zwar finanziell und materiell durch Lieferungen von wichtigen Gütern zugunsten von Israel und auf amerikanische Bitte zugunsten von Saudi-Arabien zur Verteidigung gegen mögliche Raketenangriffe seitens des Irak sowie durch finanzielle Unterstützung des Engagements von Frankreich und dem Vereinigten Königreich an der Hilfe beteiligte, aber keine Truppen entsandt hat. Das Wort „Scheckbuch-Diplomatie" machte damals die Runde und hielt sich hartnäckig über Jahre.

Aus meiner Sicht war damals die Zeit insbesondere für ein weitergehendes politisches, wirtschaftliches und vor allem militärisches Engagement noch nicht reif – und unsere Partner haben diese Entscheidung auch sehr wohl verstanden. Man möge sich im Übrigen einmal vorstellen, wir hätten uns entschieden, Panzereinheiten anzubieten – die Reaktion unserer Partner hätte, wenn sie ehrlich mit sich selbst sind, gelautet, kaum sind die Deutschen wiedervereint, so müssen sie zeigen, dass sie überall an vorderster Front antreten.

Wir haben in diesen Jahren aber vielfach unter Beweis gestellt, dass wir uns der neuen Lage nicht entziehen, sondern sie akzeptieren, dass der Hinweis auch deutsche Teilung als – zum Teil vermeintlicher – Hinderungsgrund nicht mehr zieht und auch nicht mehr akzeptabel ist.

Von daher musste Ziel vernünftiger Außenpolitik darin bestehen, dafür Sorge zu tragen, dass Deutschland behutsam in Kenntnis seiner Geschichte mehr und mehr in diese neue Verantwortung, in eine globale Rolle hineinwächst, ohne wichtige Partnerländer vor den Kopf zu stoßen.

Außenpolitische Prioritäten

Es würde zu weit führen, alle Beispiele des wachsenden intensiven internationalen Engagements im Einzelnen zu erläutern. Europa blieb Kern der Politik Helmut Kohls. Im Gegensatz zu manch anderen, wie z.b. jüngst noch Frank-Walter Steinmeier, sage ich bewusst „Kern der Politik" und nicht „Kern der Außenpolitik"! Die Europäische Integration ist in der Tat das Grundfundament deutscher Politik schlechthin, es umfasst wesentliche Bereiche der gesamte Politikpalette, der Innen- wie auch der Wirtschafts- oder Außenpolitik.

Ziel des Bundeskanzlers war es, wie oft bildhaft formulierte, die europäische Einigung unumkehrbar zu machen; es sollte möglich sein, den „Zug" zu beschleunigen oder wenn notwendig zu verlangsamen oder auch einmal anzuhalten, aber ihn nicht rückwärtsfahren zu lassen oder ihn gar zum Entgleisen zu bringen!

Kohls Prioritäten nach Osten galten in erster Linie Polen und dessen Integration in die EU sowie Russland. Russlands stabile Entwicklung, seine internationale Anerkennung und enge Einbindung waren für ihn von besonderer Bedeutung. Dies hieß jedoch nicht, die Länder des Baltikums und deren Absicherung zu vernachlässigen, oder Ungarn trotz der oftmaligen Wechsel in der ungarischen Politik oder Tschechien bzw. die Slowakei trotz aller ihrer inneren Schwierigkeiten.

Kohl war gleichermaßen – und nicht etwas aus persönlichen Gründen, sondern aus wohlüberlegtem deutschen Interesse – um die Türkei bemüht, um dieses so wichtige Land zunehmend enger an Europa heranzuführen, auch wenn er sich scheute, offen Ja oder Nein zu einem Beitritt zu sagen – die reale Entwicklung der türkischen Innenpolitik in den 90er Jahren war dabei keine Hilfe!

Der Nahe Osten bildete einen weiteren im Grunde natürlichen Schwerpunkt für Kohl. Dies galt selbstverständlich für Israel, aber genauso für Palästina und Jordanien sowie vor allem für Ägypten, während er um Saudi-Arabien regelrecht einen Bogen machte. Kohl ging so weit, sich zur Zeit von Rabin aktiv – die Amerikaner um Clinton flankierend – um die Bemühungen zugunsten einer friedlichen Lösung des Nahost-Konflikts einzuschalten.

Sein Engagement zugunsten der „Gemeinschaft für Wasser und Bodenschätze, Infrastruktur und Ausbildung" zur Flankierung einer Friedenslösung wird in Deutschland gerne unterschlagen.

Das Verhältnis zu den USA wurde in der Kohl Ära mit den Präsidenten Bush und vor allem Clinton so eng und freundschaftlich wie nie zuvor. Darüber hinaus pflegte er auf dem amerikanischen Kontinent drei Länder – Kanada, Mexiko und Brasilien.

Der Schwerpunkt in Asien war natürlich China mit einer immer höher werdenden Frequenz. Sein besonderes Interesse galt daneben aber auch Japan und Indonesien – und einem kleineren Lande, Singapur, nicht zuletzt dank Lee Kuan Yew und seines Nachfolgers Go Chok Tan, deren Rat er immer wieder suchte.

Afrika trat demgegenüber zurück – mit Ausnahme des südlichen Afrika und des Maghreb bei aller Rücksichtnahme auf Frankreich. Das Bild der Wahrnehmung deutscher Interessen ließe sich durch Australien und Neuseeland komplettieren.

Der aufmerksame Leser sieht hinter diesem Bild die klare Vorschattierung des heutigen informellen Führungskreises der G 20. Kohl suchte früh die Erweiterung der G 7 um Russland, aber auch China – er dachte aber schon damals an die notwendige Erweiterung dieses Kreises, die Partner, allen voran die USA, aber auch Japan zögerten, mauerten.

Insgesamt hatte Deutschland in den neunziger Jahren durch und mit Helmut Kohl in Europa eine natürliche Führungsstellung erreicht, die es leider in der Folge preisgegeben und erst in jüngerer Zeit in einer für die Partner akzeptablen, ja von ihnen geforderten Weise wieder erreicht hat – Rückschritt statt Kontinuität und weiterem Ausbau!

London beobachtete die wachsende Rolle und Stellung Deutschlands in jener Zeit mit zunehmender Unruhe. Ein jüngst der Öffentlichkeit zugänglich gemachter Bericht des britischen Botschafters von Ende Oktober 1996 macht dies überdeutlich klar. Darin heißt es unter anderem, dass Deutschland nicht nur ein „major foreign policy centre" geworden sei – mit Zitat Helmut Kohl aus einem TV-Interview, dass Bonn die zweite am meisten besuchte Hauptstadt nach Washington sei –, sondern ein „major change" im Gange sei: Deutschland werde zwar weiter in dem in den vergangenen 40 Jahren entwickelten außenpolitischen Rahmen operieren, dies aber „with national interests more clearly acknowledged".

Bundespräsident Gauck hatte mit seiner Forderung „Deutschland muss mehr Verantwortung übernehmen" völlig recht, allein die Politik zaudert im Lichte kritischer Meinungsumfragen. Allerdings muss man der Ehrlichkeit halber hinzufügen, unter Helmut Kohl war die zunehmende

Übernahme von Verantwortung und das Handeln als respektierter und umsichtiger Akteur, nicht nur in den Kernfragen der europäischen Politik, sondern auch auf internationaler Ebene, Realität. Dies unterschlägt der Bundespräsident, schade, dass er zu Objektivität unfähig blieb! Mir scheint, wir waren damals ein Stück weiter.

Was haben wir in den 90er Jahren anderes getan, als unseren Blick, ganz besonders im europäischen Umfeld und Nachbarschaft, auf „Prävention, Ausgleich und wenn notwendig Mediation zu richten, um zu verhindern, dass uns am Ende nur noch die Schadensbegrenzung bleibt"? – um die Forderung Steinmeiers 2015 an die deutsche Außenpolitik zu zitieren, Deutschland müsse gerade diesen Blick verstärken!

Oder ist in der Zwischenzeit etwas in Vergessenheit geraten und es bedurfte der Wiederholung? Die Nachfolgeregierung Schröder/Fischer würde sich – genau wie wir zu Recht – eine solche Kritik verbieten!

Helmut Kohl hat seine europa- und außenpolitische Linie einerseits pragmatisch entwickelt, aber immer zugleich mit einem längerfristigen Kompass, ja mit einer gewissen Vision hinterlegt und begleitet – und dies war gerade einer seiner Stärken, an denen es uns heute leider zu fehlen scheint!

Ich möchte in diesem Rahmen über unseren Einsatz im und zugunsten des Balkan hinaus mich auf die das Verhältnis zu den USA, die Hilfe für Russland und die Ukraine, die Bemühungen zur Förderung des Friedens im Nahen Osten sowie das Engagement gegenüber und in Lateinamerika wie Asien oder die Förderung des internationalen Umweltschutzes beschränken.

Mir schien es zugleich richtig, dabei auch einen Blick auf das enorm gewachsene Europa- und außenpolitische Pensum des Bundeskanzlers und sein Verhältnis zum Auswärtigen Amt zu werfen.

Deutschland und der Sicherheitsrat der Vereinten Nationen

Spricht man von globaler Verantwortung Deutschlands, so ist damals in diesem Zusammenhang vor allem in Deutschland oft diskutiert worden, ob die Bundesregierung nicht eine offensive Politik mit dem Ziel betreiben sollte, zügig einen Sitz im Sicherheitsrat der Vereinten Nationen einzufordern.

Bundeskanzler Helmut Kohl hat sich dieses Anliegen, das vor allem aus dem Auswärtigen Amt heraus aktiv verfolgt wurde, nie zu eigen gemacht. Vielmehr hat er in erster Linie daraufgesetzt, vor allem das Vertrauen unserer Partner, vor allem auch der kleineren Länder, auf Dauer zu sichern. Er setzte damit auf unsere natürliche Stellung und Rolle in Europa und weltweit in der wohlverstandenen Umsetzung unserer Interessen, die naturgemäß zu einer wachsenden Verantwortung nicht nur im europäischen Rahmen, sondern auch im internationalen Bereich führen musste.

Er hat immer auch eines hinzugefügt: Sollte der Wunsch an uns herangetragen werden, ständiges Mitglied des VN-Sicherheitsrates mit gleichen Pflichten und Rechten zu werden, so würden wir uns selbstverständlich dem nicht verschließen. Er wollte insoweit nicht sinnlos „Petent" sein und Kräfte über Jahre lähmen, sondern setzte einfach pragmatisch auf die Macht des Faktischen. Ihm war bewusst, dass eine solche Reform nicht ein Veto-Recht Deutschlands auf gleicher Ebene mit den fünf klassischen Mitgliedern des Sicherheitsrates einschließen könnte. Zugleich hätte er keine Einwände dagegen gehabt, bis zu einer Reform in einem weitaus engeren Verbund mit Frankreich vorzugehen.

Darauf hat er seine Politik ganz praktisch ausgerichtet und es ist von allen Seiten anerkannt worden, wie sehr sich Deutschland in den Jahren seiner Kanzlerschaft eine von Vertrauen und Respekt getragene Stellung – modern ausgedrückt „Ranking" – in Europa, aber auch über den europäischen Rahmen hinaus weltweit erworben hat.

Die nachfolgenden Bundesregierungen brauchten nur nahtlos daran anknüpfen. Von außen gesehen, kann man nicht umhin, festzustellen, dass sie diese Chance nicht kontinuierlich genutzt haben und zu mancher Zeit durchaus das über Jahre beharrlicher Arbeit erworbene Vertrauen und besondere „Ranking" aufs Spiel gesetzt schien. Allein Angela Merkel hat heute wieder den entsprechenden Respekt und besonderes Vertrauen auf europäischer und internationaler Ebene erworben.

Europa- und außenpolitisches Pensum Helmut Kohls

Die Kollegen im Bundeskanzleramt aus den Abteilungen, die sich in erster Linie mit den Bereichen der Innenpolitik beschäftigten, wurden meinen Mitarbeitern und mir gegenüber mit der stetig wachsenden Zahl europa- und vor allem auch außenpolitischer Termine und Verpflichtungen zunehmend kritischer.

Sie hielten uns sehr verständlich entgegen, der Bundeskanzler könne und müsse Wahlen nur zu Hause, in Deutschland gewinnen, Außenpolitik sei zu oft allenfalls die „Kür"! Immerhin sahen sie zunehmend die Notwendigkeit der europäischen Termine sowie derjenigen mit großen Handelspartnern einschl. der G7 ein.

Diese Termine umfassten – als Regeltermine – mehrere jährliche Tagungen des Europäischen Rats, der jährlichen Weltwirtschaftsgipfel, multilaterale Gipfel wie im Rahmen der NATO, der OSZE oder der VN, klassische bilaterale Konsultationen mit wichtigen Partnerländern innerhalb und außerhalb der EU – sowie Anfragen vieler anderer Länder und nach Reden des Bundeskanzlers in großen internationalen Konferenzen.

Man kann davon ausgehen, ohne in die Empirie und exakte Wissenschaft einzusteigen, dass der Bundeskanzler mit seinen europäischen Kollegen einschließlich der EU im Regelfall mindestens viermal im Jahr zusammentraf, mit einigen monatlich.

Rechnet man die Atlantische Allianz sowie „G 20" hinzu, so sind dies zusätzlich mindestens zwei bis drei Treffen pro Jahr. Die Gesamtzahl allein dieser Treffen und der hierfür notwendigen Tage einschließlich ihrer notwendigen Vorbereitung dürfte bei über 60 – 70 pro Jahr liegen; einige Treffen finden am Rande von Gipfeltreffen statt, einige sind mehrtätig. Für viele muss man gesonderte Termine einplanen, die dem Bundeskanzler letztlich, selbst wenn sie „zu Hause" stattfinden können, mindestens einen halben Tag bedeuteten.

Es kostete den Bundeskanzler einiges an Kraft, aus seinem Jahreskalender – dessen Grundlage naturgemäß der Kalender des Bundestages und die allzeit bei uns fälligen Wahlen bildeten – in der ersten wie der zweiten Jahreshälfte jeweils eine gute Woche für eine längere Reise in andere Kontinente buchstäblich heraus zu schneiden. Dies erfolgte oft genug unter Aufgabe der Wochenenden, die für ihn – wie auch übrigens für uns als seine Mitarbeiter – zur Regenerierung wie auch für die eigene Familie an sich „überlebensnotwendig" waren!

Und dennoch waren die Aufenthalte in jenen fernen Ländern letztlich immer zu knapp bemessen, auch wenn der Bundeskanzler bei den Besuchen darauf bestand, soweit wie irgend möglich neben dem unvermeidbaren offiziellen Programm etwas von „Land und Leuten" bzw. von Kultur und Sehenswürdigkeiten zu sehen.

Ich erinnere nur an einige „lange" Reisen von 7 – 10 Tagen dieser Art in den letzten fünf Jahren seiner Kanzlerschaft, die längste führte über 42000 km mit 54 Flugstunden:

November 1993: China und Hongkong
Juni 1995: Ägypten, Israel, Palästina, Jordanien
September 1995: Südafrika, Namibia;
November 1995: China, Singapur, Vietnam
September 1996: Argentinien, Brasilien, Mexiko;
Oktober 1996: Indonesien, Philippinen, Japan;
Mai 1997: Brunei, Australien, Neuseeland, Hongkong

Man darf dabei die große Anzahl von Anfragen aus anderen Ländern und aus den Parteien wie der europäischen Parteienfamilie nicht vergessen. Es war schon eine Kunst, insoweit auch Besuche ablehnen zu müssen bzw. zu können, ohne dass ein Partnerland „beleidigt" war. Und der Kanzler wird rund um die Welt zu Besuch erwartet, die deutsche Wirtschaft fordert es und die Länder hoffen.

Manchmal dachten wir, der Kanzler bräuchte einen „Doppelgänger", zumal Termine mit dem Vizekanzler oder Ministern ihn nicht ersetzen konnten. Es war oft Akrobatik, das eine oder andere Land nicht zu verletzen, wenn wir Terminwünsche und Termine vor uns herschoben, zuweilen krampfhaft versuchten, in der Planung Prioritäten zu setzen.

Und es war ja nicht allein der Besuch, den es vorzubereiten galt – die Organisation und die Feinheiten waren in all den Jahren bei Walter Neuer, dem Leiter des Kanzlerbüros in bewährten, in besten Händen. Zugleich war mit den Besuchsreisen das Programm nicht abgeschlossen, in gewisser Weise begann es dann für uns Mitarbeiter von Neuem, ging es immer auch um Nachbereitung, Umsetzung von Absichten und Vereinbarungen.

Für uns Mitarbeiter bedeuteten all diese Verpflichtungen eine erhebliche zusätzliche Belastung. In den 90er Jahren war dabei nicht an Personalverstärkung zu denken, im Gegenteil, wir standen unter dem permanenten Druck des Haushalts, Personaleinsparungen zu erreichen, jährlich 2,5%. Mitunter ging die Belastung auch für meine Mitarbeiter und mich selbst an die Grenzen der Kraft.

Helmut Kohl und das Auswärtige Amt

Gut gefüttert aus dem Auswärtigen Amt, hat die schreibende Zunft immer wieder festgestellt, dass Helmut Kohl dem „AA" und seinen Diplomaten zutiefst misstrauisch, ja distanziert, gespickt voller Vorurteile gegenüber gestanden habe. In Wahrheit war das „Image" des AA beim Bundeskanzler weitaus nuancierter, sehr vielgeschichtet. Ehrlich hinzufügen muss man, es gab bei den Kollegen im AA eine Menge von Vorurteilen gegenüber diesem Bundeskanzler, um es sehr diplomatisch und milde auszudrücken.

Ich habe über die langen Jahre an der Seite des Bundeskanzlers nach und nach viele seiner konkreten Erlebnisse im Umgang mit dem AA erfahren müssen, die auf den ersten Blick zumindest Teile der distanzierten Einschätzung zu bestätigen schienen. Es gab einzelne Fälle, in denen er sich, bereits als Ministerpräsident in Mainz oder später als Oppositionsführer im Bundestag, zu Recht schlecht behandelt fühlen musste. Es gab einzelne Fälle, in denen er einzelnen Kollegen mangelnde Loyalität ihm gegenüber als dem Chef der Bundesregierung vorgehalten hat. Es gab aber auch andere Fälle, in denen sich der Bundeskanzler lobend äußerte. Seine Auffassungen waren eben nicht „schwarz-weiß" gefärbt.

Seine Entscheidung bei Amtsübernahme, den Posten des „Abteilungsleiters 2" nicht wie traditionell durch einen Angehörigen des AA, sondern durch seinen Vertrauten Horst Teltschik zu besetzen, verstärkte zudem das kritisch-negative Image des Kanzlers im AA.

Die Verformung wurde noch verstärkt durch den Zusammenhalt des Amtes, das sich vor einer Einschränkung seiner „Autonomie" fürchtete. Damit wären wir wieder bei der Frage „Richtlinienkompetenz" des Bundeskanzlers versus „Ressortprinzip", anders ausgedrückt CDU-Bundeskanzler versus AA als „Hort" des liberalen Koalitionspartners.

Ich stand oft genug auf diese Weise „zwischen den Fronten" – sei es in Bezug auf konkrete Entscheidungen des Bundeskanzlers, die das AA betrafen, bei der Abstimmung innerhalb der Bundesregierung, bei Auslandsreisen oder auch bei Personalentscheidungen, die mein Mutterhaus betrafen und die vor der Befassung des Kabinetts über meinen Schreibtisch liefen und meine „Paraphe" erforderten.

Es gab in all den Jahren nur ganz wenige Fälle, in denen ich auf die Paraphe „verzichtete". Folge war in der Regel ein Anruf des Kanzlers, bei manchen anderen wollte Helmut Kohl auch von sich aus mehr über die Person wissen und über den Grund der Übertragung eines konkreten Postens in dem Sinne „warum ist der Kandidat gerade für diesen Posten besonders qualifiziert" Zumeist gab es dabei keine Probleme, wichtige Fälle, vornehmlich Spitzenpositionen, wurden zudem zwischen dem Bundeskanzler und dem Außenminister vorbesprochen.

Bei Auslandsreisen entschied des Öfteren der erste Eindruck. „Guten Tag, Herr Kohl" – eine Begrüßung, die den Kollegen gegenüber ihrem Minister nie in den Sinn gekommen wäre, erst recht nicht einem Franzosen oder Amerikaner. Walter Neuer und/oder ich bekamen daraufhin unser Fett ab! Die knappe fragende Feststellung „Was lernt Ihr denn noch in Eurer Ausbildung?" war dann noch die harmloseste Bemerkung.

Oder der Botschafter, der dem staunenden Bundeskanzler im Bus erklären wollte, wie er eine bessere, ja die richtige Wirtschaftspolitik betreiben sollte. Die Folge war dann ein knappes „Haltet mir diesen Mann vom Leibe". Oder ein anderer, der den Bundeskanzler vom Flughafen zum Tagungszentrum begleiten sollte und ihm dann erklärte, welche Taktik er einschlagen müsse, als ob der Bundeskanzler ahnungslos angekommen war! Das weitere Gespräch möchte ich lieber nicht wiedergeben. Oder ein anderer, der den Bundeskanzler unvermittelt auf ein Katastrophen-Szenario festlegen wollte. Folge war dann die einfache Weisung „Bitterlich, ins Auto mit mir!". Einfach gesagt, es „menschelte", in den fast 12 Jahren habe ich Fälle aller Art erlebt.

Oft machte sich das Bild der Kollegen über den Kanzler an der Entscheidung fest, ob der jeweilige Botschafter an den Gesprächen teilnehmen sollte oder nicht. Und Helmut Kohl entschied nicht generell, sondern behielt sich die Entscheidung von Fall zu Fall vor. Hatte er Vertrauen in einen Botschafter, zuweilen im Lichte eines ersten Reflexes, so wurde er dazu gebeten. War ein solches Vertrauen nicht vorhanden, so versuchte er sich zunächst, ein Bild zu verschaffen. Es gab aber auch Fälle, in denen er von vornherein negativ entschied.

Eine ähnliche Gratwanderung bedeutete die Berichterstattung an das Auswärtige Amt und ggf. weitere Ministerien über ein Gespräch des Bundeskanzlers. Ich musste dabei oft genug an die Grenzen dessen herangehen, was der Bundeskanzler erlaubte, bzw. auch mitunter stillschweigend darüber hinaus gehen.

Der Bundeskanzler wusste in Wahrheit weit mehr über die „Innereien" des AA als ich zu Anfang gedacht habe. Und insgesamt hat sich daher für mich ein weitaus nuancierteres Bild ergeben. So konnte er Botschaftern, ob einer kleineren oder größeren Vertretung, auch zuhören. Er fragte sie aus, testete in gewisser Weise, wie tief sie in das Land eingestiegen waren, diskutierte munter mit ihnen. Ähnliches haben auch jüngere Mitarbeiter mit dem Bundeskanzler erlebt, die aus dem Staunen nicht herauskamen.

Helmut Kohl brachte mir gegenüber zuweilen auch offen seinen Unmut über Botschafter-Besetzungen zum Ausdruck, obwohl er in der Regel keinen Einspruch im Kabinett erhoben hatte. Er schaute sich Lebensläufe an, fragte mich oder auch die Außenpolitiker aus der CDU, um dann zum Beispiel trocken anzumerken, warum schafften wir es nicht, auch herausragende Persönlichkeiten insbesondere auch in die kleineren Länder zu entsenden – wie diese es uns gegenüber praktizierten! Besonderes Beispiel in der Bonner Zeit in diesem Zusammenhang war Adrien Meisch, langjähriger Botschafter aus Luxemburg, der über viele Jahre nicht nur die gesellschaftliche Szene im Köln-Bonner-Raum beherrschte, sondern exzellent politisch vernetzt war.

Mancher Kollege aus dem Auswärtigen Amt rief bei Reisen auch vorher bei meinen Kollegen und mir im Bundeskanzleramt an und fragte offen, was er gegenüber dem Bundeskanzler zu beachten habe. Aber dies war eine Minderheit; die Mehrheit hielt das entweder für nicht erforderlich oder fragte entsprechend der Weisungslage nur beim „allwissenden" Kabinetts- und Parlamentsreferat nach.

Helmut Kohl entdeckte auf seine Weise auch verkannte Talente im AA, so einen Crew-Kollegen, über dessen Offenheit und Klarheit der Beurteilung seines eigenen Postens und des Landes er einfach erstaunt und erfreut war. In einigen Fällen musste ich ihn gar regelrecht bremsen. Zu viel Lob von seiner Seite war nicht immer förderlich für die Karriere des einen oder anderen.

Bei anderen war es schwierig, Helmut Kohls Urteil zu ändern. Oft meinten Kollegen, ich stünde dahinter, in Wahrheit hatte der Bundeskanzler in vielen Fällen eine dezidierte eigene Auffassung. Es kam hinzu, ich war bei weitem nicht der einzige „Zuträger" von Informationen über das Haus und seine Angehörigen bzw. kannte nicht alle Erlebnisse des Politikers Helmut Kohl mit Angehörigen des deutschen Auswärtigen Dienstes.

So hat mir ein Kollege seine Nicht-Ernennung in ein Spitzenamt des Apparates wohl bis heute nicht verziehen. In Wahrheit hatte ich in diesem Fall gar keine Chance, meine Auffassung in den Entscheidungsprozess einzuführen. Der Bundeskanzler unterrichtete mich knapp über seine Entscheidung, dass es für ihn nicht in Frage kommen könne, noch sechs Monate vor einer Bundestagswahl einen neuen Staatssekretär zu ernennen. In einem anderen Fall war der Bundeskanzler nachtragend, er konnte und wollte eine gewisse Episode mit dem Kollegen einfach nicht vergessen, obwohl dieser ihm seine Unschuld beteuert hatte – und er genau wusste, dass der Kollege sich loyal gegenüber seinem Minister verhalten musste.

Helmut Kohl hatte in all den Jahren immer ein waches Auge auf „meine" Mannschaft. Er akzeptierte ohne Zögern meine ihm von mir vorgeschlagenen Stellvertreter – Hans-Bodo Bertram wie Edmund Duckwitz – wie auch die Referatsleiter und ihre Mitarbeiter. In einem einzigen Fall hat er gegen mein Votum entschieden – er sah später ein, dass meine Vorbehalte berechtigt waren.

Es gab aber auch Fälle, in denen der Bundeskanzler für eine Überraschung gut war. So erinnere ich mich zum Beispiel an die Neubesetzung einer Institution, die für den Bundestag wie für die Bundesregierung über lange Jahre wertvolle Zuarbeit leistete und leistet.

Die Stiftung Wissenschaft und Politik, SWP, war dem Bundeskanzleramt zugeordnet; ihre Arbeit als „think tank" für Bundesregierung und Bundestag galt in aller erster Linie den Bereichen Europa-, Außen- und Sicherheitspolitik. Damals standen der Chef des Bundeskanzleramts, Friedrich Bohl, und ich als Vertreter in den Gremien unter dem Druck der

Fraktion, in der Nachfolge von Prof. Michael Stürmer unbedingt einen CDU-nahen Mann zu berufen.

Auf die Frage des Bundeskanzlers, ob es eventuelle Alternativen gebe, habe ich ihm damals mögliche Kandidaten benannt, über die wir intern nachgedacht hatten. Darunter war Christoph Bertram, Chef des Ressorts Politik bei der ZEIT, zuvor Studiendirektor des IISS in London und Mitarbeiter von Helmut Schmidt beim Aufbau des Planungsstabes des BMVg.

Der Bundeskanzler bat mich, Christoph Bertram zu einem Gespräch mit ihm einzuladen. Daraus wurde ein intensives Vier-Augen-Gespräch, zu dem mich der Kanzler nach fast zwei Stunden hinzu bat und mir en passant bedeutete, dass Christoph Bertram auch sein Kandidat war – und: warum wir nicht gleich auf diese Idee gekommen seien!

Christoph Bertram übernahm diese anspruchsvolle Herausforderung, einschl. des Umzuges der Stiftung von Ebenhausen bei München nach Berlin, dessen Umsetzung im Übrigen das volle Engagement und alle diplomatische Höchstleistung meines ständigen Vertreters, Dr. Edmund Duckwitz, bedurfte. Christoph Bertram leitete die SWP von 1997 bis 2005.

2. Deutschland und die Großmächte

Verhältnis zu den USA

Man kann das Verhältnis zu den USA – ich muss heute hinzufügen, „zu meiner Zeit" – als ein traditionell sehr freundschaftliches Verhältnis beschreiben, geprägt durch die Hilfe der Amerikaner nach dem Ende des Zweiten Weltkrieges, durch den Schutz Deutschlands und vor allem Berlins, die enge Zusammenarbeit in der NATO, durch die Millionen amerikanischer Soldaten in Deutschland, gefördert durch die tatkräftige Unterstützung der deutschen, europäischen Emigranten.

Natürlich muss man sich auch mit den Thesen von Gregor Schöllgen nüchtern auseinandersetzen „Besetzt, beschützt, bevormundet", die zumindest für die ersten Jahrzehnte der Nachkriegszeit galten.

Auch die Amerikaner, nicht alle, aber die Mehrheit der politischen Führung hatten erkannt, wie wichtig es war, aus dieser Ecke herauszukommen und den Deutschen „Partnerschaft" anzubieten, vielleicht im Lichte des Gewichts der Amerikaner und ihrer besonderen Verantwortung für Deutschland als Ganzes, in gewisser Weise „hinkend". Jedenfalls nahmen die amerikanischen Führer Deutschland zunehmend ernst.

Dies galt auch für die enge gute, vertrauensvolle Zusammenarbeit von Helmut Kohl mit drei Präsidenten Ronald Reagan, George Bush sen. und Bill Clinton, jeweils auch geprägt durch die Zeit, Helmut Kohl war bis zuletzt freundschaftliche verbunden mit George Bush sen. und mit Bill Clinton.

Das Verhältnis zu Ronald Reagan war mitunter nicht frei von Spannungen, man denke nur an „Bitburg", jener Besuch eines Soldatenfriedhofes, der die Beziehungen zu belasten schien. Zuweilen musste man sich fragen, ob es nicht Nancy Reagan war, die eine kritische Reflexion in das Beziehungsgeflecht mit Deutschland und Europa brachte. Ronald Reagan hatte erstaunlicherweise ein Gespür für die richtige Politik, notwendige Orientierungen und Entwicklungen. Man denke nur an die Reformen des amerikanischen Steuerrechts in jener Zeit, die Politik gegen die Sowjetunion – mit dem „Krieg der Sterne" und dem Ölpreis als Waffen, denen die Sowjetunion nichts entgegenzusetzen hatte.

Und wir Deutsche sollten nicht zuletzt an 1987 denken, als der ehemalige amerikanische Präsident uns in Berlin mit einer Rede an der Mauer überraschte. Viele Deutsche nahmen die Worte Reagans nur erstaunt, verwundert, ungläubig zur Kenntnis – in dem Sinne „die Amerikaner werden uns leider nie verstehen". Es war eine Rede, die maßgeblich von einem der besten Deutschland-Kenner in der US-Administration, John Kornblum, beeinflusst worden war: Ronald Reagan forderte Gorbatschow auf, die Mauer nieder zu reißen!

George Bush hatte hohen Respekt, ja ein Gefühl der Freundschaft für Helmut Kohl. Als ich die Chance hatte, ihn Jahre nach meinem Ausscheiden aus dem Dienst in seiner Bibliothek in Texas zu besuchen, sprengte er den vorgesehenen zeitlichen Rahmen, er wollte einfach alles über die Entwicklung in Deutschland und Europa wie über seinen Freund Helmut Kohl wissen. Er interessierte sich nicht nur für Europa und die europäische Integration, er verstand uns auch – vielleicht insofern zusammen mit Bill Clinton – der letzte amerikanische Präsident, der mit Europa vernünftig umgegangen ist?

Auch ich hatte über die Jahre die Chance an dem kontinuierlichen Dialog Helmut Kohls mit den Präsidenten, ihren Außen- und Verteidigungsministern, aber auch Senatoren und Mitgliedern des Repräsentantenhauses mitzuwirken.

Ich hatte vor allem aber die Chance des permanenten Austauschs mit meinen Kollegen, den beiden Sicherheitsberatern Anthony Lake und

Sandy Berger, zu denen sich sehr rasch ein enges freundschaftliches Verhältnis entwickelt hat.[17]

Normal war ein wöchentlicher Telefonkontakt mit den amerikanischen Kollegen, zudem flog ich in der Regel aller zwei Monate nach Washington, um wesentliche Themen im persönlichen Gespräch zu vertiefen. Er waren Kurzreisen der besonderen Art – gegen Mittag von Frankfurt direkt nach Washington, nach Ankunft sofort ins Weiße Haus, vier – fünf Stunden Gespräch, oft dabei eine Begegnung mit dem Präsidenten selbst, und nachts zurück mit der letzten möglichen Verbindung – und zwar mit Air France kurz vor 22 Uhr – zurück nach Europa, über Paris nach Köln-Bonn, um morgens um 10 Uhr wieder im Büro zu sein und den Bundeskanzler ins Bild zu setzen, der mich sofort nach Ankunft sehen wollte.

Es waren „Kurzreisen" über den Atlantik, die auf die Knochen gingen. Sie zeigten aber immer wieder, dass das persönliche Gespräch nicht durch Telefonate oder Bildtelefonate – oder, heute hinzugefügt, Mails, SMS, Zoom oder Teams – zu ersetzen ist!

Richard Holbrooke

Vor allem aber auch hat sich ein solches enges Verhältnis zu Richard Holbrooke entwickelt, den Präsident Clinton 1993 als Botschafter nach Bonn entsandte, mütterlicherseits mit deutschen Wurzeln und doch zu Anfang fremdelnd mit Deutschland.

Sein persönlicher Berater, Professor Fritz Stern, machte uns das Beschnuppern und die Zusammenarbeit zu Anfang nicht leichter. Der Kanzler sah in ihm einen Mann und Berater, der der Sozialdemokratie näherstand und gerade ihm gegenüber immer auf kritischer Distanz blieb.

Doch Richard Holbrookes Neugier für Deutschland war stärker, er suchte ein persönliches Verhältnis zu vielen Deutschen, so auch zu mir, aufzubauen. Er wollte einfach ein Gefühl erhalten, wie seine „Partner" dachten.

So wollte er unbedingt meine „Heimat", mein Elternhaus, wie die Heimat meiner Frau kennen lernen. Wir verbrachten auf diese Weise, fern von allen offiziellen Verpflichtungen, ein langes Wochenende im Saarland mit einem Besuch bei meiner Mutter, dann in Lothringen, der Heimat meiner Frau, und im Elsass.

Es entwickelte sich mit der Zeit daraus eine Freundschaft, die auch nach seiner Rückkehr nach Washington nicht abbrach. Clinton rief ihn

---

[17] Samuel Berger ist im Dezember 2015 im Alter von 70 Jahren einem Krebsleiden erlegen.

bald, zu früh für uns Deutsche, nach Washington zurück, er war kaum ein klassischer Botschafter, sondern er sah sich selbst vielmehr als ein Macher, der in Washington weitaus nützlicher als in Deutschland war. Richard Holbrooke hatte den Posten in Bonn im Grunde als Etappe auf der Leiter nach oben akzeptiert.

Trotzdem hatte er auch in Deutschland Zeichen gesetzt, dies vor allem durch die „American Academy" in Berlin mit seinem Gefolgsmann Gary Smith, der in ihrem Arbeitsbereich Kultur, Literatur und Wissenschaft andere wichtige Partner Deutschlands nichts Gleichwertiges entgegensetzen vermochten.

Meine Frau und ich waren Gäste seiner Hochzeit mit Kati Marton in Budapest und trafen uns unregelmäßig auch in den Jahren nach seinem Abschied von Bonn. Meine letzte Begegnung mit ihm fand unvorbereitet wenige Monate vor seinem Tod in Berlin statt. Der Beauftragte der US-Regierung für Afghanistan und Pakistan – kurz „Afpak" – war zu Konsultationen mit der Bundesregierung in Berlin und saß mit seinem Team abends bei „Borchardt". Er entdeckte mich im Restaurant – Folge war, wir saßen eine Stunde zusammen, diskutierten wie immer heftig und schienen zur Perplexität seines Teams en passant die Probleme der Welt zu regeln. Sein plötzlicher Tod hat mich tief getroffen.

In den vergangenen Monaten habe ich daher mit Neugier die kritische Biografie von George Packer unter dem Titel „Our Man. Richard Holbrooke and the End of the American Century" gelesen. Ich verstand rasch, warum Deutschland darin nur auf wenigen Seiten abgehandelt wird und warum der Journalist Packer ein sehr kritisches Holbrooke-Bild zeichnet. Er beschreibt ihn als einen Mann, der Mitte der 90er Jahre mit dem Vertrag von Dayton zur Beendigung des Krieges im früheren Jugoslawien den Höhepunkt seiner Karriere erleben durfte und der danach nicht weiterkam. Clinton hatte die Risiken der Wahrnehmung größerer Verantwortung durch Holbrooke wohl erkannt. Bei aller möglicher Kritik möchte ich jedenfalls die Stunden, ja die Tage mit Richard Holbrooke nicht vergessen. Wir hatten faszinierende Stunden in aller Freundschaft wie auch harte Debatten.

Präsident Clinton

In all den Jahren war es völlig normal, dass der amerikanische Präsident den Bundeskanzler vor wichtigen außenpolitischen Entscheidungen anrief und seine Meinung wissen wollte – dies gehörte zu dem bestehenden Vertrauensverhältnis.

Umgekehrt suchte auch der Bundeskanzler den kontinuierlichen Kontakt zu ihm, auch in ganz persönlicher Weise. So werde ich jene Weisung des Bundeskanzlers auf dem Höhepunkt der Lewinsky-Affäre nicht vergessen, kurzfristig einen telefonischen Kontakt mit Clinton herzustellen.

Sandy Berger fragte mich nach den Gesprächsgegenständen und meine knappe Antwort, der Kanzler wolle einfach als Freund mit ihm sprechen, machte ihn sprachlos. Und der Bundeskanzler machte keine langen Ausflüchte. Er sagte Clinton einfach, er solle wissen, dass er auch in einer für ihn schwierigen Lage als Freund zu ihm stehe. Er müsse diese schwierige Zeit durchstehen, Amerika brauche ihn. Sandy rief mich eine Stunde später zurück und meinte, solch einen Anruf habe der Präsident noch nie erhalten – er sei tief gerührt und betroffen.

Apropos Telefonate mit dem Weißen Haus. Die Amerikaner insistierten immer wieder, unsere wöchentlichen Gespräche müssten unbedingt von einem „sicheren Telefon" aus geführt werden. Ab und zu beugte ich mich dieser Bitte und führte das Gespräch von einer besonderen Telefonanlage, die im Keller des Bundeskanzleramtes installiert war. Damals dachte ich mir nichts dabei. Doch heute im Lichte der Erkenntnisse der letzten Jahre frage ich mich doch, wer da wohl vielleicht mitgehört hat, und vor allem welche Zwecke mit dieser Anlage vielleicht en passant mitverfolgt wurden!

Und dies führt mich zurück zum Bundeskanzler, der eine gewisse „Marotte" in Bezug auf seine Telefonier-Gewohnheiten zu haben schien. Öfters passierte es, dass er irgendwo in einer Stadt in Deutschland den Fahrer anhalten ließ, vor einer Telefonzelle. Kleingeld hatte er immer einer dabei, wenn nicht er, dann der Fahrer oder einer von uns Begleitern. Seine entwaffnende Antwort gegenüber dem etwas ungläubig blickenden Neuling: „Dies ist immer noch die sicherste Methode, abhörsicher zu telefonieren" – dies zur „Münzfernsprecher-Generation"!

In jenen Jahren traf der Bundeskanzler mindestens dreimal im Jahr den amerikanischen Präsidenten, zweimal bilateral und einmal im Rahmen eines multilateralen Gipfels.

Die Besuche des Bundeskanzlers in Washington und die immer offenen Gespräche mit Bill Clinton waren in gewisser Weise einer der Kernpunkte Kohl'scher Außenpolitik, nicht zu vergessen vor allem auch seinen mehrtägigen Besuch im Weißen Haus nach seinem Ausscheiden aus dem Amt im Mai 1999 bei Präsident Clinton.

Es war immer eine besondere Freude, bei den stundenlangen, zumeist informellen Gesprächen über Geschichte, aktuelle Fragen der europäischen wie der Weltpolitik dabei sein zu dürfen. Und dazu gehörte eben nicht nur der legendäre gemeinsame Besuch zum Mittagessen im italienischen Restaurant bei „Philomena"!

Ich hatte die Chance, auch in den Jahren danach den Präsidenten im Rahmen seiner Stiftung oft zu treffen und immer kam das Gespräch nach kurzer Zeit auf Europa, auf Deutschland und Helmut Kohl – mit einem amerikanischen Präsidenten, der mir oft bestätigte, er habe mit keinem anderen Regierungschef ein solch enges freundschaftliches Verhältnis gehabt als eben mit Helmut Kohl. Seine Worte klangen oft schwärmend über den väterlichen Freund.

In seinen Erinnerungen hielt Bill Clinton dann nach seinem letzten offiziellen Besuch in Deutschland vor den Bundestagswahlen im Sommer 1998 daher auch fest: „Er war Amerikas Freund und mein Freund, und ganz egal, wie die Wahlen ausgingen, sein Erbe war sicher: ein wiedervereinigtes Deutschland, eine starke Europäische Union, eine Partnerschaft mit einem demokratischen Russland, und deutsche Unterstützung für die Beendigung des Bosnischen Krieges ...." [18]

Zu denken ist ganz besonders an die Laudatio von Bill Clinton auf Helmut Kohl am 16. Mai 2011 anlässlich der Verleihung des Henry Kissinger Preises an den Alt-Bundeskanzler durch die American Academy in Berlin. Bill Clinton hielt eine Laudatio, die der Bundeskanzler zuvor nie von einer anderen Seite erhalten hatte.

Der frühere amerikanische Präsident dankte ihm für die politischen „Inspirationen", die er aus Helmut Kohls Überzeugungen in der Außenpolitik der neunziger Jahre erhalten habe. Er sei stolz darauf, in allen wesentlichen Fragen europäischer und transatlantischer Politik dem Rat Helmut Kohls gefolgt zu sein.

Und dies waren Fragen, die der Zukunft und der Erweiterung der NATO galten, dem Verhältnis der USA zur EU oder vor allem auch zu Russland, oder, last but not least, dem früheren Jugoslawien, dessen Zerfall und Krieg uns in all den Jahren in Atem hielt.

Naturgemäß gab es auch im Verhältnis zu der amerikanischen Administration wie zum Kongress Fälle oder Bereiche, die für Ärger sorgen und Irritationen auslösen konnten. Dazu gehörte Israel wie auch seine Nachbarschaft. Für unsere amerikanischen Freunde war es dabei leichter, die

---

[18] Bill Clinton, My Life, 1998, S. 786

Europäer und vor allem die Deutschen als „schwarze Schafe" an den Pranger zu stellen als selbst eigenen Verstößen nachzugehen. Immerhin gelang es „uns" dank der Hilfe unserer Dienste einmal in der zweiten Hälfte der 90er Jahre den „Spieß herumzudrehen". Die amerikanischen Freunde im Weißen Haus waren damals mehr als konsterniert, als wir ihnen die Umgehungsgeschäfte seitens bekannter amerikanischer Firmen Richtung Iran erfolgreich nachwiesen!

Der Bundeskanzler hatte mir die für den amerikanischen Präsidenten aufbereitete Akte in die Hand gedrückt mit der Weisung, diese nach seinem grünen Licht direkt dem Präsidenten oder meinem US-Kollegen, dem Sicherheitsberater des Präsidenten persönlich zu übergeben. Gesagt, getan – vor dem Abendessen der mehr als 25 Staats- und Regierungschefs am „Anti-Terror-Gipfel" vom 13. März 1996 von Sharm el-Sheikh auf der Sinai-Halbinsel kam Präsident Clinton auf mich zu, ich möge dem Bundeskanzler danken, er sei schockiert über das Ausmaß der Umgehungen. Von da an wurden die Angriffe von der anderen Seite des Atlantiks verhaltener

Heute steht die wachsende Sorge um die Zukunft des europäisch-amerikanischen Verhältnisses angesichts nachlassender Bindungen im Vordergrund unserer Befürchtungen, es ist schon wahr, „Amerika und Europa werden einander fremder". Das Verständnis für Amerika lässt in Europa nach, und umgekehrt. Der Streit um das transatlantisches Freihandels- und Investitionsschutzabkommen, kurz TTIP genannt, wie auch das heutige gespannte Verhältnis zu Deutschland stehen symptomatisch dafür.

Für mich ist daher eine nüchterne Bestandsaufnahme und ein „reset" des transatlantischen Verhältnisses dringender denn je, sind doch auch in Zukunft in einer Welt mit auf absehbarer Zeit drei großen Machtzentren trotz aller Unterschiede und Differenzen diese Beziehungen als Eckpfeiler geradezu überlebensnotwendig für die Europäer.

Dazu gehören auch die Aktivierung der Besuche von Parlamentariern, die stärkere Zusammenarbeit der Parlamente, vor allem auch die Stärkung des Kulturaustausches und des Jugend- und Studentenaustauschs.

Russland und die Ukraine

Ein wesentliches, zugleich sensibles Kapitel deutscher Außenpolitik war und ist das Verhältnis zu Russland – in den neunziger Jahren besonders verkörpert durch die Hilfe für die Nachfolgestaaten der Sowjet-Union, vornehmlich für Russland und die Ukraine.

Von Anfang an aufbauend auf der Arbeit von Adenauer und vor allem von Brandt, stand für Helmut Kohl im Vordergrund das Bemühen um Erhaltung und Entwicklung eines vernünftigen, ja gutnachbarschaftlichen Verhältnisses trotz oder wegen der Teilung Deutschlands und Europas.

Daher war es auch für die von ihm geführte Bundesregierung natürlich, die Reformbestrebungen von Michail Gorbatschow zu unterstützen. Zwischen Helmut Kohl und ihm hat sich dabei nach einer zunächst gegebenen Distanz zunehmend Respekt und am Ende mehr und mehr eine Beziehung des Vertrauens entwickelt. Moskau, das lange auf die Sozialdemokraten gesetzt hatte, hegte erhebliche Vorurteile gegenüber Helmut Kohl, brauchte genau wie umgekehrt Kohl selbst Zeit und viele Gespräche, um zu einem gegenseitigen Respekt der Haltung des anderen und dann zu einer Vertrauensgrundlage zu gelangen. Gorbatschow und seine Mannschaft hatten einsehen müssen, dass Kohl einfach nicht zu umgehen und auszumanövrieren war.

Gleiches galt weitaus stärker in der Zeit danach für Boris Jelzin. Beide waren in all den Jahren, jeder auf seine Weise gute und verlässliche Partner und – dies gilt in erster Linie für Boris Jelzin – Freunde.

Die Bundesregierung unter Führung von Helmut Kohl anerkannte die rationale, im Grunde europäische Haltung von Gorbatschow im Zuge der deutschen Einheit, ohne indes der nahezu schwärmerische Haltung von Teilen der Bevölkerung und Medien zu erliegen. Es war selbstverständlich zu helfen, als das Land in schwieriger Versorgungslage im Winter darum bat.

Man könnte die Leitlinie deutscher Politik in jenen Jahren auch einfach wie folgt beschreiben: Die stabile Entwicklung der Sowjetunion bzw. ihrer Nachfolgestaaten sowie ein vertrauensvolles Verhältnis war und ist in unserem vitalen Interesse.

Man muss an den Sommer des Jahres 1991, an den gescheiterten Putschversuch in Moskau gegen Gorbatschow erinnern, der dem Kanzler noch kurz zuvor beim Treffen in Kiew auf seine Frage, was es mit entsprechenden Gerüchten auf sich habe, lachend entgegnet hatte, diese Gerüchte entbehrten jeder Grundlage, er sollte diesen Gerüchten keinen Glauben schenken.

Danach kam es im internen Machtkampf zwischen Gorbatschow und Jelzin bald zum Rücktritt von Gorbatschow, zur Auflösung der Sowjetunion und zur Wahl von Boris Jelzin, der den Putsch mitentscheidend vereitelt hatte.

In der Folge machten wir uns naturgemäß Sorgen angesichts der noch in Ost-Deutschland bis 1994 verbliebenen Truppenkontingente. Die

Hilfe für den Aufbau von Wohnungen bildete eine Gegenleistung für den zügigen Abzug, aber auch zugleich in gewisser Weise eine menschlich-moralische Pflicht.

Und was am wichtigsten war: Boris Jelzin stand in diesen Jahren unverbrüchlich zu den getroffenen Abmachungen! Daher stand Helmut Kohl entschlossen – ob in der EU oder im G 7 Rahmen – zugunsten der bestmöglichen Flankierung und Unterstützung des Reformprozesses, wobei wir hier in der westlichen Welt oft genug recht allein auf weiter Flur waren.

Boris Jelzin hat dies mit seiner besonderen Sensibilität bei seinem ersten Zusammentreffen mit den Staats- und Regierungschefs der EU in Brüssel gefühlt und gegenüber dem Bundeskanzler leise bemerkt, er spüre regelrecht die Distanz und Kälte ihm gegenüber.

Diese Distanz gegenüber Russland hielt sich in der westlichen Welt auch über die 90er Jahre. Unsere Partner und Verbündeten entwickelten relativ wenig Gespür für ein Land, das geschichtlich durch das Scheitern seines Projekts, was man auch immer davon halten mag, tief gedemütigt war und in einer inneren Identitätskrise und -suche steckte.

Für Russland begannen unter Gorbatschow und Jelzin schwierige Jahre des Übergangs, verbunden mit einem massiven Einbruch des Lebensstandards, ja existentieller Verunsicherung. Reformansätze kamen in jener Zeit kaum voran, Reformkonzepte schienen in jener Zeit wenig ausgereift, von der anderen Seite des Atlantiks suggerierte Reformschritte schienen weder geeignet noch angepasst, um Russland wirklich zu helfen, Reformpolitiker hatten aber auch nicht die Zeit, in Ruhe wirkliche Konzepte zu entwickeln, wirtschaftliche Rückschläge waren die Folge.

Mit unseren Leistungen für die Reformstaaten Mittel- und Osteuropas und für die Nachfolgestaaten der ehemaligen Sowjetunion standen wir in jenen Jahren mit weitem Abstand an der Spitze der westlichen Geber. Wir haben in jenen Jahren nach der deutschen Einheit unsere Leistungen im internationalen Kontext nie an die große Glocke gehängt und eher intern um Verständnis für die Grenzen unserer Leistungsfähigkeit geworben.

Jedenfalls können wir, durchaus mit Befriedigung und einem gewissen Stolz, feststellen, dass Deutschland in jenen Jahren seiner internationalen Verantwortung mehr als gerecht geworden ist.

Die hohen Belastungen Deutschlands aus Leistungen im internationalen Bereich und insbesondere das krasse Missverhältnis bei der finanziellen Unterstützung der Staaten Mittel- und Osteuropas und auf dem Gebiet der ehemaligen Sowjet Union müssen bei der internationalen Lastenverteilung und bei der Festlegung von Prioritäten, einschließlich bei der

Finanzierung außenpolitischer Aktivitäten der Europäischen Union, angemessen berücksichtigt werden.

Die kanadische Regierung verteilte einmal im G 7 – Rahmen eine Tabelle, die dies mehr als deutlich aufzeigte, dass die deutschen Pro-Kopf-Leistungen für Russland höher waren als die Leistungen aller anderen G 7 – Länder zusammen. Danach umfassten die deutschen konkreten Zahlungen an Russland von 1990 – 1995 386 Dollar/Einwohner, Kanada folgte mit 74,4 Dollar, die andere G 7 Staaten mit 45 Dollar und weniger. Ein ähnliches Verhältnis galt im Übrigen für die Hilfe zugunsten der Länder Mittel- und Osteuropas.

Anders ausgedrückt, nach Berechnungen der OECD erbrachten wir während dieser Jahre – und zwar über unsere internen Leistungen zugunsten der neuen Bundesländer hinaus – zugunsten der Nachfolgestaaten der Sowjet Union und zugunsten der Reformstaaten Mittel- und Osteuropas mehr als ein Drittel der gesamten westlichen Leistungen.

Und aus den damaligen Papieren des Finanzministeriums entnahm ich folgende Zahlen – Unsere internationalen Leistungen umfassten in dem Zeitraum von 1990 bis 1997 – in heutiger Währung – über 250 Mrd. €, davon gingen fast die Hälfte dieser Leistungen an die Sowjetunion und deren Nachfolgestaaten bzw. an die Reformstaaten Mittel- und Osteuropas.

Es würde in diesem Rahmen zu weit führen, alle Beispiele aus jener Zeit aufzuführen und an Begebenheiten zu erinnern, die uns alle tief berührt haben. Es seien daher nur einige wenige Beispiele erwähnt:

Es sei einfach erinnert an den Besuch eines russischen Emissärs, der mit umfangreicher Wunschliste zu Horst Teltschik gekommen war – von Fleisch, Mehl bis hin zu Konsumgütern einschließlich Damenwäsche und Schuhen – an erstere Güter war man im Rahmen unserer Hilfe gewohnt, nur wie sollten wir Konsumgüter beschaffen, um die Läden vor Weihnachten zu füllen? Geschafft haben wir dies dank der unkonventionellen Hilfe des damaligen Kaufhof- und späteren Treuhand-Chefs Jens Odewald. Und wer konnte sich vorstellen, dass die „Winterhilfe" für bestimmte Bevölkerungsgruppen wie die Verteilung in Altersheimen in Moskau von einem Bundeswehr-General in Uniform geleitet wurde? Es war der ausdrückliche Wunsch unserer russischen Freunde!

Wir erhielten Informationen über die Schilderungen russischer Offiziere und Soldaten über die Umstände ihrer Rückkehr in die Heimat. In der Anfangsphase gab es keine Wohnungen, sie mussten in Zelten, Notunterkünften in der ersten Zeit auskommen. Daher war es richtig, insoweit ein Wohnungsbauprogramm, auch als Modell, in die Wege zu leiten.

Zu diesem Bild gehörte auch die Erinnerung an umfangreiche Wünsche nach Überbrückungskrediten, wo die Bundesregierung soweit vertretbar in vertrauensvoller Zusammenarbeit mit Theo Waigel und seiner Mannschaft bzw. den deutschen Banken helfen konnten.

Boris Jelzin

Um Boris Jelzin und sein Verhältnis zu Helmut Kohl ranken sich viele Geschichten und Begebenheiten, die ich ab dem Jahre 1993 allesamt miterlebt habe. Leider haben wir oft genug nicht entschieden genug gegengesteuert und letztlich noch entschlossener den Russen um Jelzin zur Seite gestanden.

Boris Jelzin war kein geborener Außenpolitiker, vielmehr ein Mann des Systems, ein Mann des Innern, dazu ein Mann mit einer Gesundheit, die nicht zum Besten stand.

Ich muss in diesem Zusammenhang einen Aspekt erwähnen, der oft genug durch die Medien ging. Für sie stand Boris Jelzin, diplomatisch ausgedrückt, dem Alkohol zu nahe. Und es war bekannt, dass der Bundeskanzler in jenen Jahren die eine oder andere Situation spontan retten musste – so beim Staatsbesuch in Bonn, als er Jelzin beim Abendessen unter dem Arm griff und ihn entschlossen in seine Suite auf dem Petersberg führte.

Ich verstand einige Zeit nicht, was dahintersteckte, erst seine Frau brachte mich darauf. Sie schob mir bei einem der Treffen im kleinen Kreis außerhalb von Moskau sein Wodka-Glas mehrfach zu mit dem vom Dolmetscher übersetzten Hinweis, „bitte nehmen Sie es, er verträgt das nicht".

Einer seiner Personenschützer aus dem früheren KGB lieferte mir dann am Abend die Erklärung nach: Es gehöre traditionsgemäß zur Selbstachtung des Mannes in Russland, dass er trinkfest sein müsse – und dies drücke sich in Wodka aus. Jelzin stehe aber seit einer Rückenoperation seit Jahren unter starken Schmerzmedikamenten, dank derer er Alkohol so gut wie nicht vertrage. Er sehe das aber nur schwer ein.

Dem gleichen Mann verdankte ich dann die entscheidenden Tipps, wie ich eine russische Geburtstagsfeier mit Wodka „überleben" könne. Einer der Kollegen hatte leichtsinnig den russischen Kollegen ausgeplaudert, dass ich ausgerechnet am Tag der Begegnung zwischen Helmut Kohl und Boris Jelzin am Baikalsee im Juli 1994 auf dem Rückwege vom G 7/8-Gipfel in Tokyo meinen Geburtstag feierte.

Wir hatten in jener Zeit natürlich auf der einen Seite ein vitales Interesse daran, dass die Russen auch unter Jelzin die von Gorbatschow eingegangenen Vereinbarungen in Bezug auf Deutschland auch tatsächlich einhalten.

Ich hatte die Chance, Michail Gorbatschow nach meinem Ausscheiden aus dem Dienst wiederholt zu treffen und zu sprechen. Gorbatschow stellte immer fest, wir Deutschen seien in jeder Hinsicht vertragstreu gewesen. Dies gilt für die Debatte um die NATO-Osterweiterung wie die das Thema Ukraine. Sein grundlegendes Problem schien mir in erster Linie sein Verständnis von Wirtschaft, Wirtschaftsreformen zu sein. Und dies galt auch und ganz besonders für Boris Jelzin. Wir haben ihn über die Jahre mehr gestützt als jedes andere Land, auch nach dem Abzug der russischen Soldaten aus Deutschland. Vielleicht hätten wir ihn in Bezug auf die für Wirtschaft und Finanzen notwendigen Reformen und Reformansätze entschlossener, weitreichender beraten und begleiten müssen.

Ein ganz besonderes Kapitel des gebildeten Vertrauensverhältnisses war die Zeit um die schwere Herzoperation Präsident Jelzins. Sie sollte nach dem Willen der Familie – und unter Kontrolle des damals noch unbekannten Vladimir Putin, den Jelzin als seinen Nachfolger, auch als Garanten für seine Familie, auserkoren hatte – durch einen bekannten amerikanischen Herzspezialisten durchgeführt werden.

Uns war bekannt, Präsident Boris Jelzin hätte die Operation damals lieber in Deutschland ausführen lassen, doch er hatte rasch einsehen müssen, dass dies nicht opportun erscheinen konnte. Daher bat die Familie den Bundeskanzler um die „Präsenz" zweier deutscher Spezialisten als „Beobachter" bei der Operation, man mag diese Bitte auch als verständliche „Rückversicherung" ansehen.

Zur Absicherung der beiden jungen Herz-Chirurgen aus Hannover war einerseits vereinbart, dass sie vom Russisch-Dolmetscher des Bundeskanzlers aus dem AA-Sprachendienst als Mann des Vertrauens begleitet wurden, und andererseits, dass die beiden sich jeden Morgen telefonisch „zur Sicherheit" bei mir im Büro melden sollten – und ich sie ggf. zum Bundeskanzler durchstellen konnte.

So vom Bundeskanzler selbst ausgedacht, wurde dies auch in die Tat umgesetzt. Zweimal stellte ich die beiden zum Bundeskanzler durch – Wir waren transparent, die Russen hörten voll mit, vielleicht auch andere, und es war uns wichtiger, dass die beiden Mediziner sich abgesichert fühlten, und die Russen sie ungestört wirken ließen!

Ukraine – ein dauerhafter Sorgenfall

In diesen Jahren galt der Entwicklung der Ukraine unsere besondere Sorge und Aufmerksamkeit. Im Vordergrund standen zunächst Nuklearfragen – einerseits die Sorge ob der nach der Auflösung der Sowjetunion in der Ukraine wie in Belarus und Kasachstan verbliebenen Nuklearwaffen und die Aufbereitung der Konsequenzen aus der Nuklearkatastrophe von Tschernobyl.

Helmut Kohl setzte sich im Rahmen der G 7 nachdrücklich für eine Finanzhilfe in Sachen Tschernobyl ein. Beim Wirtschaftsgipfel in Neapel 1994 gewährten die Sieben der Ukraine hierfür eine beträchtliche Finanzhilfe und luden Präsident Kutschma zu einem „Nukleargipfel" 1995 nach Moskau unter gemeinsamem Vorsitz von Jelzin und Chirac ein.

Als „Gegenleistung" für den Verzicht der Ukraine, von Belarus und Kasachstan auf die verbliebenen Nuklearwaffen bekräftigten Russland, die USA und das Vereinigte Königreich am 5. Dezember 1994 am Rande des KSZE-Gipfels in Budapest in einem „Memorandum" die Achtung der Integrität dieser Länder sowie ihre „politische und wirtschaftliche Unabhängigkeit".

Viel zu wenig wurde damals darauf geachtet, dass dahinter, zumindest für die Russen unausgesprochen ein „agree to disagree" stand! Für viele der Moskauer Freunde bedeutete „Unabhängigkeit" im Grunde eine gewisse Verwaltungs-Autonomie, nicht aber das letzte Wort in entscheidenden Fragen, zumal im Osten des Landes wichtige Teile für die russische Rüstungsindustrie, besonders im Flugzeugbau, hergestellt wurden. Und über Odessa und vor allem die Krim brauchte man erst gar nicht zu sprechen! Den Westen des Landes sah diese Nomenklatura mit tiefem Misstrauen, zumal katholisch und Polen-nahe, salopp von einem guten Bekannten formuliert „nützlich in Sachen Landwirtschaft und als Puffer zu Polen"!

Zugleich ging es in den 90er Jahren „aber auch" überhaupt um den Aufbau eines geordneten „Staatswesens" in der jungen unabhängigen Ukraine. Und sie hatte in der alten Sowjetunion zwei Stärken aufzuweisen, die Landwirtschaft als „Kornkammer" der Sowjetunion und die Schwer- und vor allem Rüstungsindustrie.

Helmut Kohl vereinbarte beim ersten Besuch des ukrainischen Präsidenten Leonid Kutschma in Bonn im Juli 1995 bzw. bei seinem offiziellem Besuch in Kiev Anfang September 1996 die Einsetzung einer Arbeitsgruppe, die die Ukraine auf ihrem schwierigen Weg der Unabhängigkeit begleiten sollte.

Auf diese Weise bin ich mit einer Gruppe hoher Bonner Beamte in den Folgejahren mehrmals in Kiev gewesen, um bilaterale Unterstützungsprogramme anzustoßen und nach vorne zu bringen. Wir waren damals in Wahrheit die einzigen aus dem Kreis der G7, die versuchten, die Ukraine in den schwierigen Anfangsjahren zu begleiten.

Wir mussten auch lernen, wie schwierig dies war angesichts der auf ukrainischer Seite kaum entwickelten Vorstellungen bzw. im Grunde kaum bestehenden eigenen „Staatlichkeit", ein tragfähiges politisches und wirtschaftliches System aufzubauen.

„Staatlichkeit" schien uns schon in jenen Jahren nur noch rudimentär zu bestehen, Administration, Rechts- und Wirtschaftssystem mussten im Grunde neu aufgebaut werden, viele aus der früheren Kernmannschaft schienen nach Moskau zurückbeordert zu sein. Wir mussten mit den inneren Widersprüchen umzugehen lernen: politisch betrachtet schien der Westen der Ukraine aus der Geschichte und Kultur Polen nahe zu stehen, freilich nicht dem „neuen" Polen, in der Mitte „Kiev" schienen Strukturen am Werke, die auch uns nicht ganz geheuer waren, der Osten war von Russland abhängig – und die Krim in einem „Sonder"-Verhältnis zu Moskau wie zu Kiew?.

In jenen Jahren suchte Kutschma, der aus der Rüstungsindustrie im Osten kam, die Privatisierung der Wirtschaft voranzubringen. Und nichts anderes als das heutige System der Oligarchen hat sich daraus entscheidend entwickeln können – kein Wunder, Kutschma war persönlich eng mit diesem System verbunden. Leider haben wir diese „Kleinigkeit" erst relativ spät erkannt!

Wichtig war es uns, dass diese Arbeit nicht zusätzlich das Misstrauen der Russen erregte, deren Verhältnis zur Ukraine aus der Geschichte heraus von besonderer Emotionalität war. Von daher hielten wir die russischen Kollegen über unsere Bemühungen unterrichtet. Dies schloss den russischen Botschafter in Kiev ein, der kein anderer als der uns vertraute frühere Ministerpräsident Viktor Tschernomyrdin war. Manche vor Ort nannten ihn, halb im Scherz, aber durchaus ernsthaft den „Gouverneur". Mir sagte er einmal entwaffnend offen, solange ihr hier helft, ist das in Ordnung – lasst ja die Amerikaner außen vor, dies würde alles verändern!

Brüssel, die EU-Kommission, interessierte sich in jenen Jahren nur mäßig für die Ukraine, ähnliches galt für unsere Partner in EU und NATO, auch für die Amerikaner! Die Frage nach einer einseitigen Bindung an die EU oder sogar an die NATO stellte sich daher nicht. Er wäre auch nicht in unserem Interesse gewesen, Russland, das ohnehin geschwächt war, insoweit zu provozieren und durchaus erkennbare rote Linien zu überschreiten.

Es ist ausgesprochen zu bedauern, dass es uns in jener Zeit nicht gelungen ist, im Verhältnis zu Russland und der Ukraine gemeinsame, grenzüberschreitende Projekte aufs Gleis zu setzen, um zu unterstreichen, dass die Zeit des Kalten Krieges hinter uns lag und die Zeichen auf Zusammenarbeit standen.

Ein besonderes Beispiel war die Idee, in Kooperation mit diesen beiden Ländern ein militärisches Transportflugzeug als Nachfolger für die bei der Bundeswehr und anderen seit Jahrzehnten fliegende und in die Jahre gekommene „Transall" zu entwickeln. Russen und Ukrainer hatten uns die „Antonow An-70" angeboten, von der bereits ein Prototyp mit durchaus überzeugenden Leistungen existierte. Verteidigungsminister Volker Rühe war zu Recht einer der Befürworter dieses Projekts.

Alternative war damals der Kauf der C 130 in den USA oder aber eine Neuentwicklung durch ein EU-Gemeinschaftsunternehmen. Dieses Flugzeug, der A 400 M, von der heutigen Airbus-Group konzipiert, gab es aber nur auf dem Reißbrett.

Die Europäer, aus einem gewissen Misstrauen heraus, aber auch unter Druck der Industrie und ihrer Militärs, wohl auch seitens der Amerikaner, entschieden sich schließlich 1999 für dieses Projekt, dem künftigen A 400 M, dessen Entwicklungsgeschichte für alle Seiten nicht gerade glorreich werden sollte. Es hätte uns nicht geschadet, wenn wir beide Projekte gefördert hätten, „Antonov 70" und den „A 400 M"! Es muss schon mehr als seltsam anmuten, dass die westeuropäischen Länder heute immer wieder Transportkapazitäten mit großen Transportern aus der Ukraine anmieten muss.

Weder die orangene Revolution 2004 noch in jüngster Zeit der Maidan vermochten etwas an den im Grunde immanenten Schwächen der Ukraine zu ändern. Heute steht dieses Land unverändert erst am Anfang der Bildung stabiler staatlicher Strukturen und einer nationalen Identität.

Die Vorstellungen einer raschen echten Assoziierung mit der EU wie der von manchen Amerikanern und Polen forcierte und von Merkel und Sarkozy zu Recht gestoppte Beitritt zur NATO waren in diesem Zusammenhang voreilige, ja falsche Signale und Schritte.

Stattdessen hätte man diesem Lande, wie wir es in den 90er Jahren versucht hatten, helfen müssen mit Unterstützung seitens der EU und seitens Russlands erst einmal gesunde staatliche und rechtliche Strukturen aufzubauen, seine beiden Pfeiler – Landwirtschaft und Industrie – zu stärken und das Land zugleich als Brücke zwischen West und Ost anzusehen.

In gewisser Weise hatte und hat der „Westen" einen erheblichen Teil an Mitverantwortung für die heutige missliche Lage der Ukraine.

Der Westen hat in diesen Jahren, wohl vor allem seit der orangenen Revolution, die Haltung Russlands gegenüber der Ukraine zunehmend falsch eingeschätzt. Die Ukraine war für die Russen immer ein besonderes Land, frühere Sowjetrepublik, zudem besonderer Teil der Geschichte Russlands. War doch Kiew die Hauptstadt von „Rus" vor Moskau und St. Petersburg! Von daher war die „Unabhängigkeit" der Ukraine für die Moskowiter immer etwas Eigenes, eine Autonomie ja, aber wirklich unabhängig – mit Einschränkungen! Dennoch muss man den Russen genauso offen sagen, dass ihr Vorgehen gegenüber der Ukraine mit der Besetzung der Krim und der „Unterwanderung" des Ostens der Ukraine nicht akzeptabel sein kann.

Europäer und Amerikaner taten sich in jenen Jahren nicht nur mit Russland selbst schwer, sondern letztlich mit der großen Mehrheit dieser "neuen Nachbarn" und Ländern im Osten.

Sie brauchten zunächst einige Zeit, sich auf die neue Lage im Osten einzustellen. Wir unterschieden sehr bald zwischen Beitrittskandidaten zu EU und NATO und anderen Ländern, hatten aber auch „Grauzonen" oder „Fragezeichen" im Blick.

Wir brauchten einige Zeit, um vor allem den Amerikanern, aber auch anderen Freunden nahe zu legen, die besonders kritische und schwierige Übergangszeit für Russland besonders im Auge zu behalten – und uns darum zu bemühen, Russland zu unterstützen, um es in der schwierigen Übergangszeit zu stabilisieren, dieses große Land in bestehende Strukturen zu integrieren bzw. entsprechende neue zu schaffen. Manchen in Mittel- und Osteuropa ging es daher zu langsam für ihre eigenen Anliegen.

Michail Gorbatschow hat am 9. November 2014 bei den Feiern zum 25. Geburtstag des Falls der Mauer kritisch angemerkt, „der Westen habe Russland die letzten 25 Jahre wie einen Verlierer behandelt".

Ich muss Verständnis für diese verbitterte Aussage haben, auch wenn sie vielleicht nur für die zweite Hälfte dieser Zeit gerechtfertigt ist. Es ist aber schon richtig, das „gemeinsame Haus Europa", das Gorbatschow wie Kohl im Kopf hatten, ist letztlich eine unerreichte Vision geblieben. Sie fand zu wenig Unterstützung bei unseren Partnern, auch wenn die Russen, ob Gorbatschow oder Jelzin, letztlich an sich selbst und an dem Unvermögen gescheitert sind, sinnvolle Reformprozesse einzuleiten und sie auch umzusetzen.

Leider haben die Europäer zugleich den zunehmenden Stimmungswandel und die Warnzeichen aus dem Osten, vornehmlich aus Russland selbst kaum verstanden bzw. verstehen wollen. Vor allem die „Europäische

Nachbarschaftspolitik" und „östliche Partnerschaft" erwies sich ab 2004 als Illusion und Fehlschlag.

Es ist zu einfach insofern festzustellen, die integrative Politik der EU auf der einen Seite sei unvereinbar mit dem russischen Denken in Einflusszonen. Denken wir in Wahrheit nicht auch an die Bildung eines „Rings befreundeter und stabiler Staaten" um uns herum im Osten wie im Süden? Wir nennen es nur anders.

Stellten wir nicht zumindest einige dieser Länder – wie die Ukraine oder Armenien – vor Alternativen, die sie nicht durchhalten konnten? Hätte „man" nicht besonders gemeinsam mit Russland die KSZE bzw. O-SZE als gemeinsame europäische Institution fortentwickeln müssen und parallel dazu das Verhältnis dieser Länder zur EU?

Ein echtes Verhältnis der Zusammenarbeit mit Russland – auf gleicher Augenhöhe! – hätte vieles auch im Verhältnis zu den Nachfolgestaaten der früheren Sowjetunion erleichtert. 2003/2004 hatten die EU-Kommission unter Romano Prodi – und die Staats- und Regierungschefs der EU – insoweit alle Karten in der Hand, sie wurden geradezu leichtfertig verspielt.

Ein befreundeter langjähriger Chef einer europäischen Regierung fragte mich vor einiger Zeit noch, er suche immer noch eine Antwort darauf, warum die EU-Kommission unter Romano Prodi damals nicht gehandelt, wer ihn entscheidend gebremst habe. Ergebnis war damals ein unverbindliches, zu unspezifisches Programm, es trug wesentlich dazu bei, den Stimmungswandel in Russland zu beschleunigen.

Putins warnende Münchner Rede 2007 wie auch die Vorschläge von Medvedev wurden im Westen „überhört" – und Russland begann damit, (seit 2010) seine eigenen konkurrierenden Integrationsmodelle auf den Weg zu bringen, vor allem die Eurasische Wirtschaftsunion mit Belarus, Kasachstan, Armenien und Kirgistan – ein Instrument wirtschaftlicher Integration nach dem Modell der EU, aber zugleich ein echtes Machtinstrument, um die Abhängigkeiten der Vergangenheit zu erhalten bzw. diese wieder herzustellen.

Spätestens der NATO-Gipfel in Bukarest 2008 bedeutete für Moskau der Bruch, das Ende einer Politik der Annäherung in Europa. Angela Merkel und Nicolas Sarkozy hatten zwar zu Recht den Versuch der Amerikaner abgeblockt, die Ukraine und Georgien in die NATO aufzunehmen, für die Russen bedeutete dieser Versuch eine „Kriegserklärung".

Russland sucht seither – neben der Eurasischen Wirtschaftsunion – regionale Alternativen, um seinen „Status" wieder zu gewinnen, auch und gerade in der Politik gegenüber China, das aber insoweit am längeren Hebel sitzt.

Und Europa? Bleibt es Gefangener der Konsequenzen eigener verfehlter Politik gegenüber Russland? Auch die Russen haben sicherlich in den vergangenen fünfzehn Jahren erhebliche Fehler begangen, die Verantwortung der Europäer an der entstandenen Lage wird dadurch aber nicht geringer.

Es ist schon bezeichnend, wie wenige im Westen heute noch in der Lage sind, die Entwicklung Russlands einigermaßen zu verstehen und darauf aufbauend in der Lage sind, Politik abzuleiten und auf gewisse Nuancen abzustellen. Leider kann man diese an der Hand abzählen.

G 7 / 8 – die Wirtschaftsgipfel

Helmut Kohl hat in seiner Amtszeit an 16 Wirtschaftsgipfeln teilgenommen, davon zweimal als Vorsitzender. Die Liste: 1983 Williamsburg, 1984 London, 1985 Bonn, 1986 Tokio, 1987 Venedig, 1988 Toronto, 1989 Paris, 1990 Houston, 1991 London, 1992 München, 1993 Tokyo, 1994 Neapel, 1995 Halifax, 1996 Lyon, 1997 Denver, 1998 Birmingham.

Ich stieß erst ab 1993 mit dem Gipfeltreffen in Tokyo zum „G 7 – Team um den Bundeskanzler. Es wurde durch den „G 7-Sherpa" angeführt, einem der beiden Staatssekretäre des Finanzministeriums, zunächst Horst Köhler, dann Jürgen Stark.

Besonders mit Jürgen Stark entstand eine enge, sehr vertrauensvolle Zusammenarbeit, ja Freundschaft über die Jahre. Er galt vor allem in europäischen monetären Fragen zwar als „Falke" und wir waren oft genug auch in der Sache unterschiedlicher Auffassung, legten diese oft beiseite oder fanden eine gemeinsam vertretbare Linie.

Kollegen meinten damals resignierend, es mache keinen Sinn zu versuchen, einen Keil zwischen uns zu treiben, wir würden uns doch einigen, wenn notwendig auf deren Rücken. Ja, wir stritten uns auch zuweilen, verletzend wurde es aber zwischen uns beiden nie. Wir wussten nur allzu genau um die Margen, die der Bundeskanzler auf europäischer und internationaler Ebene brauchte.

Dem Bundeskanzler behagte das wirtschaftliche „Korsett" dieser Gipfelbegegnungen wenig, waren doch die Erklärungen und Schlussfolgerungen vorneweg in extenso durch die Sherpas beackert worden.

Für ihn waren der Austausch über weltpolitische Entwicklungen wie vor allem das persönliche Gespräch mit seinen Kollegen der Schlüssel, er wollte einfach mehr über die Gründe und Hintergründe der Haltung des einen oder anderen wissen, mehr über deren innenpolitisches Umfeld –

eben, um die Konsequenzen für unsere Haltung und ihre Margen ausloten zu können. Am liebsten wäre es ihm wohl gewesen, wenn diese Treffen noch mehr zu ihrem ursprünglichen, informellen Charakter zurückgefunden hätten.

Dies gilt umso mehr, als in den 90er Jahren über EU und NATO hinaus eine zunehmende Anzahl regelmäßiger multilateraler Gipfeltreffen mit anderen großen Weltregionen im europa- und außenpolitischen Pensum des Bundeskanzlers hinzu gekommen waren (Treffen mit Asien, Lateinamerika und Afrika).

Helmut Kohl war am Ende seiner Kanzlerzeit der älteste Regierungschef in diesem Kreis. Er hatte es über seine sechzehn Jahre mit zwei Franzosen zu tun – Mitterrand und Chirac –, mit drei Amerikanern – Reagan, Bush und Clinton – mit drei Briten – Thatcher, Major und Blair –, mit drei bzw. fünf Kanadiern – Trudeau, Mulroney, Chrétien sowie für kurze Zeiten Turner und Campbell –, mit neun bzw. zehn Japanern – Nakasone, Takeshita, Kaifu, Miyazawa,, Hosokawa, Hata, Murayama, Hashimoto, Obuchi und für kurze Zeit Uno – und dreizehn Italienern – Spadolini, Fanfani, Craxi, Fanfani, Goria, De Mita, Andreotti, Amato, Ciampi, Berlusconi, Dini, Prodi und D'Alema – sowie mit einem Russen, Jelzin.

Alle suchten verständlicherweise zum Gipfel unter ihrem Vorsitz in ihrem Lande besondere Akzente und Prioritäten zu setzen, aber auch für ihr Land zu werben. Dies galt besonders für die Japaner und Kanadier, andere waren aber auch keineswegs frei davon.

Sachlich im Vordergrund standen in den 90er Jahren vornehmlich Bemühungen um eine Konsolidierung der Weltwirtschaft in der Folge des Zusammenbruchs der Sowjet-Union und des Comecon sowie vor allem die Stabilisierung der Währungen – wie die Stabilisierung Russlands und der übrigen Nachfolgestaaten der Sowjet-Union.

Insoweit waren wir bei weitem am engagiertesten, andere versteckten sich mehr oder weniger hinter uns.

Gorbatschow hatte bereits 1989 um „Assoziierung" in den Kreis der G 7 gebeten, offiziell wurde Russland erst 1998 Mitglied – Russland wurde während dieser neun Jahre zwar zunehmend an den Beratungen beteiligt und integriert, letztlich aber hingehalten und fühlte sich, diplomatisch ausgedrückt, „außen vor", nicht Teilnehmer aller Gespräche (z.B. nicht zur Weltwirtschaft (!) und nicht von allen ausreichend „auf gleicher Augenhöhe" wahrgenommen.

Helmut Kohl tat sein Bestes, um insoweit voranzukommen, übte auch zuweilen Druck aus, einige zögerten, an der Spitze die USA, aber auch Japan – und der 7er-Kreis brauchte letztlich viel zu viel Zeit, um einen Konsens zu erreichen.

Zugleich dachten wir aber damals schon einen oder mehrere Schritte weiter. Helmut Kohl war der Zeit voraus. Die nächste, natürliche Erweiterung des Kreises hätte die VR China bilden müssen, zu denken war dann ebenfalls an Indien, das sich in jenen Jahren zunehmend öffnete, aber auch an Indonesien, dem größten muslimisch geprägten Land der Welt.

In Bezug auf Lateinamerika waren in dieser Konsequenz Mexiko und Brasilien nicht zu umgehen, für Afrika war die Auswahl schon schwerer, unbestritten schien in jenen Jahren allein Südafrika, manche dachten darüber hinaus an Nigeria oder Ägypten.

Alle diese Länder bildeten Schwerpunkten, Prioritäten der Kohl'schen Außenpolitik. Der permanente Kontakt zu ihnen beruhte politisch auf Gegenseitigkeit, er unterstrich zugleich den neuen Stellenwert Deutschlands.

Zählt man sie zusammen, so sind wir im Grunde bei dem G 20 – Kreis. Dieser hatte in der Finanzkrise einen exzellenten Start, die Beratungsergebnisse mussten aber bald enttäuschen. Der G20-Kreis könnte, wenn richtig geführt, aber zunehmend in die Rolle eines weltweiten Führungsorgans anstelle oder in Ergänzung des zu oft blockierten Sicherheitsrats der Vereinten Nationen hineinwachsen, sind die G 20 doch das einzige internationale Gremium, das den informellen Dialog zwischen wichtigen Industriestaaten und Schwellenländern erlaubt.

In diesen Kreisen müssen sich die Europäer mehr und mehr auf eine Debatte gefasst machen, die schon spürbar begonnen hat. Ist es vertretbar, dass die Europäer im Kreis der G 8 wie der G 20 ohnehin mit vier Vertretern – Deutschland, Frankreich, Vereinigtes Königreich, Italien – schon im Grunde übermäßig repräsentiert sind? – Aber damit nicht genug, es kommen noch die EU-Kommission, der Vorsitzende des Europäischen Rates und die jeweilige EU-Präsidentschaft hinzu bzw. im G 20er-Kreis Spanien. Wie will man auf Dauer diese Überrepräsentanz der restlichen Welt erklären?

3. Nahost-Politik – Bemühungen um Förderung und Flankierung des Friedensprozesses 1995/96

Bereits Konrad Adenauer hatte die besondere Bedeutung des Verhältnisses zu Israel, aber auch des Friedens im Nahen Osten, in das Stammbuch aller deutschen Regierungen geschrieben.

Helmut Kohl hat sich dabei nie entmutigen lassen, auch nicht durch die in Deutschland lancierten schäbigen Attacken aufgrund seiner missverstandenen – und doch nicht missverständlichen – Worte der „Gnade der späten Geburt" anlässlich seines ersten offiziellen Besuches in Israel.

Ihm wie auch all seinen Mitarbeitern war immer bewusst, dass eine enge Zusammenarbeit mit Israel keine Selbstverständlichkeit sein konnte, nicht einmal Normalität. Die Vergangenheit wird in unserem Verhältnis nie fehlen, sie ist aber zugleich ein Fundament für eine Partnerschaft in die Zukunft.

Daher gab es auch kein Zögern entschiedener Hilfe für Israel im Rahmen des Golf-Krieges, als der Irak zunächst mit Raketenangriffen – und zwar mit ABC-Sprengköpfen – gegen Israel drohte und dann erste, Gott sei Dank, Raketen mit konventionellem Kopf abfeuerte. Deutschland hat damals Israel unterstützt durch die Lieferung einer Batterie Patriot-Abwehrraketen, acht ABC-Spürpanzer „Fuchs", 100.000 ABC-Schutzanzüge und Filter für Gasmasken, Sanitätsmaterial und die Zusage der Lieferung anderer wesentlicher Rüstungsgüter, insbesondere von zunächst zwei U-Booten mit der Option für ein drittes Boot.

In langen Gesprächen hat mir in jener Zeit bei Besuchen in Israel der Chef der israelischen Marine, Admiral Ami Ayalon, späterer Chef des Inlandsgeheimdienstes Shin Bet, die Bedeutung dieser Waffe für Israel erklärt, einer Flottille von mindestens vier, wohl besser sogar sechs Booten mit einer ähnlichen Argumentation wie wir sie von unserem Nachbarn Frankreich kennen, als Schutz im Mittelmeer-Raum, aber auch und vor allem als einem zweiten Standbein der Abschreckung.

Ich verstehe heute auch, warum die Israelis sie nach Lieferung in Bezug auf ihre Bewaffnung anscheinend „nach- und umrüsteten": sie hatten U-Boot-taugliche sog. Cruise Missiles selbst entwickelt, nachdem ihnen die Amerikaner wie die Franzosen die Lieferung verweigert hatten – und die Amerikaner über die diesbezüglichen Spionageaktivitäten der Israelis in den USA nicht gerade „amused" waren. Dass heute die Ergänzung durch Korvetten zum Schutz der Öl- und Gasförderung im Mittelmeer erfolgt, ist nur logisch. Ich durfte damals diese ersten Schiffe einer neuen Generation besichtigen und musste die Augen verschliessen. Der Rumpf mit sog. Stealth – Eigenschaften, schwer für den Radar des Gegners zu orten, stammte aus den USA, die Technik im Inneren überwiegend aus Europa und vor allem aus Deutschland.

Ami Ayalon wurde zu einem Freund, mit dem man auch später offen über die Problemzonen und Risiken der israelischen Politik sprechen konnte. Jahre später wollte er in den Fußstapfen Rabins in die Politik. Er scheiterte leider. Ami ist für mich eine bemerkenswerte Persönlichkeit, die vor einiger Zeit in einem aufsehenerregenden Interview mit anderen ehemaligen Geheimdienstchefs Israels die Politik der Nachfolger Rabins kritisch unter die Lupe nahm und offen – leider vergeblich – vor den Gefahren für Israel warnte.

Doch zurück zur Entwicklung in der ersten Hälfte der 90er Jahre. In einem kurzen, scheinbar beiläufigen Satz in den Schlussfolgerungen des Europäischen Rats von Essen im Dezember 1994 hatten wir auf Anregung von Botschafter Primor ein besonderes Zeichen gesetzt:

Helmut Kohl – Yitzhak Rabin

Wir verliehen den künftigen Beziehungen der EU zu Israel bewusst einen besonderen Status – dies war ein Versprechen des Bundeskanzlers gegenüber dem israelischen Ministerpräsidenten Itzhak Rabin, um dessen Bemühungen um die Wiederbelebung des Friedensprozesses im Nahen Osten zu flankieren, in die wir zumeist diskret neben den Amerikanern eng eingebunden waren!

Dank und mit Rabin entwickelte sich zunehmend eine engere vertrauensvolle Zusammenarbeit auf breiter Ebene. Anfang 1995 zeigte sich jedoch, wie hoch sensibel diese Beziehung immer war, wir steckten auf einmal wieder in einer ernsten Krise, und zwar durch ein tiefgreifendes Missverständnis in einer für Israel hochsensiblen Angelegenheit.

Es ging damals um die Suche nach dem seit einem Kampfeinsatz über dem Libanon verschollenen Navigator Ron Arad. Israel glaubte Hilfs- und Bemühenszusagen der deutschen Dienste Erfolgszusagen zu entnehmen. Ich bin sicher, die (damals) Münchner Kollegen waren sensibel genug und es lag ihnen fern, falsche Hoffnungen zu wecken. Doch irgendetwas musste in der Kommunikation falsch gelaufen sein.

Ich bekam bei einem Besuch die fast ohnmächtige Wut der Israelis und von Ministerpräsident Rabin über eine vermeintlich nicht eingehaltene Zusage seitens unserer Dienste zu spüren. Unmöglich herauszufinden, wer letztlich zu Unrecht diese negative Spirale in Gang gesetzt hatte. Ich war nicht in der Lage, die emotionalen Wogen zu glätten, die Beziehungen schienen urplötzlich wieder auf einem Tiefpunkt angelangt.

Die von der israelischen Seite absprachewidrig anberaumte Begegnung mit der Presse war für mich kein Spaziergang, im Gegenteil, ein Spießrutenlaufen, der dazu noch seinen Niederschlag in den Fernsehnachrichten des Abends in Deutschland fand. Der Kanzler war wütend, da ihm niemand hinreichend Hintergründe und das Umfeld erklärt hatte. Ich war nicht minder sauer, „man" – die Israelis wie die eigenen Leute – hatte mich in die Falle laufen lassen! Mich erreichte der wütende Kanzler am Nachmittag in Nazareth. Er stellte mich zur Rede, fragte nach Einzelheiten und wir entwickelten gemeinsam die notwendige „Sprache" für die Medien zu Hause.

Yekutiel Federmann

Ich war damals niedergeschlagen und saß in Tel Aviv abends mit einem älteren Herrn, mit Yekutiel Federmann, zusammen, der die Krise einfach nicht akzeptieren wollte. Aus dem Abend entstanden dank der Vermittlung dieses rechtzeitig noch vor den Nazis entkommenen deutschen Juden ein Neubeginn, ein Verhältnis des Vertrauens zu Rabin und Ansätze zur Förderung des Friedensprozesses.

Federmann hatte nach dem Abend um Audienz bei Rabin, einem seiner ältesten Freunde, gebeten, mit ihm „Tacheles" geredet, ihn offen gebeten, seinen „Fehler zu korrigieren". Er hat ihn schließlich davon überzeugt, gemeinsam mit Helmut Kohl den Neuanfang zu suchen.

Und so kam jenes denkwürdige informelle Treffen am 29. März 1995 in Bonn zustande, in dem Yitzhak Rabin und der Bundeskanzler an einem langen Abend in aller Offenheit und vertrauensvoll alle wesentlichen Themen diskutierten. Der Funke war zwischen den beiden Staatsmännern an jenem Abend übergesprungen, von da an ging es in hohem Tempo weiter!

Yekutiel Federmann war einer der erstaunlichsten, aber zugleich typischen Persönlichkeiten im deutsch-israelischen Verhältnis, der uns Deutschen trotz allem Freundschaft entgegengebracht hat. Der gebürtige Chemnitzer war rechtzeitig noch dem Holocaust entkommen und nach Palästina emigriert, er wurde zu einem der wichtigsten Waffenkäufer, um den jungen Staat zu verteidigen, und baute sich einen Konzern mit einer Mischung von Hotels und High-Tech-Unternehmen auf. Nach der Wiedervereinigung sollte er in seiner alten Heimatregion Sachsen wichtige Zukunftsinvestitionen leisten.

Avi Primor

Er wurde – neben Botschafter Avi Primor – in den Jahren zu einem wichtigen Ratgeber und Ansprechpartner, mit dem ich mich immer wieder austauschte, der uns auch immer wieder Kontakte vermittelte und uns auf Probleme hinwies.

Ja, wir hatten damals das Glück, dass Israel zugleich immer wieder großartige Botschafter nach Deutschland entsandt hat, und einer der herausragenden war Avi Primor, an dessen ungewöhnlich langer Amtszeit Helmut Kohl nicht unschuldig war.

Der Bundeskanzler schreibt in seinem „Tagebuch 1998–2000": „Avi Primor zählt sicherlich zu den bedeutendsten Vertretern seines Landes in der Bundesrepublik" und schließt mit den Worten „dem Freigeist Avi Primor, dem nicht angepassten Diplomaten und kritischen Freund der Deutschen wünsche ich von Herzen alles erdenklich Gute".

Avi Primor war – und er ist es immer noch – ein außergewöhnlicher Mann, er vermochte es auf Menschen zuzugehen, auch auf solche, die Israel kritisch gegenüberstanden. Er nahm neue Ideen, Gedanken auf, suchte neue Wege, um das deutsch-israelische Verhältnis zu entkrampfen, auf eine breitere, solide Basis zu stellen. Er war auf der einen Seite nach außen loyal gegenüber seiner Regierung, vor allem aber gegenüber seinem Lande, machte jedoch intern kein Hehl aus seiner kritischen Haltung.

Wir haben viele Stunden miteinander verbracht, informell, im Kriese unserer Familien, seine Frau und er wurden zu Freunden, mit denen wir bis heute in engem Kontakt geblieben sind.

Nach seiner Versetzung in den Ruhestand begann er intensiv damit, „seinen" Beitrag für den Friedensprozess in die Tat umzusetzen – gemeinsame Studien von Studenten aus Israel, Palästina, Jordanien und Deutschland.

Shimon Stein, sein Nachfolger, war eine ganz andere Persönlichkeit, er setzte andere Schwerpunkte und litt „wie ein Hund" darunter, dass Avi Primor auch nach dem Ende seiner Mission und Eintritt in den Ruhestand permanent in Deutschland präsent war. Meine Frau und ich baten Avi Primor mehrmals um Zurückhaltung. Das Problem war aber, es war der gefragte Mann, nicht sein Nachfolger!

In jenen Jahren reiste ich regelmäßig nach Israel, um ein möglichst umfassendes Bild zu gewinnen. Diese Besuche schlossen, zuweilen zum Verdruss einiger Israelis Erkundungsreisen durch die besetzten Gebiete ein, selbstverständlich auch Besuche bei den Palästinensern oder in Jordanien. Ich wollte mir einfach für den Bundeskanzler ein eigenes Bild vor Ort verschaffen.

Helmut Kohls offizieller Besuch in Israel im Juni 1995 untermauerte diesen Neuanfang, bildete den Höhepunkt seiner intensiven Bemühungen zur Begleitung und Förderung des Friedensprozesses im Nahen Osten.

Eine Gemeinschaft des Nahen Ostens für Wasser und ....

Die wesentliche politische Idee bestand darin, ähnlich wie zu Anfang des europäischen Integrationsprozesses gemeinsame Ansätze mit Hilfe einer für die ganze Region entscheidenden Materie, der Wasserversorgung, zu fördern, und zwar zwischen Israel, Jordanien, Palästina. Wir wollten später auch den Libanon und Syrien sowie Ägypten aktiv einbeziehen – es war der ägyptische Präsident, der uns dazu ermutigt hatte. Diese Initiative sollte ergänzt werden durch grenzüberscheitende Infrastrukturprojekte und breit angelegte Maßnahmen zur Berufsausbildung, vor allem in Palästina.

Die Anfänge, nicht zuletzt mit Unterstützung der EU-Kommission unter Präsident Jacques Santer, dem zuständigen Kommissar Manuel Marin wie auch seitens der Weltbank – Präsident Jim Wolfensohn und seinem Vize Cajo Koch-Weser, waren hoffnungsvoll, wir kamen im Grunde schnell voran. Die EU-Kommission stellte kurzfristig in Abstimmung mit dem EP fürs erste Haushaltsmittel von über 300 Mio. € zur Verfügung.

Am 15. März 1995 traf der Bundeskanzler in Bonn mit dem israelischen Außenminister Shimon Peres, dem jordanischen Kronprinzen Hassan sowie dem zuständigen EU-Kommissar Manuel Marin zusammen, um das weitere Vorgehen im Einzelnen zu besprechen. Im Juni 1995 folgte als offizieller Start ein Treffen „auf Chef-Ebene" im Jordan-Tal, um die Umsetzung in die Wege zu leiten. Eine Riesen-Chance, die bald an Israel scheitern sollte! Nach der Ermordung Rabins am 4. November 1995 sorgte die Nachfolgeregierung unter Ministerpräsident Netanyahu trotz aller Anstrengungen unsererseits dafür, dass diese Vorstellungen im Sande verliefen.

Ich habe mich darüber gefreut, dass es vereinten Kräften – und ich nenne an der Spitze den jordanischen Prinzen Hassan – immerhin gelungen ist, einen Teil des Projekts wieder zu beleben, und zwar um das Tote und Rote Meer mit Meerwasserentsalzung für die Region um Aqaba.

Helmut Kohl suchte, auch mit Netanyahu ein ähnliches Vertrauensverhältnis aufzubauen wie zuvor mit Rabin. Doch wir spürten sehr rasch, dass Netanyahu nicht bereit war, in die Fußstapfen der Politik Rabins einzutreten und nahtlos dessen Politik fortzusetzen. Er schien zu zögern, zu zaudern, doch dahinter stand in Wahrheit seine Ablehnung der Politik Rabins. Auch die Amerikaner bissen sich an ihm – und seinen Koalitionspartnern – zunehmend die Zähne aus. Dies sollte sich mehr als deutlich beim letzten Versuch Clintons erweisen, Israelis und Palästinenser zu einer umfassenden Friedensregelung einschließlich dem Status von Jerusalem zu bewegen.

Immerhin gelang es noch, grundlegende Verwerfungen, auch im bilateralen Verhältnis zu vermeiden. So musste ich zum Beispiel die Tücken des Renten- und Entschädigungsrechts lernen. Nachdem Verhandlungen auf der offiziellen Schiene seitens des Arbeits- und Sozialministeriums über eine Regelung der Rentenrechte von Zwangsarbeitern während der Nazizeit in Südosteuropa gescheitert waren, suchte und fand ich zusammen mit dem früheren israelischen Botschafter Asher Ben Nathan den notwendigen Kompromiss.

Europa und der Friedensprozess

In all den Jahren setzte Helmut Kohl darauf, auch in Flankierung des Friedensprozesses, aber zugleich als Zeichen des Engagements gegenüber der Region, vor allem auf Ägypten und seinen Präsidenten Hosni Mubarak, zu dem über die Jahre ein vertrauensvolles, ja freundschaftliches Verhältnis entstanden war. Ohne ihn, ohne seinen Einfluss und Ansehen, hätte sich Stabilität in dem Raum über lange Jahre kaum halten können.

Demgegenüber war Helmut Kohl, wie auch ich selbst, distanziert-misstrauisch gegenüber Saudi-Arabien. Israelis wie vor allem die Palästinenser um Yassir Arafat, aber auch der marokkanische König und andere mit der Region vertraute Regierungschefs hatten ihn und uns wiederholt auf das letztlich heuchlerisch erscheinende Verhalten Saudi-Arabiens aufmerksam gemacht: auf der einen Seite engster Verbündeter der USA, auf der anderen Seite Unterstützer extremer Bewegungen, ob in Palästina selbst oder zum Beispiel in Algerien.

Nach den Attentaten in Paris im November 2015 wurde in den Medien in Europa fast beiläufig berichtet, wie die Saudis – als Salafisten und damit extreme Islamisten – auch in Europa Fuß gefasst haben. Sie erhielten bereits in den 70er Jahren vom belgischen König Baudouin für 99 Jahre die Nutzung eines Pavillons im Parc du Cinquantenaire im Herzen von Brüssel, verbunden mit der Erlaubnis dort eine Moschee errichten und betreiben zu dürfen. Betreiben schließt aber auch die Ausbildung der Imame nach saudischem Vorbild ein. Es ist mehr als schockierend in diesem Zusammenhang zu erfahren, dass zum Beispiel der Imam von Molenbeck, jenem durch die Pariser Attentate bekannt gewordenen Brüsseler Vorort, von den Saudis ausgebildet und bezahlt wird – und dies das Modell in Belgien darstellt! Und Belgien war der Ausgangspunkt der Salafisten für die Nachbarstaaten! Sie wirkten damit auch in den Niederlanden, im Norden Frankreichs wie im Westen Deutschlands um Köln. Warum hat sich unser Nachbarland Belgien diesen „Wolf im Schafspelz" in das Land geholt und warum stoppt es ihn bis heute nicht? Und warum stoppen wir in Deutschland nicht entschiedener diese Gruppen?

Ich bin davon überzeugt, dass Europa – unter Führung Deutschlands und Frankreichs – ein noch viel stärkeres Engagement in dieser Nachbarregion zeigen sollte. Ich zähle dazu den gesamten Mittelmeerraum, angefangen mit dem Maschrek, d.h. Ägypten, Libanon, Syrien einschließlich des Mittleren Ostens bis hin im Westen zum Maghreb, d.h. Tunesien, Algerien und Marokko. Beide Regionen sind für den Frieden und unser Wohlergehen genauso wichtig ist wie die Entwicklung in Mittel- und Osteuropa. Wir sollten hier anstreben, soweit möglich in strategischer Abstimmung mit den Amerikanern vorgehen, zugleich aber die „eigene Flagge" zeigen und eine echte Nachbarschaftspolitik verfolgen.

Dies gilt heute umso mehr für die mehr als zugespitzte Lage in der Region des Mittleren Ostens, in der die Amerikaner mit der missglückten Intervention im Irak ein nur sehr schwer wieder gut zu machendes Desaster hinterlassen haben. Ein ähnliches Urteil besteht für die genauso missratene Intervention der Franzosen und Briten unter Sarkozy und Cameron in Libyen wie für katastrophale Fehleinschätzung eines angeblichen „arabischen Frühlings". Letztere Beurteilung trifft allenfalls auf Tunesien zu, das um sein Überleben kämpft – und wo „wir" viel zu wenig tun!

Es ist in dieser Region ein hoch riskantes Vakuum entstanden, in dem sich Regionalmächte wie die Türkei, Ägypten, Saudi-Arabien und der Iran – hinzuzufügen ist in diesem Kontext Israel – um Einfluss und die Herstellung von Abhängigkeiten bemühen. Währenddessen schaut Europa politisch mehr und minder zu und ist Migrationswanderungen von unvorhergesehenem Ausmaße ausgesetzt, nachdem es die Lage vor Ort in Syrien und vor allem in seinen Nachbarländern grandios unterschätzt hat.

Die Russen haben diese grundlegende Schwäche des Westens und der Europäer erkannt, sie machen ihre Interessen geltend, legen „Friedenspläne" vor und beeinflussen aktiv auf ihre Weise eine mögliche Lösung des syrischen Konflikts, sie sind jedenfalls wieder zu einem echten Akteur für die Region geworden. Und dies gilt auch für ihr Verhältnis zu Israel, das das scheinbare Glück hat, fürs erste einmal nicht im Vordergrund des Interesses und der Kritik zu stehen. Russland ist durch eine geschickte Wahrnehmung Israels in den letzten Jahren neben den USA zu einer zweiten Schutzmacht geworden. Damit kann sie – gemeinsam mit Israel – zum Teil die Erdgasquellen im östlichen Mittelmeer mitkontrollieren – zu Lasten Europas und zu Lasten der Türkei, die dies nicht als politische Chance begriffen hat, sondern mit alten Mitteln bzw. vollendeten Tatsachen eine Art „Kanonenboot"-Politik zu betreiben scheint.

Ich habe Russland erwähnt, das immer in seiner Geschichte ein Interesse für diese Region hatte. Ich muss heute China hinzufügen, das diese sensible Region in seinen langfristigen strategisch angelegten Plan einer Neuauflage der „Seidenstraße" aufgenommen hat. Zudem hat die chinesische Führung jüngst, im Westen kaum bemerkt, dem Iran als Alternative zu Russland, Europa und den USA angeboten.

Apropos Iran, ich hatte in meinen jungen Jahren im Auswärtigen Dienst nicht gedacht, wie sehr mich dieses Land auch langfristig weiter beschäftigen würde. Jahre später, nach meinem Ausscheiden aus dem Auswärtigen Dienst, hatte ich, als Vertreter der französischen Wirtschaft, die Chance, in den Iran zu reisen und gemeinsam mit dem früheren Premierminister Dominique de Villepin nahezu alle politischen Protagonisten im kleinen, informellen Kreis zu treffen, dabei einige der Spitzen auch wiederzusehen. Einen gewissen Höhepunkt bildete weniger die Audienz beim Präsidenten Ahmadinejad, sondern das Treffen mit einem seiner Vorgänger, dem am 8. Januar 2017 verstorbenen Ayatollah Akbar Hashemi Rafsandjani.

Wir führten im kleinen Kreis eine recht lebhafte und offene Diskussion über die wirtschaftliche und politische Entwicklung der Großregion, aber auch über das Verhältnis Frankreichs wie Deutschlands zum Iran. Rafsandjani schien vollends informiert über die deutsche Politik, fragte nach dem – von ihm geschätzten – früheren Bundeskanzler Helmut Kohl, den er als einen der bestmöglichen Lehrmeister für internationale Politik bezeichnete.

Kern des Gesprächs waren aber die Perspektiven der Region. Unser Gastgeber kritisierte offen die Interventionen der Amerikaner, die in der Regel das Gegenteil von ihren Zielen produzierten – ob die Amerikaner dies nicht lernen wollten? Er bedauerte bei aller Trauer über die Attentate des 11. September die Kollateralschäden der Intervention in Afghanistan, nämlich die Zunahme von Drogen aus dem Land, und bekräftigte sein Unverständnis darüber, dass die Amerikaner das iranische Angebot zur Zusammenarbeit leider nicht ernst genommen hätten, „man sitze doch in Wahrheit in einem Boot".

Faszinierend war der Meinungsaustausch über den Nahostkonflikt. Rafsandjani unterstrich mehrfach den Wunsch nach Frieden und Zusammenarbeit in der Region. Er würdigte die Rolle der Deutschen. Unter Hinweis auf ein besonderes Projekt des Bundeskanzlers Helmut Kohl, auf das an anderer Stelle zurückzukommen sein wird, bekräftigte er, der Iran sei bereit, einen solchen Friedensschluss mitzugestalten.

Interessant war, dass er immer wieder über Israel redete, ohne den Namen in den Mund zu nehmen. Beim Rausgehen sprach ich ihn offen darauf an, ob der Frieden auch Israel einschließe, so hätte ich ihn jedenfalls verstanden. Er antwortete nur, ich hätte ihn schon richtig verstanden. Uns Deutschen sei ja wohl die Tatsache bekannt, dass der Iran als einziges Land des Nahen Ostens den jüdischen Glauben besonders schütze. Auch das frühere gute Verhältnis zwischen dem Iran und Israel von den 50er bis in die 80er Jahre sei ja nicht unbekannt.

4. Engagement in Asien – und die anderen Kontinente?

Besonderes Augenmerk galt ebenso der Entwicklung eines engeren bilateralen wie europäischen Verhältnisses zu den führenden Ländern Asiens. Es ging dabei nicht nur um die Sicherung unserer Exportinteressen, sondern auch um ein engeren Schulterschluss Europas mit diesen für die Entwicklung in der Welt zunehmend so wichtigen Regionen.

Daneben – ich sage bewusst – bemühten wir uns, vor allem Lateinamerika nicht außer Acht zu lassen. Der Bundeskanzler hat daher versucht, jährliche Reisen in diese Regionen in seiner Planung zu berücksichtigen und dabei auch besondere Akzente zu setzen.

Diese galten in Lateinamerika vor allem Brasilien, Chile, Argentinien und Mexiko, in Asien waren dies vor allem die Volksrepublik China, in zweiter Linie Indien, Indonesien, Japan, Singapur und zunehmend auch Vietnam.

Asien – Priorität Nr. 1 die Volksrepublik China

Vorrangig ging es dem Bundeskanzler insoweit vor allem darum, ein Beziehungsgeflecht zu Asien und vor allem zu China aufzubauen, das über die Jahre zu einem Schwerpunkt unseres vor allem wirtschaftlichen, aber auch politischen Engagements in Asien und zu einem gewichtigen und vertrauensvollen Partner geworden ist.

Eine meiner Chancen war insoweit der singapurische Botschafter in Bonn, BG (NS) Chin Siat-Yoon. Er, früherer Generalstabsoffizier, war „an sich" der China-Spezialist seiner Regierung und blieb nur relativ kurze Zeit in Deutschland, um dann nach Beijing versetzt zu werden, wo er über mehr als ein Jahrzehnt Botschafter Singapurs geblieben ist. Zufall oder eine besondere Geste des Helmut Kohl besonders verbundenen langjährigen Führers Singapurs Lee Kuan Yew? Er hatte die Geschicke des kleinen Landes autoritär und erfolgreich über 40 Jahre geführt und sich 1990 auf das Amt eines „Senior Minister" zurückgezogen.

Von Chin Siat-Yoon habe ich die Geschichte Asiens im 19. und 20. Jahrhundert gelernt. Er war der erste, der mir schon damals relativ klar, freilich noch in groben Umrissen die Entwicklung bis heute aufzeigte – den wirtschaftlichen Aufschwung Asiens, aber auch die Risiken in der Sicherheitspolitik, besonders durch das Verhältnis China – Japan und Indien.

Zugleich war der chinesischer Botschafter Mei Zhaorong ein Glücksfall – wir sahen uns oft, er nahm sich die Zeit, dem Novizen China und seine Geschichte zu erklären, dabei aber aktuelle Fragen nie zu vernachlässigen, Helmut Kohl empfing ihn regelmäßig vor wichtigen Besuchen.

Ich nenne bewusst auch den damaligen Chef der Dienste von Taiwan, der diskret für mich bei seinen Europa-Reisen zu einem regelmäßigen Gesprächspartner wurde. Er erklärte mir nicht nur die Positionen Taiwans, sondern auch die moderne Geschichte Chinas in einer für mich erstaunlichen Objektivität, ja letztlich Loyalität gegenüber dem „mainland" China!

Helmut Kohl setzte auf die Intensivierung der gegenseitigen Besuche – unter Begleitung durch Wirtschaftsdelegationen – mit China. Zentrum der Besuche war natürlich Beijing, er wollte aber auch die „Provinz" kennen lernen, daher die Reisen nach Shanghai, Qingdao (Tsingtao), und der regelmäßige Abstecher nach Hongkong.

Eindrucksvoll der Besuch in Hongkong wenige Wochen vor dem Abschied der Briten und von Chris Patten, den Helmut Kohl sehr schätzte und auf den er im Grunde auch – leider vergeblich – für die Zukunft der britischen Konservativen und deren Annäherung an die EU setzte. Aber Kohls „Neugierde" war vor allem auch politisch-historisch bestimmt, um Chinas Entwicklung besser einordnen zu können.

So äußerte er gegenüber dem chinesischen Botschafter den Wunsch, die Chinesische Volksarmee zu besuchen: keine Manöver, sondern ein Kennenlernen des täglichen Lebens der Armee. Botschafter Mei Zhaorong hakte bei mir zweimal nach, da er Zweifel hatte, ob Kohl dies wirklich wolle und können wolle! Die deutschen Medien würden dies in der Luft zerreißen und es sei ja schließlich überhaupt der erste Besuch eines westlichen Regierungschefs bei der chinesischen Armee.

Der mehrstündige Besuch – ohne Kampfvorführungen! – erlaubte einen ersten Einblick in die Rolle der Armee in der Führungsstruktur der VR China und der KP. Viele chinesische Gesprächspartner haben mir in der Folge die Bedeutung dieses Besuches hervorgehoben, auch als Teil der innerchinesischen Vertrauensbildung und des Selbstverständnisses der Armee! Schade, dass andere Regierungschefs Kohl nicht gefolgt sind!

Der Bundeskanzler hatte in jenen Jahren intensive Begegnungen mit der gesamten Führung der Volksrepublik China. Es ist dabei klar geworden, dass die erste grundlegende Veränderung von Deng Xiaoping Ende der 70er Jahre eingeleitet worden war, dass aber die entscheidende wirtschaftliche Öffnung Mitte/Ende der neunziger Jahre durch das „Gespann" Jiang Zemin (März 1993 – März 2003) und Zhu Rongji (ab März 1998) in die Tat umgesetzt worden ist.

Bis dahin war Li Peng als Ministerpräsident von 1987 an für zehn Jahre der zweite Ansprechpartner des Bundeskanzlers, weniger ein Mann der Wirtschaft, denn des Apparates. Er galt als „Hard-liner", und wurde vor allem in den westlichen Medien ob seiner Haltung bei den Tian'anmen-Ereignissen sehr kritisch gesehen.

Bei einem der Treffen schilderte er dem Bundeskanzler unerwartet offen seine Sicht der Lage und Entscheidungen in der Führung. Es war noch Deng, der die Marschroute festgelegt hatte, und er, Li Peng habe nach außen die Verantwortung für die Ereignisse des Tiananmen übernehmen müssen.

Ich hatte die Chance, in den Jahren im Bundeskanzleramt und dann in der französischen Wirtschaft drei chinesische Staatspräsidenten und die Spitzen der chinesischen Politik kennen zu lernen und sie auch im kleinen Kreis zu erleben. So hatte ich bei einem dieser Treffen eine lebhafte Diskussion, ja einen Disput mit dem damals jungen Vize-Präsidenten und heutigem Präsidenten Xi Jinping über Prioritäten des europäisch-chinesischen Handels und Investitionen. Naturgemäß war das Verhältnis zu den Deutschen enger – aus chinesischer Sicht „strategischer" – als es sich mit anderen europäischen Partnern entwickelt hat. Diese Begegnungen haben mir erlaubt, dieses große Land, seine Geschichte und Kultur, aber auch und gerade seine heutige Entwicklung, aber auch seine inneren Widersprüche besser zu verstehen und einzuschätzen.

Ein hohes Interesse Helmut Kohls galt aber auch anderen Ländern Asiens. Ich nenne naturgemäß Japan an erster Stelle als Partner im Rahmen der G 7. Dieses Verhältnis war allerdings weit weniger intensiv als das mit China. Mir trug es Mitte der 90er Jahre auch die regelrechte „Vernehmung" durch eine Gruppe japanischer Spitzenbeamter über die deutsche Wiedervereinigung und unsere Politik gegenüber Russland ein. Kern des japanischen Interesses war die Frage, wie man in einer solch sensiblen Frage wie der von Russland annektierten Kurilen-Inseln mir Russland am besten vorgehen sollte.

Helmut Kohls Interesse galt zugleich Indonesien, dahinter stand entgegen der Auffassung mancher Bonner Beobachter nicht der umtriebige, deutsch-freundliche Wissenschaftsminister Habibie, sondern die Entwicklung und Rolle dieses Landes als dem größten muslimischen Staat der Welt. Zugleich versuchte der Bundeskanzler, auch die kleineren Länder wie die Philippinen, Brunei oder Vietnam in die Planung einzubeziehen.

Singapur mit Lee Kuan Yew und seinem Nachfolger Goh Chok Tong blieb dabei für ihn in gewisser Weise Dreh- und Angelpunkt zu Anfang oder am Ende der Asien-Reisen. Der Bundeskanzler legte immer wieder besonderen Wert auf die Beurteilung der Lage und Perspektiven Asiens durch dieses kleine Land, das für ihn zugleich Asien „dechiffrierte". Es war immer faszinierend, der singapurischen Führung und ihrer Beurteilung der Perspektiven Asiens zuzuhören.

Indien schien demgegenüber damals noch eher in der zweiten Reihe, bedingt durch die indische Innenpolitik, die lange in einem in sich widersprüchlichen System verharrte – Demokratie und ein Wirtschaftssystem nahe der sowjetischen Planwirtschaft – und sich erst langsam für Europa interessierte und öffnete.

Lateinamerika

Schwerpunkte bildeten Brasilien und Mexiko als potentielle Länder für eine Erweiterung der G 7, aber auch und gerade angesichts ihrer wirtschaftlichen Kraft und ihrer politischen Bedeutung über den Subkontinent hinaus.

In jenen Jahren haben wir innerhalb der Bundesregierung im Einvernehmen mit dem Auswärtigen Amt, dem Wirtschafts- und Finanzministerium nicht nur die deutsche „Asien-Politik" auf eine neue, umfassende Grundlage gestellt, sondern auch die „Lateinamerika-Politik". Folge waren damals offizielle Besuche des Bundeskanzlers im unruhigen Argentinien, vor allem in Brasilien sowie in Mexiko, aber auch eine Reihe von Besuchen aus diesen Ländern.

Initiative Umweltschutz Tropenwälder zusammen mit Brasilien, Südafrika und Singapur

Schon bei seinen ersten Reisen nach Afrika und Südamerika, aber dann auch im Rahmen der G 7 bekräftigte der Bundeskanzler sein besonderes Interesse, für den Schutz der Tropenwälder aufgrund ihrer Bedeutung für die Entwicklung des Klimas weltweit aktiv einzutreten.

Im Rahmen von G 7 hatten wir hierzu mehrmals feierliche Erklärungen verabschiedet, Erkundungen vor Ort haben dann auch immer wieder gezeigt, wie schwierig, ja problematisch es war, wirkliche Fortschritte in der Sache zu erzielen.

Von daher war im Vorfeld des Umweltgipfels der Vereinten Nationen Ende Juni 1997 die Idee entstanden, durch eine praktische, Kontinente übergreifende Initiative zu beweisen, dass Industrie-, Schwellen- und Entwicklungsländer aus verschiedenen Kontinenten durchaus in der Lage waren, konkrete, wesentliche und ganz praktische Schritte nicht nur vorzuschlagen, sondern diese auch in die Tat umzusetzen.

In einer Kette von zunächst sondierenden, dann abstimmenden Gesprächen hat er den Präsidenten Brasiliens, Fernando Henrique Cardoso, den Präsidenten Südafrikas, Nelson Mandela, und den Ministerpräsidenten Singapurs, Goh Chok Tong – mit denen über die Jahre ein Vertrauensverhältnis entstanden und gewachsen war – für diese Idee gewonnen. Uns Mitarbeitern blieb noch ein gutes Stück harter Arbeit, damals noch mit weitaus weniger hilfreicher Technik als heute bis die Initiative schwarz auf weiß stand. Die Partner im Rahmen der G 7 wie in New York staunten nicht schlecht über diese neue „Koalition" und waren fortan bereit, in unsere gemeinsame Richtung mitzudenken.

Afrika

Es ist richtig, Afrika war in all den Jahren nicht der Schwerpunkt der Prioritäten Helmut Kohl'scher Außenpolitik. Das Interesse in Afrika galt in erster Linie globalen wichtigen Partnern wie Ägypten oder Südafrika, daneben auch regional für Europa interessanten Ländern und Regionen wie in erster Linie dem Maghreb.

Es wäre vermessen, dies mit einer gewissen koalitionsbedingten Arbeitsteilung zugunsten des Außenministers zu begründen bzw. um in der Entwicklungspolitik dem CSU-Minister einen hinreichenden Spielraum zu lassen.

Leider – und ich muss dies heute im Rückblick offen eingestehen – hatten wir damals trotz aller Bemühungen einzelner Minister und engagierter Abgeordneter in Wahrheit keine Afrika-Politik, die einen solchen Namen verdient. Es fiel mir ausgesprochen schwer, diese Prioritätensetzung der deutschen Politik den in Bonn akkreditierten afrikanischen Botschaftern zu vermitteln, mit denen ich zusammentraf. Es ist kein Trost, wenn ich darauf verweise, dass es letztlich den europäischen Partnern und der EU-Kommission nicht besser ergangen ist.

Alle wesentlichen europäischen Länder sind fest in der Entwicklungshilfe engagiert, reicht dies aber aus, um von einer echten Politik zu sprechen? Ich meine „nein"! Afrika blieb in gewisser Weise Stückwerk. Es entwickelt sich ganz unterschiedlich und doch gemeinsam wie die Bemühungen um die Bildung einer afrikanischen Freihandelszone zeigen.

Was wir heute dringender denn je bräuchten, ist eine abgestimmte, wenn nicht integrierte europäische Politik! Und gerade insoweit könnte man an ein Zusammenspiel der Brüsseler und der nationalen Instanzen denken, indem man jede Subregion oder Land einen federführenden Akteur zuordnet, die EU-Kommission oder einen EU-Mitgliedsland.

V. Kapitel
„Post Helmut Kohl" – Jahre in Brüssel, Madrid und Paris

1. Bundestagswahl 1998 – Ende der Ära Helmut Kohl

Mit dem Ergebnis der Bundestagswahl im Herbst 1998 sollte meine Zeit im Bundeskanzleramt und an der Seite Helmut Kohls zu Ende gehen. Entgegen der Erwartungen vieler, auch von meiner Seite, stellte sich Helmut Kohl erneut zur Wahl, auch wenn immer weniger aus der Mannschaft an einen erneuten Erfolg glauben wollten. Dies obwohl die Bilanz Helmut Kohls doch beeindruckend erscheinen musste:

Von der endgültig scheinenden Teilung Deutschlands und Europas hin zur Wiedervereinigung und dem Hineinwachsen Deutschlands und Europas in neue Verantwortung und in eine Führungsrolle – von der Zerreißprobe um die Aufstellung neuer amerikanischer Mittelstreckenraketen in Deutschland und Europa oder der permanenten Konfrontation zwischen Ost und West hin zu Abrüstung und der Wiedervereinigung ganz Europas – von der Eurosklerose hin zur Wiederbelebung, ja Festigung und Vertiefung der europäischen Integration und zur Einführung des Euros – so könnte man in knappen Worten die sechzehn Jahre Europa- und Außenpolitik und damit die Bilanz jener sechzehn Jahre Helmut Kohl umschreiben.

Es waren mitunter schwierige Jahre – in denen er Fortschritte, aber auch Rückschläge erlebt hat, in denen er Vertrauen und Freundschaft wie auch Enttäuschungen erleben durfte, Jahre, in den manches nicht erreicht wurde, die ihn aber mit Genugtuung erfüllen mussten, in denen er seinen, in vielen Bereichen entscheidenden Beitrag dazu geleistet hat, dass wir heute in einem wiedervereinigten Deutschland und Europa leben, in Frieden, in Freiheit, Sicherheit und einem beachtlichen Wohlstand.

Helmut Kohl war 1997/98 auf dem Höhepunkt seines Einflusses in der Europa- und in der Außenpolitik. Er hatte nicht alles erreicht, aber doch entscheidende Grundlagen und -parameter gesetzt, auf denen man weiter aufbauen konnte. Probleme hatten wir in erster Linie in der Innenpolitik, in der sich zunehmend die Verschleiß-Erscheinungen, zum Teil auch mit dem Koalitionspartner bemerkbar gemacht haben. Und wir hatten seit 1994 nur eine knappe Mehrheit im Bundestag, der eine zunehmend geschlossen handelnde SPD-Mehrheit im Bundesrat gegenüberstand.

Man darf nicht übersehen, dass Reformbemühungen ab 1995 im Bundesrat durch Oskar Lafontaine und die SPD-Mehrheit systematisch blockiert worden sind. Dies galt für überfällige Reformen in innenpolitischen Schlüsselbereichen wie Rente, Arbeitsmarkt, Gesundheit.

Zudem war auch relativ klar: Ein Regierungschef ist nach 16 Jahren immer mit der gleichen Koalition in gewisser Weise „abgenutzt". Von Nöten war – aus meiner Sicht – eine grundlegende Erneuerung der Mannschaft und auch vor allem ihrer grundlegenden Themen und Ziele, nur so hätten wir vielleicht eine Chance gehabt, die Wahl nochmals zu gewinnen. Auf der anderen Seite hatte die SPD weniger mit Lafontaine, denn mit Schröder zum ersten Male einen starken Kandidaten.

Ich bin wie viele andere lange Zeit davon ausgegangen, dass 1998 Helmut Kohl an Wolfgang Schäuble übergeben würde. Trotz des Attentats auf Schäuble war ich noch sehr lange der Überzeugung, dass der Bundeskanzler 1998 nicht wieder antreten, sondern den Stab an Wolfgang Schäuble übergeben würde.

In dieser Auffassung war ich indirekt durch Helmut Kohls erste Frau bestärkt worden. Hannelore Kohl hat mir bereits Anfang 1997 offen gesagt, die beiden Söhne und sie hätten die Zusicherung des Vaters und Gatten gehabt, dass er nicht mehr antreten werde.

Frau Kohl hatte mich aus irgendeinem Grunde angerufen – den genauen Zeitpunkt kann ich nicht mehr rekonstruieren – und sagte mir dann sinngemäß: „Ich gebe Ihnen einen guten Rat unter uns beiden. Suchen Sie sich einen neuen Job. Mein Mann tritt nicht wieder an. Wenn Sie Hilfe brauchen, können Sie mich jederzeit anrufen". Ich war berührt über Ihr Vertrauen, doch auch schockiert über die Perspektive.

Ich hatte ein ausgesprochen gutes, offenes, durch Respekt geprägtes Verhältnis zu Frau Kohl. Sie war für den Bundeskanzler auch politisch unentbehrlich, ihre Kraft, ihre Willensstärke ist genauso oft unterschätzt wie sie selbst verkannt und verunglimpft worden ist. Sie redete mit mir politisch „in Klartext", zu meinem Schrecken oft konservativer als ihr Mann. Unvergesslich eines meiner Erlebnisse mit ihr, ein privater Spaziergang in Moskau durch den Arbat. Sie litt mehr und mehr unter ihrer Erkrankung. Sie bat daher ihren Mann, bei den üblichen Kranzniederlegungen nicht dabei sein zu müssen. Auf die Frage, was sie tun wolle, meinte sie nur, du brauchst doch dafür nicht den Bitterlich, ich mache mit ihm einen Spaziergang – unter dem Sonnenschirm – durch Moskau. Gesagt, getan, wir spazierten durch Moskau, tranken einen Kaffee im Arbat-Viertel, diskutierten über Politik, Gesellschaft. Beim Zusammentreffen mit ihrem Mann war dessen erste – typische – Bemerkung: Na, welche Revolution habt ihr wieder ausgeheckt?

Es ist richtig, die ersten der Mannschaft verließen ab 1997 das Schiff und suchten sich neue Aufgaben. Für mich gab es diese Alternative in meiner inneren Überzeugung nicht. Ich werde bei Helmut Kohl bleiben. Es war klar, ich kann ihn jetzt nicht hängen lassen, versuchen, mir einen „sicheren Platz" mit seiner Hilfe zu verschaffen, auch wenn ich einen Nachfolger durchaus parat hatte, mit ihm hätte Kohl letztlich auch gut arbeiten können.

Es war aber ein sehr eigenes Vertrauensverhältnis entstanden, das über Europa und Außenpolitik hinaus ging. Daher hätte ich eine eigene Absetzbewegung als Untreue oder Fahnenflucht ansehen müssen – und das kam für mich nicht in Frage!

1997 schienen Abschied aus der Politik und Nachfolgefrage klar und geregelt. Ein Jahr später war dies alles nicht mehr wahr und zwei Jahre später war das Verhältnis zwischen Helmut Kohl und Wolfgang Schäuble ganz zerbrochen. Ich empfehle, zu diesen Fragen nicht nur die Erinnerungen und Interviews der beiden Kontrahenten zu lesen, sondern vor allem den eingehenden Beitrag von Georg Paul Hefty in der Frankfurter Allgemeinen im Jahre 2000 unter dem bezeichnenden Titel „Die Verhältnisse hatten sich nun mal verändert", anders ausgedrückt, das gegenseitige Misstrauen war in jener Zeit unüberbrückbar gewachsen.

Man merkte in gewissen Dingen natürlich, dass der Bundeskanzler älter und nicht mehr so dynamisch und nicht mehr so agil wie früher geworden war. Er brauchte Pausen, hörte weniger gerne zu, kritische Diskussionen wurden seltener, aber es gab sie! Dann kam Anfang 1998 die legendäre Entscheidung Kohls: „Ich mache es doch." – ich vernahm zusammen mit Juliane Weber am Abend in seinem Vorzimmer seine geflügelten Worte über den Wehrmachtsgaul, der die Marschmusik hört!

Helmut Kohl war über die Jahre aber nicht zu einer „denkmalsreifen" Figur aufgestiegen, es gab zuweilen Zeichen von Selbstüberschätzung, aber nicht im gleichen Zusammenhang, in dem manche besserwissende Journalisten meinten, seine Kandidatur eher eine Reaktion, aus der Notwendigkeit heraus dem Ruf der Pflicht zu folgen, verbunden natürlich mehr im Reflex mit einem gewissen Stolz. Der tiefe Grund war aber anscheinend ein anderer!

Meine Erwartung war in jener geladenen Zeit, dass er sagen würde: „Ich trete zusammen mit Wolfgang Schäuble an und trete nach zwei Jahren zur Jahrtausendwende ab." So hätten wir einen fliegenden Wechsel gehabt. Daran hatten manche eigentlich schon 1996 gedacht. Es scheint Debatten in der CDU und im Vorstand gegeben zu haben, die ich nicht in den Aufzeichnungen der Adenauer-Stiftung gefunden habe. Wenn ich mich recht erinnere, soll es damals auch vertrauliche Umfragen eines bekannten Instituts, dass der CDU nicht fernsteht, gegeben haben. Darin soll es nach meinen damaligen Informationen den Hinweis gegeben haben, mit einem Kandidaten Schäuble werde die CDU einige Prozent weniger erreichen.

Dies, vor allem verbunden mit der durchaus verständlichen – und für mich auch politisch richtigen – Erwartung Kohls, er selbst müsse bei den anstehenden hoch sensiblen Weichenstellungen in der Europapolitik an Bord bleiben, nur er selbst könnte die Einführung des Euro in die Tat umsetzen, dies sei dann im Vorstand und für Kohl ausschlaggebend dafür gewesen, es nochmal zu machen.

Ich verstehe diese Gründe, frage mich aber heute im Nachhinein, ob es politisch gesehen nicht doch ein Fehler war? Man hätte damals die Form des gleitenden Übergangs finden können, auch wenn – oder gerade weil – die Politologen behauptet haben, der Wähler honoriere das nicht. Nach meiner persönlichen Überzeugung hätte es der Wähler zumindest akzeptiert. wenn Helmut Kohl gesagt hätte: „Ich mache das. Ich übergebe zum Jahr 2000 an Wolfgang Schäuble." Kohl hätte in dieser Zeit den Euro weiter absichern können. Das war wesentlich für ihn.

Ich muss freilich hinzufügen, dass das Vertrauensverhältnis zwischen Kohl und Schäuble 1997/98 nicht mehr intakt schien. Schäubles Misstrauen gegen Kohl – und umgekehrt – war gewachsen, ich habe dies selbst bereits in früheren Jahren miterleben müssen – für Schäuble war ich von Anfang an ein „Kohlianer", auf den er ein in gewisser Weise natürliches Misstrauen übertrug. Und letzteres blieb auch nach dem Ausscheiden!

Wolfgang Schäuble war zu Beginn meiner Zeit bei Helmut Kohl Chef des Bundeskanzleramts und damit mein Vorgesetzter, doch gehörte ich damit nicht zu „seiner" Mannschaft. In all den Jahren habe ich mit ihm loyal und durchaus vertrauensvoll zusammengearbeitet, und doch gab es irgendwo diese unsichtbare Barriere, die anschließend bei seinen Nachfolgern, weder bei Rudolf Seiters noch bei Friedrich Bohl fühlbar war.

Schäuble war der einzige der „ChefBKs", der erkennbar politisch eine eigene Agenda hatte und einen eigenen Machtanspruch aufbaute! Wie ein britischer Journalist damals gegenüber mir bemerkte, stand Schäuble in dem Verständnis loyal zu Helmut Kohl, als dieser ihn zum Kandidaten seiner Nachfolge machen würde!

Angeblich – wie ich damals gehört habe, ohne dies verifizieren zu können – und das kommt hinzu, soll die „Rollstuhl"-Frage auch im Verhältnis von Wolfgang Schäuble zur Bundeskanzlerin eine ähnliche Rolle eingenommen haben, und zwar im Zusammenhang mit dem Amt des Bundespräsidenten. Ich weiss nicht, ob dies Legendenbildung oder harte politische Wahrheit darstellt, und will – und kann – die Frage daher auch nicht weiter vertiefen.

Schäuble war letztlich Grund dafür, dass Kohl sich eines „Besseren" besonnen hat, noch einmal anzutreten, der andere, vielleicht sogar wesentlichere Grund war sicher die Befürchtung, dass es mit der dritten Stufe der Wirtschafts- und Währungsunion nicht so schnell und glatt gehen würde.

Es gab vornehmlich aus der bayerischen CSU immer wieder Querschüsse und Signale, die an der Euro-Einführung und der Richtigkeit dieses Weges offen zweifelten – und Zweifel auch im Hinblick auf den „Kronprinzen" Wolfgang Schäuble artikulieren! Angeblich hat die damalige CSU-Führung dem Bundeskanzler unmissverständlich signalisiert, dass man nicht riskieren werde, den Euro unter der Führung von Schäuble zu betreiben. Und dies sei ausschlaggebend gewesen.

Kritische Signale in Sachen Euro wie zur Europapolitik insgesamt gab es immer wieder aus der bayerischen CSU. Theo Waigel hat öfters zuhause hart kämpfen müssen. Er war für Kohl eine sichere Bank, wenn man so will. Michael Glos und er waren für mich die loyalen Garanten für Helmut Kohl aus der CSU. Auch aus der FDP gab es zuweilen kritische Stimmen, aber Klaus Kinkel – und Hans-Dietrich Genscher – standen für die Koalition mit der CDU und für den Euro.

Nach 16 Jahren Koalition zwischen CDU/CSU und FDP hat Gerhard Schröder die einzig richtige und letztlich durchschlagende Wahlkampftaktik angewandt: „16 Jahre sind genug". Da sagt der normale Wähler, es muss einmal eine andere Mannschaft eine Chance haben.

Dazu kam natürlich unsere Schwäche in der Innen- und Wirtschaftspolitik, wo die CDU zu lange Jahre gezögert hat, wo die Sozialpolitiker in der CDU zu stark waren und wo wir zu spät auf gewisse Entwicklungen im Arbeitsmarkt sowie Rente, Krankenversicherung oder ähnliches reagiert haben.

Natürlich hat uns Oskar Lafontaine blockiert, aber wir haben wohl leider systematisch nicht oder vielleicht zu wenige Wege gesucht, es auch ohne Bundesrat zu versuchen. Die Regierung ist in diesen Fragen nicht immer besonders geschickt vorgegangen. Sie holte sich eine Abfuhr nach der andern, ohne wirklich vertieft zu prüfen, ob und inwieweit Reformschritte im deutschen föderalen System nicht auch ohne Zustimmungsbedürftigkeit seitens des Bundesrates möglich sind. Vielleicht waren damals schon das Wirtschaftsministerium oder das Arbeits- und Sozialministerium unter Norbert Blüm zu schwach geworden, um Ideen zu präsentieren. Das waren offenkundige Schwächen in der Regierung.

Ein Beispiel für die Verschleißerscheinungen in der Koalition war auch Merkels Zuwarten nach dem Castor-Transport-Unfall Anfang 1998, aus dem Transport-Verbot wurde schließlich eine Steilvorlage für Trittin.

Merkel hätte vielleicht/wahrscheinlich noch im April/Mai die Wiederaufnahme der Transporte zu gegebener Zeit entscheiden können, das Problem kam erst im Frühsommer zu spät, vielleicht auch zu unpolitisch, resignierend auf politischer Ebene im Kanzleramt an. Ende 1998 waren daher die Zwischenlager bei den Kernkraftwerken gut erfüllt und erleichterten Trittin die Durchsetzung des Ausstiegs.

Auch das Erscheinungsbild in der Europapolitik war nicht mehr optimal. Wir hatten noch 1996/97 im Benehmen mit der EU-Kommission eine breit angelegte Kampagne zugunsten des Euro in Deutschland lanciert, der Vertrag von Amsterdam 1997 war noch positiv zu bewerten.

Das Gezerre aber um die konkrete Zahl der Gründungs-Mitglieder in der Anfangsphase des Euro und vor allem um den ersten Präsidenten der Europäischen Zentralbank Anfang Mai 1998 dank Chirac und Blair musste negativ für das Image von Kohl sein!

Er musste schmerzlich sehen, dass in der Politik in manchen Situationen letztlich Interessen ausschlaggebend sind, die zuweilen einer vernünftigen Lösung oder einem Kompromiss nur schwer zugänglich sind. Und dies gilt auch für das Verhältnis zu engen Partnern – überspitzt gesagt, „ausgerechnet" Frankreich und das Vereinigte Königreich beschädigten Helmut Kohl, der doch immer wieder, auch in schwierigen Fragen das Einvernehmen mit diesen beiden Ländern gesucht und auf sie Rücksicht genommen hatte! Es gab halt zuweilen nicht das erwartete „do ut des"!

Ich war damals der vielleicht naiv klingenden Auffassung, man könne es mit einer anderen, radikal neuen Mannschaft und vor allem mit einer klaren Reformagenda nochmals versuchen. Wir jüngere um Kohl hatten damals im Frühjahr 1998 versucht, mit ihm darüber zu diskutieren. Das Parteiprogramm erschien einigen von uns als zu schwach. Kohl hat uns damals voll entgegengehalten, „Lasst euch von Frau Köcher erklären, dass für Wahlen das Wort „Reformen" negativ besetzt ist, daher besser nicht. Der Wähler honoriert das Konservative."

Ich glaubte, demgegenüber seine letzte Chance wäre es gewesen anzutreten, erstens zusammen mit Schäuble, zweitens mit einem radikalen

Reformprogramm und drittens mit einer Mannschaft mit neuen Gesichtern. Dies wäre dann noch einmal die Alternative gewesen. Aber ich schließe nicht aus, dass die Verwerfungen in der Partei und vor allem das Zerwürfnis mit Schäuble durch Themen, die erst hochkommen sollten wie insbesondere die Verwicklungen um Parteispenden, längst fortgeschrittener waren, als ich es auch von innen beobachten konnte. Jedenfalls hatte Schröder so 1998 letztlich ein relativ leichtes Spiel. Die Zeit war reif für einen Wechsel.

Doch auch der neue Bundeskanzler Gerhard Schröder tat sich schwer, mit seiner eigenen Partei wie auch mit dem Koalitionspartner, den Grünen mit ihren beiden Führungspersönlichkeiten Fischer und Trittin – Hauptsache dabei, Erfolge in Nischen. Man wird sich noch an das geflügelte Wort von Gerhard Schröder zur Charakterisierung seines Verhältnisses zu den Grünen und zu Fischer vom „Koch und Kellner" erinnern.

Apropos Reformen! Auch Schröder hat einige Zeit gebraucht, bis auch er erkennen musste, dass er wirtschafts- und sozialpolitisch auf dem falschen Dampfer war. Als die Arbeitslosenzahlen weiter stiegen und die deutsche Wirtschaft in einem höchst gefährlichen Fahrwasser gelandet war und eine Arbeitsgruppe um Steinmeier Ideen entwickelt hatte, die in Umfragen eine positive Resonanz hatten, hat er sich besonnen (oder ist auf den Zug gesprungen) und einen Mann als Ratgeber geholt, den er von VW kannte und der einst VW als Personalchef in einer schwierigen Zeit geholfen hatte – Peter Hartz!

Auch in Sachen Europa- wie Außen- und Sicherheitspolitik tat sich Schröder schwer – er musste sich einfach schwertun, sowohl aufgrund seiner Koalition mit den Grünen im Innern als auch mit dem europäischen Umfeld! Dabei verfügte er doch über den notwendigen politischen Instinkt, der ihn in den Folgejahren zumeist positiv begleiten sollte. Er hatte zu Anfang die notwendigen Weichenstellungen richtig erkannt, sollten sie auch schmerzhaft für die eigene, neue Koalition sein.

So lud Bundeskanzler Helmut Kohl in der Übergangszeit am 12. Oktober 1998 die künftige Regierung zu einem Gespräch über das dringendste anstehende außenpolitische Problem ein: den Konflikt um den Kosovo und das als „illegal, aber legitim" gerechtfertigte Eingreifen der NATO. Die Minister Kinkel und Rühe trugen die Lage vor und stellten sich den Fragen der Schröderschen Mannschaft. Auffallend war, dass kritische Fragen vor allem von Seiten Oskar Lafontaine, nicht von Fischer oder Schröder kamen. In der Sache waren sich alte und neue Bundesregierung trotz Zurückhaltung oder Bedenken des einen oder anderen weitgehend einig. Es ging in dem Gespräch dann in erster Linie um die formale

Frage, ob der alte oder neue, noch nicht konstituierte Bundestag seine Zustimmung geben sollte.

Schröder schien durch eine vorherige Mission Verheugens nach Washington vertraut mit den Anliegen und Forderungen Washingtons. Angesichts der zunehmend kritischen Nachfragen von Lafontaine kam Schröder nicht umhin, um eine Unterbrechung zu bitten, um Geschlossenheit und „Ordnung" in die neue Koalition zu bringen. Auf dieser Grundlage konnte dann am 16. Oktober 1998 in einer denkwürdigen Sondersitzung des – noch 13. – Bundestages mit breiter Mehrheit die Zustimmung zur „Deutschen Beteiligung an den von der NATO geplanten begrenzten und in Phasen durchzuführenden Luftoperationen zur Abwendung einer humanitären Katastrophe im Kosovo-Konflikt" erfolgen.

Trotzdem war uns bewusst, dass diese Entscheidung, die Gerhard Schröder gegenüber seinem eigenen linken Flügel und gegenüber dem grünen Koalitionspartner durchsetzen musste, ins Eingemachte ging. Schröder/Fischer mussten ihre Regierungsfähigkeit unter Beweis stellen. Und Fischer musste bei jenem, in den Medien als historisch apostrophierten Parteitag der Grünen im Mai 1999 den Vergleich zu Auschwitz heranziehen, um eine Mehrheit zu erreichen: „Auschwitz ist unvergleichbar. Aber ich stehe auf zwei Grundsätzen: nie wieder Krieg, nie wieder Auschwitz, nie wieder Völkermord, nie wieder Faschismus;"

Im Einvernehmen mit dem Bundeskanzler hatte ich es in dieser Zeit noch übernommen, meinen designierten Nachfolger im Amt, Michael Steiner, über die wesentlichen anstehenden Fragen wie über die Arbeitsweise des Kanzleramts zu unterrichten. So bereitete ich zusammen mit den Kollegen des Auswärtigen Amt noch die Unterlagen für den „designierten" Bundeskanzler Gerhard Schröder für den informellen Europäischen Rat in Pörtschach am 24. Oktober 1998 vor. Der Bundeskanzler hatte seinen Nachfolger ermutigt, diesen Termin bereits vor seiner Wahl durch den Bundestag wahrzunehmen. Auch „konsultierten" mich die österreichischen Kollegen auf meinem Wege zur NATO in Brüssel in vertrauensvoller – und vertraulicher – Weise über die Ehrung, die Helmut Kohl als „Ehrenbürger Europas" im Dezember 1998 beim Europäischen Rat in Wien erfahren sollte. Ich lieferte René Pollitzer, der anschließend Amtschef des Bundespräsidenten werden sollte, die Stichwortsammlung, er zeigte mir ihren Entwurf, wir diskutierten ihn durch und er war offen für Anregungen oder Richtigstellungen.

Einen anderen freundschaftlichen Abschied bereiteten mir die Kollegen des Vierer-Kreises, USA, Frankreich und Vereinigtes Königreich. Jean-David Levitte lud den amerikanischen Kollegen, Sandy Berger, und den britischen Sherpa, Rod Lyne, mit Damen zu meinem Abschied nach Paris ein.

2. Rückkehr in das Auswärtige Amt

Die Rückkehr in den Auswärtigen Dienst war weitaus schwieriger als ohnehin erwartet, vor allem geschürt durch die AA-Kollegen und auch durch den neuen Außenminister, der bald meine Abberufung von Brüssel suchte und dies mir gegenüber in dem letzten Vieraugengespräch im Mai 1999 durch zwei einfache Sätze seiner Perzeption unterstrich: „Sie müssen weg, raus aus der operativen Außenpolitik. Sie waren doch früher mehr als ein Staatssekretär". Ich gebe zu, ich habe diese Sätze erst allmählich begriffen.

Manchmal habe ich mich gefragt, ob die vom alten wie vom neuen Bundeskanzler geförderte Rückkehr in den Auswärtigen Dienst der richtige Weg war. Der Bundeskanzler hatte seinem Nachfolger meine Versetzung als Ständiger Vertreter bei der EU empfohlen, Gerhard Schröder hat mir in Gegenwart von Helmut Kohl bedeutet, dass dieser Posten vergeben sei, ich aber gerne den Posten als NATO-Botschafter übernehmen könne.

Trotzdem bereue ich diese vier Jahre in keiner Weise, haben Sie mir doch in Brüssel den praktischen Einblick in die Maschinerie der westlichen militärischen Allianz bei ihrem ersten echten Kriegseinsatz verschafft und das Erlebnis neuer deutscher Politik und ihrer ersten Anlaufschwierigkeiten.

Gleiches gilt für die Zeit in Madrid nach dem von Fischer zunächst (angeblich) unterstützten, dann aber mit aller Härte verbauten Weg nach Brüssel zur EU-Kommission. Vielleicht schien ihm, wie auch stillschweigend manchen Sozialdemokraten, die von Romano Prodi und einer ganzen Reihe von Regierungen unterschiedlicher Couleur favorisierte Berufung zum Generalsekretär der Kommission des Guten zu viel.

Es waren Jahre des Wiedersehens mit vielen Freunden der spanischen Rechten und Linken, aber auch das Bemühen, gegenüber diesem nördlich der Pyrenäen und Alpen häufig unterschätztem und unterbewerteten großen europäischen Land neue Akzente zu setzen.

Es waren zugleich auch Jahre des Bemühens um einen Beitrag zur längst überfälligen und letztlich vom Auswärtigen Amt und seiner Spitze nicht wirklich geförderten Reform der Botschaften, zumindest in EU-Europa. Gerade innerhalb der EU sind doch auch die Botschaften der verlängerte Arm der Regierungen und deren europäischer Agenda, damit in gewisser Weise in einem zeitgemäßen Verständnis „Ständige Vertretungen" wie in Brüssel natürlich mit unterschiedlicher schwerpunktmäßiger Besetzung je nach Land. Sie sind zugleich verlängerter Arm in der europäischen Politik und vor allem auch Vertreter deutscher Interessen im Gastland. Aber dies ist, zugegeben nur ein Teilaspekt einer grundlegenden Reform, auf die das Auswärtige Amt, übrigens auch wie der Quai d'Orsay in Paris, bis heute vergeblich wartet.

Belastung durch „Bundeslöschtage" und Untersuchungsausschuss

Rückkehr in das AA und normale Arbeit wurden zugleich einer schweren Belastungsprobe unterzogen. Ich hatte einerseits den Eindruck, dass ich in Brüssel wie in Madrid unter genauer „Beobachtung" stand, andererseits gab es aber zwei Begebenheiten, die symptomatisch dafür standen, wie man Misstrauen sähen konnte.

Dies war einerseits die von der neuen Regierung sofort nach dem Wechsel Ende 1998 entfachte Kampagne ob angeblicher systematischer Datenlöschungen und das damit verbundene inquisitorische Verfahren unter dem früheren FDP-Abgeordneten Burkhard Hirsch, andererseits auch die Arbeit des Parteispenden-Untersuchungsausschusses des Deutschen Bundestages, für den ich Ende November 2000 ein nutzloser Zeuge war – ich wurde aus Madrid vorgeladen, ohne in irgendeiner Weise zum Beweisthema beitragen zu können. Für mich war dieser Ausschuss wahrlich keine Sternstunde des Parlaments!

Dies gilt noch weitaus mehr für das von Burkhard Hirsch als „Sonder-Ermittler" unter Assistenz einer neuen Referatsleiterin im Bundeskanzleramt, Frau Dr. Sudhof, heute Staatssekretärin im Bundesjustizministerium, betriebene Disziplinarverfahren. Es hatte mit einem rechtsstaatlichen Vorgehen wenig zu tun. Es wurde bewusst als „Vorermittlung gemäß § 26 Bundesdisziplinarordnung" konstruiert. Ich wurde „als Zeuge", nicht aber als Beschuldigter geladen, auch wenn mir gegenüber die gleichen Vorwürfe geäußert wurden wie gegenüber den Kollegen. Die Konsequenzen waren einfach: Als Zeuge konnte ich nicht auf der Hinzuziehung eines Rechtsbeistandes und auch nicht auf den Erhalt der „Anhörungsniederschrift" bzw. des Abschlussberichts bestehen. Letzteren „Bitten" meinerseits wurde hinhaltend beantwortet und nicht entsprochen.

In jener Zeit begann ich durchaus am Rechtsstaat zu zweifeln, und kam nicht umhin, die lange mit Respekt begleiteten Rechtsstaats-Standpauken seitens Hirsch mehr und mehr als Heuchelei anzusehen. Später habe ich diese „Erlebnisse" einmal Hans-Dietrich Genscher bei einer unserer Begegnungen erzählt. Er entgegnete mir nur trocken, so hätte auch ich einmal hautnah als Betroffener Hirsch erleben dürfen!

Ich wurde im Frühjahr 2001 erneut „als Zeuge" angehört. Nach französischem Strafrecht wäre dies als „belasteter Zeuge" erfolgt, der sich anwaltlich begleiten lässt, da jederzeit aus dem Zeugen ein Beschuldigter werden kann. Es tat gut, dass in dem von Gerald Hammes, dem Leiter des Stabes des Chefs des Bundeskanzleramts Friedrich Bohl, gegen sich selbst angestrebten Verfahren ein Mitglied der Bundesanwaltschaft am Bundesgerichtshof den lädierten Ruf des Rechtsstaats zu reparieren suchte. Bereits er stellte mir gegenüber nach einer mehrstündigen Vernehmung unmissverständlich fest, dass er eine strafbare Handlung nicht erkennen könne. Die Vorwürfe seien unhaltbar.

Die Politik, und vor allem derjenige, der das Verfahren eingeleitet hatte, der damalige Chef des Bundeskanzleramts, Frank-Walter Steinmeier, und damit für das Verfahren letztlich politisch Verantwortliche, schwieg indessen weiter, schade! Er war es doch, der die Ermittlungen um die „Bundeslöschtage" angestoßen und forciert hatte. Er war es, der bis 2003 mehrfach nachstieß. Alle diese Verfahren verliefen im Sande, die Vorwürfe fielen in sich zusammen, auch wenn manche versuchen, haltlose Verdächtigungen wider besseren Wissens am Leben zu erhalten. Trotz mehrfacher Vorhalte seitens des (SPD-geführten) Justizministeriums in Düsseldorf bestätigte der Generalstaatsanwalt in Köln im Februar 2004 die Verfügung des Leitenden Oberstaatsanwalts in Bonn, die Verfahren mangels begründeten Verdachts einzustellen.

Auf eine offizielle Entschuldigung seitens des damaligen Betreibers warte ich bis heute vergeblich. Allein der damalige Abteilungsleiter 1 im Bundeskanzleramt, Achim Roll, gegen den stellvertretend für uns alle das Ermittlungsverfahren aufrechterhalten worden war, wurde Ende 2006 durch Thomas de Maizière als Chef des Bundeskanzleramts ausdrücklich rehabilitiert. Es hätte uns Abteilungsleitern, die wir alle nicht nur Zeugen waren, sondern genauso unter Verdacht standen, gutgetan, wenn der Chef des Bundeskanzleramts auch uns eingeschlossen hätte.

Nun gut, heute weiß ich auch etwas mehr um die damaligen Umstände, auch über diejenigen, die damals „Kronzeugen" der Beschuldigungen waren und darob auch belohnt worden sind. Opportunismus gab es immer, ich habe aber die Tragweite schon etwas unterschätzt.

Bitte vergessen wir aber nicht, dass in Wahrheit Bundeskanzler Dr. Helmut Kohl die Zielscheibe dieser Angriffe war. Wir, die Abteilungsleiter, waren ein „Hebel", ein Mittel zum Zweck. Wie oft haben mich Freunde und Bekannte im Ausland kopfschüttelnd oder entrüstet gefragt, wie könne Deutschland einen seiner größten Staatsmänner so behandeln, auch wenn er vielleicht Fehler begangen haben könnte – einen Mann, den mein guter

Freund Antoine Veil öfters als größten auch französischen Staatsmann nach de Gaulle bezeichnet hat.

3. Botschafter bei der NATO in Brüssel

Und unter all diesen Umständen trat ich Anfang Dezember 1998, entsprechend des Einvernehmens zwischen den beiden Bundeskanzlern, den Dienst als Botschafter bei der NATO in Brüssel an. Schon bald musste ich feststellen, dass der neue Bundeskanzler es anscheinend „vergessen" hatte, sich insofern mit seinem Vizekanzler und Außenminister abzustimmen!

Der Kosovo-Konflikt hielt die Deutschen zunächst auf Linie – die „Neuen" wurden gerade in der Anfangsphase mit einem gewissen Misstrauen aufgenommen, das sich, zumindest auf der Verteidigungsschiene aber zunehmend legte.

Die Kollegen in Brüssel wie auch der NATO-Generalsekretär nahmen mich freundlich auf, integrierten mich sehr schnell in die typischen NATO-Gesprächskreise – für das Auswärtige Amt allerdings stand ich „unter permanenter Beobachtung", unter Kontrolle mit größtem Misstrauen. Mir ist bewusst, dass damals manches hinter meinem Rücken nach Berlin berichtet worden ist, mit welchem Wahrheitsgewalt auch immer.

Die äußeren Umstände bei Eintreffen in Brüssel waren nicht gerade die besten, um es freundlich auszudrücken. Meine dienstliche Wohnung, die „Residenz" des Botschafters bei der NATO, bedurfte umfassender Sanierungsarbeiten. Wir mussten für Wochen ins Hotel, dann in eine möblierte Wohnung, Repräsentation, Kontakte mussten in Restaurants stattfinden – alles nicht gerade förderlich für die Erfüllung der Aufgaben.

Ich war schon erstaunt über die NATO und ihren Apparat, über Strukturen und den Stil – oder besser gesagt: die unausgesprochenen Riten der Beratungen, über die intensiven Reisen der Botschafter und die Bedeutung von Protokoll und Etikette. Vielleicht dachte ich noch zu viel an operative Politikführung und Effizienz, ich bedurfte anscheinend noch der Sozialisierung!

„Brüssel" kannte damals zwei Themen: den Kosovo-Konflikt und die Vorbereitung des 50. Geburtstages dieser so erfolgreichen Allianz. Sie hatte, ohne einen Schuss abzugeben, den Ost-West-Konflikt erfolgreich beendet und stand jetzt vor einer echten Bewährungsprobe.

In meiner ersten Sitzung des NATO-Rates schien ich Perplexität seitens meiner Mitarbeiter, vor allem aus dem Verteidigungsministerium, aber auch seitens einiger Mitgliedstaaten auszulösen, als ich meine qua

Protokoll auf acht Minuten zu beschränkende Antrittsrede je zur Hälfte auf Englisch und Französisch hielt.

Befragt nach diesem „Tabubruch" eines deutschen NATO-Botschafters hielt ich dem entgegen, bei der EU könnte ich mich auf Ebene der Ständigen Vertreter in meiner Muttersprache ausdrücken, in der NATO gäbe es aber nur Englisch und Französisch als Arbeitssprachen – und ich sei für Gleichberechtigung dieser beiden großen Kultursprachen!

In Wahrheit fand ich es schon reichlich abstrus, in der NATO – außer bei Sitzungen auf Ministerebene – nicht Deutsch sprechen zu dürfen, auch wenn wir nicht unerheblich zu Kräften und Haushalt beitrugen, und ich wollte zudem gegenüber dem französischen Kollegen bewusst ein Zeichen setzen!

Irgendwie schien mir manches zu surreal – und vieles zu sehr noch unter dem Einfluss des ersten NATO-Grundsatzes überhaupt: Die Amerikaner in Europa zu halten, die Deutschen „unten" und die Russen „draußen"! Wenn jemand an der EU und ihrer Administration herummäkelt, so empfehle ich dringend, ihn zur NATO zu schicken!

Französische Kollegen erinnerten mich an mein vergebliches Bemühen, die Pariser Strategen für ein gemeinsames Vorgehen zugunsten des Deutschen und Französischen in der EU zu gewinnen. Sie hatten damals meine Prognose nicht ernst nehmen wollen, dass Englisch als Arbeitssprache auf dem Durchmarsch war – und nicht nur Deutsch, sondern auch Französisch diesen „Sprachenkrieg" verlieren sollte. Nur: schon damals war ich über die nicht gerade professionellen Versuche des AA in diesem Bereich schon wenig erbaut – noch weniger der Bundeskanzler, der öfters einfach den Kopf schüttelte, als er entsprechende AA-Papiere las, und sich bewusst der Intervention enthielt.

NATO-Einsatz im früheren Jugoslawien – der Kosovo-Konflikt

Zurück zum Kosovo: Der NATO-Rat wurde in all den Monaten der Luftkriegsführung – in den 79 Tagen nach dem 20. März 1999 – nur sporadisch, besser gesagt am Rande einbezogen.

Grund war die zuvor im Rat verabschiedete „strategische Orientierung", die generell auf einem Angriffsplan für Luftangriffe in drei Phase mit der grundsätzlichen gattungsmäßigen Beschreibung von potentiellen Angriffszielen aufbaute, die Konkretisierung aber an den NATO-Generalsekretär delegierte, der auf entsprechenden Vorschlag des SACEUR ermächtigt war, die Zustimmung zu konkreten Angriffszielen zu erteilen.

Die Bundesregierung hatte wie ihre Partner zudem bewusst auf eine aktive vorherige Einbeziehung in die Zielplanungen verzichtet und damit den NATO-Rat seiner Schlüsselfunktion der politischen Kontrolle enthoben. Gleichwohl waren NATO-Generalsekretär und SACEUR politisch sensibel genug und hielten die Regierungen zum Verdruss der kleineren Länder zumindest in den Schlüsselländern – USA, Vereinigtes Königreich, Frankreich und Deutschland – auf dem laufenden bzw. sorgten für eine laufende Abstimmung der konkreten Ziele, die nicht immer den Beifall einer jeden Hauptstadt fanden! In einzelnen Fällen haben Hauptstädte bestimmte Zielplanungen abgelehnt.

Im Gegensatz zu manchem Kollegen in Brüssel hielt ich dieses Vorgehen für richtig und clever. Man wäre nie richtig vorangekommen, wenn man die Zielplanung permanent im NATO-Rat erörtert hätte. Und: Selbst in Brüssel waren die „kundigen Thebaner" in der Lage, die konkreten Ziele mit einigermaßener Kenntnis des Landes und den generellen Leitlinien „abzuleiten".

Von daher war die vorherige Erörterung von konkreten Zielen und Angriffen zu keinem Zeitpunkt Gegenstand der Gespräche sei es im NATO-Rat sei es im Vierer-Kreis. Etwas anderes war die Erörterung a posteriori vor allem im kleinen Kreis. Es kam hinzu, dass Generalsekretär wie SACEUR [19] mitunter das Gespräch mit einzelnen Botschaftern und/oder militärischen Vertretern suchten, um das notwendige „feeling" für die Sensibilität von Zielen zu erhalten.

Ich verbrachte auf diese Weise viele Stunden mit General Wesley Clark, dem damaligen SACEUR, der oft genug um meine informelle Einschätzung bat – deren Existenz wir beide auf Befragen naturgemäß kategorisch dementierten. So haben wir auch die „strategische" Anlage der Angriffsplanungen mitunter streitig diskutiert, die aus meiner persönlichen Sicht die Dauer eher zu verlängern denn zu verkürzen drohte. Ihm schien es eine willkommene Abwechslung zu sein, sich mit einem Botschafter über militärische Strategie auszutauschen – über Dinge, die mich seit Bundeswehr-Zeiten interessierten. Im Gegensatz zu manchen der Kollegen hatte ich den großen, vielleicht nicht unschätzbaren Vorteil, in einer Armee gedient zu haben und von ihr gründlich ausgebildet worden zu sein.

Naturgemäß wurde das konkrete militärische Vorgehen von dem einen oder andern immer wieder kritisch hinterfragt, vor allem im Lichte einiger Kollateralschäden der Bombardierungen, so wie z.B. die der chinesischen Botschaft in Belgrad oder eines Wochenmarktes. Und so kam es

---

[19] SACEUR -Supreme Allied Commander Europe (militärischer Oberbefehlshaber der NATO für Operationen)

dann auch zu jenem Intermezzo, in dem der damalige Vorsitzende des NATO-Militärausschusses, der frühere Generalinspekteur der Bundeswehr, General Klaus Naumann, „zur Freude" der NATO-Botschafter ihnen die Alternativen – Krieg aus der Luft mit beschränkten Möglichkeiten oder halt qua Intervention mit Bodentruppen – vortragen musste. Letzteres Szenario wollte natürlich politisch keines der NATO-Länder! Nicht nur dem Reserveoffizier, sondern gerade auch dem „homo politicus" standen in jenen Tagen die Haare zu Berge.

Soweit erinnerlich gab es auch Einzelfälle, in denen einzelne Botschafter – so auch ich – konkret zu diskreten Demarchen aufgefordert worden sind. Diese bezogen sich damals zunehmend auf die Pressepolitik des NATO-Generalsekretärs, dessen Stab wohl den Amerikanern und anderen zeigen wollte, wie „spin doctors" und wirkliche Medien-Profis arbeiteten! Dies waren Tage des Wiedersehens mit einem der besten Pressesprecher, die ich kennen gelernt hatte, mit Alastair Campbell. Tony Blair hatte ihn für diese kritische Zeit an die NATO ausgeliehen – in der Tat ein Mann mit glänzenden Ideen, der aber politischer Führung bedurfte, allein durfte man ihn auf Zeit nicht laufen lassen! Tony Blair hat dies einige Jahre später anlässlich der Dispute um seine Unterstützung der verfehlten und verheerenden amerikanischen Politik im Irak leidvoll erfahren müssen, Campbell wurde Manipulation der Medien und der Öffentlichkeit nachgesagt und Blair musste dann 2003 auf seine Dienste nolens volens verzichten.

Und es waren nicht nur die Briten, sondern vor allem die Amerikaner, die die Alliierten immer wieder erstaunten oder gar zur Verwunderung brachten. So lud mich eines Tages im streng abgeschirmten kontrollierten Compound des NATO-Hauptquartiers der amerikanische Kollege Sandy Vershbow auf einen Kaffee ein, er wolle mir eine interessante Persönlichkeit vorstellen. Und so lernte ich zu meiner Überraschung den damaligen Führer der Kosovo-Rebellen, den UCK-Führer Hashim Thaci kennen, der sich auf Einladung der Amerikaner für einige Wochen bei ihnen häuslich niedergelassen hatte. Ich gebe zu, ich war – wie auch andere Brüsseler Kollegen – nicht gerade erbaut, Bonner Kollegen, die ich diskret unterrichtete, nicht weniger!

Nun gut, die Amerikaner waren halt in der NATO mehr als ein „primus inter pares", sie beherrschten die Allianz, sie nutzten Abhängigkeiten und spielten, soweit notwendig, auch mal den einen gegen den anderen aus. Alleine das Vereinigte Königreich als engster Verbündeter und Frankreich, „halb drinnen, halb draußen", hatten eine gewisse Sonderrolle, die aber die Amerikaner nicht weiter störte, sie nahmen in Wahrheit die Briten beschränkt ernst – und sie wussten, im Ernstfall konnten sie sich auf die Franzosen verlassen.

Daher gab es im Grunde einen einzigen kleinen Kreis, den die Amerikaner zum vertraulichen Austausch und zur Koordination pflegten und nutzten, den Vierer-Kreis, ein Erbe des Kalten Krieges – mit dem Vereinigten Königreich, Frankreich und – irgendwie zunächst notgedrungen, später akzeptiert – Deutschland. Er sollte an sich entsprechend der Verantwortung der drei Alliierten Fragen behandeln, die Berlin und Deutschland als Ganzes betrafen, war aber – zum Unwillen einiger Mitgliedstaaten, vor allem für die Italiener, aber auch die Türken – der eigentliche „Kern" der Allianz.

In Brüssel lernte ich auch das „Funktionieren" des NATO-Russland-Rates kennen, besser sein „Nicht-Funktionieren" oder „ins Leere laufen"! Die Russen sahen die Intervention der NATO in Sachen Kosovo höchst kritisch, sie waren noch in Bemühungen und Verhandlungen mit Milosevic um eine Verhinderung militärischen Eingreifens zeitweise eingebunden, fühlten sich aber in Wahrheit als „fünftes Rad am Wagen" nicht ernst genommen. Folge war die Versteifung ihrer Haltung. Russischer Botschafter war damals Sergej Kisljak, der seinem Land seit 2008 in Washington dient und 2016/17 in der Zeit bis zur Amtsübergabe an Donald Trump in die Schlagzeilen geriet.

Kisljak war für uns alle ein „harter Knochen", zugleich ein exzellenter Netzwerker hinter den Kulissen, der wusste, mit wem er in der NATO unbedingt Kontakt halten musste. Wohl fühlte er sich nur im bilateralen Gespräch mit den Amerikanern, Briten, Franzosen, uns wie mit dem NATO-Generalsekretär – der NATO-Russland-Rat war für ihn keine beliebte oder gesuchte Institution. Er fühlte sich gegenüber dem Generalsekretär und den NATO-Mitgliedstaaten „allein auf weiter Flur"! Er sagte mir einmal, im kleinen Kreis mit den vier Großen könne man reden, im großen Rat gehe es doch nur formal zu und Russland könne sich dort nicht hinreichend gewürdigt fühlen!

„Todeskuss" in Washington und vorzeitiger Abschied

NATO und Jacques Chirac: ich traf den französischen Präsidenten im April 1999 wieder am Rande des Washingtoner NATO-Jubiläums.

Ich begleitete die neue Bundesregierung zu diesem Gipfel – Bundeskanzler Gerhard Schröder, Außenminister Joschka Fischer und Verteidigungsminister Rudolf Scharping. Letzterer kannte mich und wusste mich einzuschätzen. Es hatte sich zu ihm rasch ein offenes, ja kameradschaftlich-freundschaftliches Verhältnis entwickelt, er suchte auch ohne Aufhebens den offenen Rat und erhielt ihn ohne jede Einschränkung. Gegenüber manchen aus den Teams um Schröder und Fischer war es schon weitaus schwieriger, „man" wollte mir zeigen, dass ich nicht mehr „in" war, allenfalls geduldet, von Fairness keine Spur und ich musste den Gipfel zuweilen wie ein Spießrutenlaufen empfinden.

Vor Beginn der Plenarsitzung in Washington sah Chirac mich, rief mich mit Vornamen laut zu sich, umarmte mich und fragte unverblümt: „Wie behandeln Dich die neuen Kerle, ich hoffe anständig! Wenn Du ein Problem hast, melde Dich bei mir! Ich rede dann mit denen!".

Ich gehe davon aus, dass einer der beflissenen Kollegen dies dem Bundeskanzler oder dem Außenminister übersetzt hat – es trug halt dazu bei, sich eine Meinung zu bilden oder eine solche zu verfestigen! Ein britischer Kollege meinte ganz einfach, als jemand ihm die Geschichte berichtete, ja, dies sei halt ein typischer „Todeskuss" gewesen...

Ein langjähriger Freund – der luxemburgische Premier und spätere Präsident der EU-Kommission Jean-Claude Juncker – hatte diese Szenen beobachtet und daraus den Schluss gezogen, dass mir meine Vergangenheit im Weg stehen musste: „Die beiden konnten nicht ertragen, dass Du mit der Mehrheit ihrer Kollegen befreundet, mit manchen auf „Du" warst. Das konnte auf Dauer nicht gut gehen". Die Begegnung in Washington sollte aber nicht mein letztes Treffen mit Jacques Chirac sein. Ein Jahr später sollte es in Paris ein Wiedersehen geben – er empfing mich in seiner Eigenschaft als „Co-Prinz" von Andorra, dazu jedoch an anderer Stelle.

Spätestens nach den Feierlichkeiten um den 50. Geburtstag der Allianz in Washington wurde für mich die Brüsseler Luft dünner. Ich musste mir die Frage stellen, wie lange noch „die Bonner" um Joschka Fischer – und wohl insofern einig mit meinem Nachfolger im Kanzleramt, Michael Steiner – mich in Brüssel dulden würden.

Es war nicht nur die stürmisch herzliche Begrüßung seitens Bill Clinton und der „alten" Kollegen oder das besondere Erlebnis mit Präsident Chirac, sondern die Perzeption meiner schieren Präsenz seitens Fischer und seitens der Schröderschen Umgebung! In Washington war mir die Stimmung klarer geworden, Gerhard Schröder und Rudolf Scharping hegten mir gegenüber kein Misstrauen, Scharping zeigte dies sehr offen, integrierte mich nahezu demonstrativ in seine Mannschaft.

Der Außenminister bewegte sich noch recht unsicher auf dem internationalen Parkett. Mein Fehler war es, alle wesentlichen Akteure zu kennen, ja mit einigen befreundet zu sein. Von meinem ehrlich gemeinten Angebot, ihn einzuführen, wollte er nichts wissen – er tat, relativ isoliert, letztlich instinktiv das naheliegende auf jenem Parkett, er suchte den engen Kontakt mit den Amerikanern, mit Madeleine Albright, der damaligen US-Außenministerin. Ob das im Nachhinein betrachtet das „richtige" war, steht auf einem anderen Blatt – manche aufmerksame Beobachter sahen darin eine aus der Vergangenheit heraus begründete Abhängigkeit!

Der Versuch, mich nach Tokyo zu „expedieren" oder „zu entsorgen" musste angesichts eines groben diplomatischen Fehlers der Mannschaft um Fischer scheitern. Sie hatten die Idee der Presse gesteckt, bevor man diese Absicht vertraulich mit den in diesen Dingen sehr empfindlichen Japanern sondiert hatte. Aufgrund entsprechender unmissverständlicher Signale meiner japanischen Freunde habe ich die Versetzung abgelehnt. Die Japaner verstanden mich sehr gut. Es blieb dann im Sommer 1999 „nur" der Ausweg Madrid. Auch hier gab es noch Stolpersteine, vor allem in der Person des noch im Amt befindlichen Botschafters. Nach Rücksprache mit den Freunden in Madrid auf beiden Seiten des politischen Spektrums, PSOE und PP, habe ich schließlich eingewilligt.

Dies zumal der andere elegantere Ausweg an dem Zaudern, ja ängstlichen Verhalten des designierten Präsidenten der EU-Kommission, Romano Prodi, gescheitert war. Entsprechend der Anregung von Helmut Kohl – über die er mich erst nachträglich informierte – hatte Prodi „an sich" oder angeblich die Absicht, mich zum Generalsekretär der von ihm geführten Kommission zu berufen. Ich hatte privat an einigen Wochenenden mit anderen dazu beigetragen, Prodi auf die Übernahme des Amtes vorzubereiten. Und so war meine Enttäuschung doch deutlich, als Prodi, vorsichtig, aber ohne Notwendigkeit Schröder um Zustimmung gebeten hatte – und der ihm sagte, es sei doch vorgesehen, dass ich nach Madrid ginge. Prodi vergaß anscheinend perplex, was er sagen wollte, hakte nicht nach, er befürchtete vielleicht einem Streit vor Amtsübernahme und verzichtete. Dem Alt-Bundeskanzler, der ihn die Anregung nahegelegt hatte, hat er dann leider auch keinen reinen Wein eingeschenkt. Schade, dass auf diese Weise auch die zweite Chance eines Wechsels nach Brüssel an mir vorüberging.

4. Botschafter in Spanien und Andorra

Beobachtungen aus Madrid und schwierigen Regionen

Und so gab es für mich ab Herbst 1999 ein Wiedersehn mit Madrid, mit alten Freunden in einem seither veränderten Land, ein EU-Mitgliedstaat, der sich gemacht und enorm an Selbstbewusstsein gewonnen hatte.

Für die Spanier, ob auf Seiten der Opposition oder der Regierung, war ich willkommen, als Freund wie als Ratgeber. Leider entsprach die Entwicklung der bilateralen Beziehungen nur in Ansätzen dem, was ich mir vorgestellt hatte. Dies galt vielleicht weniger für die Wirtschaft denn vor allem für die Pflege der Kontakte auf politisch-wirtschaftlicher Spitzenebene wie für die Kultur.

Der langjährige Delegierte der Friedrich-Ebert-Stiftung in Madrid, Dieter Koniecki, der für mich völlig unverständlich „persona non grata", unerwünschte Person in der Botschaft war, wie auch der Leiter der Außenstelle der Konrad-Adenauer-Stiftung, Helmut Wittelsbürger, wurden mir zu wertvollen Streithelfern und Partnern in Sachen Wiederbelebung der deutsch-spanischen Beziehungen. Ich wollte den beiden Stiftungen durch enge Zusammenarbeit auch signalisieren, wie sehr ich deren Beitrag zur Integration Spaniens in das neue, demokratische Europa geschätzt habe und schätze.

Eine der großen Sorgen bildete von Anfang an die Zukunft der beiden Goethe-Institute in Madrid wie auch in Barcelona. Mit Hilfe der deutschen, aber der an Deutschland interessierten spanischen Wirtschaft und der Schaffung einer Stiftung und offenen Freundeskreises gelang es, die Arbeit von Goethe in Spanien auf neue und sichere Beine zu stellen. Für Prof. Jutta Limbach, die damalige Präsidentin des Goethe-Instituts, wurde Madrid zum Modell für andere Regionen in der Welt.

Zugleich gelang es mir, mit Hilfe eines sich rasch bildenden „Freundeskreises" – und zwei in Madrid allseits akzeptierten Persönlichkeiten – Bernardo Cremades und Carsten Moser – bald einen permanenten deutsch-spanischen Kreis zu bilden, aus dem dann das Deutsch-Spanisches Forum entstand.

In den drei Jahren entstanden gute, ja freundschaftliche Beziehungen zu vielen spanischen Politikern, führenden Persönlichkeiten der Wirtschaft, Kultur und Medien, aber auch zu einigen Ministern der Regierung Schröder.

Rudolf Scharping muss ich nicht besonders erwähnen – er unterstützte meinen etwas eigenwilligen, aber letztlich erfolgreichen Weg, der spanischen Armee ein deutsch-französisches Produkt zu verkaufen, den Kampfhubschrauber Tiger. Ich trotzte dem spanischen Verteidigungsminister Trillo ab, den Vertrag mit den Amerikanern zum Kauf des „Apache"-Hubschraubers nicht zu unterzeichnen und dem europäischen Gegenmodell eine letzte Chance zu geben. Frankreich und Deutschland sollten die beiden Tiger-Modelle vorführen und im engsten Kreis sollten darüber nochmals gesprochen werden. Der zuständige spanische General dankte mir nach den Gesprächen am Rande von Madrid mit den Worten: "Erstmals haben wir unsere besonderen Wünsche offen ansprechen und erörtern können!" Folge waren mit Unterstützung der beiden Ministerien und Armeen endlich ernste Verhandlungen mit dem spanischen Partner und der Kauf des „Tigers" durch die spanische Regierung.

Mit Kampfpanzern hatte ich freilich weitaus weniger Glück – die Deutschen waren an sich selbst gescheitert, vor allem angesichts der inneren Fehde zwischen den beteiligten Firmen. Ihre mehr als arrogante Haltung führte damals dazu, dass ich mich vor einem spanischen Minister für die deutsche Wirtschaft entschuldigen musste.

Rudolf Scharping zog mich bei seinen offiziellen wie informellen Besuchen hinzu und dabei konnte ich ihn auf Mallorca – einige Zeit vor einer anderen zu bedauernden Schlagzeile – vor einigem Risiko bewahren. Auch ich hatte lernen müssen und Gott sei Dank gab es einige wohlgesonnene Deutschen, die mir die Risiken offen erläuterten. Die Balearen waren pressemäßig ein gefährliches Pflaster, gab es doch neben sehr lokalen Engagements die Präsenz der deutschen „bunten" Presse, die unbarmherzig jedem deutschen Promi nachjagte!

Ähnlich entwickelte sich das Verhältnis zu einem anderen Minister, dem ich anfangs durchaus kritisch gegenüberstand, zu Otto Schily. Ich war natürlich durch alle Vorurteile über seine Vergangenheit belastet, lernte aber eine Persönlichkeit kennen, die offen mit ihrer umstrittenen Vergangenheit umging und sich zudem als überzeugter Europäer entpuppte. Wir arbeiteten daher in Fragen der Vertiefung der Zusammenarbeit in Sachen Innen- und Justizpolitik auf europäischer Ebene durchaus vertrauensvoll zusammen.

Er wurde zum ersten Innenminister, der bewusst Interesse für Europa zeigte und bewusst einen „diplomatischen Berater" in seinen Stab aufnahm. Dass ich ihm geraten hatte, dem Leiter des Rechts- und Konsularreferates der Botschaft Madrid diese sensible Aufgabe anzuvertrauen, und er Otto König nach einem ersten Gespräch spontan diesen Posten angeboten hat, löste bei den Kollegen im AA keine besondere Freude aus.

Das Verhältnis zum Bundeskanzler blieb „geschäftsmäßig", ich lernte im Baskenland seine Liebe und Verständnis zur Kunst kennen und den Politiker, der gerne „Politik" geschützt diskutieren wollte: es war halt für ihn von Bedeutung, eine Bewertung seitens „anderer" zu hören, ohne befürchten zu müssen, dass sie sofort weiter erzählt wird.

In den drei Jahren bekam ich den Außenminister nie zu Gesicht, er schien das Land irgendwie zu meiden. Zu der spanischen Außenministerin

Ana Palacio entstand leider nicht ein echtes Vertrauensverhältnis – an ihrer Freundschaft zu mir konnte das nicht allein gelegen haben!

Während der Madrider Zeit hatte ich zudem Gelegenheit, mehrmals „meinen" früheren Ministerpräsidenten und zurückgetretenen Bundesfinanzminister Oskar Lafontaine wiederzusehen, der seinen Freund Alfonso Guerra besuchte. Von Kollegen aus der Botschaft wie aus Berlin wurde mein Angebot, ihn – den früheren Parteivorsitzenden, Ministerpräsidenten und Bundesminister – selbstverständlich wahrzunehmen, mit einigem Stirnrunzeln begleitet. Mit Lafontaine, der mich ohne Bedenken zu dem Treffen einlud, war ich zuletzt bei den Trauerfeiern für François Mitterrand zusammengetroffen. Er war damals turnusmäßig Präsident des Bundesrates und der Bundeskanzler hatte ihm angeboten, mit ihm nach Paris zu fliegen.

Während des Fluges diskutierte ich mit Lafontaine offen über Frankreich, die Probleme im deutsch-französischen Verhältnis und in der Europapolitik – Kommentar des Bundeskanzlers, der unserem Gespräch – angeblich schlafend – zugehört hatte, danach, er hätte keinerlei Bedenken, wenn Lafontaine sich in einer von der SPD-geführten Regierung um Europa- und Außenpolitik kümmern würde: seine Reflexe und Auffassungen stimmten weitgehend mit der von allen Bundesregierungen bis dahin verfolgten Linie überein.

Ich habe auch heute viel Verständnis für seine Befürwortung einer „deutsch-französischen Union", um „das auseinanderfallende Europa von innen heraus neu zu begründen" – auch wenn dies wie eine ferne Vision erscheinen mag.

In Madrid erläuterte Oskar Lafontaine mir unerwartet offen die Gründe seines Rücktritts. Gerhard Schröder habe ihn bewusst übergangen, in die Ecke gedrängt, bis er, Lafontaine, keine andere Lösung als den Rücktritt mit allen Konsequenzen sah. Wir diskutierten lange über die Stellung des Finanzministers im Kabinett im Verhältnis zum Bundeskanzler. Aus seiner Sicht hatte Gerhard Schröder aus machtpolitischen Gründen die Grenzen überschritten. Er fragte mich genauso offen, was – aus meiner Erfahrung – besser gewesen wäre. Er schien durch meine Antwort etwas verblüfft: aus meinem Verständnis heraus wäre er besser Partei- und Fraktionsvorsitzender geblieben – damit hätte er es in der Hand gehabt, die Regierung zumindest mit zu kontrollieren.

In Madrid galt den schwierigen Regionen des Landes mein besonderes Interesse, auf der einen Seite das Baskenland und Katalonien, auf der anderen Seite die Touristikregionen, vor allem Mallorca. Ich wollte zunächst einmal Geschichte, Hintergründe, Vorurteile, Perzeptionen näher kennen lernen. Ich wollte einfach wissen, ob die Probleme lösbar sind – und vor allem auch „wie?". Daher führte ich im Anschluss an die Vorstellungsbesuche zu Anfang der Amtszeit viele Gespräche sowohl im Baskenland als auch in Katalonien.

Daraus sind Freundschaften erwachsen, aber auch Bitten von Freunden, doch in der Region meine Meinung, basierend auf den europäischen Überzeugungen, vor einem größeren Kreis auszudrücken, im Baskenland war dies damals wesentlich sensibler und riskanter als in Katalonien.

Damals hielt ich in Bilbao – aus der Vorsicht heraus „auf persönlicher Grundlage" (auch wenn ich wusste, wie wacklig dies war!) – auf Einladung einer der Baskischen Nationalistischen Partei PNV nahen Stiftung eine Rede, in der ich Europa und ein föderales System als Lösung des baskischen Problems erläuterte – in Barcelona war das – damals – leichter: der langjährige Ministerpräsident Jordi Pujol dachte noch in jener Zeit in die gleiche Richtung.

Wir haben uns in jenen Jahren öfters getroffen und uns über Reformen in Europa und in den Mitgliedstaaten ausgetauscht. 2014 bin ich ihm auf seinen Wunsch hin erneut begegnet, ohne zu ahnen, was noch über ihn und seine Familie in Sachen „Korruption" ans Tageslicht kommen sollte, und musste eine völlige Kehrtwende erleben: In einem zweistündigen Gespräch verteidigte er vehement die Unabhängigkeit Kataloniens als einzigen Ausweg – er hielt mir mehrmals das Urteil des spanischen Verfassungsgerichtshofs entgegen, das die bereits vereinbarte Stärkung der Kompetenzen Kataloniens als verfassungswidrig zurückgewiesen hatte. Das Urteil hatte sich als politisch verheerend erwiesen! Interessant schien mir aber, dass er meine Rede vom Föderalismus als Ausweg auch nicht ganz zurückweisen wollte!

Die Botschaft Madrid, vor allem auch die dank der Anstrengungen meiner Frau neu ausgestaltete Residenz, wurde in jenen Jahren zu einem gefragten Anziehungspunkt, ob für Besuche und Tagungen mit der Politik, Parlamentariern, mit der Wirtschaft oder der Kulturszene.

Entscheidend hatte dazu ein Mann beigetragen, den ich in früheren Jahren in Paris kennen und schätzen gelernt hatte, Professor Werner Spies, weiland Leiter des Centre Pompidou in Paris. Er hatte uns die Tür zu bekannten privaten deutschen Kunstsammlern geöffnet, die bereit waren, der Residenz wichtige Gemälde aus ihren Sammlungen kostenlos auf Zeit zu überlassen. So kam dann dank der Hilfe von Walter Smerling eines der schwierigen und provozierenden Monumental-Gemälde von Anselm Kiefer („Im Gewitter der Rosen") in die Residenz, aber auch Werke von Lüpertz und anderen bekannten Deutschen. Erst dann wurden die deutschen öffentlichen Museen wach und fingen an, wertvollere Stücke aus ihren Sammlungen anzubieten.

Eine der letztlich skurrilsten „Erwerbungen" verdankten wir freilich der „Unschuld" des Auswärtigen Amtes! Wie es sich für einen Botschafter gehört, hatte ich auch beim sog. Bundesspeicher vorbeigeschaut. Dort hatte man mir eine Rückgabe aus der Botschaft Luxemburg gezeigt, eine Sammlung von acht Goya-Zeichnungen, die man vor Ort sehr günstig erworben hatte.

Meine Antwort war, ich nehme und behalte sie – vorbehaltlich einer Prüfung durch die spanischen Goya-Spezialisten; wenn es sich um wertlose Kopien handelte, würden sie im Müll landen – und es stellte sich nach Prüfung in Madrid heraus, wir waren auf einen Schatz gestoßen! Die Spezialisten monierten allein die wertlosen Rahmen, die dazu geeignet waren, die Zeichnungen zu beschädigen.

Die Residenz war bald zu einem voll ausgelasteten Hotel-, Restaurant- und Ausstellungsbetrieb geworden, meine Frau führte mit Hilfe und Unterstützung des (für die Liegenschaft zuständigen) stellvertretenden Kanzlers und der sog. Protokollsekretärin – gerade Sybille Brand wurde zur unentbehrlichen, umsichtigen Mitarbeiterin in all diesen Fragen – und einer kleinen Mannschaft in der Residenz, die sie selbst aus- und fortgebildet hatte, rund um die Uhr einen mittelständischen Betrieb auf hohem Niveau. Wir hatten wunderbare Tage und Abende, ein großes Firmenjubiläum, mit Hilfe der Bundesländer Sachsen und Bayern sowie von Sponsoren unvergessliche Feiern zum 3. Oktober – aber auch Ärger durfte nicht ausbleiben.

So wurde mir eines Tages genüsslich der Beschwerdebrief eines deutschen Abgeordneten der Union – ausgerechnet einer der Obleute aus dem Haushaltsausschuss – an den Außenminister zugespielt, er beklagte sich, er habe keinen Champagner erhalten und auf „billigen Plastikstühlen" das Briefing entgegen nehmen müssen. Es waren Designer-Stühle, die kaum eine andere Botschaft hatte, und „Champagner" gab es bei uns nie, es waren deutsche Weiß- und (trotz der gutmeinenden Proteste einiger spanischer Freunde) auch deutsche Rotweine, und der „Champagner" war der beste spanische Cava, den wir finden konnten – er stammte zudem aus einem bekannten katalanisch-deutschen Hause. Was den Herrn aus Westfalen wohl am meisten störte, war die Tatsache, dass er mit kurzzeitiger Voranmeldung einen Tag vor einem Riesenfest gekommen war, dem 100. Geburtstag eines bekannten deutschen Mittelständlers aus München, und die Residenz innen verwandelt war - und wir platzmäßig für ihn und seine

Kollegen improvisieren mussten! Ich wartete vergeblich auf eine Entschuldigung auf diese bodenlose Frechheit und Arroganz eines deutschen Abgeordneten – ich füge hinzu, ein echter Einzelfall! Für meine Mannschaft und mich galt der einfache Grundsatz: Abgeordnete haben Priorität, sie erhalten die bestmögliche Betreuung, wir sind dabei farbenblind!

Glück hatte ich in jener Zeit, in Madrid eine gute Mannschaft an meiner Seite zu wissen. Was der Mehrheit fehlte, war – außer des Mannes für die Landwirtschaft – die vertiefte Kenntnis der europäischen Integration, ein Bereich, der mehr und mehr in den Mittelpunkt der Botschaftsarbeit rückte. Bemühungen, daher auch eine grundlegende Reform der Aufstellung und Ausrichtung unserer Botschaften in Europa einzuleiten und die Botschaften zu „Ständigen Vertretungen" wie in Brüssel umzubauen, sie am Entscheidungsprozess in Europa teilhaben zu lassen, scheiterten damals trotz Unterstützung seitens mancher Kollegen an der Starrheit der Berliner Führung. Ähnliches gilt für die notwendige Professionalisierung der Personalpolitik und vieles anderes mehr. Im Rückblick gehe ich davon aus, Joschka Fischer hätte den Vorschlägen, wenn sie ihn erreicht hätten, sein Plazet gegeben.

Ich ermutigte die Mitarbeiter, verstärkt in Sachen „public diplomacy" tätig zu werden, d.h. in Spanien, an Universitäten, Handelskammern, auch in der Öffentlichkeit für deutsche Anliegen und Politik zu werben. Wichtigste Stütze war und blieb bis zum Ende „mein" Pressereferent, Crew-College Albert Graf, der mir loyal zur Seite stand, mich korrigierte und warnte, wenn ich über oder neben das Ziel hinauszuschießen drohte.

Ein besonderes „Phänomen" Mallorca

Das Thema Mallorca bin ich unsicher angegangen, meine Vorgänger hatten die Insel so gut wie möglich gemieden – unsere Vertretung vor Ort unterstand ja dem Generalkonsulat Barcelona und nicht der Botschaft Madrid. Ein Außenstehender möge eine solche Zuordnung verstehen. Der Nicht-AA-kundige Leser mag diese Bemerkung verwundern, AA-Kollegen sie für flapsig oder typisch halten, war doch die relative Selbständigkeit der Konsulate eine fast heilige Angelegenheit für manche Personalratsvertreter! Ich gebe zu, ich habe nie etwas davon gehalten, für mich war es wesentlich, dass die Mannschaft in einem Lande auf allen Ebenen aus „einem Guss" auftritt!

Doch auch auf Mallorca bzw. den kleineren Inseln wie Menorca lernte ich die letztlich politische Sensibilität genau wie die negativen Seiten des Massen-Tourismus genauso kennen wie positive Beispiele! Auf recht unkonventionelle Weise habe ich versucht, mehr über die Insel und

„die Deutschen" zu erfahren, und zwar durch das Gespräch mit den Antipoden der Deutschen auf der Insel, mit der Immobilienbranche und einem ihrer exponiertesten Vertreter, Matthias Kühn, auf der einen Seite und mit der Kirche auf der anderen Seite. Auch die Reiseveranstalter nahmen im diskreten Kreis mir gegenüber kein Blatt vor den Mund! Ähnliches galt für die Politiker von der Insel!

Glück hatten wir, dass zu jener Zeit die Außenstelle des Konsulats gut und engagiert besetzt war. Die Kollegen mussten alle Höhen und Tiefen des konsularischen Alltages meistern, und dies mit deutschen Kunden, die Ansprüche stellten, die oft ihrem normalen Umfeld nicht entsprachen, und die zudem nicht gerade einfach waren! Der Zufall – der Ausfall eines Fluges nach Madrid – hat mir damals erlaubt, einige Stunden unbemerkt auf dem Flughafen die Touristenscharen bei ihrer Heimreise zu beobachten. In gewisser Weise ein erhellendes, nicht gerade erfreuliches „aha"-Erlebnis!

Ich habe mich in jener Zeit des Öfteren gefragt, ob wir – d.h. das Auswärtige Amt – angesichts der Herausforderungen durch den Massentourismus und eine zunehmende Anzahl von Deutschen, die im Lande bleiben wollten, ihre Zeit und ihren Ruhestand genießen wollten, strukturell richtig aufgestellt waren. Dies gilt für die Berufskonsulate wie für die Honorarkonsuln, die beide eine erstaunliche Arbeit leisteten. Wir setzten von Madrid aus auf die verbesserte Unterrichtung und Aus- und Fortbildung für diesen Kreis, freilich ohne die angemessene Unterstützung seitens der Berliner!

Eine ganz andere Aufgabe: Botschafter in Andorra

Akkreditiert war ich in jener Zeit auch in Andorra, jenem kleinen Lande in den Bergen der Pyrenäen mit einer ganz eigenen Führungsstruktur – Präsidenten waren zwei „Co-Prinzen", der Bischof von Urgell und der Präsident der französischen Republik. Nach der Überreichung des Beglaubigungsschreibens bei den beiden Staatsoberhäuptern, den „Co-Prinzen" und dem Antrittsbesuch bei der andorranischen Regierung fühlte ich mich ermutigt, aktiver an dieses Land heranzugehen.

Präsident Chirac hatte dabei in Paris seinen gut gemeinten, aber im Ergebnis höchst abträglichen Bemerkungen eine gewisse „Bürde" hinzugefügt. Als wir – rund 15 – 20 Botschafter – vor ihm standen, entdeckte er mich, bat mich zu sich und erklärte mich vor den staunenden Botschaftern zum Vorbild! Ich hatte es danach, diplomatisch gesagt, mit einigen der Kollegen mehr als schwer!

Andorra galt, in gewisser Weise zu Recht, als Steuerparadies und Fluchtort für Steuerflüchtlinge – Spanier wie Franzosen duldeten diese Lage über lange Jahre mehr oder minder, nur zukunftsträchtiger wurde sie damit nicht. Zur Sicherung seiner eigenen Zukunft tat Andorra gut daran, seinen Ruf als Steueroase und Fluchtort abzulegen.

Ich habe dies in einem Vortrag vor der andorranischen Wirtschaftsvereinigung, dem „BDI" des kleinen Landes, erstmals offen hervorgehoben – in gleicher Weise habe ich bei der Feier des 3. Oktober meinen Landsleuten geraten, ihre Steuerangelegenheiten im Verhältnis zur Heimat in Ordnung zu bringen.

Solche Worte hatte diese Gemeinde offensichtlich noch nie gehört, sie waren aber der Anfang eines kritischen, aber recht intensiven und vertrauensvollen Dialoges, den ich auch in der Folge gern geführt habe – und der auch der Freundschaft zu einigen Deutschen in Andorra bis heute nicht im Wege stehen sollte.

5. Abschied vom Auswärtigen Dienst – Weg in die Wirtschaft

Im Oktober 2002 kam es dann für mich überraschend zum Abschied vom Auswärtigen Dienst. Dieser erfolgte auf Betreiben des Bundesaußenministers, eingeleitet am Tage nach der Bundestagswahl, zwar formal in Übereinstimmung mit der gesetzlich bestehenden Möglichkeit, jedoch in einer, um es diplomatisch auszudrücken, nicht akzeptablen Weise.

Faszinierend zugleich, oder irgendwie typisch europäisch, die Perzeption der Versetzung in den einstweiligen Ruhestand in anderen Ländern! Jahre später musste ich dem höchsten französischen Beamten und Verwaltungsrichter, dem Vizepräsidenten des Conseil d'Etat, diese Bestimmung erklären – da das französische Beamtenrecht eine solche Norm nicht kennt. Er stellte fragend fest, diese könne doch nur aus der Nazi-Zeit stammen!

In der Sache hatte und habe ich mir nichts vorzuwerfen und die Gründe, die mir später zugetragen wurden, waren in erster Linie willkommene Vorwände, die im Gespräch leicht aufklärbar gewesen wären. Mir wurde ein Brief – ein Fax – vorgehalten, dass ich auf Bitten eines französischen Abgeordneten mit Vorschlägen zur Vertiefung der europäischen Integration an Wolfgang Schäuble weitergeleitet hatte. Für mich ein normaler Vorgang – am Ende des Briefes hatte ich Schäuble handschriftlich viel Glück für die anstehende Bundestagswahl gewünscht – gleiches hatte ich Wochen zuvor gegenüber einem befreundeten sozialdemokratischen

Abgeordneten ausgedrückt. Eine solche direkte Weiterleitung und die guten Wünsche als Mangel an Loyalität anzusehen war mir fremd.

Leider landete die Telekopie dank eines Zahlendrehers meiner Sekretärin auf dem Schreibtisch eines Abgeordneten der Grünen, der das Original an Wolfgang Schäuble, eine Kopie aber an den Außenminister weiterleitete. Ich gehe heute davon aus, dass hinter dieser Versetzung in den einstweiligen Ruhestand in Wahrheit eine seit längerer Zeit bestehende Absicht stand. Ich musste unwillkürlich an seine ersten Sätze mir gegenüber zurückdenken. Ich habe mich oft gefragt, ob dahinter wirklich allein der Außenminister selbst stand und/oder ob nicht auch das permanente Nachstoßen mancher Kollegen seine Entscheidung nachdrücklich gefördert hat.

Genauso musste ich Jahre später erst einmal tief durchatmen, als der frühere Außenminister Fischer in Paris offen auf mich zukam, mich begrüßte, als ob nie etwas gewesen wäre. Wir sprachen ernsthaft über Probleme der Europa- und Außenpolitik, als ob es nie ein besonderes Zerwürfnis gegeben hätte – und diese Begegnungen haben seither, auch in Berlin, Wiederholungen gefunden. Ich traf einen – wie ich selbst – überzeugten Europäer, mit dem ich inhaltlich über weite Strecken übereinstimmte, manche unserer unterschiedlichen Auffassungen waren eher taktischer Natur.

Diese Begegnungen wiederholten sich, erneut in Paris, dann auch in Berlin. Mir kamen immer wieder seine damaligen Worte bei unserem einzigen Vier-Augen-Gespräch in den Sinn – ich bedaure nur, dass er 2002 von daher gesehen nicht einen einvernehmlichen Weg gesucht hat. Ich verstehe sehr wohl, dass ein Minister die Möglichkeit haben muss, sich in seiner politischen Arbeit und der Umsetzung seiner Ziele auf Mitarbeiter auf hoher Ebene zu stützen, die seine Auffassung teilen und denen er vertrauen kann. Schade, dass eine solche klärende Aussprache mit dem Außenminister damals nicht möglich war.

Heute blicke ich mit der zeitlichen Distanz ohne Zorn auf diese Episode zurück. Ich habe jüngst noch einmal mit Vergnügen – und allenfalls zum Unwillen meiner Frau – jenen leicht ironischen, recht freundlichen Kommentar von Kurt Kister in der Süddeutschen Zeitung zum 70. Geburtstag des „Ersten leidenden Volkskommissars" gelesen.

Es war eine Zeit, in der ich zum zweiten Male binnen recht kurzer Zeit erkennen musste und konnte, wer wirklich Freund war und zu uns stand. Ich musste viele herbe Enttäuschungen erleben, aber auch eine ganze Reihe positiver Überraschungen, auch im Auswärtigen Amt selbst.

26 Jahre im Bundesdienst, davon nur ein Bruchteil im klassischen Auswärtigen Dienst, die Mehrzahl der Jahre in politischen bzw. in multilateralen Funktionen.

Mein erster, wenn auch recht kurzer Auslandsaufenthalt hatte ab Januar 1977 in Madrid der Vertiefung meiner spanischen Sprachkenntnisse gegolten – in der gleichen Stadt bin ich 25 Jahre später aus dem Dienst ausgeschieden. Die letzten Wochen in Madrid waren keineswegs einfach, zwischen Abschied nehmen von vielen Freunden aus der Politik und Wirtschaft, und in der Residenz als „geduldetem" Gast. Man wartete inständig darauf, dass ich Madrid noch vor dem Staatsbesuch des Bundespräsidenten Johannes Rau, den ich vorbereitet und zuvor mehrfach in Spanien begleitet hatte, verlassen möge.

Ich wollte keinen Ärger anzetteln und insistierte auch nicht etwa auf einer längeren Dauer des Verbleibs in der Dienstwohnung, auch wenn wir uns erst einmal eine Wohnung und Bleibe suchen mussten. Meine Frau und ich entschieden uns, so früh wie möglich, noch vor dem Staatsbesuch, Madrid zu verlassen und hatten uns für Brüssel als Zwischenstation entschieden. Glück hatte ich, dass es im AA in Berlin mit Heiner Horsten einen Crew-Kollegen gab, der Wert auf eine korrekte Abwicklung meines Falles legte – ich habe Zweifel, ob ihm seine noble Haltung zum Vorteil gereichen sollte!

Für die Bestallung eines neuen Botschafters wurde die Zeit bis zum Staatsbesuch zu kurz, nachdem „man" anscheinend die Entsendung einer Person vorsondiert hatte, die in Madrid aufgrund ihres „Frankfurter Vorlebens" ganz und gar nicht goutiert wurde und auf die die spanische Seite ganz entgegen klassischer diplomatischer Übung über einen mehr als kritischen Artikel in der Tagespresse reagierte.

Der Gipfel war, dass manche in Berlin meinten, ich hätte dies zum Abschied inszeniert, wo ich doch von einem Nachfolgekandidaten erst durch den Artikel erfahren habe. Zuweilen haben Staaten und Behörden, wenn es darauf ankommt, ein langes Gedächtnis – oder halt einfach Reminiszenzen aus alten Tagen, auch wenn sich die Begebenheiten in der Endphase des Franco-Regimes abgespielt hatten! Der Artikel berichtete über den Brandanschlag auf das spanische Generalkonsulat in Frankfurt im Jahre 1971, der einer Gruppe um Joschka Fischer zugeordnet wurde. Angeblich war darin der designierte Nachfolger verwickelt. Mehr als perplex war ich nur darüber, dass mir die Berliner Kollegen diese Antwort zurechneten!

Mein neuer Lebensabschnitt, den ich seit einiger Zeit vorsichtig vorbereitet hatte, sollte indes genauso lehrreich und faszinierend werden: Von der Politik bzw. der Administration in die Welt der Wirtschaft in Paris, Beauftragter für internationale Angelegenheiten eines großen französischen Konzerns, der sich mit zentralen Fragen der Umwelt beschäftigte – mit Wasser, Entsorgung, Energie und Personentransport. Dazu ein traditionsreiches Unternehmen, staatsnah, „eine große alte Dame Frankreichs" – früher die „Générale des Eaux", dann „Vivendi Environnement", heute „Veolia".

Ich könnten über diese Erfahrungen „andere" Erinnerungen schreiben, über eine Zeit, in der ich die „andere Seite" kennengelernt habe, die Wirtschaft, das Verhältnis von Wirtschaft und Politik, vor allem eine französische Wirtschaft mit einer eigenen Zuordnung und politischen Nähe, ganz und gar nicht vergleichbar mit dem was ich in Deutschland gelernt hatte. Illusion der Nähe in Europa und vor allem auch zwischen Frankreich und Deutschland! Ich war und blieb ein „Grenzgänger", ein „passeur" oder, wie der Economist meine Funktion einmal beschrieb, ein „stringpuller", ein „Strippenzieher"........

VI. Kapitel
Deutsche Politik „ohne" Helmut Kohl

1. Rot-Grün: Europa- und Außenpolitik

Und so war ich ab Ende 1998 als Botschafter noch vorläufig Teil des Systems geblieben, zugleich wurde ich halb drinnen, halb draußen zum Beobachter der neuen Politik.

Schröders erste Schritte in Europa waren von Vorsicht geprägt, er wie auch seine Regierung sollten im 1. Halbjahr 1999 entsprechend der EU-Regeln für sechs Monate den Vorsitz in den EU-Gremien übernehmen.

So ist auch wohl zu erklären, dass die Verleihung der Ehrenbürgerschaft der EU an Helmut Kohl im Dezember 1999 im Rahmen der Tagung des Europäischen Rats in Wien unter der geschäftsführenden (sozialdemokratischen) Regierung Klima an ihm geradezu vorbeigelaufen ist, er akzeptierte sie auch als Abschied des Vorgängers.

Auch die erstmalige Übernahme des Vorsitzes kann man als „geschäftsmäßig" ansehen, das Team Schröder/Fischer/Scharping konnte dann auch beim Europäischen Rat in Köln im Juni 1999 unter Vorsitz von Gerhard Schröder Fortschritte in Sachen Sicherheits- und Verteidigungspolitik verzeichnen, sie standen voll in der Kontinuität Kohl'scher Europa- und Außenpolitik – aber dabei blieb es dann auch.

Zum ersten Bruch mit der früheren Kontinuität und vorsichtigen Linie kam es dann aber zunächst durch die Strafaktion gegen Österreich – dort hatte im Anschluss an die Wahlen vom Oktober 1999 Wolfgang Schüssel nach ergebnislosen Verhandlungen mit den Sozialdemokraten Anfang Februar 2000 – und unter dem Eindruck von Meinungsumfragen, die die damalige FPÖ, die Freiheitlichen um Jörg Haider, an der Spitze sahen, eine Koalition mit eben dieser Partei gebildet. Sein Ziel war es, die Freiheitlichen durch Einbindung „zu zähmen" – sie zerbrachen auch daran und die Partei spaltete sich.

Mit ausdrücklicher Einladung aus Wien seitens Bundespräsident Klestil setzten Frankreich und Deutschland, Jacques Chirac und Gerhard Schröder, die „Ächtung" dieser Regierung durch, beide aus unterschiedlichen Gründen, aber in vorderster Linie, eine Sanktion ohne Rechtsgrundlage, die erst mit dem Vertrag von Nizza 2003 ratifiziert und in Kraft treten sollte.

Ich hatte im Februar 2000 in München am Rande der Münchner Sicherheitskonferenz eine hitzige Auseinandersetzung über dieses Vorgehen mit meinem Nachfolger Michael Steiner, der meine Vorhaltungen stoisch entgegennahm und mehr flapsig hinzufügte, am Ende bliebe ja dann noch der „Einmarsch" in Wien, wenn die Österreicher uneinsichtig blieben. Mir blieb die Sprache weg, auch wenn ich den Kommentar nicht besonders ernst nahm. Die Gemüter beruhigten sich erst im Lichte eines Berichtes von (neutralen) Weisen, ebenfalls in vorzeitiger Anwendung eines weder unterzeichneten, geschweige denn ratifizierten Vertrages, die Sanktionen wurden im September 2000 aufgehoben. Und der viel gescholtene Wolfgang Schüssel blieb noch bis Januar 2007 Bundeskanzler.

Vertrag von Nizza

Hinzu kam dann im Dezember 2000 das Desaster von Nizza, eine Vertragsrevision, die die Lücken von Amsterdam schließen sollte. Kern der bis zum Schluss streitigen Diskussionen war die Gewichtung der Stimmen der einzelnen Mitgliedstaaten im Rat – bis dahin hatten die großen Mitgliedstaaten aus wohl erwogenen Gründen die gleiche Stimmenzahl, mit dieser Regel sollte Nizza unter stärkerer Berücksichtigung der Zahl der Bevölkerung brechen.

Helmut Kohl hatte zuvor aus gutem Grund alle Überlegungen in diese Richtung zurückgewiesen und nur eine Ausnahme zugelassen: Deutschland sollte entsprechend seiner Bevölkerung im Europäischen Parlament mehr Abgeordnete erhalten als der nächste größere Mitgliedstaat, Frankreich

Gerhard Schröder verschrieb sich dieser Differenzierung auch bei der Stimmengewichtung, sie schien ihm sogar willkommen – ich begreife bis heute kaum, warum der an sich glänzende Taktierer Schröder dies so laufen ließ?

Bis zum letzten Augenblick hielt der Streit zwischen Belgien und den Niederlanden – Belgien bestand auf Beibehaltung des gleichen Stimmengewichts mit den Niederlanden, und gab erst klein bei, als die Partner zusicherten, dass in einer Union von mindestens 18 Mitgliedstaaten künftig alle Tagungen des Europäischen Rats in Brüssel, und nicht mehr im Land der jeweiligen Präsidentschaft, stattfinden würden.

Der Vertrag von Nizza wurde am 11. Dezember 2000 geschlossen, am 26. Februar 2000 unterzeichnet und trat am 1. Februar 2003 in Kraft – Irland brauchte wie so oft zwei Anläufe, um das verfassungsrechtlich erforderliche Referendum zu überstehen.

Verfassungskonvent – Vertrag von Lissabon

Doch damals war schon die nächste Reform auf dem Wege. Seit dem 28. Februar 2002 tagte unter dem Vorsitz des früheren französischen Staatspräsidenten Valéry Giscard d'Estaing der Verfassungskonvent, der am 20. Juli 2003 den Mitgliedstaaten den Entwurf eines Vertrages über eine Verfassung für Europa vorlegen sollte.

Leider scheiterte dieser Entwurf 2005 an den Referenden in den Niederlanden an einer zunehmend europakritischen Stimmung und in Frankreich an eine eher geschäftsmäßige Werbung für den Vertrag ohne politische Leidenschaft. Sein wesentlicher Inhalt wurde gleichwohl gerettet – durch Aufnahme in den Vertrag von Lissabon im Jahre 2007.

In jener Zeit wurde Schröders Einfluss, gerade auch im europäischen Kontext, auch im Verhältnis zu seinem Vizekanzler und Außenminister, immer stärker: Ich fand Schröders Definition der Aufgabenteilung in der Koalition mit den Grünen vom „Koch und Kellner" leicht anmaßend und doch Fischers Einfluss wurde unter Schröder in der Europapolitik zunehmend marginal – auch wenn Fischer der weitaus engagiertere Europäer war und ist!

In jener Zeit schien sich Fischer durch „Nebenkriegsschauplätze" wie die Diskussion um die Nazi-Vergangenheit des Auswärtigen Amts zu „verzetteln" – eine überfällige, aber letztlich unglückliche Aufarbeitung der Geschichte des Dienstes. Aus meiner Sicht war es bedauerlich, dass Fischer und das Amt in jenen Tagen nicht in der Lage differenziert und zugleich transparent an dieses Thema herangingen.

In der Zwischenzeit hatte zudem ein anderes Problem die europäischen Gemüter erhitzt. Schröders Wirtschafts- und Finanzpolitik war – ähnlich wie früher einmal Mitterrand zu Anfang seiner Amtszeit und wie die von Chirac beim Nachbarn – in gewisser Weise zunächst auf dem „falschen Pfade". Die Zahl der Arbeitslosen stieg, die der Neuverschuldung ebenfalls, klassische Mittel griffen immer weniger – und Brüssel blieb nichts anderes übrig, als die beiden Nachbarn zu ermahnen, die Verträge einschließlich des Stabilitäts- und Wachstumspakts einzuhalten. Schröder und Chirac suchten immer weniger den Dialog mit der Kommission, sondern bestanden auf einer „flexiblen Auslegung" der Verträge.

Wie sich doch Bilder und Zeichen gleichen! 2003/2004 setzten Chirac und Schröder – gegen das Votum seines Finanzministers Hans Eichel – alles daran, sich gegen die Kommission zu behaupten, sie schafften schließlich – mit Hilfe des Luxemburger Nachbarn und letzten Präsidenten der Kommission – eine Entscheidung des Rates, die die Sparauflagen ablehnte und Sanktionen gegen die beiden Sünder verweigerte.

Sie hatten die Kommission bloßgestellt und entmachtet, diese wusste sich nur noch durch eine Klage beim Europäischen Gerichtshof zu wehren! Arme Kommission – ein von vielen Politikern ungeliebter Vertrag schien für einige Zeit auf dem Wege zu einer leeren Hülse zu sein! Deutschland, Schröder beherrschte die Szene und stellte sich zugleich, in Wahrheit ohne Not, ins Abseits – Deutschland galt damals für viele Beobachter auf einmal als der „Kranke Mann Europas"!

Und doch auch Gerhard Schröder muss man politisch verstehen. Er hatte begriffen, dass die Wirtschaftspolitik seiner Regierung auf dem Holzwege war, und er in Wahrheit harte Reformen brauchte. Nur diese konnten nicht so schnell wirken, er brauchte Ruhe an der Brüsseler Front und vor allem Zeit!

Schröder hatte 2002 im Vorfeld der Bundestagswahl eine Kommission unter Vorsitz von Peter Hartz, dem damaligen Personalvorstand von Volkswagen, eingesetzt, die im August 2002 ihren 343-Seiten-Bericht zur Reform der Arbeitswelt vorlegte. Schröder hatte vielleicht spät, aber wieder einmal den richtigen Instinkt gehabt, sich aus seiner Zeit als Aufsichtsrat bei Volkswagen an die Fähigkeiten dieses Mannes erinnert.

Ich habe Peter Hartz erst später im Rahmen der von ihm initiierten Idee der „Saarland-Botschafter" kennen und schätzen gelernt. Er galt für viele in der SPD als der eigentliche Verlierer der Bundestagswahl 2005, viele in der Partei haben einfach nicht die Bedeutung seiner Vorschläge erkannt, von denen ein Teil Jahre zuvor die Beschäftigung bei VW in schwierigen Zeiten gerettet hatte, und daher Gerhard Schröder hängen lassen.

Peter Hartz hat als Personalvorstand und Arbeitsdirektor danach die Verantwortung um gewisse Betriebsratsausgaben bei VW mit allen Konsequenzen übernommen. Er war in gewisser Weise das „Bauernopfer" des Vorstandes und Aufsichtsrates und brauchte einige Zeit, wieder zu sich zu finden! Es ist heute für mich immer wieder ein Gewinn, mit ihm zu diskutieren und ihm zuzuhören, wenn er seine Vorstellungen zur Reduzierung der Jugendarbeitslosigkeit erläutert.

Nur die Umsetzung dieses umfassenden Ansatzes wollte nicht vorankommen, bis Schröder das Programm zu eigen machte und sich mit seiner Regierungserklärung am 14. März 2003 an die Spitze der Bewegung setzte – Schröder setzte –, auch gegenüber seiner eigenen Partei alles auf eine Karte. Er stellte sich der Vertrauensfrage mit dem Rundumschlag

„Mut zum Frieden und Mut zur Veränderung": gegen den Krieg im Irak und für umfassende Arbeitsmarkt- und Wirtschaftsreformen!

Die darauf aufbauenden Gesetze, „Hartz I – IV" genannt, werden bis heute unterschiedlich bewertet, sie haben aber ganz entscheidend zu dem Ruck beigetragen, der Deutschland wieder auf das richtige Gleis brachte und symbolisch für die Reform- und Anpassungsfähigkeit Deutschlands steht!

An der außenpolitischen Front war diese Zeit nicht minder bewegend. Es begann mit dem 11. September 2001 und dem Afghanistan-Einsatz der Bundeswehr auf Grundlage Schröders „uneingeschränkte Solidarität" – Demokratie für Afghanistan und die eigene Sicherheit – die dreifache Begründung des bisher längsten und umfassendsten Einsatzes der Bundeswehr außerhalb von Europa!

Ich hatte an jenem Tag ein Arbeitsessen mit dem Chef der spanischen Dienste, als mich der Anruf meines Presse-Referenten Albert Graf erreichte. Er berichtete uns beiden dann fortlaufend über die Ereignisse in New York. In der Folge hatte ich mehrmals Gelegenheit Kollegen im Verteidigungsministerium meine Bedenken zur strategischen Antwort auf diese Kette von Attentaten im Herzen der USA vorzutragen, leider vergebens.

Was hat der bislang 13-jährige Einsatz wirklich erreicht? Einsatz und Einsatzbilanz sind mehr als zweifelhaft, der afghanische Staat ist mehr als labil, die Taliban auf dem Vormarsch, die Lage mehr als kritisch.

„Uneingeschränkte Solidarität" kann und darf aus meiner Sicht nicht bedeuten, allen falschen Ansätzen unserer amerikanischen Freunde zu folgen. Gerade in Bezug auf Afghanistan hätte „man" aus den Niederlagen der Engländer und Russen lernen müssen und wohl besser ein anderes Konzept verfolgt. Doch ist dies heute leichter gesagt als getan!

Man muss Gerhard Schröder Respekt entgegenbringen, er hat sich damals über Bedenken von vielen Seiten hinweggesetzt, um Deutschlands Solidarität auch in die Tat umzusetzen. Der militärische Einsatz war damals heiß umstritten – und Gerhard Schröder ging mit vollem Risiko für den Zusammenhalt seiner eigenen Koalition in den Bundestag, um die Zustimmung für den Einsatz zu erhalten: er musste die Abstimmung mit der Vertrauensfrage verbinden. Er gewann sie mit 336 zu 326 Stimmen.

Damals machte das Wort von Verteidigungsminister Peter Struck die Runde „Deutschlands Sicherheit wird auch am Hindukusch verteidigt". Es wäre zu begrüßen, wenn die Sozialdemokraten dies auch heute über Mali, Niger, Burkina Faso oder den Tschad sagen würden!

Auch wenn uns manche Verbündete unterstellten, wir hätten uns die „leichteste" Region des Landes für den Einsatz ausgesucht, so waren Debatte und knappes Ergebnis, wie Walther Stützle, damals Staatssekretär Verteidigungsministerium oft zu recht unterstrichen hat, „ein Glücksfall in der bundesdeutschen Parlamentsgeschichte – die Entfernung zum mancherorts unterstellten Hurra-Militarismus hätte kaum grösser sein können".

Es ist eine andere Frage, ob „wir" – der Westen wie auch wir Deutsche selbst – in der Folge dort alles richtig gemacht haben, ob wir den richtigen Mix von Soldaten vor Ort, die richtige Gerätschaft, die richtigen „caveats" und den zweckmäßigsten Auftrag hatten. Der Krieg war nicht zu gewinnen, militärisch war dies spätestens 2014 mit dem Ende der internationalen ISAF-Mission klar.

Ich gebe zu, ich war zu keinem Zeitpunkt von dem Einsatz und vor allem von seiner Konzeption politisch und militärisch überzeugt. Sowohl die Engländer als auch später die Russen hatten sich in Afghanistan die Zähne ausgebissen und waren gescheitert. Und nun meinten die Amerikaner, die die Konzeption weitgehend bestimmten, sie machen alles richtig! Und in Washington war die militärische Konzeption auch nicht unumstritten!

Wir haben einfach zu wenig aus der Vergangenheit gelernt, und es wäre für mich allenfalls vertretbar gewesen, mit Kommandoeinheiten in jenes Land zu gehen, um Bin Laden und seine Gefolgsleute zu verfolgen. Und vor allem: In all den Jahren hat die westliche Welt immer auf Indien und potentielle Veränderungen geschaut, aber selten oder nie auf Pakistan, den instabilen Nachbarn, der Teil des Afghanistan-Problems ist.

Die deutsche Politik hat sich damals zugleich intensiv, leider ohne großen Erfolg, politische Akzente in Richtung auf einen Friedensprozess zu setzen. Joschka Fischer hatte das Ergebnis der Petersberg-Konferenz im Dezember 2001 vor dem Bundestag als historische Chance zur dauerhaften Beendigung von Krieg und Bürgerkrieg gewürdigt. Auch fast 20 Jahre später kann man trotz des „Friedens" zwischen Amerikanern und Taliban immer noch nicht von einer glaubhaften Perspektive für eine friedliche Regelung sprechen.

Und Afghanistan blieb nicht der einzige Fall jener Zeit. Gerhard Schröder hatte bereits im Wahlkampf im Sommer 2002 unmissverständlich seine Haltung zum Plan des amerikanischen Präsidenten einer militärischen Intervention im Irak verdeutlicht: „Wir sind zu Solidarität bereit. Aber dieses Land wird unter meiner Führung für Abenteuer nicht zur Verfügung stehen".

Er hatte damit im Verhältnis zu den USA die – so Steinmeier zu Recht – imaginäre rote Linie überschritten, die bis dahin für jede deutsche Nachkriegsregierung galt. Ich würde hinzufügen: „im öffentlichen Diskurs"!

Schröder blieb – auch aus meiner Sicht – in der Sache zu Recht bei dieser Linie, als sich die Lage Anfang 2003 zuspitzte, die Amerikaner ein positives Votum des VN-Sicherheitsrates suchten. Vielleicht wäre es taktisch klüger gewesen, sich den Amerikanern formal nicht zu verweigern, mit einer „Stimmerklärung" in den VN die deutsche Haltung diplomatisch zu erklären bzw. sich zu enthalten und den Amerikanern bilateral zu erklären, worin man die Gefahren ihrer Politik sehen muss.

Interessant, dass Deutschland Jahre später in der Debatte um die Intervention einiger europäischer Staaten in Libyen unter Führung von Frankreich und dem Vereinigten Königreich mit logistischer Unterstützung seitens der USA und der NATO in eine ähnliche Lage im Sicherheitsrat geriet. Und diesmal hat sich der liberale Außenminister Guido Westerwelle, wieder taktisch ähnlich unglücklich verhalten!

Doch gerade im Lichte dieser Erfahrungen – Bosnien-Herzegowina, Kosovo, Afghanistan, Irak – wäre es naheliegend und nur konsequent gewesen, wenn die Regierung Schröder – spätestens dann aber die Große Koalition unter Angela Merkel alles daran gesetzt hätte, aktiv die Entwicklung einer gemeinsamen europäischen Außen-, Sicherheits- und Verteidigungspolitik aus dem „Dornröschen-Schlaf" gemeinsam mit Frankreich wieder auf zu wecken und voranzubringen.

Bis heute gibt es keine gemeinsame europäische außenpolitische und militärische Strategie, die einen solche Bezeichnung verdient, vor allem nicht gegenüber dem Krisenbogen Mittelmeer – Nah- und Mittelost, aber auch nicht gegenüber Osteuropa und Zentralasien. Einzig und allein die maritime Operation „Atalanta" zum Schutz des freien Meeres vor der Küste von Somalia unter Federführung der EU, der sich die NATO leicht widerwillig anschloss, verdient eine solche Bezeichnung!

Es ist wenig tröstlich, wenn ich auf den Anfang der 90er Jahre zurückschaue. Wir hatten damals mit den Kollegen im Elysée um Hubert Védrine in langen Diskussionsrunden wohl mehr Gemeinsamkeiten und gemeinsame Ansätze entwickelt als dies heute der Fall ist!

2. CDU in der Krise – von Kohl über Schäuble zu Merkel

Helmut Kohl „ohne Amt", Parteispenden u.ä.

Nur ein Jahr nach der verlorenen Bundestagswahl hatte die sog. „Parteispenden-Affäre" die CDU in die tiefe innere Krise gestürzt. Die Spenden, die der Bundeskanzler quasi ad personam erhalten und nicht deklariert hatte, waren ein gefundenes „Fressen" für die Medien, die nahezu hysterisch reagierten, aber auch – als Ablenkung von den eigenen Anlaufschwierigkeiten – für die neue Regierung.

Ich war schon wütend gewesen über die Vorladung zur Vernehmung durch MdB a.D. Hirsch in Sachen angeblicher Aktenvernichtung, doch umso mehr über die Vorladung vor den Untersuchungsausschuss.

Natürlich ohne Probleme erhielt ich Aussagegenehmigung wie Anordnung der Dienstreise aus Madrid durch die (neue) Bundesregierung, etwas frei nach dem Motto, Hauptsache meine Vernehmung schadet potenziell der Vorgänger-Regierung und Helmut Kohl!

Vernommen wurde ich über „Nebenkriegsschauplätze" und die Befragung durch die Herren Abgeordneten der Regierungsseite war im Grunde wohlwollender als die seitens CDU und FDP, ersteren war klar, dass ich nichts zum Thema beitragen konnte. Die letzteren wollten wohl unbedingt ihren neuen Führungen ihre Fähigkeiten beweisen!

Was war die Geschichte? Der Versuch, einen insofern – er möge mir diese Bewertung verzeihen – wohl leichtsinnigen Helmut Kohl abzustrafen, und vor allem um ihn als CDU-Vorsitzenden letztlich für die Skandale um Leisler Kiep und Manfred Kanther verantwortlich zu machen – und damit auf Dauer die CDU fern von der Teilhabe an Regierungsgeschäften zu halten! Zugleich war es der Versuch, die Entgegennahme der Spenden durch den früheren Bundeskanzler zu „kriminalisieren". Der Verstoß war eine Ordnungswidrigkeit – und die Regierung bemühte sich zügig darum, durch Änderung des Gesetzes daraus ein echtes Vergehen zu machen. Und Regie führte im Hintergrund wie zur angeblichen Aktenvernichtung der damalige Chef des Bundeskanzleramts, Walter Steinmeier.

In gewisser Weise hatte und habe ich Verständnis für Helmut Kohls Weigerung, die Namen der Spender zu nennen. Trotzdem hätte er doch viel früher ahnen und erkennen müssen, dass es vielleicht besser gewesen wäre, den sich abzeichnenden Konflikten aus dem Weg zu gehen und früher zu versuchen, die Angelegenheit zu bereinigen. Doch dies ist leichter gesagt als getan, die CDU wie auch andere taten sich schwer, das Thema

„Sünden der Vergangenheit" endlich hinter sich zu bringen. Und die Medien wollten „seinen Kopf"! Und ein guter Freund aus der Spitze der SPD sagte mir in aller Offenheit, endlich sind wir dieses Thema los!

Ich glaubte zuweilen, einige der Spender zu kennen, wusste durch die Kontakte in die Parteizentrale um manche Ungereimtheiten, wenn auch letztlich wenig zum Thema Parteienfinanzierung und seinen Grauzonen, aber längst nicht alles über die Hintergründe und die Verwendung der Gelder. Ich erinnere mich, dass damals einer aus meiner Sicht fähigsten Mitarbeiter, Hans-Joachim Reck, seinen Hut nehmen musste – angeblich da er insoweit vorankommen wollte und dies nicht allen gefiel.

Helmut Kohl war in jeder Hinsicht unbestechlich, er setzte das Geld allein für die Partei ein, wahrscheinlich zögerte er mit Rücksicht auf Personen, die Vergangenheit und Gefüge der Partei zu lange, vollständig „reinen Tisch" zu machen. Und seine Verfehlung war strafrechtlich eine „Ordnungswidrigkeit", aber kein Vergehen oder Verbrechen.

Ich befürchte, dieses Thema bleibt eine Geschichte ohne Ende, wie zuletzt Andeutungen von Wolfgang Schäuble gezeigt haben. Vielleicht haben auch manche ein Interesse daran. Mangels eigenen Wissens will und kann ich mich nicht an der Diskussion darüber beteiligen.

Aber hätte „man" damals einen halbwegs gerechten Maßstab an den Tag gelegt und den Fall „Kohl" mit den anderen Verstößen bzw. nicht verfolgten Fällen von Verstößen bzw. Umgehungen der Parteienfinanzierung in der Bonner Republik, vor allem auch seitens der SPD, in eine Relation gesetzt, so hätte man sich, diplomatisch ausgedrückt, anders verhalten können und müssen!

Ich erinnere mich an einen Fall, in dem man an uns von Frankreich her eine „gegenseitige Parteienfinanzierung" nahezulegen versuchte und der Bundeskanzler mich um Prüfung bat. Auf meine Darlegung in aller Kürze „Ich kann einem solchen Weg nicht zustimmen – es wäre ein klarer Verstoß nicht nur gegen die deutsche Parteienfinanzierung, sondern auch gegen die Rechtsordnung im betroffenen Ausland! Daher Finger davon!" reagierte der Bundeskanzler in der gleichen Klarheit und Schärfe!

Frankreich hatte sich erst ab Ende der 80er Jahre in Etappen bemüht, seine Parteienfinanzierung gesetzlich zu regeln, manches schien auch Mitte der 90er Jahre noch im Fluss. Ich sage bewusst „schien", da ein guter Freund intimer Kenner dieser Materie in Frankreich war. Er hatte mich bei einem unserer Gespräche morgens mit einem Glas Champagner empfangen – er wolle mit mir auf die Verjährung seiner Amtszeit als Schatzmeister einer politischen Partei trinken. Ich bin sicher, er hatte nie auch nur einen einzigen Franken in die eigene Tasche gewirtschaftet, sich aber permanent in Grauzonen bewegt.

Jochen Thies stellt in seiner bemerkenswerten Annäherung an Helmut Kohl fest: "Vielleicht wollten sich die Deutschen auch unbewusst eines Übervaters entledigen, den sie ähnlich wie das Bürgertum zu Zeiten Bismarcks zu lange und ein wenig zu unkritisch bewundert hatten.

Und noch etwas kam hinzu: Leistung, menschliche Größe akzeptieren die Deutschen vorzugsweise nur beim Sport und bei ihren Medienstars. Wenn es um Geld geht, entsteht auf allen übrigen Feldern eine Art von Neid-Syndrom, ohne das die Diskussionen um erlaubte und unerlaubte Parteienfinanzierung nicht zu verstehen sind ... Ahnt der Durchschnittsbürger, welchen Belastungen ein Spitzenpolitiker, zumal ein Kanzler, ausgesetzt ist?" [20]

Ich erinnere mich an Diskussionen mit dem Bundeskanzler über ein „Unverständnis" seinerseits: der Außenminister verfüge über einen besonderen Fonds, die Ausgaben lege er nur dem Präsidenten des Rechnungshofes vor – ihm stehe weder als Bundeskanzler noch als Führer einer großen Partei ein solcher Fonds zur Verfügung! Aus seiner Sicht unverständlich, ja ungerecht!

Das war auch sein Gefühl in Bezug auf die Parteienfinanzierung schlechthin, SPD durch abhängige Unternehmen bessergestellt, CDU abhängig von Spenden seitens der Wirtschaft und der Parteienfinanzierung! Und alle Parteien hatten in gewisser Weise ihre Sünden aus der Vergangenheit! Das galt nicht nur für die FDP, sondern vor allem auch in weitaus stärkerem Masse für die SPD! Aber dies scheint niemand zu interessieren. Hinzu kam in jener Zeit für ihn erschwerend das Verhalten der CDU unter Merkel ihm gegenüber – frei nach dem Motto: erwarte in der Politik nie Dank für etwas!

Helmut Kohl – Angela Merkel: Machtverständnis und Aufstieg

Meine erste bewusste Erinnerung an Angela Merkel in der Bundesregierung war die Übernahme des Umweltministeriums nach Klaus Töpfers Ausscheiden im November 1994. Sie verabschiedete sich ohne langes Zögern von dem bisherigen Staatssekretär aufgrund unterschiedlicher Auffassung über die Aufgabenverteilung zwischen Minister und Staatssekretär – sie stellte damit die neue Führungsstruktur und die „Machtverhältnisse" im Hause klar.

---

[20] Jochen Thies Die politische Meinung August 2001, Seite 94

Clemens Stroetmann, einer der erfahrenen Staatssekretäre, brauchte Zeit, diese Entscheidung zu verstehen und sich damit abzufinden, eigentlich schade, gehörte er doch zu den Staatssekretären, die ich aufgrund ihres Fachwissens und ihrer Ruhe besonders schätzte.

Ich habe damals sofort den Bundeskanzler auf diesen Fall, den ich als politisches Risiko bewertete, angesprochen. Er hörte mir zu, meinte dann lachend, bei allem Verständnis für meinen Hinweis und für die geschätzten Kollegen Merkel zeige halt einfach, wer der Herr im Hause sei. Und dafür habe er Verständnis, sie sei damit in der Politik angekommen.

Angela Merkel hat in diesen Jahren enorm und schnell gelernt, wie mit Macht umzugehen ist. Zudem suchte sie die zügige Einarbeitung in einer mehr und mehr politisch sensible Materie. Die regelmäßige Begegnungen im Kabinett und in der politischen Szene in Bonn zeigten einfach, dass sie in der Politik Bonns ein echter „Mitspieler" geworden war und sich, unter und trotz der „Fernkontrolle" einen Namen zu machen suchte.

Trotzdem war dies für sie ein harter Weg, genau wie für andere politische Talente in jenen Jahren. Helmut Kohl hat eben dieses Talent erkannt und schien von der notwendigen Durchhaltefähigkeit im politischen Betrieb im Gegensatz zu anderen Ost-Deutschen Politikern nach der Stunde null überzeugt.

Es war eine harte Schule, deren extreme Momente ich in jenen gut fünf Jahren „im" Bundeskabinett erleben durfte – am Beispiel von Angela Merkel wie auch bei anderen. Ich hatte eigentlich nicht die Absicht, in diesem Zusammenhang Angela Merkels Tränen im Kabinett im Frühjahr 1995 zu erwähnen. Warum auch? Es war eine überaus menschliche Reaktion, andere verließen in vergleichbaren Momenten das Kabinett mit zusammengebissenen Zähnen – „ein richtiger Junge weint nicht"?

René Pfisters Kommentar im SPIEGEL erinnerte mich an die damalige Szene, die ich etwas anders gesehen habe, ohne das Hintergrundwissen des Kommentars beurteilen zu wollen oder zu können. Enthüllung, Erklärung einer mythischen Persönlichkeit oder einfach Teil der politischen Saga? Vielleicht hatte ich die Chance der längeren Beobachtung der Abläufe, der Gemeinplätze und Besonderheiten im Bundeskabinett.

Angela Merkel hatte damals im Kabinett gegenüber dem Bundeskanzler eine Schwäche gezeigt, die Helmut Kohl nutzte (wie auch gegenüber anderen), um die junge Bundesministerin zu testen – Ist sie standfest? Hat sie die Abklärung auch mit der CSU betrieben? Für ihn stand keineswegs von vornherein fest, die sog. Sommersmog-Verordnung zu kippen. Nein, er wollte sehen, wie Angela Merkel auf die kritische Frage nach der Abstimmung ihres ersten Projekts im Kabinetts reagieren würde. Angela

Merkel sollte spüren, dass er über essentielle Fragen mitzureden wünschte, dass er ihre Arbeit in einem politisch sensiblen Ressort genau beobachtete.

Einige Bundesminister, denen es überwiegend irgendwann einmal ähnlich ergangen war, verfolgten eher genüsslich die Szene. Und für uns Beobachter auf der Bank war der erste Eindruck klar, sie hatte sich vom Bundeskanzler aufs Glatteis führen lassen.

Angela Merkel passierte dies nicht ein zweites Mal. Sie hat ihre politische Reife in den UN-Klimaverhandlungen in der zweiten Hälfte der neunziger Jahre zunächst in Berlin (1995), dann Kyoto (1997) unter Beweis gestellt. Sie gehörte mitentscheidend zu den Erfolgsgaranten dieser Konferenzen.

Es war kein Wunder, dass sie nach Kohls Wahlniederlage und der Übernahme der Partei durch Kohls Nachfolger Wolfgang Schäuble am 7. November 1999 zur Generalsekretärin der CDU ernannt wurde. Mit der Wahlniederlage 1998 hatte sich zugleich ihr Misstrauens gegenüber der Mannschaft Kohls zunehmend verfestigt.

Viele Außenstehende waren daher erstaunt, wie schnell sie sich dann im Lichte der Parteispendenkrise voll aus der Deckung herauswagte und in eigenem legendären Artikel in der FAZ vom 22. November 1999 Kohl aufforderte, den Ehrenvorsitz in der Partei abzugeben. Nach dem Rücktritt Schäubles, persönlich wegen „seiner" Parteispendenaffäre unter Beschuss, übernahm sie 2000 auch den Parteivorsitz.

Erst Kohl, dann Schäuble wurden von ihr zum Rückzug gezwungen. Sie hatte damit die Nabelschnur durchschnitten. Und stellte sich an die Spitze der Partei, potentielle Konkurrenten mussten nacheinander lernen, dass es hoch gefährlich ist, Angela Merkel zu unterschätzen. Das galt in jenen Jahren für Friedrich Merz, aber auch für andere. Sie hatte wie kein anderer gelernt, das „Klavier" der Macht zu beherrschen! Vielleicht anders als Helmut Kohl, der seine Parteifreunde auf allen Führungsebenen einzuschätzen wusste, vielleicht sogar professioneller als Helmut Kohl, zumindest aber ebenso profi-haft!

Die Bundeskanzlerin ist seit 20 bzw. 15 Jahren die unbestrittene Führungspersönlichkeit der CDU und Deutschlands, alle potentiellen Konkurrenten sind an ihr gescheitert.

Sie hat unzweideutig angekündigt, im Herbst 2021 mit Ende dieser Legislaturperiode aus dem Amt auszuscheiden. Die Diskussion um ihre Nachfolge hat alle Schwierigkeiten aufgezeigt, die naturgemäß mit einem Abschied nach so langen Jahren in der Führung von Partei und Staat verbunden sind.

Ihr Führungs- und Regierungsstil hat auch die Opposition zur Verzweiflung gebracht, sie hat ihr eigenes Markenzeichen geschaffen und steht in gewisser Weise für das Gefühl der Deutschen heute einer „breiten Mitte", auch über die CDU, hinaus. Klar ist auch, die CDU hat sich in all den Jahren zu einer pragmatischen linken Mitte hinbewegt und im Gegensatz zu früher leider den rechten Flügel zu offen gelassen. Die Konsequenzen sind bekannt. Demgegenüber kommen die Sozialdemokraten einfach nicht aus der Ecke heraus, heute über fast magisch gewordene 15% hinaus. Vor fünf Jahren schrieb ich noch 25%.

Angela Merkel scheint eine „Bank" für gut 30%, wenn nicht bis 40% darzustellen. Sie ist in Europa ohne Einschränkung die Respektsperson, dennoch sei die Frage erlaubt „wo bleibt der große Wurf? Wo ist der europäische Kompass?". Ist eine solche Frage nicht mehr zeitgemäß, ist heute nur noch ein pragmatisches, schrittweises Vorgehen, ein „Fahren auf Sicht" möglich? Oder erwartet die Bevölkerung in der Krise nicht mehr denn je Führung, auch in einer längerfristigen Sicht?

In der großen Krise schien Deutschland zunächst als zaudernder „Vormann" denn als Krisenmanager in Europa. Krisen mit Frankreich (Sarkozy, Hollande), aber auch mit Italien wie mit Griechenland wurden unter ihrer Führung pragmatisch überwunden. Heute wird das pragmatische Einvernehmen in einigen Kernbereichen mit Frankreich schon fast euphorisch begleitet – auch wenn andere Bereiche wie die Energiepolitik genau so dringend und vor allem nützlich wären.

In Europa ist Deutschland nicht gerade beliebt, ein bequemer, ja beliebter Sündenbock, der einiges aushalten, aber aufpassen muss, wenn er mal zurückschlägt und Klartext redet. Man erinnere sich nur an Schäubles Vorstellungen in Sachen Griechenland! Deutschland wird am Ende aber doch respektiert. In Frankreich, selbst in der politischen Klasse, würde akzeptiert, wenn Merkel mehr führen würde, freilich dann im Stile Kohls!

Man muss sich offen fragen, ob ihre „Politik der kleinen Schritte und des moderierenden Pragmatismus" – wie Nelles im Spiegel ihrer politischen Linie einmal definiert hat – heute die angemessene Antwort auf die Herausforderungen darstellen kann? Für die erste Phase in einer Krise mag dies die richtige Antwort sein, auf Dauer indes weniger. Oder ist sie die Anführerin Europas im Grunde wider Willen, ist doch dieses Geschäft, wie sie sich mehrfach ausgedrückt hat, mühsam und nie einfach?

Und heute muss man ihr wohl vorhalten, dass die von ihr geführte Koalitionen auch zum Reformstau beigetragen und oft einfach zu lange gewartet haben, bevor sie auf europäischer Ebene eingegriffen und eine

Kompromisslösung gefördert haben – wobei letztlich auch die Unsicherheit über die Zukunft, die Sorge angesichts kritischer Lagen zu einer solchen Entscheidung beigetragen haben.

Und doch bleiben ihre Entscheidungen bzw. ihre Beiträge dazu auf europäischer Ebene sehr „deutsch" geprägt. Und dennoch machen es ihre Herkunft, ihr Bildungs- und Berufsweg anscheinend schwer, sie zu verstehen. Für manche ihrer europäischen Kollegen scheint sie das „unbekannte Wesen", in gewisser Weise ein „Rätsel" zu bleiben. René Pfister hat einmal mit einer gewissen Berechtigung festgestellt, ihre Kanzlerschaft bleibe ein Unikat.

Wie oft bin ich in den letzten Jahren in europäischen Hauptstädten von der politischen Führungselite, selbst von manchen ihrer Kollegen gebeten worden, ihnen dabei zu helfen, die Politikerin Angela Merkel „zu entschlüsseln".

Bei einem Abendessen eines „Inner-Circles" in Paris habe ich diese Diskussion mit einer Gegenfrage begonnen: Nennen Sie mir bitte unter den TOP 50 der französischen Politik den- oder diejenige, die Naturwissenschaften studiert und in dieser Materie gearbeitet hat. Nach zehn Minuten gaben meine Tischnachbarn entnervt auf – „sie scheint daher wohl eine andere Logik zu haben" (!).

Meine zweite Frage bzw. Bemerkung löste ähnliche Fragezeichen aus: Kennen Sie in Europa – einmal abgesehen von Mittel- und Osteuropa – einen führenden Politiker, der in Wahrheit in einer anderen Welt groß geworden ist, dem des Kommunismus mit allen seinen Begleiterscheinungen? Insoweit könne man festhalten, dass Angela Merkel in gewisser Weise die erste Bundeskanzlerin mit einem migratorischen Hintergrund sei. Und so ging es weiter – bis hin zu dem Hinweis auf den Stellenwert des Grundwertes „Freiheit" für die deutsche Bundeskanzlerin.

Oft genug habe ich in den letzten Jahren Stimmen aus der CDU wie auf europäischer Ebene aus der EVP wie auch der Gruppe der SPE gehört, in Sachen Europa fehle es Angela Merkel an der grundsätzlichen Einstellung eines Helmut Kohl oder auch eines Wolfgang Schäuble.

Ähnliches verlautete in den deutschen Medien, Merkel verspiele das Erbe Helmut Kohls. Dies sei aber ungerecht ihr gegenüber, weil Kohl mit seiner sentimentalen Politik, die selten auf Zahlen achtete, eine gewisse Schwäche in der Konstruktion des Euro – die mangelnde wirtschaftliche Koordinierung – zugelassen habe. Andererseits habe Merkel die Europapolitik wieder zu einer Sache der Nationen gemacht, den Traum des Bundesstaates Europa hat sie nie geträumt".

Diese Beurteilung ist nicht nur objektiv falsch, sie wird zudem beiden – Helmut Kohl wie auch Angela Merkel – in keiner Weise gerecht. Die Kohl'sche Europapolitik war in der Sache nie sentimental, Helmut Kohl verfügte über Eckpunkte eines „Kompasses", die seine Politik im Sinne einer bestmöglichen Verteidigung wohlverstandener deutscher Interessen bestimmten. Dabei ging er realistisch-pragmatisch vor, zuweilen warf er „kleine wie große Steine in das europäische Wasser", um Politik in der Sache langfristig voranzubringen, wohl wissend um die innen- und europapolitisch bedingten Grenzen der Durchsetzbarkeit.

Bei Angela Merkel scheint es nicht viel anders zu sein, vielleicht ist sie noch pragmatischer, vorsichtiger im Vorgehen – ohne halt jenen „Kompass" eines Helmut Kohl.

Sie war und ist halt anders als Helmut Kohl! Sie verfügt über ein Charisma ganz eigener Art – manche werden sagen, das bestehe darin, dass sie über keines verfüge. Und dies ist eine ihrer Stärken – sie provoziert keine Phantasien, sondern geht analytisch, überlegt, pragmatisch an Herausforderungen heran. Sie scheint neugierig – im klassischen englischen Sinne gebraucht – an neue Dinge heran, aufgrund ihrer wissenschaftlichen Vorbildung. Irgendwie scheint sie Politik zu depolitisieren!

Ich gebe zu, ich bin davon überzeugt, Helmut Kohl hätte die krisenhaften Zuspitzungen der letzten Dekade anders angegangen und gelenkt als es Angela Merkel getan hat. Aber Vorsicht, die Zeiten haben sich auch geändert! Ihn trieb zu Lebzeiten auch die Sorge um den tatsächlichen Verlust der Stellung, der Berechenbarkeit Deutschlands um.

Und dies gilt vor allem für die Sicherheitspolitik, die eine klare Schwachstelle Deutschlands bleibt. Ich sage dies bewusst, auch wenn mir klar ist, dass es allenfalls eine sehr wacklige Mehrheit für die notwendige Veränderung gibt und wir hierfür dringend eine echte nationale Debatte brauchen!

In Europa durchgängig in der Beurteilung von Angela Merkel ist „Macht" der Schlüssel – ihre Art und Weise, „Macht" auszuüben darf indes an sich nicht mit der Frage nach der „Macht" Deutschlands in Europa vermengt werden – oder doch?

Peter Sloterdijk wurde vor einiger Zeit von der französischen Wochenzeitung „Le Point" gefragt, ob sich Deutschland heute wieder in einer Logik von Macht befinde. Seine Antwort war überdeutlich: „Schauen Sie sich doch nur unsere Kanzlerin an. Die inoffensivste Person, die jemals an der Spitze unserer Nation stand. Angela Merkel ist weich, sie verabscheut es, Entscheidungen zu treffen, und liebt es, Probleme vor sich herzuschieben in der Hoffnung, dass sie sich von selbst lösen. Das ist in keiner Weise die Haltung von einem Machtgetriebenen. Im Gegenteil, Deutschland habe Angst vor seiner eigenen Kraft – d.h. Macht".

Interessant für den Beobachter ist freilich das Comeback von Wolfgang Schäuble „unter" Angela Merkel. Er wurde zu dem ersten Finanzminister seit 1969, der einen ausgeglichenen Haushalt präsentieren konnte, er wurde zu der Führungspersönlichkeit, ja zur „grauen Eminenz" der Euro-Gruppe, aber auch in der CDU/CSU-Bundestagsfraktion, die niemand übergehen kann! Selbst für Angela Merkel kann sein Verdikt gefährlich sein – und doch scheint er seit 2004, seit dem missglückten Versuch, Bundespräsident zu werden, auch seine Grenzen besser zu kennen als dies ihm manche zutrauen – auch wenn er heute offener und pointierter, noch sarkastischer als früher gerne an diese Grenzen herangeht!

Und doch scheint Angela Merkel innerhalb der Partei und Regierung heute „Macht" in einer Stärke auszuüben, wie ich es selbst bei Helmut Kohl nie erlebt habe.

Grenzen scheint – ich sage bewusst „scheint" – ihr im Zusammenhang mit der Krise um Griechenland allein Wolfgang Schäuble aufgezeigt zu haben. Manche haben seine Haltung als eine typische „intellektuelle Rechthaberei" seinerseits ausgelegt, andere sagen offen, er brauche keine Rücksichten mehr zu nehmen, auch nicht auf Angela Merkel. Er „besitze die Freiheit des Alters".

Sein Spiel mit einem Rücktritt im Juli 2015 ist dafür bezeichnend. In einem Interview sinnierte Schäuble über seine Meinungsverschiedenheiten mit Angela Merkel in Bezug auf die Behandlung Griechenlands – „Grexit" auf Zeit oder Festhalten in der Eurozone – und kokettierte mit einem Rücktritt als angebliche theoretische Möglichkeit.

Er zeigte damit zugleich in gewisser Weise die Grenzen des Miteinanders mit der Bundeskanzlerin bzw. deren Autorität auf. Man kommt einfach nicht daran vorbei, dieses Interview als eine Warnung, als bewusste Inkaufnahme ihrer Schwächung und ihrer Grenzen zu deuten.

Hätte nicht ein tatsächlicher Rücktritt des längst gedienten Finanzministers in der EU auch ihr Ende als Kanzlerin bedeuten können? Manche Kolumnisten könnten aber auch ganz einfach feststellen: „späte Rache?" – man sieht sich zweimal im Leben und man sollte dies schon beim ersten Male im Kopf behalten! Und dies war entweder sein Sturz 1999 vom Parteivorsitz durch Angela Merkel oder spätestens ihre Weigerung, ihn Bundespräsident werden zu lassen. In jenen Tagen hatte ich oft an die Jahre Wolfgang Schäubles im Bundeskanzleramt, aber auch an das Zerwürfnis zwischen Helmut Kohl und ihn gedacht. Geschichte wiederholt sich nie – oder doch?

Ich habe wahrscheinlich mehr „Merkel-Analysen" gelesen als solche über Kohl oder Schröder. Mir schien der Blick von jenseits des Atlantiks zuweilen klarer, wie diejenige in Vanity Fair 2015, die mir im Gedächtnis verhaftet geblieben ist. Aber Angela Merkel blieb, nicht nur für Franzosen, in gewisser Weise ein Rätsel, sie ist konstant von verschlossener Offenheit, wie ein Journalist einmal anmerkte. Vielleicht gilt das auch letztlich für die Deutschen selbst. Mir geht immer wieder Nikolaus Blomes brillantböse Kolumne aus jüngster Zeit über die „gnadenlose Königin der Macht" durch den Kopf. Alle, die sie unterschätzt haben, sind gescheitert – und welche Überraschung wird sie uns am Ende ihrer politischen Dienstfahrt präsentieren? Interessant, dass Blome einer der wenigen Journalisten gewesen ist, der die Gründe für den Rückzug der von mir sehr geschätzten Annegret Kramp-Karrenbauer vom CDU-Vorsitz und damit der Kanzler(in)-Kandidatur angesprochen hat – es hat etwas mit ihrer ursprünglichen Protagonistin zu tun!

Armin Laschet, AKKs Nachfolger seit dem ersten digitalen Parteitag der CDU am 16. Januar 2021, ist vorgewarnt, auch er betritt Neuland, wenn auch auf eine beschränkte Zeit. Er scheint mir Helmut Kohls Art und Vorgehen näher zu stehen, um eine komplexe und über Jahre vernachlässigte Partei zu integrieren. AKK hat ihm dazu den Weg bereitet.

3. Helmut Kohl – anstelle eines Nachrufs

Unsere letzten Gespräche begannen zumeist mit der Diskussion der aktuellen Entwicklung der europäischen Politik und endete des Öfteren mit der Frage „was hätten wir vielleicht anders gemacht?", nicht im Sinne, wir hätten es bestimmt besser gemacht, sondern mehr aus seiner Sorge um Europa heraus. Helmut Kohl blieb bis zuletzt brennend interessiert, ja leidenschaftlich in Sachen Europa. Er hegte die Befürchtung, Europa könne scheitern. Daher auch sein „Pamphlet" – Aus Sorge um Europa – [21], das er weniger als Vermächtnis, denn als Weckruf an die Adresse seiner Nachfolger in Europa geschrieben.

Ich wusste von seiner Frau und ihm um die kategorische Ablehnung eines Staatsaktes in Berlin – er konnte und wollte die Rolle des damaligen Chefs des Bundeskanzleramts und amtierenden Bundespräsidenten im Zusammenhang mit den nicht ordnungsgemäß deklarierten Spenden über 2 Millionen DM, den Untersuchungsausschuss wie das von ihm betriebene

---

[21] Helmut Kohl, Aus Sorge um Europa – ein Appell, München 2014

Verfahren um die angeblichen „Bundeslöschtage" weder vergessen noch verzeihen.

Er sah ein, er hatte bei den Spenden einen großen Fehler – damals eine Ordnungswidrigkeit – begangen und dafür mehr als gebüßt. Die regelrechte Verfolgung aber konnte er nicht verstehen, hatten doch andere – einschließlich der regierenden SPD – früher weitaus stärker gesündigt. Gerade dieses Gefühl der Ungerechtigkeit hat ihn bis zu seinem Tode regelrecht verfolgt. Er hatte inständig auf eine „Versöhnung" mit seiner Partei und seinem Lande gehofft. Genauso interessant ist es, dass im Grunde alle meine damaligen wie heutigen Gesprächspartner im Ausland kein Verständnis für diese deutsche Haltung gegenüber dem Kanzler der Einheit Deutschlands und Europas haben.

Von daher fand ich die – entsprechend seinem Wunsch und im Einvernehmen mit seiner Frau – von dem letzten Präsidenten der EU-Kommission und Freund des Bundeskanzlers, Jean-Claude Juncker, in die Tat umgesetzte Trauerfeier in Straßburg und dann in Speyer angemessen und in jeder Hinsicht würdig für den Abschied von diesem wirklich großen Deutschen und vor allem großen Europäer, um es in den Worten des damaligen Außenministers Sigmar Gabriel auszudrücken.

Ein beeindruckender Tag – der einmal mehr die Bedeutung von Helmut Kohl unterstrichen hat und zugleich eine Mahnung an alle Europäer war, sein Vermächtnis endlich zu verwirklichen.

Lesen Sie am besten zunächst sein Pamphlet aus dem Jahre 2014, das er zwei Jahre vor seinem Tode seiner Frau „in die Feder", in den Computer diktiert hat! Ein authentischer, typischer Kohl! Dem kommt vielleicht unter all den Texten einer am nächsten: „Das Vermächtnis Helmut Kohls – Für unsere Heimat, für unser Vaterland, für unser Europa", der Trias, die den Kern aller Überlegungen Helmut Kohls bildete [22], geschrieben von Annegret Kramp-Karrenbauer, damals Generalsekretärin der CDU.

Für mich ist es heute vor allem endlich an der Zeit, dass Deutschland, dass „seine" Partei" Frieden mit ihm schließt und endlich seine Bedeutung als einer der großen Bundeskanzler Deutschlands anerkennt – und sein Lebenswerk nicht permanent herabgewürdigt wird oder in zeitgenössischen Betrachtungen nur ganz en passant vorkommt.

So konnte ich über den Ansatz eines recht bekannten Heidelberger Historikers nur den Kopf schütteln, die 90er Jahre, d.h. Kohl im Grunde auszublenden, und Deutschland dank der Zeiten von Schröder und Merkel

---

[22] FAZ vom 18.06.2017, Seite 6

als „Aufsteiger" darzustellen – fern der wirklichen Geschichte und Entwicklung!

Zu diesem Frieden gehört auch die kritische Auseinandersetzung der Behandlung des Kanzlers über Jahre durch Medien und Teile der Politik. Dies spiegelt sich dann in manchen „Umfragen" wider. So wurde jüngst danach gefragt, welcher Bundeskanzler habe die Bundesrepublik am besten regiert. Helmut Schmidt steht mit über 30% an der Spitze, gefolgt von Angela Merkel knapp unter 20%. Es folgen dann Willy Brandt mit 15% und Konrad Adenauer mit 11%, dahinter Helmut Kohl 7% und Gerhard Schröder 3,6% und am Ende Ludwig Erhard mit 2,6%. Ich will diese Umfrage nicht kommentieren. Die Frage ist berechtigt, was macht eine große Kanzlerschaft aus? Ist es das Ergebnis, Bleibendes geschaffen zu haben? Oder sind es Reformen, die die Gesellschaft verändert haben?

Zu diesem Frieden mit Helmut Kohl muss es auch gehören, ihn mit dem gleichen Maß zu messen, wie deutsche und internationale Historiker die anderen Bundeskanzler der Bundesrepublik gemessen haben. Kritiker haben oft genug seine Geduld in der Hinführung zu Entscheidungen als Führungsschwäche und „Aussitzen" gedeutet. Bei anderen hätten die gleichen von der Kunst des Wartens gesprochen. Das Wort Bismarcks „Man muss die Dinge sich entwickeln lassen" kam ihnen nicht in den Sinn. Seine Volksnähe wurde als Provinzialität oder als Kleinkariertheit ausgelegt.

Über seine zweite Ehe mit der früheren Mitarbeiterin im Kanzleramt, Dr. Maike Kohl-Richter, ist von den Medien vieles geschrieben worden. Aus meiner Sicht konnte Helmut Kohl froh darüber sein, in diesen schwierigen Jahren eine Frau permanent mit Liebe und Hingabe an seiner Seite zu wissen. In diesem Sinne kann ich nur Verständnis, vor allem Respekt bekunden. Ich habe mich gefreut, das Paar zusammen zu sehen, wie es füreinander, miteinander agiert – und in seinem Sinne fühle ich mich auch verpflichtet, seiner Witwe zu helfen, seine Anliegen in die Tat umzusetzen.

Dazu gehört auch die Unterstützung seines Wunsches, sein persönliches Archiv in Form einer privatrechtlichen Stiftung für die Wissenschaft zu öffnen und wieder offen mit jenen 16 Jahren deutscher Geschichte umzugehen. Warum wollen die Berliner nicht einen Weg finden, der es ermöglicht, auch einer solchen Stiftung regelmäßig Mittel aus dem Haushalt zukommen zu lassen, wie dies für die Stiftungen für Konrad Adenauer, Willy Brandt oder Helmut Schmidt gilt?

Ich habe, vor allem auch aufgrund des Umgangs mit Helmut Kohl seitens der Medien, aber auch anderer Stellen, wie auch mit seiner zweiten Frau genauso Sympathie dafür, dass die Behandlung des „Archivs" des Bundeskanzlers in der von ihm gewollten Weise geregelt wird und seine

Frau im Verein mit Freunden und Vertrauten des Kanzlers die Kontrolle ausüben kann – und dies nicht, wie von der CDU/CSU-Fraktion jüngst gefordert, einem Gremium überlassen wird, in dem Bundespräsident (!) und Bundestag vertreten sind, Helmut Kohls Witwe aber nur eine Stimme haben könnte.

Aus meiner Sicht könnten die französischen Regelungen in der Folge von Mitterrand durchaus ein Modell darstellen. Daher sollte die CDU Maike Kohl-Richter helfen, die vom Helmut Kohl gewollte privatrechtlich organisierte Stiftung ins Leben zu rufen, nicht aber Druck in Richtung auf eine Kopie des Modells seiner Vorgänger auszuüben.

In Erinnerung an ihn möchte ich die Zeilen hinzufügen, die ich anlässlich seines 90. Geburtstages seiner Witwe zur Veröffentlichung auf der home-page www.helmut-kohl.de übermittelt habe:

Helmut Kohl zum 90. Geburtstag

Anfang April 2020, Europa in der Krise dank des Corona-Virus. Der erste Reflex der einzelnen Länder ist ein nationaler, selbstverständlich kritisch gegenüber Brüssel. Erst im 2. Anlauf scheint „man" sich langsam auf die europäischen Grundlagen und Möglichkeiten zu besinnen.

Ja, auch diese Krise zeigt, die europäische Integration ist bei weitem nicht vollendet, erst recht nicht perfekt, sie war und ist immer ein Kompromiss – und ausgerechnet jetzt stellen wir wieder einmal fest, dass in Wahrheit in kritischen aktuellen Bereichen Europa nicht das letzte Wort hat, ja nur über minimale Zuständigkeiten verfügt. Das gilt vor allem für die Gesundheitspolitik, wo die einzelnen Länder sich selbst schwertun, Politiken miteinander abzustimmen, und Zusammenarbeit erst langsam wächst.

Ja, die Europäische Union steckt seit zwei Jahrzehnten im permanenten Modus von Krisenmanagement auf Chefebene – das war die Banken-, dann die Finanz- und Wirtschaftskrise, das Aufflammen geopolitischer Krisen und Konflikte in unserer Nachbarschaft – und der europäische Zug kam ins Stocken.

Daher hatte Helmut Kohl 2014 einen leidenschaftlichen Appell an seine Nachfolger, an die Europäer geschickt – ein Weckruf, aus Sorge um Europa, handelt, wenn Ihr das Ganze nicht gefährden wollt.

Seine politischen Leitmotive und Reflexe sind auch gut 20 Jahre nach seinem Ausscheiden aus der aktiven Politik unverändert gültig. Helmut Kohl war nicht nur ein Wegbereiter, sondern einer der großen Vordenker Europas.

Oft genug hat er das Bild von Europa als einen Zug benutzt. Er wolle erreichen, dass die Richtung des Zuges feststeht. Er wolle, dass der Zug weiterfahre, mal zügig, mal langsam, mal bleibe er stehen. Aber, und dies sei entscheidend, man könne nicht die Lokomotive umspannen und den Zug in die entgegengesetzte Richtung fahren lassen.

Am Ende seiner 16-jährigen Amtszeit hatte insoweit viel erreicht, er hatte die europäische Politik und ihre Fortschritte wie kein anderer in der gesamten Geschichte der Integration geprägt. Er wusste aber auch, vieles ist noch zu tun. Ich nenne bewusst als Beispiel ein Thema, das ihm besonders am Herzen lag: die innere Sicherheit Europas!

Er war in den 80er Jahren Treiber der Öffnung der inneren Grenzen Europas – die Realisierung der Träume des 18-jährigen Helmut Kohl, der die Schlagbäume an den Grenzen beseitigen wollte. Er verstand aber, dass einem solchen Schritt gleichwertige Ausgleichsmaßnahmen für den Verlust an innerer Sicherheit folgen mussten. Nur wenige in Deutschland verstanden ihn in jener Zeit.

Er war Anfang der 90er Jahre der Vordenker dieser notwendigen Ergänzung der europäischen Integration – Stichworte: Europol, eine gemeinsame europäische Polizei mit operativen Befugnissen für bestimmte grenzüberschreitende Delikte. Schutz der europäischen Außengrenzen, Frontex. Herausbildung einer gemeinsamen Politik in Sachen Immigration, Asyl und Status von Ausländern.

Ja, er hatte recht – nur Politik ist immer auch das Bohren dicker Bretter, zuweilen in mehreren Versuchen! Und so ist es in diesem Bereich. Europa hat heute vielleicht 30% von dem geschafft, was Helmut Kohl damals vorschwebte und wollte. Hätte Deutschland, hätte Europa ihn 1991 ernst genommen, dann hätten wir die Flüchtlingskrise des Jahres 2014/15 leichter, schneller unter Kontrolle bekommen können. Hätten wir Europol nach seinen Vorstellungen geschaffen, wären wir für den Kampf gegen den Terrorismus besser gerüstet gewesen.

Helmut Kohl war nicht nur der Vordenker und Leuchtturm in diesem Bereich, es gibt viele andere Politiken wie Vorgehensweisen, die unverändert aktuell geblieben sind und geradezu zur Nachahmung einladen.

Seine Nachfolger sollten dies nicht als Bürde begreifen, sondern vielmehr als eine Chance, Europa an die Spitze der Bewegung zu setzen, konzentriert auf eine Reihe wesentlicher Themen und Ziele – ein Europa, auf das unsere Völker, auf das unsere Bürger stolz sein können.

Ich vermisse heute den Querdenker, Vordenker Europas – gerade auch zur Sicherung der Zukunft Deutschlands in und mit Europa!

Ich bin ihm zugleich dankbar, dass ich einige Jahre mit ihm diese Überlegungen teilen, mit ihm diskutieren, ja disputieren, ihn begleiten konnte, um hier – wie in anderen kritischen Bereichen voran zu kommen, Zukunft zu gestalten – und dieses neue Europa, eine der größten Errungenschaften der Neuzeit, zugleich eines der sensibelsten politischen Gebilde weiter abzusichern.

VII. Kapitel
Deutsche Zukunft in Europa

Für mich machen Beobachtungen, Anmerkungen, Erinnerungen und deren Interpretation aus vierzig Jahren hautnah erlebter Geschichte erst dann wirklich Sinn, wenn sie zugleich die Grundlagen für das Nachdenken über die Zukunft sind. Was sind die Schlussfolgerungen aus diesen so spannenden vier Jahrzehnten?

Daher habe ich versucht, aufbauend auf einer kurzen Bestandsaufnahme zunächst die Folgerungen für das deutsch-französische Verhältnis als der europäischen Kernbeziehung und dann wesentliche Eckpunkte aus meiner Sicht für die Sicherung der Zukunft der europäischen Integration zu notieren.

1. Deutschland – Frankreich

Auf der Suche nach Stabilität und Gemeinsamkeiten

Immer wieder erstaunen muss auch heute der erschreckende Grad an Unkenntnis des Partners und Unverständnis seines Handelns. Die unterschiedliche Perzeption von Ereignissen, Entscheidungen, gesellschaftlichen Entwicklungen und selbst von Zahlen macht regelmäßig zu schaffen, zumal sie allesamt Schlussfolgerungen auslösen können, die die Politik auf den Holzweg oder an die Wand, in die Krise führt. Daher muss unverändert die Suche nach Stabilität und Gemeinsamkeiten im Vordergrund aller Arbeit stehen – gerade in diesem Sinne halte ich die Suche nach „anderen Parametern" für das Verhältnis so wichtig.

Unsere deutschen und französischen politischen, wirtschaftlichen wie sozialen Systeme sind „trotz Europa" extrem unterschiedlich geblieben. Unser Denken ist zu sehr in unseren Strukturen verhaftet, wir versetzen uns nicht oder nicht hinreichend in die Haut des und der anderen und deren Probleme. Wir übersehen und unterschätzen dabei allzu oft die Verankerung unserer Länder in Europa und der Welt – und die damit verbundenen Abhängigkeiten wie ihre damit notwendigerweise einhergehende Veränderung selbst.

Die traurige europäische Realität besteht darin, dass jeder seinen eigenen Bauchnabel betrachtet und die Welt um sich herum nur mit seinen eigenen Augen sieht, als ob es in den letzten 50, noch mehr in den letzten 30 Jahren nicht weltweit einen grundlegenden Wandel von Politik und

Wirtschaft gegeben hätte. Jeder sollte zuerst vor der eigenen Haustür kehren, bevor er den anderen kritisiert. Dabei sollte er sehr genau auf die Perzeption beim anderen achten. Wir Deutsche sind nicht frei von Besserwisserei – und unsere französischen Nachbarn sind nicht besser als wir. Ihr Charakter ist ähnlich, nicht frei von Arroganz. Der niederländische Ministerpräsident Mark Rutte stellte jüngst in einem Interview nüchtern fest: „Sicher, in Frankreich sehen Sie die europäische Flagge neben der französischen, aber wenn die Franzosen dazu kommen, über ihre Zielsetzungen zu sprechen und das was sie wirklich im Kopf haben, dann ist es ein französisches Europa".

Unser Nachbar scheint heute allzu sehr mit sich selbst beschäftigt, noch weitaus stärker veränderungs- und reformavers als Deutschland. Das Land scheint gefangen, zuweilen sogar komplexbeladen – trotz eines Potentials, das dem der Deutschen nicht nachsteht. Wir waren euphorisch beim Amtsantritt des neuen, jungen Präsidenten – heute scheinen wir im Lichte der aufeinander folgenden, selbst verursachten Krisen in Frankreich verunsichert, wenn nicht ernüchtert.

Aber seien wir vorsichtig mit Urteilen über den Nachbarn und andere Partner, auch Deutschland hatte seine Zeit gebracht bis hin zu den Schröderschen Reformen. Wenn ich richtig rechne, hatte Kohl die Diskussion über notwendige Reformen der Renten, des Gesundheitswesens und des Arbeitsmarktes schon 1988 vorsichtig in Gang zu setzen versucht. Sein eigener Arbeits- und Sozialminister Norbert Blüm bremste ihn damals mit der Warnung, dies könne bei der Bevölkerung Unsicherheit über die langfristige Tragfähigkeit ihrer Renten auslösen. Dann kam die Wiedervereinigung, die Deutschland dazu zwang, andere Prioritäten zu setzen. 1995/96 setzte die Bundesregierung das Thema vorsichtig, nicht entschieden genug wieder auf die Tagesordnung und wurde von der SPD – von Oskar Lafontaine – im Bundesrat ausgebremst. Wir galten Anfang des neuen Jahrtausends als der „kranke Mann Europas"! Auch Gerhard Schröder lief zunächst in die falsche Richtung, bis er 2003 die Risiken und Gefahren voll wahrnahm, im zweiten Anlauf schaffte er dann die „Wende"! Grob gerechnet, 15 Jahre minus acht Jahre deutsche Einheit, d.h. sieben Jahre für die Wende!

Und heute habe ich viel Verständnis für die Beurteilung der Bundesregierung in der jüngsten Formel von Michael Bahlsen „Sie lenkt zu viel und denkt zu kurz"! Uns scheint in der Tat der mittelfristige, strategische Blick abhandengekommen. Wir haben gerade auch im Lichte unserer relativen Stärke und der Schwäche der Franzosen ein Interesse an einem starken Frankreich, denn EU-Europa braucht wohl mehr denn je ein deutsch-französisches Tandem als Dreh- und Angelpunkt. Der „Dialog" zwischen Berlin und Paris scheint oft von überholten Stereotypen besetzt, zu oft redet die Politik aneinander vorbei. Im Übrigen scheint es, viele haben immer noch nicht hinreichend begriffen, dass ein rein nationaler Ansatz heute angesichts der Globalisierung zum Scheitern verurteilt ist.

Wir haben vor allem, wie mir scheint, unseren europäischen Reflex verloren – leider, wo es doch in Wahrheit um das Überleben des Kontinents im weltweiten Kontext geht! Zugleich werden echte Diskussionen zur Sache fast sorgfältig umgangen, das gleiche gilt erst recht für die oft angebrachte Infragestellung Bestehendens – die Folgen sind heute Gegensätze, Widersprüche, Unverständnis und vor allem Misstrauen, alles schlechte Ratgeber, ja ein Grundübel für uns alle in Europa!

Sylvie Goulard, streitbare und von mir geschätzte frühere liberale Europa-Abgeordnete, unterstrich vor Jahren diese einfach inakzeptable Lage in einer ihrer – heute unverändert gültigen – Chroniken wie folgt „Wer macht sich noch die Mühe in Frankreich, die berechtigten Sorgen unserer Partner angesichts der wiederholten Verletzungen von Zusagen seitens unseres Landes zu verstehen und zu respektieren? Wer macht sich in Deutschland noch die Mühe, die berechtigten Zweifel in Paris an einer rein mechanischen Anwendung der Regeln in einer Lage, in der Rezession und Deflation drohen, zu verstehen und zu respektieren?" Zwei Beispiele aus jüngster Zeit stehen dafür:

Mitte Juni 2020 berichteten alle französischen Medien über die Eröffnung des Prozesses vor dem Oberlandesgericht Frankfurt gegen zwei Neo-Nazis wegen der Ermordung eines „élu" – eines „Gewählten" Mitglieds der CDU. Die Berichte erwähnten aber nicht, dass es sich bei dem Ermordeten um den Regierungspräsidenten von Kassel gehandelt hat. Offensichtlich konnten die Berichterstatter nichts mit diesem Titel anfangen, vor allem ihn nicht dem französischen Publikum erklären. Ich hätte gesagt, eine auf regionaler Ebene gewählte Persönlichkeit, in Frankreich in etwa mit der Stellung des – von Paris ernannten – Präfekten eines Departementes oder Region vergleichbar. Und damit wären wir beim Hinweis auf den einzigen in jüngerer Zeit ermordeten Präfekten in Frankreich gelandet. Dies war Claude Erignac, der am 6. Februar 1998 in Ajaccio auf offener Straße von korsischen Extremisten erschossen worden war. Ich habe dies einem bekannten französischen Journalisten so erklärt, Schweigen am anderen Ende der Leitung war die Folge.

Das andere Beispiel gilt der deutsch-französischen Initiative zur Stimulierung der europäischen Wirtschaft post-Covid-19 vom 18. Mai 2020, die ich in der Sache für richtig halte, die in Paris und Berlin aber inhaltlich sehr unterschiedlich erläutert wird.

Paris spricht gerne von einem revolutionären Schritt und einer „gemeinschaftlichen Schuld" – „dette mutuelle" und dass man sich gegenüber Angela Merkel nach dreijähriger zäher Arbeit endlich durchgesetzt habe – Ja, Berlin und Angela Merkel sind in gewisser Weise über ihren Schatten gesprungen, aber Berlin hat damit eben nicht einer Vergemeinschaftung von Staatsschulden durch Bonds zugestimmt. Es handelt sich vielmehr darum, dass Berlin und Paris vorgeschlagen haben, dass sich die Europäische Kommission erstmals aufgrund der besonderen Lage verschulden darf, und zwar durch Aufnahme von – dank der Garantie der Mitgliedstaaten kostengünstigen – Schulden am Markt, deren Rückzahlung im Rahmen der klassischen EU-Regeln entsprechend dem Anteil der Mitgliedstaaten am Haushalt erfolgen soll. Und die zweite Neuerung besteht darin, dass ein Teil dieser 500 Mrd. € besonders betroffenen Ländern für Projekte im Gesundheits- und ähnlichen Kernbereichen ohne Eigenanteil ausbezahlt wird.

Diese Beispiele sind angesichts des unterschiedlichen Empfängerhorizonts keine Einzelfälle – um Missverständnisse in den Parlamenten, in der Öffentlichkeit, und daher Fehlentwicklungen, ja Schäden zu vermeiden, war es schon zu meiner Zeit wichtig, selbst Presseerklärungen gemeinsam in beiden Sprachen zu schreiben.

Was tun? Wo können und müssen Veränderungen ansetzen? Wie kann man auch diese Unterschiede in positive Kraft verwandeln?

Wir sollten uns zu aller erst bewusst sein, dass Frankreich und Deutschland heute unverändert, vielleicht mehr denn je das unentbehrliche Bindeglied, den Transmissionsriemen, die Antriebskraft bilden, die für die Europäische Union, ja ganz Europa zur Sicherung der Erfolgsgeschichte des Nachkriegseuropas notwendig sind. Diese beiden Nachbarn verkörpern mehr als andere Mitgliedstaaten oder Gruppen von Ländern die Gesamtheit Europas in seiner Vielfalt und mit all seinen inneren Widersprüchen, seinen unterschiedlichen Mentalitäten und Kulturen.

Die Sicherung der Zukunft Europas ist unsere gemeinsame Verantwortung Diese Beziehung darf sich in der Tat nicht als eine exklusive Beziehung begreifen. In bilateralen Anstößen sollte immer auch ein europäischer Kern und Ausrichtung stecken – die Einladung an andere, dem Beispiel zu folgen, sich anzuschließen. Gerade darin muss eine besondere Stärke des deutsch-französischen Handelns bestehen. Wie oft haben wir uns damals den Kopf über die möglichen Reaktionen unserer Partner zerbrochen, wie oft haben wir Ideen, vor allem bei den Benelux-Ländern sozusagen getestet! Wie oft haben wir Ideen über Dritte lanciert! Es waren nie Verträge zulasten, sondern zugunsten Dritter!

Wir sollten uns zugleich bewusst sein, dass wir zwar viele positive Anstöße geliefert, aber ebenso häufig gesündigt haben. Es ist natürlich leichter, den Nachbarn zu kritisieren und z.B. festzustellen, dass er bei den drei krisenhaften Zuspitzungen bis 2020 – die „gelben Westen", die Renten und der Corona-Virus – nicht gerade gut ausgesehen hat, manche Franzosen stellen fest, er habe versagt. Doch mir erscheint es im Grunde richtiger, zu allererst zu fragen, wo steht dieses Deutschland heute?

Ich habe mir einen der brillanten Kommentare von Nikolaus Busse in der FAZ im Gedächtnis behalten. Sein Titel ausgerechnet am Morgen nach dem 9. November 2014 lautete „Einsames Deutschland". Ein Titel wahrscheinlich unverständlich für denjenigen, der wie meine Frau und ich am Abend mit Tausenden von Berlinern und Gästen aus vielen Ländern den 25. Jahrestag des Falls der Mauer gefeiert hatte, in Erinnerung an jenen Abend und jene Nacht, in der sich unerwartet die Mauer und in der Folge das „Fenster der Geschichte" geöffnet hatte, das uns zur deutschen Wiedervereinigung und zu der Europas führen sollte.

Dieser Titel sollte ein Alarmruf natürlich an die Adresse der Deutschen, aber auch an die der Partner in Europa sein – Zeichen dafür, dass in gewisser Weise die „Geschäftsgrundlage" angesichts wachsenden gegenseitigen Unverständnisses nicht mehr vorhanden sein könnte.

Der schockierende Kern des Kommentars verdient es zitiert zu werden: „Deutschland befindet sich außenpolitisch in einer Lage, die man früher als prekär bezeichnet hätte. Zu keinem seiner wichtigsten Verbündeten und Partner hat es gute Beziehungen – weder in Europa noch über den Atlantik hinweg.

Der Grad der Verstimmung reicht von wirtschaftspolitischem Grundsatzstreit bis zu offener geopolitischer Gegnerschaft. Misstrauen und Vorwürfe haben sich in Beziehungen geschlichen, die über Jahrzehnte hinweg von routinierter Zusammenarbeit geprägt waren.

Das mag zum Teil der Tagespolitik geschuldet sein, ist also nicht unumkehrbar. In der Summe entsteht aber doch der Eindruck, dass sich die deutsche Position in der Welt schleichend verändert.

Gespräche in Berlin wie in Paris bestätigen heute – gut sechs Jahre später – den entstandenen Graben, zeigen zugleich die wachsende latente Angst vor einem Scheitern Europas und vor allem den Mangel an Vertrauen oder das tiefe Misstrauen in Deutschland gegenüber Frankreich oder Italien – und umgekehrt! – auf.

Wie lange glauben die Partner noch daran, dass Deutschland alleine als informelles „last resort" die finanzielle Last Europas tragen kann und dass es in gewisser Weise der „Garant" eines Europas im Niedergang sein kann? Warum sollten wir den guten Zustand unserer Wirtschaft und unseres Landes auf dem Altar Europas opfern? Die anderen sollten endlich erst einmal ihr Haus in Ordnung bringen, bevor sie mit dem Finger auf uns zeigen und uns kritisieren!

In den Augen der Partner Deutschlands, nicht zuletzt in Paris, ist das deutsche Ziel eines ausgeglichenen Haushalts gleichsam zu einer „fixen Idee" geworden, fast zu einem Schimpfwort, „Austerität" genannt! Sie verlangen von Deutschland eine grundlegende Änderung seiner Politik, hin zu mehr Ausgaben und Investitionen. Für sie ist Deutschland zum Sündenbock geworden!

Auf der anderen Seite vermag das Bild der Partner die deutschen Sorgen nicht zu beruhigen. An der Spitze steht naturgemäß Frankreich – das über Milliarden an Reduzierung von Ausgaben spricht und Reformen ankündigt, ohne dass diese glaubwürdig hinterlegt sind. In der Realität vermittelt unser wichtigster Partner eher den Eindruck eines kaum reformierbaren Landes, das zudem in einer tiefen Identitätskrise steckt.

Auf der anderen Seite des Rheins kommt in der Tat der im Grunde schüchterne Ruf nach grundlegenden Reformen nur langsam voran, auch wenn er in Wahrheit der Überzeugung der schweigenden Mehrheit entspricht. Die seit 20 Jahren überfälligen Reformen sind durch die Besitzstände der verschiedensten Gruppen blockiert, sie führen mitunter sogar zu Entwicklungen, die ganz in die falsche Richtung gehen bzw. sich von der Realität noch weiter entfernen. Und die Politik schafft es nicht, die reale Lage der Wählerschaft verständlich zu machen.

Aber gerade auch die Deutschen lösen bei ihren Nachbarn Unruhe, Sorge aus. In Sachen des „eigenen Selbstverständnisses" scheint sich Berlin mehr Fragen zu stellen, Selbstzweifel zu artikulieren als es klare Antworten zu geben vermag. Das gilt zunehmend für Fragen der Außen- und Sicherheitspolitik, in denen Berlin mehr denn je auf einer anderen „Wellenlänge" zu reiten scheint als Frankreich und die Partner! Es ist vor allem auch diese in den Augen vieler Europäer „fixe Idee", den Glauben der Deutschen, dass nur die Befolgung ihrer politischen Überzeugungen den Partnern das Heil bringen kann – und das Ganze ist gepaart mit der Verweigerung, mehr Verantwortung für ganz Europa zu übernehmen.

Helmut Kohl warnte in all den Jahren seine Landsleute und die deutsche Politik immer wieder vor dieser oft unausgesprochenen, aber inhärenten Tendenz im Denken vieler Deutscher – „am deutschen Wesen soll die Welt genesen", verstärkt noch durch die für andere kaum verständliche Ausprägung der Stärke des „Juristischen", der permanenten Bezugnahme auf das Recht, auch wenn dieses der Politik jegliche Flexibilität und Verhandlungsmarge nimmt.

In Wahrheit suchen doch Frankreich und Deutschland seit 1990 ihren Platz und Rolle in Europa, ja in der Welt. Deutschland hatte dabei in den 90er Jahren zunächst nahezu alles im Grunde richtig gemacht, es hatte sich zusammen mit Frankreich an die Spitze des europäischen Geleitzuges und der Integration gestellt und hatte zugleich hinter den Kulissen, auch über Europa hinaus, zunehmend eine führende Rolle, ja „Leadership" übernommen. Bonn/Berlin haben damals mehr und mehr Verantwortung übernommen, ob in der EU, im Rahmen der G 7/8 oder den VN.

Vielleicht zu deutlich aus der Perzeption der europäischen Partner sind Deutschland und Berlin zur ersten Adresse in Europa geworden – dies wäre noch ausgeprägter, wenn da nicht die Zurückhaltung in Sachen Außen- und Sicherheitspolitik in Berlin wäre und sie andauern würde, auch wenn das Engagement Deutschlands insgesamt in Wahrheit weiter reicht als die Partner dies behaupten.

Die Ermahnungen von Bundespräsident Gauck wie auch in jüngster Zeit selbst seitens der Bundeskanzlerin Angela Merkel, die dazu aufrufen, dass „Deutschland mehr Verantwortung übernehmen sollte", sind mehr als gerechtfertigt. Wo bleibt aber die Konkretisierung? Dies sind Appelle angesichts des politischen Zögerns, der Zurückhaltung ja Ängste im Lichte von entsprechenden Umfragen, diese Zurückhaltung aufzugeben. Dem Durschnitts-Deutschen scheint es lieber zu sein, sich gleichsam in ein Schneckenhaus, das der „großen Schweiz", zurück zu ziehen anstatt den kritischen Beispielen mancher Nachbarn zu folgen.

Wir Deutsche und Franzosen haben nicht nur Schwierigkeiten, unsere verschiedenen Sensibilitäten im Innern zu begreifen, sondern erst recht diejenigen in unserer Nachbarschaft. Wir scheinen kaum die Risiken und Herausforderungen zu begreifen, sei es zum Beispiel in der Ukraine mit seiner sehr eigenen Beziehung zu Russland oder zum Beispiel im Mittleren Osten. Und wir stecken seit Monaten in einer neuen, ganz anders gearteten Krise, der Corona-Krise, die uns alle vor Herausforderungen eines ganz anderen Ausmaßes stellt. Auch wenn Frankreich und Deutschland mit ihrer gemeinsamen Initiative vom 18. Mai 2020 richtig reagiert haben, so muss die Frage erlaubt sein, ob „wir" insgesamt begriffen haben, was sich da um uns herum abspielt?

Parameter eines „anderen" Verhältnisses

Heute braucht die deutsch-französische Beziehung in Wahrheit einen glaubwürdigen Neuanfang. Ich hoffe sehr, dass der Vertrag von Aachen vom 22. Januar 2019 sich zu einem solchen Neuanfang entwickeln wird. Er zielt darauf ab, den Elysée-Vertrages zu modernisieren und enthält insbesondere zwei wichtige Neuerungen, einerseits die echte Einbeziehung der Parlamente durch Schaffung eines gemeinsamen Parlaments und andererseits die Erschließung neuer Felder der Zusammenarbeit.

Dies gilt vor allem für die Zusammenarbeit der Grenzregionen, die längst nicht so weit vorangekommen ist wie dies sein könnte und, nicht zuletzt als Modellfall oder „Testregion" für Europa sein könnte.

Die saarländische Landesregierung unter der früheren Ministerpräsidentin Annegret Kramp-Karrenbauer hat sich vor einigen Jahren – erstmals in der Geschichte des Saarlandes – mit einem mutigen „Frankreich"-Konzept gewagt. Es enthält klare Aussagen zum Stellenwert der Sprache des Nachbarn und zur Zielsetzung, dass alle jungen Saarländer ab 2030 bilingual ausgebildet sein sollen.

Dem müssten aber auch in ihrem Ansatz alle Institutionen folgen, die für die Zukunft dieser europäischen Kernregion von Bedeutung sind: Regionalentwicklung, Arbeitsverwaltung, Aus- und Fortbildung, Universitäten! Und zwar im Sinne der Schaffung gemeinsamer Strukturen mit der Nachbarregion Lothringen, ergänzt durch Luxemburg!

Warum werden in der Grenzregion um Lothringen und das Saarland in einem Radius von rund 100 km vier kleinere, nicht ausbaufähige Flughäfen unterhalten, die allesamt von den Regierungen bzw. den Handelskammern finanziell unterstützt werden müssen? Warum ist es nicht möglich, einen Flughafen auf der Grenze für die Großregion mit der notwendigen Infrastruktur in Richtung auf die wesentlichen Zentren zu errichten? Ja, wir hatten einen solchen Flughafen, den früher die kanadische Luftwaffe benutzt hat, bei Grostenquin nahe der deutschen Grenze mit einer 4km – langen Piste! Und: wenn ein solches Projekt nahe der französisch-deutsch-schweizerischen Grenze trotz aller Verwaltungsprobleme funktioniert, warum nicht im lorthringisch-saarländischen Kernland?

Ich würde aber nicht nur in der Grenzregion, sondern generell – so altmodisch und unpolitisch dies klingen mag – bei der Aus- und Fortbildung ansetzen. In Bezug auf das Erlernen der Sprache des Partnerlandes waren in den letzten Jahrzehnten zunächst durchaus Fortschritte zu verzeichnen, in jüngerer Zeit geht es aber bergab! Dies wird lustlos auf beiden Seiten beklagt. Warum ist es nicht möglich, sich in beiden Ländern konkret darauf festzulegen, dass künftig überall die Sprache des Nachbarn als erste Fremdsprache bereits in der Vor- und Grundschule gelehrt wird, je nach Lage mit unterschiedlicher Intensität. Anschließend müssten durchgehend Englisch und eine weitere Fremdsprache hinzukommen.

Auch in der Berufsausbildung bzw. im Studium müssten Fremdsprachen ihren festen Platz haben. Frankreich und Deutschland müssen sich bewusst werden, wie sehr ihre beiden Sprachen in den letzten Jahren auf europäischer und internationaler Ebene an Boden verloren haben. Wenn sie jetzt nicht entschieden – und unter Einsatz zusätzlicher Mittel! – gegensteuern, dann riskieren die beiden großen Kultursprachen des europäischen Kontinents es, überspitzt formuliert, bald ein Nischendasein neben Englisch und Spanisch im politischen, wirtschaftlichen und kulturellen Leben zu führen!

Wichtig ist in diesem Zusammenhang auch das gemeinsame Verständnis über die Inhalte des Geschichtsunterrichts. Das Erscheinen eines gemeinsamen Geschichtsbuches erschien als eine bahnbrechende Neuigkeit; es war – warum eigentlich? – erst Jahre nach dem „europäischen" Geschichtsbuch einer Gruppe von Professoren erarbeitet worden. Leider ist es so rasch wie es erschienen war wieder aus den französischen Lehrplänen wieder verschwunden.

Im Übrigen müsste es durch die Einführung des Unterrichtsfaches „europäische Zivilisation" ergänzt werden. Auch hier sollten Deutschland und Frankreich mit gutem Beispiel vorangehen und, als schulisches Pflichtfach, die Vermittlung von Geschichte, Geografie, Kultur und Gegenwart der Länder Europas fördern.

Beide Länder haben 1997 eine Institution geschaffen, die der Öffentlichkeit bis heute weitgehend unbekannt ist, die Deutsch-Französische Hochschule, eine virtuelle Universität, die sich auf rund 50 Universitäten und Grandes Ecoles, auf gemeinsame Studiengänge und Examen stützt und heute insofern 6.000 Studenten unterstützt. Und dabei „kostet" diese Institution den Steuerzahler in beiden Ländern 12 Millionen Euro pro Jahr. Warum diese Mittel und Einsätze nicht verdoppeln, dabei auch auf die Lehrlingsausbildung im Sinne eines Erasmus für Lehrlinge ausdehnen?

Die Grenzregionen sollten in bestimmten Bereichen wie Verkehr, Transport, Infrastruktur, Hochschulen und Forschung, Gesundheitswesen, Arbeitsverwaltung ihre „Souveränität" gemeinsam ausüben und – von Brüssel anerkannt und besonders gefördert – ein europäisches Labor bzw. eine Modellregion – „Europa im Kleinen" werden. Der Aachener Vertrag zwischen Deutschland und Frankreich öffnet dieses Tor weit, Frage ist es allein, ob beide Seiten wirklich bereit sind, durch dieses Tor zu gehen. Die Bevölkerung jedenfalls wartet darauf, seit Jahren!

Von grundlegender Bedeutung wäre es zugleich, eine ähnliches „Clearing-House" für Innovation, Forschung und Entwicklung – vor allem unter Einbeziehung der Grundlagen – wie der angewandten Forschung, zu schaffen! Ich gehöre seit zwei Jahren zum „Kollektiv" einer französisch-deutschen Initiative in diesem Bereich, J.E.D.I. – joint european disruptive initiative. Sie basiert auf der traurigen Erkenntnis, dass Europa in der Spitzen-, vor allem der disruptiven Forschung mehr und mehr von den USA und zunehmend auch von China abhängig ist. Einfaches Beispiel ist das weit verbreitete Mobiltelefon, das I-Phone von Apple – es enthält rund 60 Patente der amerikanischen DARPA, aber anscheinend nur ein einziges europäisches. Leider sperren sich die Bürokratien beider Länder wie auch Brüssel gegen einen stärkeren Wettbewerb durch Einführung von Verfahren, die mit denen der Amerikaner vergleichbar sind.

Einen weiteren wesentlicher Schritt sollten neue Formen des gesellschaftlichen Dialoges bilden. Es muss immer wieder erstaunen, wie wenig der Dialog zwischen gesellschaftlich wichtigen Verbänden bislang zu konkreten Ergebnissen und greifbaren Konsequenzen in beiden Ländern geführt hat.

Ich erinnere an den deutsch-französischen Fernsehkulturkanal Arte, einer großartigen Idee, die trotz seiner schweren Geburt auf deutscher Seite die Keimzelle eines europäischen Kulturkanals bilden sollte und leider bis heute – warum eigentlich nicht? – ein hoch qualifiziertes Nischendasein mit einem hervorragenden Programm durchlebt und immer noch nicht europaweit zu einem führenden „Werkzeug" geworden ist! Früher forderte ich, man solle „Euronews" dazu kaufen und die Fusion mit ARTE wagen?

Und: für mich ist es ein Skandal, dass die europäischen Fernsehanstalten als Träger von „Euronews" zum weiteren Ausbau den schleichenden Weg der Privatisierung statt einer Verstärkung der Mittel gewählt haben! Dass ein ägyptischer Millionär diese Chance ergriffen hat, kann ich ihm selbst nicht verübeln – ich verüble es einzig und allein den europäischen Medienpolitikern!

Im Rahmen einer solchen Überprüfung müsste auch über die Zukunft des deutsch-französischen Jugendwerks nachgedacht werden. Wir haben ihm unbestreitbar viel zu verdanken; es hat aber über die Jahre an Durchdringungskraft eingebüßt. Es ist zu bedauern, dass wir uns nicht schon in früheren Zeiten der Stärken der auf französischer Seite von Professor Joseph Rovan und auf deutscher Seite von dem früheren Geschäftsführer des DIHT, Dr. Franz Schoser, geführten Vereinigungen – B.I.L.D. und GÜZ – besonnen haben, die für ein breites Verständnis beider Gesellschaften weitaus mehr getan haben als gemeinhin bekannt ist.

Selbst im europäisch-amerikanischen Verhältnis gibt es Dialogformen, die auch uns in Europa nicht schaden würden. Ich nenne als Beispiel die Anregung von Laurent Cohen-Tanugi, im deutsch-französischen Verhältnis eine „Young-Leaders-Conference" nach dem Vorbild mit den USA zu organisieren.

Weiterhin bleibt es grundlegend, nach auch symbolisch durchschlagenden Maßnahmen zu suchen, die unsere gemeinsame Verantwortung unterstreichen. Warum sollten wir z.B. nicht bilateral, nachdem ähnliche Bestrebungen mit einer größeren Zahl von EU-Partnern offensichtlich nicht funktioniert haben, auf die Erteilung der Aufenthaltserlaubnis verzichten, künftig genügt die Anmeldung beim zuständigen Bürgermeisteramt.

Warum ist die Niederlassung, ob von Firmen oder von Bürgern, im Nachbarland immer noch mehr ein Hindernislauf denn eine Normalität?

Warum sollten wir nicht z.B. auch an die Einführung einer doppelten deutschen und französischen Staatsangehörigkeit als dem stärksten Ausdruck der Zusammengehörigkeit denken? – Ich gebe zu, ich konnte mich zunächst mit dieser Vorstellung, die mir erstmals Alain Minc näher bringen wollte, wenig anfreunden. Ich dachte an das Scheitern französischer Immigrationspolitik und die Rolle des Staatsangehörigkeitsrechts. Heute bin ich der Auffassung, ein solcher Schritt sollte ernsthaft erwogen werden.

Auch in der Gemeinsamen Außen- und Sicherheitspolitik könnten wir mit gutem Beispiel voranbringen, nachdem wir bisher Gemeinsamkeiten eher in Nebenfragen entwickelt haben.

Manchmal komme ich nicht umhin, mich zu fragen, ob Deutschland in seiner heutigen „Verfassung" insoweit noch ein in der Außen- und Sicherheitspolitik ebenbürtiger Partner von Frankreich sein kann bzw. ist. Ernstzunehmende deutsche Politiker haben jüngst die ketzerisch klingende Frage in den Raum geworfen, hat Deutschland heute noch eine Außenpolitik oder eine außenpolitische Linie? Hat Deutschland heute mit Angela Merkel und Steinmeier wirklich diese „Schwächephase" überwunden oder hat sich die deutsche Zurückhaltung, ja Angst vor dem Militärischen nicht verfestigt? Frankreich muss uns helfen, die selbst gesetzten „Sperren" zu überwinden!

Deutschland und Frankreich verfolgen heute zwei ehrgeizige militärische Projekte – einerseits das Kampfflugzeug der Zukunft (FCAS) und andererseits um den zukünftigen Panzer (MGCS) –, die trotz manchen

Misstrauens, besonders im Bundestag, langsam, aber sicher voranzukommen scheinen. Sie könnten eine Initialzündung für eine engere Zusammenarbeit und Zusammenführung unserer wehrtechnischen Industrien bedeuten, die für sich genommen zum Überleben zu klein sind. Dies kann nur gelingen, wenn sich beide Seiten – unter Einschluss des mitunter schwierigen Partners Spanien – auf eine klare Zielsetzung und Aufgabenverteilung wie Führung unter den beteiligten Firmen verständigen.

Dazu gehört naturgemäß auch die Sicherung der Exportfähigkeit von Produkten dieser Industrien. Und es war mehr als erfreulich, dass sich beide Seiten 2019 auf eine gemeinsame Ausrichtung ihrer Politik(en) verständigt haben, in der Frankreich im Grunde dank des Generalsekretärs des Elysée, Alexis Kohler, über den eigenen Schatten gesprungen ist – anerkannt hat dies im Bundestag so gut wie niemand!

In der Außen- und Sicherheitspolitik ist es an der Zeit dicke Bretter zu bohren. Warum hat Frankreich nicht auf Vorstellungen reagiert, als ersten Schritt – oder bis hin zur Realisierung der Reform der VN – seinen Sitz im Sicherheitsrat als gemeinsamen deutsch-französischen oder gar französischen Sitz anzusehen? Wäre ein solches Angebot seitens Frankreichs nicht ein klares Zeichen, dass Europa es endlich ernst meint mit einer Gemeinsamen Außen- und Sicherheitspolitik? Paris und Berlin wären damit gehalten, sich permanent miteinander abzustimmen – ohne die besondere Stellung Frankreichs im Sicherheitsrat zu berühren.

Gleichermaßen könnten Paris und Berlin daran gehen, die Vorstellung eines europäischen Sicherheitsrats im Rahmen der OSZE wieder zu beleben und eine solche Vorstellung zur Förderung effizienter Zusammenarbeit auch im Rahmen der EU voranzutreiben.

Sollten wir ferner nicht im Sinne eines (mittelfristigen) Modells für Europa einen neuen Anlauf in Sachen gemeinsamer konsularischer Dienste und Botschaften wagen, nachdem beim ersten Versuch die nationalen beharrenden Kräfte auf französischer Seite die Oberhand behalten hatten?

Diese künftigen Parameter sollten auch die Streitkräfte einbeziehen. Die „Gretchen"-Frage lautet doch heute viel mehr als je zuvor: Können wir uns heute überhaupt in Europa im Lichte der gegebenen Kosten und öffentlichen Haushalte noch getrennte Streitkräfte erlauben, eine Duplizierung von Aufgaben und Gerät?

Müssten wir nicht vielmehr entschlossene Schritte in Richtung auf gemeinsame Ausrüstung, auf eine Spezialisierung von Aufgaben einleiten, verstanden als Schritte in Richtung auf eine gemeinsame europäische Armee?

Sollten nicht Frankreich und Deutschland hier mit gutem Beispiel vorangehen? Wir haben 1991 aufbauend auf der Deutsch-Französischen Brigade das Euro-Korps ins Leben gerufen, für manche zu Beginn gleichsam Hochverrat an der Atlantischen Allianz, heute unter Einbeziehung anderer europäischer Länder immer noch keine europäische Normalität.

Und heute erscheint es normal, dass die EU daran geht, in Ergänzung der NATO eigene militärische Strukturen zu schaffen, um dann eingreifen zu können, wenn die NATO selbst dies in wohlerwogener Abwägung nicht tun kann oder will. Dass es hierüber auch Debatten und Misstrauen gibt, darf nicht verwundern, geht es doch um Instrumente der Ausübung von Macht, sollte aber rasch durch die Praxis der Vergangenheit angehören. Verlangt dies aber nicht, dass wir zu allererst gründlich über die Inhalte und Ziele einer gemeinsamen Politik diskutieren und uns darüber verständigen, bevor wir dann die Frage der notwendigen Mittel und zu guter Letzt der entsprechenden Institutionen angehen? Fortschritte hat es in den 90er Jahren sicher gegeben, nur von einem Durchbruch kann nicht die Rede sein.

Dies sind nur einige Gedanken. Manche meiner Freunde werden fragen: Und wie hältst Du es angesichts der Entwicklung in Europa, mit einer immer grösser werdenden und letztlich unbeherrschbaren Europäischen Union mit der Vorstellung eines immer engeren Zusammengehens auch in institutioneller Hinsicht unserer beiden Länder?

Sind nicht mit dem regelmäßig tagenden deutsch-französischen Ministerrat und der gemeinsamen parlamentarischen Versammlung erste Schritte in Richtung auf eine „Union" oder „Konföderation" der beiden Länder eingeleitet?

Dies klingt verführend. Ich zucke etwas vor dem Begriff „Union" zurück, „Gemeinschaft" – wie übrigens in Europa – wäre mir weitaus sympathischer. Ich meine nur, wir sollten die Etappen nicht einfach überspringen. Wir sollten soweit gehen, wie weit unsere Völker auch mitziehen wollen und können. Unsere erste gemeinsame Anstrengung sollte unverändert Europa gelten, wo wir längst nicht entschlossen – und erfinderisch – genug vorgegangen und vorangekommen sind. Erst wenn wir hier auf unüberwindliche Hindernisse stoßen, dann sollten wir uns nicht scheuen, stärker auf die institutionelle Vertiefung des bilateralen Verhältnisses zu setzen.

Wir sollten vor allem genau nachdenken, welche Schritte und Bereiche am sinnvollsten erscheinen. Auch hier sollte die Prämisse gelten, erst über Inhalte, dann über die Ausgestaltung zu diskutieren. Bereiche, die sich klar anbieten, wie die Schaffung einer einzigen Armee oder den Ausbau gemeinsamer Institutionen wie die Deutsch-Französische Hochschule habe ich erwähnt.

Und doch muss die Politik heute besonders darauf achten, die Bevölkerung „mitzunehmen". Umfragen aus den letzten Jahren zum Deutschland-Bild der Franzosen zeigen, dass wir dort eher mit Respekt als mit Sympathie, eher als Partner denn als Freunde angesehen werden. Das deutsch-französische Verhältnis ist eher zu einem Vernunft-Verhältnis geworden.

Frankreich und Deutschland stehen heute gemeinsam in Europa vor Herausforderungen, die denjenigen unmittelbar im Anschluss an das Ende des Zweiten Weltkrieges oder an die Wiedervereinigung Deutschlands nicht nachstehen. Europa bietet uns aber zugleich auch eine riesige Chance. Wir müssen einfach begreifen, dass wir heute tiefgreifende Reformen brauchen, die wir gemeinsam angehen müssen, um den gemeinsamen Schatz zu erhalten und auszubauen. Wenn wir dementsprechend handeln, dann werden wir unserer gemeinsamen Verantwortung für unsere Länder und für Europa gerecht.

Alain Minc, Freund und Gesprächspartner in Paris seit bald dreißig Jahren, hat 2013 ein bemerkenswertes – und mutiges – „Pamphlet" unter dem Titel „Vive l'Allemagne" veröffentlicht. Er bescheinigt uns darin ohne Umschweife, heute das „demokratischste und gesündeste" Land Europas zu sein. Zugleich hält er uns aber auch genau so offen vor, Deutschland wolle eine „große Schweiz" werden. Bedeute dies, dass sich Deutschland aus der Geschichte weitgehend verabschieden wolle oder müsse sich Frankreich nicht darum bemühen (!), Deutschland zur Bereitschaft zu helfen, zu drängen, eine gemäßigte Machtposition zu übernehmen – natürlich, unausgesprochen, im Tandem mit Frankreich, und um seinem Heimatlande „Beine zu machen".

Deutschland und Frankreich sollten den Mut aufbringen, eine gründliche Bestandsaufnahme ihrer Beziehungen vorzunehmen und zu überlegen, was sie gemeinsam zur Sicherung der gemeinsamen Zukunft durch einen gemeinsamen Neubeginn, einer „Restauration" dieses europäischen Rückgrates tun könnten und sollten.

Und heute sehe ich nach langen Jahren endlich wieder eine reelle Chance dafür, dass das deutsch-französische Tandem zu dem wieder werden könnte, was es einst unter François Mitterrand und Helmut Kohl gewesen ist. Beide Seiten müssen es nur wirklich wollen und bessere politische Psychologen sein als sie es gemeinhin sind.

Vor Jahren ging unseren französischen Freunden schon der Titel des Economist über Angela Merkel unter die Haut: „The indispensable European" – als ob ein/e Deutsche(r) „unersetzlich, unentbehrlich" für Europa sein könne. Ein Franzose „Ja", aber ein Deutscher, nein. Nicht besser war in jenen Jahren der Spiegel-Titel „The German Übermacht – wie Europäer auf die Deutschen blicken" mit Angela Merkel vot der Akropolis, umgeben von Soldaten und Offizieren der Wehrmacht! Zwei klassische Eigentore! Vielleicht gut gemeint, aber der Schuss ging nach hinten los!

Und vor kurzem kam dann in Frankreich in einer Wochenzeitung wieder eine Titelgeschichte über Angela Merkel, die der Wahrheit im Ringen um eine große Initiative zur Überwindung der Konsequenzen des Corona-Virus näher kommen sollte. Sie ist in Wahrheit eher dazu geeignet, einer „Dolchstoßlegende" Vorschub zu leisten: Angela Merkel „la Patronne" – die Chefin Europas, was denn sonst! In Paris saß der Tiefschlag!

Ähnliches gilt für einen bemerkenswerten Beitrag, den Clément Beaune, Staatssekretär für europäische Angelegenheiten im Quai d'Orsay und enger Mitarbeiter von Präsident Macron, jüngst in der angesehenen Zeitschrift „Politique étrangère" (Außenpolitik) des französischen Instituts für internationale Beziehungen (IFRI) zum Thema „Europa jenseits von COVID" veröffentlicht hat. Er enthält eine Reihe kluger, durchaus konstruktiver Ideen, die aber überwiegend „sehr französisch" sind und auf europäischer Ebene kaum auf ein positives Echo stoßen können. Vor allem die deutsche Politik muss sich in einem schlechten Licht sehen.

Angela Merkel, die in den vergangenen Jahren zur pragmatischen Krisenmanagerin Europas geworden ist, müsste sich einen kleinen Stoß geben, um doch noch zum Ende ihrer Amtszeit den Europäern einen klaren mittelfristigen Kompass an die Hand zu geben. Emmanuel Macron müsste das Gleiche tun. Er kann aber nur dann ihr Partner sein, wenn er endlich einsieht, dass dazu zwei ebenbürtige Partner gehören mit gleichen Anteilen und gleicher Perzeption! Er hat bisher eine ganze Kette von Ideen in den Raum gestellt, leider ohne dem Partner die Luft für einen eigenen Anteil zu lassen! Immerhin: Die deutsch-französische Initiative vom 18. Mai 2020 zur Überwindung der wirtschaftlichen Konsequenzen der Corona-Krise könnte – wenn beide Länder sie richtig nutzen, der Ausgangspunkt zu einem weiteren, intensiveren Miteinander bilden.

2. Die Überwindung der existentiellen Krise Europas – die Rolle Deutschlands

EU-Europa steckt seit 2007 in der Krise, es zögerte zunächst, vielleicht zu lange, suchte seinen Kompass, um sich auf die Krise „einzustellen", seit 2010 geht es die Fragen dieser Krise aktiv an, getreu nach dem Motto „Krisen sind das Lebenselixier der EU" – oft genug in ihrer Geschichte brauchte ja die EU eine echte Krise, um wieder voranzukommen!

Die Geschichte der europäischen Integration ist wie eine Berg- und Talfahrt. Ist man froh über einen Erfolg, so kommen plötzlich andere, neue Elemente und damit neue Differenzen hinzu. Ich zitiere gerne Arnaud Leparmentier, den streitbaren Le-Monde-Korrespondenten, der vor Jahren die Lage wie folgt beschrieb, ich zitiere in freier Übersetzung:

„Europa ist (wie) ein zersplittertes Reich („empire éclaté"), (Europa erlebt) die Revolte der Völker gegen ein Zentrum, das zu schwach und zu unfähig ist, dem Ganzen eine klare Richtung vorzugeben. Ein Protest in alle Richtungen und voller Widersprüche – die Winde sind gegenläufig, nehmen aber Europa gefangen in einen Strudel".

Blicken wir gemeinsam im Zeitraffer zurück auf die beiden letzten Jahrzehnte. In der Tat, die Elemente der aufeinander folgenden Krisen stellen eine gefährliche Mischung dar, sie sind nur schwer beherrschbar und die klassischen Rezepte der Volkswirtschaft scheinen in Wahrheit nicht mehr zu funktionieren. Sie sind vor allem – und das ist das neue „Unwort" – „systemisch", sie bedeuten ein Risiko für alle.

Versuchen Sie einem Normalbürger klar zu machen, wieso das Problem Griechenland – ein Land, das knapp 2% EU-BIP ausmacht – ein Risiko, ein Problem für ganz Europa darstellen könnte. Da war 2007/8 zu Anfang die „Bankenkrise", sie schien importiert, hat aber binnen kurzer Zeit alle Schwächen unseres europäischen „Banken-Nicht-Systems" schonungslos offengelegt. Sie war und ist die Folge unregulierter Liberalisierung und Globalisierung unserer „westlichen" Bankenlandschaft. Wir brauchten in EU-Europa vor allem einige Zeit, bis wir den „systemischen" Risiko-Charakter dieser Krise erkannten, und damit begonnen haben, Reaktionen zu entwickeln. In jener Zeit wurden die politisch-wirtschaftlichen Schwächen der Mehrheit der europäischen Länder deutlich, vor allem als Konsequenz zu hoher Verschuldung und zudem mangelnder Anpassung an sich um uns herum grundlegend verändernder Wirtschafts- und Finanzstrukturen. Im Verein mit den Schwachstellen der Wirtschafts- und Währungsunion führten diese grundlegenden Probleme einzelner Länder zur Finanz- und Wirtschaftskrise ab 2008.

Es waren auf der einen Seite die Krisen der mangelnden Tragfähigkeit wirtschaftlicher Orientierung um einzelne Länder wie Irland, Griechenland, Spanien, Portugal oder Zypern wie um die europäische Ebene, vor allem angesichts zu schwacher Konzertierung und Abstimmung in der Wirtschafts-, Finanz-, Haushalts- und Fiskalpolitik, die fürs erste die Szene beherrschten.

Und doch, seit 2010 waren die Europäer Stück für Stück dabei, Lücken auszufüllen, bestehende Mechanismen zu überprüfen und zu verbessern – aus der Not in der Krise geboren, mit heißer Nadel gestrickt. Daher in gewisser Weise „trial and error". Hinzu kam angesichts der Zurückhaltung vor der Abgabe weiterer Kompetenzen Richtung Brüssel sowie der Haltung der Briten die Notwendigkeit, zwischenstaatliche Wege zu gehen – und nicht dem klassischen Gemeinschaftsansatz zu folgen, ein Ansatz, der von Vertretern der „heilen" europäischen Lehre vehement als Renationalisierung kritisiert wurde. Und ohne die Krisenmanagement-Führung, besser gesagt ohne die ruhige Hand von Angela Merkel wäre das wahrscheinlich schief gegangen.

Und doch Europa schien sich zu fangen, vor allem mit zwei großen, ja revolutionären Neuerungen, der Lancierung des Europäischen Stabilitäts-Mechanismus (ESM) und der Europäischen Banken-Union.

Und plötzlich kamen spätestens 2013/14, im Grunde schon seit 2001 neue, schwer beherrschbare, ja explosive Elemente von innen und von außen auf uns zu: Da sind einerseits im Innern der EU die Fragen nach der Zukunft der EU ohne das Vereinigte Königreich im Lichte des „Brexit"? Andererseits machen uns außen- und sicherheitspolitische Entwicklungen in unserer unmittelbaren Nachbarschaft zu schaffen, mit Bedrohungen und Risiken, die wir längst aus den Augen verloren hatten:

Dies gilt für die desaströse Entwicklung in der Ukraine, wo alle Akteure gleichermaßen verantwortlich zeichnen. Das Verhältnis zum wichtigen Nachbarn Russland ist ein einziger Scherbenhaufen! Über eine paneuropäische Sicherheitsstruktur wird längst nicht mehr gesprochen, auch wenn sie OSZE noch partiell von Nutzen scheint.

Hinzu kam der Terrorismus im Nahen und Mittleren Osten wie im nördlichen Afrika, er steht zugleich symbolisch für das Scheitern unserer eigenen europäischen Politik oder besser gesagt, für das Fehlen einer gemeinsamen, belastungsfähigen Politik. Denken wir an den angeblichen „arabischen Frühling", den wir bemerkenswert munter falsch interpretierten. Dass ein deutscher Außenminister auf dem Tahrir-Platz in Kairo die Demokratie-Werdung Ägyptens, ausgerecht mit der Moslem-Brüderschaft feiern konnte, verschlug mir die Sprache.

Seien wir lieber ehrlich miteinander, unsere europäische Nachbarschaftspolitik ist gescheitert! Dies gilt für den Blick auf den Norden Afrikas wie auf den Nahen und Mittleren Osten. Die Entwicklung des Balkans sieht nicht besser aus, die Lage ist und bleibt prekär.

Es folgte seit 2014/15 eine ganz andere Krise, die Europa unerwartet zu treffen schien: der zunehmende Strom von Flüchtlingen aus Konfliktregionen, vor allem aus Syrien, Irak, aber auch aus Afrika nach Europa. Wir haben alle die Katastrophen im Mittelmeer oder die Bilder aus Ungarn, Österreich oder – positiv – aus Deutschland vor Augen. Und Europa schien – mit wenigen Ausnahmen – hilflos und zerstritten darauf zu reagieren.

Und kaum schien dieses Thema einigermaßen unter Kontrolle, erlahmten die Kräfte, die diesen Fragenkomplex neu regeln wollten. Und da kam schon die neueste Krise, der Corona-Virus, der uns alle unvorbereitet traf, wir haben darauf unterschiedlich reagiert, manche mit mehr Erfolg als andere, Europa war weit weg – und kam erst wieder, als es darum ging, nachzudenken, wie bringen wir Europa wieder auf Schwung – Geld war schnell da, aber die Inhalte? Und im Hintergrund zündeln Amerikaner und Chinesen! Die Europäer schauen etwas verdattert zu, Strategie? Gemeinsame Antwort?

Zu alledem diagnostizieren wir in Europa in einer zunehmenden Anzahl von Ländern eine Krise des jeweiligen politischen Systems. Der Wähler bringt seine Unzufriedenheit offen zum Ausdruck, er wählt Regierungen nicht nur ab, sondern folgt neuen Gruppierungen, oft populistischen politischen Strömungen oder er geht nicht zur Wahl. Glaubwürdigkeit und Legitimität von Politik nehmen ab.

Und dieses „Mix" verlangt an sich vor allem Mut und Führung von den Staats- und Regierungschefs der EU – und natürlich denkt „man" nicht an alle 27 plus die Präsidentin der Kommission, sondern an einen kleineren Kreis, vor allem an Frankreich und Deutschland.

Ich frage mich natürlich, was sind die Gründe, die zu einer solchen Zuspitzung geführt haben, warum konnten wir so „kalt" erwischt werden, was sind die Gründe dieser Entwicklung, was hat sich bei uns und um uns so grundlegend verändert. Und diese ist umso erstaunlicher, als die Europäer doch 1989/90 in einer ähnlich komplexen und herausfordernden Lage ein erstaunliches Maß an Reife unterstrichen hatten – und die europäische Welt schien bis 2005/2006 noch in Ordnung zu sein.

Und doch gibt es zwei grundlegende Veränderungen dieser vergangenen 25 Jahre – einer Generation –, die in Europa und von uns Europäern noch nicht oder nicht richtig „verdaut" sind: Das sind auf der einen Seite die deutsche Einheit mit ihren Konsequenzen und auf der anderen Seite die Globalisierung. Die deutsche Wiedervereinigung wie das Ende des Warschauer Pakts haben die geopolitische Landschaft Europas grundlegend verändert. Und dies hat nicht nur die Siegermächte – vor allem Frankreich, das Vereinigte Königreich und die Sowjetunion – tief getroffen, sondern auch Deutschland wie auch viele andere seiner europäischen Partner. Frankreich und das Vereinigte Königreich suchen seither – wie Deutschland selbst – Platz und Rolle in Europa. Zudem gibt es nicht mehr nur die „drei" großen in der EU, sondern drei weitere, die sich gerne auf der gleichen Ebene sehen: Italien, Spanien und Polen. Zugleich begehren die Kleinen auf, sie sind die Mehrheit in der EU. Sie mögen nicht das Vorgehen im kleinen Kreis, nicht die Gespräche Frankreichs und Deutschlands mit Griechenland oder Russland, sie wollen beteiligt, ihre Interessen einbezogen werden. Für sie ist die Kommission der Vertreter ihrer Interessen, in den 90er Jahren unter Helmut Kohl war es zugleich Deutschland. Und dies müssen auch die Großen – wieder – anerkennen.

Deutschland hat es trotz der Bürde des Ostens geschafft, wirtschaftlich die unbestrittene No 1 in Europa zu sein und für die anderen Großen des Weltkonzerts – außer in Fragen der Vereinten Nationen – wichtigster Bezugspunkt in Europa zu sein. Damit ist Deutschland zugleich in Europa – zusammen mit Brüssel – zum beliebtesten „Sündenbock" geworden! Und Deutschland scheint unverändert dabei seinen „Weg", seine „politische Ideallinie" in Europa zu suchen. Deutschland will möglichst wenig anecken und trotzdem seine Interessen verteidigen, nicht als hegemoniale oder gar als Über-Macht erscheinen und doch dem eigenen Hang der Zurückhaltung hinreichend Rechnung tragen und im Ergebnis möglichst pragmatisch flexibel erscheinen trotz der Tendenz, mit einer gewissen Orthodoxie alles juristisch-verfassungsrechtlich nach deutschen Prinzipien zu bewerten und den anderen zu zeigen, wie man es am besten macht. Dies ist die vorherrschende Perzeption bei vielen Partnern: „am deutschen (Rechts-)Wesen soll die Welt genesen" oder „der gute Besser-Wessi".

Für manche Akteure in Berlin kam eine Idealvorstellung hinzu: die „Friedens-Dividende" alias „Deutschland und Europa als eine große Schweiz" bei gleichzeitiger Forderung der Reform des VN-Sicherheitsrats und Aufnahme Deutschlands in einer heilen multipolaren, interdependenten Welt, dies unter Abschaffung von politischen Einflusszonen und wirtschaftlichen Interessensphären.

Dabei ist Deutschland „nolens volens" – „the reluctant hegemon" – faktisch die europäische Führungsmacht. Doch ist eine solche Rolle des „leadership" von Deutschland weder gewollt noch wirklich akzeptiert.

Es mutet schon zuweilen seltsam an, europäische, auch sehr besonnene Politiker mahnen Deutschland, mehr Verantwortung und Führung zu übernehmen. Einige meinen sie jedoch damit, dass Deutschland die Schwächen anderer „ausgleichen" soll – und in Wahrheit fürchten sich manche vor der Führung durch Deutschland. Was bedeutet dies?

„Deutschland will führen – aber ohne Pickelhaube" – lautete die Schlagzeile der WELT über die Eröffnungsrede der Münchner Sicherheitskonferenz am 6. Februar 2015. Mit anderen Worten Deutschland ist bereit zur „Führung aus der Mitte" – klingt gut und vernünftig ähnlich wie „Führung aus der zweiten Reihe", kann dies aber der Leitsatz sein? Können das unsere Deutschen wirklich?

Dies klingt wie die Quadratur des Kreises in gewisser Weise und doch sind die Deutschen trotz aller ihrer Widersprüche letztlich einer der europäischsten aller Europäer.

Deutschland wird, ob in Paris, London oder in den USA immer wieder unterstellt, es suche in Wahrheit seinen eigenen Platz in Europa, weniger gebunden durch EU und NATO, freier gegenüber dem Osten, Russland oder China. Und Frankreich und das Vereinigte Königreich müssten Deutschland insofern bremsen es unverändert einbinden!

In gewisser Weise Traumatismus der ewig gestrigen, der Franzosen und Briten, die die Wiedervereinigung und die Wirtschaftsmacht Deutschlands nicht ertragen können oder wollen, aber auch Erinnerung an Tendenzen in der politischen Positionierung Deutschlands selbst, an denen wir Deutsche damit nicht ganz frei von Verantwortung sind. Doch gleichzeitig sollten auch die Partner Deutschlands aus der Geschichte wissen, dass eine deutsche Einsamkeit noch nie gut für Europa war.

Dies zeigt, wie sensibel und komplex die heutige Lage und Beurteilung Deutschlands geworden ist. Unsere Partner tun sich einfach schwer mit Deutschland, mit seiner Größe, seiner wirtschaftlichen Stärke, mit seinen grundlegenden Charakterzügen. Genauso umgekehrt, wie die Deutschen sich mit ihren Partnern schwertun, wie sie zuweilen hilflos den Anschuldigungen seitens des einen oder anderen gegenüberzustehen scheinen – siehe die Perzeption Deutschlands in Griechenland!

Genauso ist es verständlich, wenn sich die Deutschen mit ihren Partnern schwertun, deren innere Entwicklung zum Teil stehen geblieben scheint und nicht in der Lage, Tabus oder gewachsene Besitzstände zu überwinden. Insoweit kann man sagen, ja sie hatten nicht das Glück des kompletten Neuanfangs und einer Wiedervereinigung! Die Bundeskanzlerin hat insoweit viel dazu gelernt, sie macht heute instinktiv pragmatisch in dem permanenten „crisis management mode" vieles richtig, und doch es fehlt für viele „der große Wurf", zumindest ein klarer europäischer Kompass Deutschlands! Wohin wollen die Deutschen denn am Ende?

Sie könnte insoweit einiges von Helmut Kohl lernen, der meisterlich über 10 Jahre der Anführer der europäischen Staats- und Regierungschefs war und zugleich Deutschland Schritt für Schritt normalisierte – ein wesentlicher Unterschied vielleicht: er hatte damals hilfreiche, fähige Partner!

Als wesentlichstes Problem Deutschlands muss ich die Außen- und Sicherheitspolitik nennen. Mitterrand hatte damals wohl begriffen, dass die Deutschen No 1 in Wirtschaft und Finanzen sein, zugleich Frankreich „mitziehen" werden – damals sind wir davon ausgegangen, dass die Franzosen eine ähnliche Rolle in der Außen- und Sicherheitspolitik übernehmen und uns ihrerseits helfen würden, in eine klarere außen- und sicherheitspolitische Verantwortung hineinzuwachsen. Seine Nachfolger haben dies leider nicht verstanden.

Das Problem deutscher Außen- und Sicherheitspolitik besteht heute in erster Linie darin, dass die politische Klasse sich weder fragt, worin bestehen Deutschlands wesentliche Interessen, noch der Bevölkerung diese Interessen klar macht. Berlin darf sich nicht wundern, wenn die Bevölkerung selbstzufrieden von der großen Schweiz träumt. Schlüssel ist und bleibt dabei die Verlässlichkeit Deutschland in seinen europäischen und internationalen Verankerungen. Sonderwege sind ausgeschlossen – trotz oder vielleicht gerade wegen der isolationistischen oder erratischen Tendenzen der Amerikaner oder der Briten oder seitens der Franzosen. Deutschland muss wissen, dass es nur im Verbund mit seinen europäischen Partnern etwas ausrichten kann – und einen echten Rang hat.

Wir Deutsche müssen einfach einsehen, dass sich die Welt um uns herum grundlegend und mit zunehmender Geschwindigkeit verändert hat. Dies galt auch für unsere Nachbarschaft, von der wir uns eher entfremdeten denn sie verstehen! Denken wir nur an das Beispiel Türkei oder an Russland, das wir in seinem schwierigen Übergang in den 90er Jahren eng begleiteten! Die USA wurden zur alleinigen Weltmacht – trotz eines nachlassenden Gespürs für das Geschehen und Konflikte in der Welt, mit daher groben Fehlern, zugleich einem stärkeren Interesse für den Pazifik denn für den Atlantik. Ihr Verständnis für den früheren Weltmacht-Pendanten Russland nahm nach der Clinton-Ära spürbar ab, irgendwie schien man das Land noch endgültig besiegen oder demütigen zu wollen anstatt es zu integrieren. Weder die Amerikaner noch wir Europäer wollten anscheinend die „Hilferufe" und Warnsignale aus Moskau hören und ließen Chancen für die weitere Herausbildung einer Partnerschaft mit Russland liegen.

Dies galt auch und gerade für das Verhältnis EU-Russland, wo wir Chancen nicht nutzten, wir überhörten Putins Warnung bei der Sicherheitskonferenz in München 2007. 2008 beim NATO-Gipfel in Bukarest mussten Angela Merkel und Nicolas Sarkozy die Amerikaner in Bezug auf den von ihnen angestrebten NATO-Beitritt Georgiens und der Ukraine zumindest vorläufig ausbremsen. Sie blieben leider dabeistehen, ohne daraus klare Weichenstellungen zu entwickeln.

Stattdessen baute sich in Moskau aus der Defensive heraus die alte Angst und Paranoia der Einkreisung wieder auf, gepaart mit einem gewissen Minderwertigkeitskomplex – die Folgen sind bekannt. An der Entwicklung in der Ukraine tragen wir alle Verantwortung – die USA, die NATO, die EU genauso wie Russland und die Ukraine selbst. Man kann dies eine „neue Eiszeit", einen neuen „Kalten Krieg" nennen und je länger dies dauert, so wird es schwieriger sein, aus dieser Sackgasse wieder herauszufinden.

Asien steht nunmehr seit einigen Jahren im Zentrum des Interesses aller, ob der Amerikaner oder der Europäer – und dort naturgemäß China, das zunehmend selbstbewusst seine Ziele verfolgt, und – ähnlich wie die USA – in Asien seine „Monroe-Doktrin", seine Einflusszone und Abhängigkeiten aufbaut. Achtung, unsere chinesischen Freunde verstehen dabei keinen Spaß, „win-win", die magische Formel bedeutet, dass China immer gewinnt und man denke bitte ernsthaft an den bei uns wenig bekannten Mao-Spruch „je grösser die Füße der Chinesen sind, desto weniger wird man wagen, darauf zu treten". Und vergessen wir in Asien nicht – einmal abgesehen von Japan, das Platz und Rolle sucht – andere wichtige aufstrebende Länder wie Indien, das aufzuwachen scheint, oder Indonesien, von vielen unterschätzt.

Das gleiche gilt zumindest für einige Länder Lateinamerikas wie Brasilien oder Mexiko – wie auch für Afrika, einen Kontinent, den wir gerne anhand von Problemländern beurteilen weniger anhand von Chancen! Insoweit führt uns nur eine gemeinsame Politik weiter, nicht aber das Verbleiben auf nationalen Programmen!

Unsere amerikanischen Freunde sehen sich zunehmend unter Druck, „America first" ist eine Devise, die nicht nur von Donald Trump verfolgt wird. Es ist zunächst die Selbstbehauptung gegenüber dem aufstrebenden China – und die Amerikaner denken zugleich, wenn auch „nur" in zweiter Linie, auch an Europa, dem „anderen Konkurrenten"! Die ersten Warnschüsse – wie z.B. gegen Airbus oder gegen Landwirtschaftsprodukte – sind schon erfolgt, und der einfachste „Feind" sind die Deutschen!

Diese „ungeordnete" Multipolarität spiegelt sich auch in der „governance" auf globaler Ebene wider. Sie macht uns zu schaffen, wir haben die Multipolarität gewünscht, kommen aber mit ihr – in ihrem Übergangsstadium mit ungewissem Ausgang – nicht zu recht. Die Stichworte sind bekannt G 2 oder G 3 – einzige informelle Gremien sind die – mich seit Jahren enttäuschenden – G 7 bzw. G 8 und vor allem die G 20, aus denen das informelle Führungsgremium entstehen könnte. Demgegenüber bleiben die Vereinten Nationen aufgrund ihrer Strukturen und Realitäten wesentlich gehandikapt.

Die Selbstbehauptung Europas

Bleibt „unsere" EU, die vielerorts als Vorbild angesehen wird, aber kaum exportierbar ist, die aber auch ihre Schwierigkeiten der Definition und Verfolgung einer globalen Rolle hat. Umso erstaunlicher ist es als es bei alledem im weltweiten Wettbewerb in Wahrheit um die Zukunft Europas, um seine Selbstbehauptung geht!

Vereinfacht muss doch eigentlich zugespitzt die Frage lauten: Wie sichern wir unser Erfolgsmodell langfristig für die Zukunft in einer volatilen, globalisierten Welt ab? Wie sichern wir wirtschaftlich und politisch unser Überleben in einer Welt, in der der Wettbewerb härter und komplexer wird?

Was müssen wir tun, um das Überleben dessen sicherzustellen, was wir uns in 70 Jahren seit Ende des Zweiten Weltkrieges mühevoll gemeinsam erarbeitet haben: Frieden, Stabilität, Demokratie, Rechtsstaat, soziale Marktwirtschaft, Solidarität, wachsender Fortschritt und Prosperität – Schlagworte, Werte, die unverändert gültig bleiben.

Haben wir wirklich die Risiken, aber auch die Chancen begriffen? Mir scheint, die EU braucht einen zusätzlichen inneren Ruck, in gewisser Weise die innere Sicherheit, um hier entscheidend voranzukommen – das Glas ist je nach Perzeption der Krise eher halb leer als halb voll!

Und doch ist die Agenda, der wir uns zu stellen haben, relativ klar. Es braucht auch und gerade innerhalb der EU keinen Neubeginn, aber ein „reset" – dies bedeutet nicht, dass man das, was man sich gemeinsam in über 50 Jahren erarbeitet hat, wegwerfen soll, im Gegenteil. Man muss es auf den Prüfstand stellen, das wesentliche erhalten und vertiefen, die inneren Balancen neu justieren.

Es kommt für mich dabei weniger darauf an, jetzt unbedingt wieder die „richtige" – wenn es die gibt – juristische Struktur zu finden, der Streit zwischen dem traditionellen „gemeinschaftlichen Ansatz" und dem „intergouvernementalen Ansatz". Anders ausgedrückt: EU-Kommission als das

Zentrum oder EU-Kommission und Rat der Mitgliedsstaaten als gemeinsames Zentrum – der Streit hilft nicht weiter, entscheidend sind Inhalte und das gemeinsame Vorgehen. Wesentlich in der gegebenen Lage ist es, die EU durch ein entschlossenes Programm grundlegend auf die „Selbstbehauptung" Europas einzustellen. Dies bedeutet, dass sich einerseits ein solches Programm soweit irgend möglich auf die bestehenden Verträge stützen sollte und andererseits Vorstellungen über eine erneute Erweiterung in den nächsten Jahren beiseitegelegt werden sollten.

Den Kern einer gemeinsamen Antwort bilden vier grundlegende Herausforderungen: Die Selbstbehauptung unserer Wirtschaft, unseres Wirtschafts- und Gesellschafts-Modells und des Euro, die Innere Sicherheit einschl. Migration, Sicherheit und Verteidigung, sowie eine Gemeinsame Nachbarschafts-, Außen- und Entwicklungspolitik. Man muss diese einzelnen Bereiche in ihrem Zusammenhang und ihren Wechselwirkungen – d.h. als ein Gesamtkonzept – sehen.

Die EU hat bei ihrem Sondergipfel im Juli 2020 nach viertägigen intensiven, schwierigsten Beratungen, die mehrmals auf der Kippe standen, einen ersten Schritt auf diesem Wege nach vorne gemacht – es ist dank Corona ein Ruck durch die EU gegangen, doch wir sollten nicht zu früh jubeln. Wir stehen erst am Anfang der Kärrner-Arbeit – darauf weist uns zu Recht ein scharfsinniger Schweizer Beobachter hin, der Chefredakteur der Neuen Züricher Zeitung Eric Gujer. Er warnt uns vor Illusionen – die eigentlichen EU-Probleme harren unverändert einer Lösung.

Erstens: Die Selbstbehauptung der europäischen Wirtschaft und des Modells der sozialen Marktwirtschaft, Konsolidierung Euro

Die wachsende Abhängigkeit von den USA wie China, die Entwicklung der Globalisierung und von Technologie führen klar vor Augen, dass die europäischen Zukunftschancen auf längere Frist gefährdet sind.

Daraus folgt die Notwendigkeit der Überprüfung der handels- und wettbewerbspolitischen Instrumente, aber auch eine grundlegende Änderung der Forschungspolitik – Förderung bahnbrechender Forschung nach neuen Parametern und Verfahren. Die EU muss grundsätzlich offen, aber zugleich in der Lage sein, die Interessen unserer Wirtschaft und insbes. sensibler Technologien zu schützen, ihre Instrumente müssen wie die der Amerikaner auch „beißen" können. Vorrangig bleibt grundsätzlich multilateraler Ansatz, der sich mehr und mehr auf die regionale Ebene konzentrieren wird.

Die Forschungspolitik – ob national oder auf europäischer Ebene – bedarf der grundlegenden Überprüfung und eines Neuansatzes. Dies gilt vor allem für die disruptive Forschung, bei der wir hoffnungslos gegenüber den USA und China im Rückstand sind. Ich erwähne als Beispiel nur das uns allen wohl bekannte I-Phone, in dem rund 60 amerikanische Patente stecken, aber nur ein einziges aus Europa: das für den Leim! Bisher sind jedoch Reformversuche nicht erfolgreich – die JEDI-Initiative hat gezeigt, dass die europäische Administration, ob in Paris, Berlin oder Brüssel die desolate Lage nicht begreifen will. Was fehlt, ist die Herausbildung einer europäischen Kultur in Sachen Wagnis-Kapital und Finanzierung von Start-ups – und radikale neue Verfahren zur Vergabe von Forschungsmitteln. Wenn Europa raus will aus der wachsenden Abhängigkeit von den USA und China, dann müssen wir genauso radikal handeln wie einst die Amerikaner mit der Gründung der Darpa als Reaktion auf die ersten Schritte der Sowjet-Union im Weltraum!

Von besonderer Bedeutung bleibt die Stärkung Europa-offener Aus- und Fortbildung (Verstärkung Erasmus, auch für Lehrlinge; Erasmus-Programm auch mit Hilfe Zusammenarbeit europäischer Hochschulen und gemeinsamer Programme) – leider sind wir insoweit in den vergangenen Jahrzehnten nicht entscheidend vorangekommen! Man wird mir entgegenhalten, Problem erkannt, es gibt doch diese „Cluster" mit der Zusammenarbeit von „Exzellenz"-Universitäten – ja, Zusammenarbeit ist gut und richtig, aber entscheidende Schritte nach vorn sind dies nicht!

Die Reform und Angleichung Unternehmenssteuern bleibt ein Kernziel Europas. Dies sollte unbedingt auf deutsch-französischer Ebene vorab vereinbart werden als Impuls für eine weitergehende europäische Reform!

Die besondere Bedeutung der Klima- und Umweltpolitik ist bekannt: Die neue Kommission unter Ursula von der Leyen hat diese Frage zu Recht zu einer ihrer Prioritäten gemacht. Wenn ich mir allerdings die Mitteilung der Kommission vom Dezember 2019 und die mehrseitige Anlage von umzusetzenden Maßnahmen, so befürchte ich, dass die Europäer vor lauter Bäumen den Wald nicht sehen bzw. den Überblick verlieren könnten.

Trotzdem wäre die Energiepolitik an sich der ideale "driver" für Investitionen und die Modernisierung zur Förderung der Erreichung der Klima-Ziele und eines echten Energiemarktes mit einem wirtschaftlichen Wert von mehrere hundert Milliarden Euro. Und alle warten auf den "historischen" Kompromiss zwischen Deutschland, Frankreich und Polen! Dies wäre für mich die Kernaufgabe der Brüsseler Kommission!

Bezeichnend für die – im Grunde blockierte – Lage ist ein Erlebnis, das ich vor einigen Jahren in Paris hatte. Der damalige spanische Botschafter, Ramon de Miguel, hatte zur Verleihung des französisch-spanischen

Preises „Dialogo" an die beiden Netzgesellschaften eingeladen. Die Juroren wollten damit die neueste Ausweitung der Verbindung der Stromnetze beider Länder ehren – zustande gekommen nach einer Bauzeit von acht Jahren mit Kosten von rund 700 Millionen Euro. Das Thema war mir seit langem bekannt, aber immer wieder auf Widerstände auf beiden Seiten gestoßen, am offensten schien noch die Möglichkeit an der Mittelmeerküste, die jetzt realisiert wurde. Ihr Preis: an sich siebenmal so hoch wie eine normale überirdische Stromleitung, jedoch schlecht vergleichbar aufgrund der technischen Herausforderungen. Das Vorhaben wurde als französisch-spanisches Projekt gebührend gefeiert, immerhin wurde die Unterstützung der Finanzierung durch die EU lobend unterstrichen. Christophe de Maistre, damaliger Siemens Chef Frankreich, flüsterte mir ein Tabu bei diesem Vorhaben zu, das natürlich keiner der Festredner erwähnt hatte: Lieferant der komplexen Technik, die die Hälfte der Kosten ausmachte, war ein deutsches Unternehmen, Siemens!

Wir müssen uns ernsthaft darum kümmern, dem Euro die langfristige Sicherheit zu verleihen. Schritte rückwärts Richtung nationale Lösungen, Protektionismus gefährden ihn, daher brauchen wir endlich einen Weg effizienterer „Begleitung" des Euro durch die Wirtschafts-, Finanz-, Steuer- und Haushaltspolitik.

In der Krise der letzten Jahre hat sich erwiesen, wir haben in Europa ein Top-Asset, die Europäische Zentralbank! Die EZB versucht dem hoch volatilen Finanzmarkt wie der bislang zu niedrigen Inflation beizukommen. Ihr Vorgehen ist und bleibt umstritten. Sie schlüpft nolens volens zum Teil aufgrund der Abwesenheit von Politik in deren Rolle!

Sie jedoch als „politisierte Zentralbank" zu bezeichnen, ist unsinnig, die Bundesbank war in ihren Glanzzeiten nicht weniger politisch; Stattdessen würde ich gerne in der gleichen bekannten Frankfurter Tageszeitung lesen, wo sind – realistisch – die besseren Alternativen, wirksamere und vor allem auch akzeptable wie durchsetzbare Rezepte?

Hans Tietmeyer hatte an sich recht mit seiner These unter Hinweis auf Nicolas Oresme, dem Bischof in Lisieux in der Normandie im 14. Jahrhundert), die Politik habe in der Währungspolitik im Grunde nichts zu suchen – im Grundsatz stimmt das, aber beide Bereiche – Politik und Geld – können heute nicht im Vakuum getrennt voneinander operieren!

Den jüngsten „Warnschuss" aus Karlsruhe ist angesichts von kritischen Tendenzen in „Brüssel" und seitens des Europäischen Gerichtshofs durchaus ernst zu nehmen, konkret erinnerte er mich an eine Lehre aus dem Strafrecht zum „untauglichen Versuch am untauglichen Objekt". Aber

Ernst kehre zurück, die EZB und ihre Präsidentin haben darauf im Verein mit der Bundesregierung diplomatisch blendend reagiert.

Eine ganze Reihe von Überlegungen zur weiteren Stärkung der Wirtschafts- und Währungsunion liegen auf dem Tisch. Sie verlangen zumeist eine Änderung der bestehenden Verträge – und eine stärkere Konzentration der Koordinierung einschließlich entsprechender Durchgriffsrechte auf europäischer Ebene – ein Unterfangen, das bei der Mehrheit der Partner nicht gerade auf Gegenliebe stößt. Für Franzosen – und wohl auch Deutsche – bleibt es letztlich nicht akzeptabel, dass „Brüssel" das letzte Wort über den nationalen Haushalt, die Wirtschafts- und Fiskalpolitik erhalten würde.

Finanzmarkt- und Banken-Union sind ein „must" für die Euro-Zone. Die Mechanismen für Überwachung und Abwicklung stehen, es hakt vor allem bei der Harmonisierung der nationalen Systeme zur Einlagensicherung – und da scheint Deutschland das Grundproblem zu sein. Wir brauchen einen solchen Mechanismus. Es ist verständlich, dass die Deutschen nicht für die Sünden anderer büßen wollen, auch wenn diese unter uns „auch" gelitten haben, es seien nur die Stichwort HRE-Abwicklung, Deutsche Bank und Commerzbank als Problemfälle genannt. Ohne Kompromiss kommen wir aus dem „dead lock" nicht heraus, nur dann Risiko eines „Kompromisses um des Kompromisses willen! Daher würde ich einen Prüfungsauftrag an eine kleine Gruppe erfahrener Leute erteilen wie z.B. an den früheren Chef der DZ-Bank Kirsch, an den Präsidenten der BNP Paribas, Jean Lemierre.

Stichwort: Die Schaffung eines Europäischen Währungsfonds (EWF) ist aus meiner Sicht ein „must" zur Sicherstellung der politischen „Souveränität" Europas. Der EWF sollte aus dem Europäischen Stabilitätsmechanismus (ESM) hervorgehen, Kommission und Parlament sollten akzeptieren, dass fürs erste die Kontrolle bei den Mitgliedstaaten und nationalen Parlamenten bleibt, anders ist Projekt in den Mitgliedstaaten nicht durchsetzbar! Ja zu einer Überprüfung dieser Struktur nach 10 Jahren.

Stichwort: Das Thema Euro-Zonen-Haushalt ist dank der Einigung auf ein Programm zur Wiederbelebung der Wirtschaft post-Corona auf Grundlage der deutsch-französischen Initiative in den Hintergrund des Interesses gerückt. Er erscheint mir als kurzfristige Hilfestellung für Mitgliedstaaten, die in Schwierigkeiten geraten sind, wichtig. Auch hier muss gelten: Letztkontrolle seitens Mitgliedstaaten unter Einbeziehung der EZB! Ich würde an den „Kohäsions-Fonds" als Grundlage anknüpfen, den wir Ende der 80er Jahre mit einer vergleichbaren Begründung für die EU insgesamt geschaffen hatten. Die „Väter" waren Delors, Kohl und Gonzalez – heute müsste man ein besonderes „Fenster" für die Euro-Zone hinzufügen. Wie wäre es mit einem Prüfungsauftrag an Felipe Gonzalez, dem Erfinder des Kohäsionsfonds, und einen „NN", einen erfahrenen Finanzpolitiker der EVP-Schiene – wie z.b. Theo Waigel, wäre ein Möglichkeit, Diskussion in diese Richtung zu bringen)

Etwas anderes muss in Bezug auf die vor allem von Italien verfolgte Vorstellung gelten, die Arbeitslosenversicherung zu „europäisieren" – die Sozial- und Arbeitssysteme sind noch zu unterschiedlich, als dass sie für eine Harmonisierung geeignet wären! Insgesamt scheinen wir noch am Anfang einer notwendigen Debatte zu stehen.

Und wer anders als die EU-Kommission sollte Federführer in einer solchen umfassenden Führungsstruktur der europäischen Wirtschafts- und Finanzpolitik sein! Hat noch der Europäische Rat in der Krisenzeit nolens volens diese Rolle übernehmen müssen, so müsste längerfristig an sich die Kommission diese Rolle übernehmen, doch die Mitgliedstaaten tun sich schwer, ihre bisherige Kompetenz Brüssel zu überlassen.

Wir brauchen in Wahrheit eine neue „konstruktive Koexistenz" zwischen der nationalen und europäischen Ebene! Weder die Kommission allein schafft das noch ein EU-Finanzminister! Brauchen wir nicht eine Art „Vorstand" oder ein „steering committee" als Koordinierungs- und Lenkungsorgan? Wer sollte in diesem Führungskreis, eine Art „europäischer Sicherheitsrat", dabei sein? Es sollte einen permanenten Gast geben, die EZB. Mitglieder sollten sein: Der gewählte Vorsitzende der Euro-Gruppe, das zuständige Mitglied – die No 2 der Kommission, je ein Vertreter Frankreichs und Deutschland sowie zwei weitere Vertreter aus den übrigen Mitgliedstaaten – zu Ende gedacht, sollten Frankreich und Deutschland zumindest über ein aufschiebendes Veto-Recht verfügen.

Ich bin mir bewusst, dass dies provokativ klingt, aber eine europäische Währungsunion kann ohne das Plazet der beiden größten Volkswirtschaften nicht gedeihen.

Der Streit über „Austerität" und „Keynes" führt dabei nicht weiter, genauso wenig die Versuche, spezifische Bereiche wie die Arbeitslosenversicherung, einzubeziehen, um den nationalen Haushalt zu entlasten. Militär- und Polizeiausgaben sollten hingegen in unseren Mess-Skalen unberücksichtigt bleiben!

Es ist schon erstaunlich, wie wenig das Thema EU-Haushalt die breite Öffentlichkeit zu interessieren scheint. Vielleicht ist er im Verhältnis zu den nationalen Haushalten zu gering (rund 145 Mrd. €/Jahr oder „nur" etwas mehr als 1% des EU-BIP), interessant scheinen allein immer wieder konkrete Ausgabenpositionen wie zum Beispiel in der Agrarpolitik oder den Strukturfonds.

Ich halte viel von dem Vorschlag des Mannheimer Zentrums für Europäische Wirtschaftsforschung ZEW, die Kosten der EU als Teil der Mehrwertsteuer auf Rechnungen auszuweisen, um sie transparenter erscheinen zu lassen. 2-Prozentpunkte der Mehrwertsteuer würden dann als EU-Anteil auf den Rechnungen erscheinen.

Gleiches gilt für die Anregung, die konkreten Ausgaben und deren Verteilung auf die wesentlichen Fragestellungen – Agrarpolitik, Strukturfonds, Forschung, Außen-, Sicherheits- und Entwicklungspolitik – jährlich zwischen EU-Kommission und Europäischem Parlament auszuhandeln, genauso wie dies auf nationaler Ebene geschieht. Den Mitgliedstatten bliebe im Einvernehmen mit Kommission und EP den mehrjährigen Finanzrahmen festzulegen.

Und ein Wort sei zudem erlaubt. Die deutsche Debatte wird seit Jahrzehnten von zwei Schlagwörtern beherrscht: Zum einen sind wir „Netto-Zahler" – wir zahlen mehr in die gemeinsame Kasse als wir herausbekommen – und wollen diesen „Status" soweit möglich beschränken. Zum andern wollen wir mit der EU keine „Transfert-Union". In der Sache eine zu kurz springende, zugleich irritierende Debatte!

Die EU ist doch in Wahrheit seit Jahren eine Transfert- und Solidaritäts-Union, auch wenn meine Landsleute dies nicht gerne hören wollen. Mit Hilfe der Strukturfonds und ihrer Finanzierung tun wir im Grunde in beschränktem Masse nichts anderes als das, was wir in Deutschland mit dem Länderfinanzausgleich praktizieren! Im Grunde europäischer Föderalismus, ohne dies als solchen zu bezeichnen, da wir uns über diesen Begriff und seine Konsequenzen nicht einig sind.

Die letzte EU-Kommission – Juncker/Oettinger – hat ihre Vorschläge für den Haushalt 2021–27 mit einer signifikanten Verlagerung der Schwerpunkte vorgelegt. Für Deutschland bedeuten sie Mehrausgaben von mindestens 10 Mrd. € /a und mehr aus dem Bundeshaushalt. Taktisch haben Kommission und die Mehrheit der Mitgliedstaaten die Verabschiedung bewusst in Richtung auf die deutsche Präsidentschaft im 2. Halbjahr 2020 geschoben, d.h. Erledigung aus Erfahrung via Basar- oder Kuhhandel in letzter Minute. Gott sei Dank hat die Corona-Krise hier einen Sinneswandel herbeigeführt und die Verabschiedung des Haushaltsrahmens für die kommenden Jahren fast geräuschlos quasi „neben" den besonderen Maßnahmen zur Wiederbelebung der Wirtschaft in Folge der Corona-Krise erlaubt.

Zweitens: Innere Sicherheit

Der Komplex „Innen- und Justizpolitik" stellt eine typische europäische Geschichte dar. In Sachen Schengen ging und geht es – als wichtigen Schritt für den Binnenmarkt und den Bürger – um die Aufhebung der Binnengrenzen in der Erwartung, dass die „Innenpolitiker" mit „gleichwertigen" Ausgleichsmaßnahmen zur Stärkung der Inneren Sicherheit, insbes. im polizeilichen Bereich, nachziehen.

Erst „dank" zunehmender grenzüberschreitender Kriminalität und vor allem des Terrorismus sind in den letzten Jahren Fortschritte erreicht worden. Wir sind aber nicht dort, wo wir sein müssten! 30 - 40% sind geschafft, mehr nicht! Es ist nicht die Polizei, die blockiert, sondern es sind die Bürokratien und ein überholtes Souveränitätsdenken, die uns ausbremsen! Austausch und Kooperation müssten umfassend, automatisch, permanent sein.

Das 1990er Übereinkommen und die Folgeschritte haben einen befriedigenden Status unverändert nicht erreicht, die Ereignisse der letzten Jahre haben dies eindrucksvoll unterstrichen. Wir laufen im polizeilichen Bereich hinter dem Rückstand her, haben seit gut einem Jahrzehnt einiges aufgeholt, aber das, was an sich notwendig wäre, immer noch nicht erreicht. Es ist zu hoffen, dass die jüngste Welle von Terrorismus einen erneuten wesentlichen Schritt nach vorn erlaubt – die Innenbehörden tun sich damit unverändert schwer.

Verantwortlich hierfür in aller erster Linie nicht „Brüssel", sondern die Mitgliedstaaten – und dort die Innen- und Justizminister, zum Teil auch die Finanzminister. Sie blieben ihrer Wolke „nationale Souveränität" verhaftet, die in Wahrheit gar nicht mehr besteht. Sie sind sich bewusst, dass europäische und internationale Entwicklung sie an sich zu einer radikalen Veränderung der Formen ihrer Zusammenarbeit zwingen, tun das Notwendige aber nicht. Es geht dabei – entgegen der Annahme von mancher Seite – nicht um Verzicht von Souveränität, sondern um „Bündelung", um gemeinsame Ausübung – und damit um die Wiedergewinnung von Souveränität.

Blickt auf die 30 Jahre Entwicklung von Schengen zurück, so gab es bisher in Wahrheit nur zwei „Treiber": Helmut Kohl durch seine Initiativen 1988 und 1991 sowie seine Förderung der Integration von „Schengen" in den Amsterdamer-Vertrag 1997 und Antonio Vitorino, den ersten EU-Kommissar für Innen- und Justizpolitik mit seiner Initiative „Tampere 1999".

In Sachen „Innere Sicherheit" geht es einerseits um die Verbesserung und Verstärkung des Schutzes der Außengrenzen, sowie andererseits um die Verbesserung der operativen Zusammenarbeit der Polizeien in Europa einschl. operativer Befugnisse für Europol in bestimmten Bereichen.

Dazu gehört als Grundlage die Schaffung eines funktionierenden und reaktionsschnellen Informationssystems, in das die Informationen seitens Polizei und Justiz, aber auch seitens der Dienste einfließen – selbstverständlich unter Beachtung des Datenschutzes permanenter richterlicher Kontrolle. Dazu gehört aber auch die Sicherung von Kontrollmöglichkeiten – wie z.b. durch Identitätspapiere und Sichtvermerke – und effizienter Kontrollausübung.

Natürlich ist der Aufbau eines europäischen Grenzschutzes – Frontex – angesichts unterschiedlicher nationaler Ansätze eine höchst komplexe Aufgabe, natürlich brauchen wir hierfür Zeit und die Entwicklung pragmatischer Ansätze – dies darf aber nicht als Entschuldigung für Nichtstun herangezogen werden. Kernelement ist der stufenweise Ausbau auf 10.000 und mehr Mitarbeitern in einer Mischung aus permanenten Mitarbeitern und abrufbaren Einheiten.

Immigration, Asyl, Flüchtlinge, Status von Ausländern– eine Trias höchster Aktualität; Helmut Kohl würde sich daran erinnern, dass er diese Themen 1988 und 1991 zweimal auf den Tisch des Europäischen Rates gelegt und die Erarbeitung einer gemeinsamen Politik vorgeschlagen hat. Die Innenminister waren damals eher subversiv, denn proaktiv tätig waren! Damals war es noch eine von vielen unterschätzte Herausforderung, die in der Folge zögernd angegangen worden ist! Alle applaudierten, geschehen ist nichts! Der erste EU-Kommissar für Inneres und Justiz, Vitorino, suchte 1999 einen Neustart und scheiterte. Erst jetzt kommen wir unter dem Eindruck der Flüchtlingskrise langsam, aber viel zu langsam voran.

Ich habe 2018 mit der österreichischen EU-Präsidentschaft an Konzepten gearbeitet, vor allem auch an einem ganzheitlichen Migrationskonzept. Allgemein anerkannt wurde die Notwendigkeit einer klaren Unterscheidung zwischen Kriegsflüchtlingen, Asylbewerbern und denjenigen, die aus wirtschaftlichen Gründen nach Europa wollen. Plus: notwendige nationale – wenn möglich konzertierte Gesetzgebung über legale Immigration.

Das Asyl-Abkommen von Dublin ist gescheitert, wir brauchen einheitliche Kriterien, Standards und Verfahren – Fortschritte ja, Durchbruch noch fraglich. Könnte nicht das niederländische Verfahren mit kurzen Verfahrensdauer Modell für uns alle sein? Jedenfalls ist das deutsche Quoten-

System, der Königsteiner Schlüssel, nicht auf Europa übertragbar. Die österreichische Regierung stellte mir daher bei unseren Diskussionen nur eine Frage: wie finden wir eine gesichtswahrende Lösung für Deutschland und Angela Merkel? Brüssel fühlt sich hier blockiert! Die Agenden der Schlüsselländer sind zu unterschiedlich, es fehlt die „ordnende Hand" und Entwicklung gemeinsamer Eckpunkte, am besten wäre ein Vorgehen zunächst im kleineren Kreis, andere werden folgen.

Wesentlich zur Rückführung von abgelehnten Immigranten sind Abkommen mit den Herkunfts- und Transitländern; Erfassungsstellen sollten sich dort und in Flüchtlingslagern befinden, wie es die Briten uns z.B. in Jordanien gezeigt haben. Daher auch die Notwendigkeit stärkerer Unterstützung und Begleitung der von Migration zumeist erst-betroffenen Länder in der EU wie Griechenland, Zypern, Italien, Spanien.

Die EU ist seither nicht weiter vorangekommen, dies gilt auch für die neuesten Vorschläge der EU-Kommission, die kaum für einen Durchbruch geeignet erscheinen müssen. Entscheidende Fortschritte können in allen diesen Bereichen nur dann erreicht werden, wenn die Staats- und Regierungschefs zunächst eine kleine Gruppe anerkannter Experten – nennen wir den Ausschuss „Vitorino" – bitten, kurzfristig die notwendigen Eckpunkte zu erarbeiten und dann dem Rat der Innen- und Justizminister einen klaren Kalender an die Hand geben, um zügig dieses Programm in die Tat umzusetzen.

Vielleicht hätte dann auch ein einfacher, effizienter Vorschlag eine Chance: Nach österreichischem Vorbild werden alle Kriminalbeamten in der EU mit einer geschützten „App" auf ihrem Mobiltelefon ausgerüstet, mit deren Hilfe sie nach einer Festnahme für die erste Vernehmung alle wesentlichen Daten über den Festgenommenen aus einem der 27 EU-Mitgliedstaaten erhalten können.

Drittens: Sicherheit und Verteidigung

Der letzte Versuch, eine europäische Sicherheits- und Verteidigungspolitik in Ergänzung und mit einer gewissen Autonomie bzw. Ergänzung gegenüber der NATO aufs Gleis zu setzen, ist 1991 im Zusammenhang mit dem Vertrag von Maastricht an dem Vereinigten Königreich und seinen Freunden sowie an mangelndem Interesse der Außen- und Verteidigungsministerien gescheitert.

Die Zeit für einen echten Neuanfang ist reif. Die Gründe hierfür sind vielfältig: Haltung der USA, Wandel und Komplexität der Herausforderungen wie vor allem die Kosten-Explosion! Europa kann es sich nicht mehr leisten, eine Unzahl von gepanzerten Fahrzeugtypen, Fregatten,

Flugzeugen, High-Tech-Waffen in kleinen Stückzahlen zu produzieren. Herausforderungen im europäischen Umfeld können wir noch gemeinsam bestehen.

Traditionen, Kulturen, Verständnis des „Militärischen" sind jedoch unverändert sehr unterschiedlich. Daher halte ich ein intensives, transparentes Arbeitsprogramms in Richtung auf eine „Armee der Europäer" bzw. eine „Europäische Armee" für unabdingbar, das wir mit Frankreich und Polen entwickeln sollten. Die europäische Initiative PESCO wirkt hingegen wie ein Einkaufskorb, ist aber kein kohärentes Konzept!

Für die Partner sind vor allem wir das Problem – das unsinnigste Argument stammt aus Berlin: „wir wollen kein Afrika-Korps!". Unser Problem hat etwas mit unserem Verständnis des Militärischen und dem Parlamentsvorbehalt zu tun. Letzteren stelle ich nicht in Frage, er muss nur effizienter ausgestaltet werden. Es muss z.B. bei EU-Einsätzen möglich sein, die formale Zustimmung nachträglich einzuholen. Thema muss dringend erneut im Bundestag aufgenommen werden, leider hat in der vergangenen Legislatur-Periode die Rühe-Kommission keine Fortschritte erreicht.

Die Partner verlieren zudem langsam die Geduld mit unserer Nicht-Haltung in Sachen Rüstungsexporte. Die SPD ist seit Schröder im Rückwärtsgang, hat selbst Schwierigkeiten mit dem Minimalkonsens mit Frankreich, selbst die Grünen scheinen dagegen langsam voranzukommen, siehe ihr Verweis auf die Kriterien des gemeinsamen EU-Standpunktes von 2008. Das ist noch kein Durchbruch, immerhin ein Fortschritt. Die Einigung mit Frankreich im Herbst 2019 auf eine gemeinsame Haltung für Rüstungsexporte war schwierig, Paris ist Berlin sehr entgegen gekommen. Nächster Schritt müsste ein Konsens der EU-Rüstungsländer und -exporteure sein,

Der Themenkomplex „Sicherheit und Verteidigung bedarf einer „strategischen road map" für die kommenden Jahre. Mir scheint klar, dass die USA – mit oder ohne Trump – ihr Engagement weiter reduzieren – ohne es grundsätzlich aufgeben – zu wollen. Für sie ist es entscheidend, dass die Europäer künftig mehr Verantwortung und Lasten übernehmen.

Neu ist allein, dass die Amerikaner – und nicht nur Trump – dabei die Deutschen im Visier haben: Wir sollen sie gegen Russland schützen, sie aber helfen den Russen und wollen nicht für den Schutz bezahlen. Daher die Ankündigung einer Reduzierung der Präsenz in Deutschland. Wir sollten sie gelassen zur Kenntnis nehmen und zugleich unsere Anstrengungen in Europa verstärken.

Die Amerikaner wollen aber zugleich nicht, dass die Europäer allein ohne Mitbestimmung der USA über wesentliche Fragen und Einsätze entscheiden. Sie akzeptieren aber auch mittlerweile, dass die Europäer auch einmal „nein" sagen.

Von großer psychologisch-politischer Bedeutung ist in diesem Zusammenhang, ob die Europäer, in erster Linie natürlich die EU-Europäer unter sich „einen Caucus", eine Art Ausschuss zur vorherigen Abstimmung bilden sollten, dürften – die USA mögen dies in keiner Weise.

Ich bin dezidiert für den europäischen „Caucus", zumal die Europäer in eine grundlegende Entscheidung nicht nur ihren militärischen Anteil, sondern auch ihre „übrigen" Politiken einbringen können, vor allem die europäische „soft power" – einschließlich Entwicklungs-, aber auch die Handelspolitik etc.

Für mich sollte das Atlantische Bündnis weiter bestehen, aufbauend auf zwei Pfeilern: NATO und EU – einen transatlantischen und einen europäischen Pfeiler, wobei letzterer auch selbständig handeln können muss!

In diesem Sinne habe ich bereits im Dezember 2014 in einem Beitrag zu einer Sammlung aus Anlass des 10. Geburtstages der europäischen Verteidigungsagentur eine „roadmap 2020" für die EU vorgeschlagen. Antriebsfeder waren und sind für mich einerseits die Umsetzung der seit Lissabon gegebenen vertraglichen Grundlagen, die tatsächliche Entwicklung im Verhältnis zu den USA wie vor allem auch die erschütternde Entwicklung unserer nationalen Fähigkeiten.

Ich möchte hier nur die wesentlichen Elemente beschreiben, wobei vieles mutatis mutandis auf die NATO übertragen werden kann: Dies bedeutet gemeinsame Prozeduren, die Identifikation von Prioritäten und Bedarf im Bereich der Planung, koordiniert durch die EDA. Die Mitgliedstaaten sollten möglichst weitgehend die Spezialisierung der nationalen Streitkräfte akzeptieren.

Diese ersten Schritte erfordern eine radikale Veränderung des Beschaffungswesens und des Verhältnisses zur Rüstungsindustrie einschl. Des Systems zur Kontrolle von Beschaffungen. Unter den gegebenen Umständen der Haushalte hat in den meisten Fällen eine nationale Industrie keine Zukunft. Wir brauchen europäische "Champions".

Zweitens sollten in der Folge gemeinsame spezialisierte Kommandostrukturen und gemeinsame operationelle Einheiten entstehen. Dies war vor gut zwei Jahrzehnten die Idee des Europäischen Korps, das immer noch nicht richtig genutzt wird. Man könnte damit beginnen, in diesem Kontext europäische "Special Forces" zu schaffen;

Dritter Schritt wäre die Koordinierung, dann Harmonisierung unserer nationalen Systeme und Regeln des Rüstungsexports – hoch sensibel, schwierig, aber unvermeidlich!

Zudem sollten wir die militärischen Nachrichtenwesen zusammenführen mit einer Koordinierungseinheit auf Ebene der Hohen Beauftragten.

Auf dieser Grundlage könnten die Staats- und Regierungschefs entscheiden, ob ihnen dies ausreicht oder ob sie den letzten Schritt hin zu einer europäischen Armee gehen wollen. Keine Utopie, sondern nackte Konsequenz aus der Haushaltsentwicklung, dem Zustand unserer Armeen und vor allem der nüchternen Betrachtung der Bedrohungsanalyse!

Ich habe mich natürlich gefragt, ob eine solche Marschroute nicht vor allem uns Deutsche überfordern könnte? Die Politik scheint vor des Volkes Stimme Angst zu haben. Ich bin dezidiert der Auffassung, dass die Bevölkerung eine solche Ausrichtung mit der Zeit verstehen und ihr zustimmen, sie zumindest hinnehmen wird – wenn man es ihr erklärt und sie in die Entwicklung einbezieht! Und dies gilt besonders auch für den Bundestag. Ich halte das Prinzip für richtig, die Zustimmung des Parlaments vor risikobehafteten Einsätzen vorab einzuholen. Über die konkreten Verfahren müssten wir schon nachdenken und sie verbessern – dies gilt auch für die permanente Unterrichtung der Ausschüsse über das sicherheitspolitische Umfeld! Und unsere Alliierten und Freunde könnten uns dabei etwas mehr helfen als sie dies bisher getan haben!

Wesentlich bleibt es, gesamteuropäische Sicherheitsstrukturen weiter zu entwickeln. Den jüngeren Polit-Beobachtern ist wahrscheinlich erst vor wenigen Monaten aufgefallen, dass es eine solche Struktur in Europa gibt, die OSZE, aus der KSZE hervorgegangen. Im Lichte des Konflikts um die Ukraine erwacht sie langsam wieder zu Leben. Als ich vom russischen Fernsehen befragt worden bin, was sie denn hätten tun sollen, um die mehrheitlich russisch sprechende Bevölkerung auf der Krim zu schützen, verwies ich auf die Möglichkeit der Forderung, ein Referendum unter Aufsicht der OSZE durchzuführen – natürlich ohne Soldaten mit fehlendem Hoheitsabzeichen! Eine Antwort erhielt ich nicht, dafür kam die nächste Frage!

Mit den Russen sollten wir prüfen, wie wir die OSZE und den NATO-Russland-Rat nutzen können, um daraus ein paneuropäisches Sicherheitssystem zu entwickeln. In Sachen Russland lautete der (gescheiterte) Versuch der Amerikaner vor einiger Zeit: „reset"-Taste drücken. Es ist evident, dass wir mit Russland wieder „ins Gespräch kommen" müssen. Natürlich setzt dies zunächst einen gewissen Grad an Wiederherstellung eines Minimums an Vertrauen voraus. Man müsste dann den NATO-Russland-Rat strukturell neu ausrichten, um auf russischer Seite das „Minderheiten-Gefühl" – 26 + 1 zu 1 zu nehmen!

Vor allem müsste man – strategisch betrachtet – die Verhandlungen EU-Russland zum Erfolg führen und parallel dazu mit den Russen über das Thema „gesamteuropäische Sicherheitsstrukturen" wieder ins Gespräch kommen!

NATO-Erweiterung und -Partnerschaften bleiben ein Thema. Es gibt einige unerledigte, bzw. ausgebremste Kandidaturen: Georgien und die Ukraine, Moldova, Kaukasus-Region, Rest-Balkan. Die NATO sollten den US-Stimmen insoweit weiter widerstehen! Achtung auch gegenüber einer Weiterentwicklung solcher Partnerschaften, sie werden allzu leicht als Zusage militärischen Schutzes verstanden! Es gibt übrigens auch einige versteckte Kandidaturen – in Finnland und Schweden gibt es in jüngerer Zeit eine ernst zu nehmende Diskussion über eine solche Perspektive, freilich bis heute ohne Schlussfolgerungen und ohne Mehrheit, aber eine interessante Perspektive!

NATO und EU sind zugleich Wahrer gemeinsamer wie spezifischer Interessen. Die NATO unterhält wie die EU „Partnerschaften" – jeder hat dafür seine Bezeichnung – Richtung Osten wie Süden. Und hier sollten beide Institutionen sich miteinander abstimmen, sie können im Zusammenspiel sinnvolles leisten und zu einem friedlichen und stabilen Umfeld um Europa beitragen. Wir haben dies in der Praxis auf dem Balkan erlebt, aber auch zum Beispiel bei „Atalanta". Tenor: ausbaufähig!

Fazit: Ende gut, alles gut!? NATO wie EU müssen sich veränderten Herausforderungen stellen, die Welt um uns herum ist komplexer, schwieriger geworden – und wir tun uns alle damit schwer!

Und wir haben ein gemeinsames Thema, das wir mit einer gewissen Naivität behandelt haben, unser Verhältnis zu China! Wir sollten nicht den Amerikanern blind folgen, sondern eine ernsthafte Diskussion dieser Fragestellungen mit ihnen aufnehmen und wo möglich und opportun uns auch die Möglichkeit eröffnen, gemeinsam zu handeln.

Geschichte wiederholt sich nicht! Ich bin aber schon erstaunt, wie sehr uns die Befassung und Verfolgung einer strategisch orientierten Außen- und Sicherheitspolitik abhandengekommen scheint. Dies gilt auch und besonders für die Früherkennung und das präventive Herangehen an aufkommende Konflikte – wir reagieren, meist zu spät, anstatt zu agieren: die Entwicklung in der Ukraine, in Syrien und im Irak haben uns dies eindringlich vor Augen geführt! Und hier besteht dringender Handlungsbedarf! Die Welt um uns herum ist leider nicht friedlicher geworden, sie ist heute instabiler, gefährlicher – und es rächt sich, dass wir, auch um Europa, einige schwerwiegende Themen unerledigt vor uns hergeschoben haben!

Wir sind immer noch im Übergang von den einfachen, klaren Strukturen des Ost-West-Verhältnisses, das uns vier Jahrzehnte geprägt hat, zu einer neuen multipolaren „Ordnung", die auch in Umrissen noch nicht klar ist: G 3, G 20?

Viertens: Nachbarschafts- und Außenpolitik

Man kommt nicht umhin, das bisherige Konzept der Gemeinsamen Außen- und Sicherheitspolitik, der „GASP" mit zunehmender Konzentration auf Brüssel (Hohe(r) Beauftragte, EEAS – Europäischer Diplomatischer Dienst) als gescheitert ansehen zu müssen. Notwendig erscheint ein echter Neuanfang, der die Stärken einer ganzen Reihe von Mitgliedstaaten mit denen der Kommission „bündelt". Vor allem die großen Mitgliedstaaten haben die Aufgabe ihrer Kompetenz zugunsten von Brüssel insoweit nur in wenigen Ausnahmefällen akzeptiert.

Es geht nur abgestimmt und konzertiert, soweit angemessen mit einer „lead nation" an der Spitze je nach Fall. Nach außen schien es nach 2016 streckenweise so, als habe Bundeskanzlerin Angela Merkel die „Federführung" der Verhandlungen mit Algerien in Sachen Migration übernommen, der spanische Ministerpräsident Sanchez mit Marokko. Aus meiner Sicht ein erfolgversprechender Weg als klassisch über Brüssel zugehen. Gleiches gilt für das Verhältnis zu Russland. Moskau nimmt Brüssel nur in Sachen Handel wahr, nicht aber in der „Politik" – dort sind Deutschland und Frankreich F die einzig mögliche „lead nation". Berlin und Paris müssen sich hier aber klug mit wesentlichen Partnern abstimmen.

Es „klang" so, die Wirklichkeit bleibt aber komplizierter! Es geht vornehmlich nicht um eine Zentralisierung der gesamten Außenpolitik nach Brüssel und damit um die Abschaffung der Außenministerien und der Auswärtigen Dienste der Mitgliedstaaten, sondern wesentlich wäre in erster Linie die Bündelung von Ansätzen und Kräften, gemeinsames solidarisches Handeln, das die Beauftragung einzelner Nationen mit bestimmten Aufgaben einschließt.

Gleichermaßen vorrangig ist die Festlegung klarer prioritärer Bereiche: Wir müssen auf europäischer Ebene nicht alles festzurren, sondern nur das, was für unsere gemeinsamen Interessen von vitaler Bedeutung ist! Zu nennen insoweit USA, Russland, Türkei, Mittel-Ost, globale Beziehungen zu Asien (China, Indien, Indonesien), Lateinamerika.

Thema EU-Erweiterung – Türkei, Balkan: Die heutige Tendenz schiebt jegliche Erweiterung aufgrund nationaler Imponderabilien auf die lange Bank. Die Überprüfung des Vorgehens und ein ehrlicher Ansatz sind dringend geboten! Wir haben in der Vergangenheit mit Worten und feinen Bezeichnungen Missbrauch getrieben, an sich wäre eine „Assoziierung" auch noch heute die richtige Antwort in Sachen Türkei, aber auch für andere Kandidaten!

Zugleich muss es darum gehen, den Gedanken einer grundlegenden paneuropäischen Sicherheits- und Kooperationsstruktur wieder aufzugreifen. Diese Überlegungen sollten einen europäischen regionalen Sicherheitsrat – ohne Veto-Elemente, aber als eine Art „Steerings-Committee" einschließen, dies lag und liegt in der weiterführenden Logik dessen, was wir mit der KSZE bzw. ihrem Nachfolger, der OSZE aufgebaut haben.

Entwicklungspolitik – Klares Ziel sollte eine gemeinsame, zumindest koordinierte und neu konzipierte Entwicklungspolitik sein. Wann begreifen die Europäer endlich, dass sie über 50 Jahre nach der Dekolonisierung die koloniale Vergangenheit abschütteln und dem Risiko wie dem Potential des südlichen Nachbarn Afrika gegenüber geschlossen handeln müssen? Nur so haben sie die Chance, diesen Kontinent in einer Partnerschaft positiv zu begleiten.

Die Chancen sind im Grunde heute besser denn, zumal 2020 Neuverhandlung Cotonou-Abkommens ansteht! Zumindest müsste erreicht werden ein konzertiertes, ganzheitliches Vorgehen der EU-Mitgliedstaaten und der Kommission mit dem Ziel einer engen Nord-Süd-Partnerschaft zwischen Europa und Afrika!

Aus meiner Sicht werden wir es nur dann schaffen, die vier großen Herausforderungen zu bewältigen, wenn wir uns zugleich Klarheit über die grundlegenden Rahmenbedingungen verschaffen. Dies sind die Definition und Abgrenzung nationaler und europäischer Souveränität, Klarheit über die Legitimation europäischen Handelns durch das Zusammenwirken von nationalen Parlamenten und Europäischem Parlament – und letztlich die Konzentration auf die europäischen Kernaufgaben, anders ausgedrückt durch die Verwirklichung der Subsidiarität im europäischen Handeln.

Es geht hier um nichts anderes als „die andere notwendige Versöhnung": Europa muss aktiv dazu beitragen, die wachsende Distanz der europäischen Politik zum Bürger zu überwinden, die Verantwortung hierfür liegt in erster Linie auf nationaler Ebene, aber auch Brüssel kann beachtlich helfen.

Es geht dabei vor allem um überzeugende Politiken, um die Konzentration auf wesentliche Themen, „weniger klein - klein", „mehr Erasmus denn im Sande verlaufende Subventionen", „die Politik hat uns verstanden, sie hilft uns" – es geht um den sichtbaren und vermittelbaren Abbau von Regulierung und Bürokratie.

Die EU leidet unter der Sucht der vollständigen Erfassung aller Lebenssachverhalte, oft aber nicht Fehler der Kommission, sondern nationaler Bemühungen „Sündenbock" zu finden. Die EU ist ein allzu bequemer Sündenbock geworden. Unter 27 muss unbedingt Konzentration auf das wesentliche erfolgen, das schließt einigen Rückbau nicht aus! Auch EP muss dringend umlernen! Dazu will der Wähler effiziente Antworten, Lösungen, sehen – nicht faule Kompromisse!

Die Agenda insgesamt klingt einfach, sie ist jedoch in Wahrheit anspruchsvoll! Wesentlich ist es dabei, Effizienz und Lösungskompetenz zu beweisen und zugleich verlorenes Vertrauen wieder zu gewinnen! Nur dazu müssten wir einige Vorfragen ernsthaften aufnehmen, bei denen wir uns über die Jahre regelrecht auseinandergelebt haben: Der Beweis von Effizienz und Lösungskompetenz kann nur dann gelingen, wenn sich die EU künftig auf das wesentliche konzentriert. Was sind aber die „Essentials"?

Diese Debatte sollte im Lichte einer Ausarbeitung geführt werden, die der wissenschaftliche Dienst des EP vor einiger Zeit vorgestellt hat – über die Kosten des Nicht-Europa! Das EP hat es gleichwohl bis heute nicht für notwendig gehalten, darüber eine Woche echter Plenardebatte zu führen, stattdessen hat es zunehmend an Linie und Glaubwürdigkeit verloren. In diesem Zusammenhang müsste endlich eine Diskussion geführt werden, und zwar über unser Verständnis von „nationaler Souveränität"! Macron spricht von „europäischer Souveränität", d.h. Handlungsautonomie. Der Deutsche denkt bei Souveränität automatisch an die juristische Seite. Ein hoch brisantes Thema für alle, gerade für uns Deutsche nicht zuletzt angesichts der Rechtsprechung des Bundesverfassungsgerichts, aber auch für die Franzosen und andere. Die Ablehnung weiterer Abgabe von Souveränität an „Brüssel" ist heute weit verbreitet.

Nur: Was ist unser heutiges Verständnis von Souveränität? Gibt es nicht bestimmte Bereiche, wo wir unsere Kräfte bündeln müssen, um effektiv und effizient Souveränität auszuüben? Beispiel – die Polizei im Kampf gegen das internationale Verbrechen, Terrorismus oder Schutz der Außengrenzen! Muss dies unbedingt „Abgabe" an Brüssel bedeuten oder sollten wir nicht nach einer neuen Form der Bündelung suchen, eine Art gemeinsame Ausübung, statt sofort in das klassische ideologische Grundraster „Vergemeinschaftung" oder „zwischenstaatliche Zusammenarbeit" zu fallen?

Wir müssen klarer dem Wähler vermitteln, dass die europäische Integration heute über Kernbereiche bisheriger nationaler Souveränität befinden muss. Es geht um Bereiche, in denen wir Souveränität längst verloren haben und die wir nur durch bessere Kooperation zurückgewinnen können. Darum muss es gehen, nicht um Übertragung der Kompetenzen auf Brüssel, diese wird auf absehbare Zeit nur in Ausnahmefällen möglich!

Effizienz und Lösungskompetenz muss auch an „Legitimität" denken! Mir ist erst in den vergangenen Jahren mehr und mehr bewusst geworden, dass die Legitimität des EP beschränkt ist und bleiben wird. Wir sollten, auch wenn es dadurch komplexer wird, die nationalen Parlamente stärker in die Verantwortung einbeziehen! Wie? Zusätzlich oder anstelle der nationalen Instanzen eine zweite Kammer für bestimmte Bereiche mit bestimmten Mehrheitsregeln?

Könnte dies nicht ein Beitrag zur Überwindung der in dem jetzigen Beziehungsgeflecht der Institutionen quasi eingebauten europäischen „Sündenbock"-Struktur darstellen? Man wird diese Strukturen nicht kurzfristig radikal verändern können.

Ziel der inneren Austarierung von Kompetenzen und Politiken muss die „Versöhnung" der Brüsseler und der nationalen Ebene im Sinne einer konstruktiven Ko-Existenz und Zusammenarbeit sein – sowie die Konzentration der EU auf das wirklich auf europäischer Ebene notwendige!

Wir sind konstant für die Ausweitung der Rechte des EP eingetreten, haben aber zweierlei vernachlässigt: Einerseits wird das EP nicht gleich bedeutend einem nationalen Parlament sein können, und andererseits hätten wir die nationalen Parlamente stärker in die praktische Arbeit einbeziehen müssen!

Der EU-Ausschuss des deutschen Bundestages hat nie die notwendige besondere Rolle oder eine mit den anderen traditionellen, großen Ausschüssen des Parlaments gefunden, auch die Zusammenarbeit der EU-Ausschüsse auf europäischer Ebene (COSAC) ist im Grunde eine „Totgeburt", wie mir Parlamentarier aus mehreren Ländern bedeuteten.

Mögliche Antwort, auch wenn sie EU-Struktur weiter kompliziert, wäre die Bildung einer zweiten Kammer aus nationalen Abgeordneten, die ihr Plazet in gewissen sensiblen Bereichen geben muss, und zwar anstelle der Zustimmung der nationalen Parlamente?

Zwei Lösungsansätze sind theoretisch möglich: Entweder wir ersetzen das 1979 geschaffene direkte Wahlrecht zum Europäischen Parlament durch die „Entsendung" delegierter nationaler Parlamentarier – ich habe indes größte Zweifel, ob eine Mehrheit für einen solchen radikalen Schritt erreichbar wäre, er würde von zu vielen als Rückschritt empfunden.

Daher rege ich seit geraumer Zeit die Schaffung einer zweiten europäischen Kammer an, eines „Senats" der nationalen Parlamente als echte zweite Instanz, die, zusammengesetzt entsprechend dem Bevölkerungsanteil eines jeden Landes, in Fragen, die die Kernbereiche nationaler Souveränität betreffen, mit einer besonderen Mehrheit zustimmen muss.

Und wir sollten offen und ehrlich mit einem Thema umgehen, das wir in der europäischen Integration seit Anfang an kennen. Es wird wohl unumgänglich sein, ein Europa mehrerer Kreise (oder Geschwindigkeiten) mit einem „Grundstock" für alle herauszubilden.

Wir sollten davor keine Scheu haben, sondern konstruktiv damit umgehen, auf der Eurozone und einem weiteren Kreis aufbauen, aber kein Europa à la carte! Der Bau Europas hat letztlich und wird auch nie Sandkastenmodellen folgen, es werden immer wieder echte Kompromisse gebraucht, um dieses Werk abzusichern und weiter zu entwickeln.

Brexit – Das Vereinigte Königreich und die EU

Als ob wir in Europa nicht genug Probleme am Halse hätten, ist 2016 „Brexit" hinzugekommen, ein „Luxus", den wir uns an sich – weder die Briten noch wir – in der jetzigen Lage gar nicht leisten können.

Es ist ein Thema, das natürlich in erster Linie das Vereinigte Königreich selbst tiefer treffen als viele heute denken, das aber auch dem „Kontinent" Schwierigkeiten bereiten wird.

Allenthalben war ein positiver Ausgang des Referendums erwartet worden, das Volk machte das Gegenteil – London verstand einfach nicht, was man im „Rest" der Insel dachte. Eine tiefe Kluft zwischen den Eliten des Landes und dem Volk! Premierminister David Cameron hatte seine Strategie auf vier Forderungen gegründet und diese Anfang November 2015 der EU und ihren Mitgliedstaaten übermittelt. Cameron wollte gegenüber der EU eine offene Debatte vermeiden, konzentrierte sich stattdessen auf vier Ziele und darauf, das Einvernehmen zügig herzustellen. Diese Taktik war gefährlich, aber letztlich erfolgreich, Bereits Mitte Februar 2016 stand das vereinbarte Paket, mit dem Cameron dann in das Referendum am 23. Juni 2016 gegangen ist. Camerons Forderungen nach Reformen sahen auf den ersten Blick verständlich und machbar aus, jedoch Vorsicht: der Teufel steckte und steckt im Detail oder in dem, was dahintersteckt.

So zum Beispiel wollte die Regierung Ihrer Majestät durch die Hintertür das Geschehen der Euro-Zone kontrollieren können, um jegliche Nachteile für den Finanzplatz London auszuschließen, auch wenn sie selbst dem Euro nicht beitreten will. Die erzielte Übereinkunft scheint die

„Unabhängigkeit" der Euro-Zone zu sichern, jedoch zugleich wachsweich zu sein – und eben dies nicht auszuschließen! Ein typischer politischer Kompromiss – nicht ganz faul, aber, wie die Schwaben sagen, „mit Geschmäckle"!

Die andere grundlegende Forderung schien auf den ersten Blick schwieriger zu sein, traf aber letztlich auf mehr Verständnis als gedacht. Dass die Briten Einwände gegen einen „Sozial-Tourismus" in Europa haben, ist auch aus der Sicht zumindest einiger EU-Mitgliedstaaten nur allzu verständlich, aber gerade hier sind vernünftige Abgrenzungen höchst schwierig. Die im Februar 2016 erzielten Vereinbarungen wurden von allen Mitgliedstaaten letztlich mitgetragen, auch aus Sicht der Mehrheit der Mehrheit gehen sie in die richtige Richtung.

Die Debatte im Vereinigten Königreich ging aber wie erwartet nur am Rande auf die vier Bereiche ein, sondern auf das Verhältnis zur EU überhaupt. Die Tories standen sich dabei mehr selbst im Wege – sie sind in gewisser Weise die Europa-skeptische Partei geblieben, die sie immer waren. Sie profitierten zugleich von einer gewissen Abwesenheit der Labour-Party, die ihre innere Krise kaum zu überwinden scheint. Hilfreich für die Freunde der EU war allein der Druck aus Schottland!

Ich gebe zu, ich war von Anfang an angesichts der defensiven Strategie Camerons skeptisch ob seiner Erfolgschancen. Danach breitete sich Ratlosigkeit in London aus – was tun? London schien nur langsam aus einem bösen Traum zu erwachen!

In zwei „inner circles" in London hatte ich die Chance, das Referendum von der Vor- bis hin zur Nachbereitung zu begleiten und intern zu diskutieren. Ich war nicht gerade „amused" wie die Briten zu sagen pflegen. Ich habe damals den britischen Freunden offen gesagt, ich könne den Wähler auf der Insel nicht genug einschätzen, aber für kontinental-europäische Verhältnisse fehle das überzeugende Narrativ und man riskiere, zu kurz zu springen. Die Kollegen von der Insel lächelten milde über den Europäer vom Kontinent.

Auch sechs Monate nach dem Referendum gab es weder eine Strategie noch einen Kompass geschweige denn ein Rezept seitens der britischen Regierung. Die Regierung May, Gefangene des rechten Flügels der Konservativen, suchte wie ein Blinder nach dem Erfolgsrezept, tastete sich mühsam voran und wurde intern von einer Überraschung bzw. Niederlage in die nächste gejagt. Dies begann mit der Frage der Behandlung des – ganz en passant entmachteten oder sich selbst entmachtenden – Parlaments. Es wurde klar, Brexit würde kommen, Theresa May musste sich unter dem Druck des euroskeptischen Flügels ihrer Partei für ein „hartes" entscheiden. Sie gab nach ihren Abstimmungsniederlagen auf und machte den Weg frei für Neuwahlen. Ich rechnete immer weniger mit einem Ausweg, gar mit einem Verzicht oder einer Schweizer-Lösung, einem neuen Referendum.

Die Folge-Regierung um Boris Johnson hatte sich von Anfang an klar festgelegt, die hält an ihrem Wahlprogramm fest. Die Verhandlungen mit der EU um Michel Barnier führten buchstäblich in letzter Minute, am 24. Dezember 2020, zu einer grundsätzlichen Einigung, auch wenn manche Kernfragen wie die Stellung des Finanzplatzes London zur EU noch offen sind.

In Wahrheit stehen wir, aber vor allem die Briten selbst, vor einer extrem schwierigen Zeit, am Beginn einer Periode der Unsicherheit, des Übergangs zu einer gänzlich neuen Lage, über deren Entwicklung man heute nur spekulieren kann.

Brexit-Debatte und die „Londoner"-Entscheidungen haben zudem die „Einheit" des Vereinigten Königreiches in Frage gestellt. Eine Quadratur des Kreises? Anders ausgedrückt: Wie kann ich verhindern, dass aus dem „Brexit" eine Sezession von Schottland und Nordirland erwachsen? Eine Frage mit enormer Sprengkraft!

Schottland: Erinnern wir uns an das Referendum vom September 2014: 55,3% „remain", 44,7% „leave" – und beim Brexit ein deutliches „Ja" zur EU! Die Schotten werden ihre Interessen unmissverständlich wahrnehmen, aber keine Alleingänge starten (können). Erinnern wir uns, das Referendum vom September 2014 erfolgte im Einvernehmen zwischen Edinburgh und London. Und Edinburgh klopft erneut an die Londoner Tür.

Nordirland: Das Friedensabkommen des „Good Friday" liegt bereits zwei Jahrzehnte hinter uns, es ist hoch sensibel geblieben, die Grenzen zwischen Irland und Nordirland sind seither offen. Gehen wir auf neue Auseinandersetzungen zwischen Katholiken und Protestanten zu und/oder auf ein Referendum nach „Wiedervereinigung" der grünen Insel? Faszinierend für mich, dass ich in den letzten Jahren offen mit irischen Freunden über die Einheit der Insel und mögliche Bedingungen der Nordiren sprechen kann. Sie sehen zum ersten Mal mit einem bisschen Optimismus eine solche Perspektive. Gipfel einer dieser Diskussionen im kleinen Kreis war die Frage nach dem Staatsoberhaupt der wiedervereinten Insel. Einer meiner Freunde, eingefleischter Opponent der Briten, meinte trocken, wenn das der Preis für die Einheit sei, dann könne man am Ende des Weges auch die britische Königin genau wie Kanada als Staatsoberhaupt akzeptieren.

Interessant dafür auch der Seiten-Blick auf die Entwicklung in Spanien um das Bestreben um die Unabhängigkeit Kataloniens. Die Basken haben das Thema derweil zu den Akten gelegt, sie meinen es ernst mit einem spanischen „Föderalismus"!

Wie viele andere suche ich immer noch einen eleganten Ausweg, wohl eher ein Traum: vielleicht wachen wir vielleicht 2025 – oder schon früher oder später – auf und lernen ein neues Vereinigtes Königreich kennen, nennen wir es „UK light", in dem England, Wales, Schottland und Nordirland unterschiedliche, ja eigene Wege gehen – genau wie schon heute im Fußball! Und wie wird das zukünftige Verhältnis zwischen EU und dem Vereinigten Königreich aussehen? Kern der Verhandlungen wird die Wirtschaft sein, nicht minder sensibel die Finanzen und Fischerei. Bislang scheint das Vereinigte Königreich wirtschaftlich relativ wenig betroffen. Die Wirtschaftslage hält sich, allein der Verbraucher ist unzufrieden über das Absinken des Wechselkurses des Pfundes. Kenner sagen indes, dies werde noch erheblich weiter gehen!

Die (noch vorhandene) Rest-Industrie sagt der Regierung allerdings in aller Offenheit: Ohne Absicherung der Exporte keine Investitionen, kein Verbleib auf der Insel – so Japaner, Chinesen, Deutsche. Was musste daher die richtige Verhandlungsstrategie sein? Am besten wäre es gewesen, wenn letztlich wirtschaftlich alles beim alten bliebe, das Vereinigte Königreich sich wie Norwegen oder die Schweiz den vollen Zugang zum Binnenmarkt sichern würde, einschließlich der Finanzdienstleistungen („freie Fahrt für den Bankenplatz London"), aber – so die Konservativen – mit einer Sonderregelung für die Freizügigkeit für Personen! Eine solche Regelung hatte ich in der ersten Phase noch für möglich gehalten.

Die Antwort der Europäer darauf war ebenso klar: nein zum Rosinenpicken – damit ja kein anderer auf die gleiche Idee kommt. Unter den Umständen begnügt euch mit dem einfachen Freihandel oder einem Abkommen auf Grundlage der WTO-Regeln! Eine Demütigung für den stolzen Briten? Er müsste die Wiederzulassung zur WTO beantragen und Handelsabkommen mit 140 Ländern neu abschließen, alle diese Abkommen müssen jeweils ratifiziert werden. Dies wird Jahre in Anspruch nehmen!

Leider hat ein Euroskeptiker den Konservativen insoweit Sand in die Augen gestreut – Martin Howe, Neffe eines der großen Pro-Europäer der britischen Konservativen, Sir Geoffrey Howe, hat für seine Freunde eine „Bibel" oder besser ein trügerisches „Pamphlet" geschrieben, wonach alles sehr einfach und positiv sein wird.

Auch die Londoner Finanzszene wird einige Federn lassen – Banken werden ganz nüchtern vorgehen, sie werden sich anderer Niederlassungen in der EU bedienen oder aber neue eröffnen. Und eines kommt hinzu: das Vereinigte Königreich wird sich in den kommenden Jahren wirtschaftlich-finanziell „neu erfinden" müssen! Die Versuchung wird stark sein, ein attraktives Steuerparadies aufzubauen – wer aber finanziert alle diese Zusatzlasten? Der britische Finanzminister wird demnächst zum „schwarzen Schaf" aller, er ist es im Grunde jetzt schon, da er an allen Ecken die Euphorie bremst!

Achtung, liebe Europäer! Die Briten haben da noch ein Faustpfand in der Tasche: die Fischerei-Rechte, ihre Fischgründe sind für einige der EU-Mitgliedstaaten, vor allem für Frankreich, von wesentlicher Bedeutung!

Fügen wir noch ein Kapitel hinzu: das künftige Verhältnis zum Kontinent, vor allem zu Frankreich und Deutschland, in Sachen Außen- und Sicherheitspolitik! Ein vernünftiges Miteinander, Zusammenarbeit ist im Interesse beider Seiten, ein „offshore balancer" wird es weitaus schwerer haben als ein Gleichgewichtsfanatiker, der am Tisch sitzt!

Schlussfolgerungen

Die EU kann nur dann gewinnen, wenn sie in Bezug auf die unterschiedlichen Krisen zeigt, dass sie die Lösungen herbeizuführen und umzusetzen vermag. Zugleich muss sie einfach aus dem Modus „permanentes Krisenmanagement" herauskommen und sich auf die Kernbereiche der „Selbstbehauptung" Europas konzentrieren.

Sie muss verstehen, dass ihr die Zeit angesichts der enormen Entwicklung und Aufholjagd der anderen Kontinente sonst davonläuft. Sie muss handeln und ihr Haus in Ordnung bringen.

Die EU braucht natürlich weltweit Allianzen, bestimmt mit den USA, auch wenn dies mehr als schwierig geworden ist, bestimmt mit ihren Nachbarn im Osten wie im Süden ein „gutnachbarschaftliches" Verhältnis im besten Sinne – die Notwendigkeit enger, weniger naiver Zusammenarbeit mit Asien scheint erkannt, Afrika war dagegen bisher leider „Fehlanzeige", nicht auf dem Bildschirm oder lässt uns der „Zug" Chinas durch Afrika gleichgültig?

Die EU ist heute für viele Beobachter unverändert ein geopolitischer Zwerg! Und doch: verstecken braucht sich die EU nicht. Sie braucht Zutrauen in die eigenen Fähigkeiten, mit Selbstvertrauen und Stolz kann sie anknüpfen an eine Erfolgsgeschichte von über 60 Jahren. Kultur-Pessimismus kann und darf nicht unsere Antwort sein. Wir haben schwache Punkte ja, aber auch in vielen Feldern enorme Stärken.

Ich denke oft an den chinesischen Blogger, der vor einiger Zeit einem deutschen CEO erläuterte, was die große Mehrheit der 3 – 4 Mio. „Followers" auf seine Frage, was sie von Europa hielten, geantwortet hat: Europa ist weltweit das größte Projekt für Frieden, Demokratie und Wohlstand!

Wenn Europa es schafft, seine Agenda einigermaßen überzeugend – immer ein Kompromiss! – zu bearbeiten, und zu erklären, dann wird dieses Europa stärker sein denn je. Und die Wirtschaft sollte der Politik zur Seite stehen, nicht lamentieren, sondern konstruktiv Politik begleiten, ggf. mit Alternativ-Vorschlägen. Dies ist Teil einer wohlverstandenen „Corporate Political Responsibility": jedes Unternehmen ist nicht nur Zuschauer der Politik, sondern „stakeholder", ja „shareholder" der Politik: die Politik setzt den Rahmen, in dem sich Wirtschaft bewegt – und bei Definition wie Umsetzung muss sich Wirtschaft aktiv beteiligen!

Das gleiche gilt für das Verhältnis zur Gesellschaft und ihren Gruppen. EU-Europa braucht die kritische Begleitung seiner Politiken, aber auch mehr Ermutigung und Unterstützung!

Die skizzierte Baustelle mag auf den ersten Blick überdimensional erscheinen, sie ist aber bei guter Führung und gutem Willen machbar. Wichtig wäre es, die Agenda auf wesentliche Punkte zu konzentrieren und dies aktiv zu vermitteln. Ohne politischen Druck wird es aber, wie so oft, nicht gehen. Ausgangspunkt sollte ein deutsch-französischer Vorschlag – unter Einbeziehung eines Dritten. Am liebsten wäre mir Polen, ggf. auch Spanien – oder ein selbstbewusster „kleinerer" wie die Niederlande –, ein Vorschlag, der nicht als Diktat, sondern als ein Angebot verstanden sein müsste. Beide, Paris und Berlin, müssten aber auch offen sagen, dass sie bereit sind, die Agenda bilateral in die Tat umzusetzen. Dies bedeutet zugleich, dass Paris und Berlin anders miteinander umgehen – unter voller Einbeziehung der „Perzeption des anderen – und wieder zur Sache sprechen und handeln müssen.

Dabei gilt: Einerseits ist die Europäische Integration in Wahrheit besser als ihr Ruf in den Medien und Teilen der Politik – siehe das exzellente Papier des Berliner Büros der Kommission „60 gute Gründe für die EU". Brüssel ist halt für viele, auch in der Politik ein allzu bequemer Sündenbock!

Und andererseits sind unsere Ausgangsziele – Frieden, Freiheit, Demokratie, wachender Wohlstand – unverändert von ganz aktueller Bedeutung! Dies setzt allerdings mehr denn je ein strategisches Denken und Herangehen voraus – und daran mangelt es auch und gerade bei uns! Wir gelten europäisch als führungsschwach, widersprüchlich und inkohärent!

Epilog

Die „Finalität" der europäischen Integration[23]

Europäische Schicksalsgemeinschaft – europäischer Patriotismus

In all den Jahren ist immer wieder die Frage nach der Finalität der europäischen Integration gestellt worden. Sie ist letztlich so alt wie die Idee der europäischen Einigung selbst, sie wird aus unterschiedlichen Gründen regelmäßig ins Blickfeld gerückt, von mancher Seite mit fast eigentümlicher Gereiztheit, von anderen mit maliziöser Absicht, da „man" doch um die Schwierigkeit weiß.

Zu Anfang stand über lange Jahre die Zielsetzung der „Vereinigten Staaten von Europa" in Anlehnung an die Züricher Rede von Winston Churchill im Jahre 1946 im Vordergrund.

Enthusiasmus und Aufbruchstimmung jener frühen Jahre werden heute mitunter etwas gönnerhaft kommentiert, als ob irgendjemand damals die blinde Übernahme des amerikanischen Modells im Auge hatte – und doch bedurfte es im Zuge des europäischen „Reifeprozesses" dieser Klarstellung.

Aus deutschen Federn findet man heute noch zuweilen das spitze Urteil, angesichts der Katastrophe der deutschen Nation sei der Wunsch nach Auflösung der Nationalstaaten, nach ihrem Aufgehen in einem ganz neuen Staatsgebilde, ein allzu durchsichtiges Kalkül der Deutschen gewesen. Der frühere Bundespräsident Prof. Dr. Roman Herzog hat solchen simplistischen Deutungen zu recht entgegengehalten, dass der Begriff „Vereinigte Staaten von Europa" keineswegs aus Deutschland stammt – sondern dass es große französische Denker und Schriftsteller wie Saint-Simon und Victor Hugo waren, die ihn bereits im 19. Jahrhundert geprägt haben!

Eine Kontroverse in die genau umgekehrte Richtung löste die von de Gaulle geprägte Vorstellung des Europas der Vaterländer aus. Die Diskussion darüber wurde Ende der 80er Jahre im Zuge der grundlegenden Veränderungen in Mittel- und Osteuropa durch die von François Mitterrand in

---

[23] Diese Gedanken hatte ich 1997 in einem Beitrag für das Feuilleton der Süddeutschen Zeitung im Rahmen einer Serie unter dem Titel „Welchen Patriotismus braucht Europa?» niedergeschrieben – ich bin erstaunt, wie aktuell sie geblieben sind, und habe daher diesen Beitrag nur in wenigen Teilen überarbeitet und gekürzt.

die Diskussion eingeführte Idee einer europäischen Konföderation für kurze Zeit wiederbelebt.

Gleichermaßen irrational sind die Bedenken seitens mancher europäischer Vertreter der „reinen Gemeinschafts-Lehre" gegen das Vorgehen der europäischen Staats- und Regierungschefs angesichts der Banken-, Finanz- und Wirtschaftskrise seit 2010 mit Hilfe „intergouvernementaler" Ansätze – es führte aufgrund der Haltung zumindest eines Mitgliedstaates kein Weg daran vorbei. Frau Merkel sprach insoweit einmal von der „Unions-Methode" als dem neuen Ansatz, ohne jedoch in der Folge diesen Gedanken zu vertiefen.

Viele, auch noch so scharfsinnige Beobachter übersehen gleichwohl, wie sehr die beispiellose Attraktivität des Projekts Europa seit den Tagen der Römischen Verträge – vielleicht besteht gerade darin das eigentliche Erfolgsgeheimnis des europäischen Einigungswerkes, gerade auch der Tatsache zu verdanken ist, dass es sich dabei um einen offenen Prozess handelt. Schon der erste Präsident der Europäischen Kommission, Walter Hallstein, hat es auf den Punkt gebracht: die Integration ist nicht das Sein, sondern ein Werden, ist permanente Veränderung, bei der jede erreichte Integrationsstufe zugleich den nächsten Schub auslöst.

Kein Begriff der klassischen Staatslehre vermag Stand und Perspektiven der europäischen Integration in wirklich zutreffender Weise zu beschreiben: die Europäische Union ist weder ein Staatenbund noch ein Bundesstaat. Das europäische Einigungswerk folgt seit Anfang an vielmehr seinen eigenen Weg, den der Jurist gerne mit „sui generis" umschreibt. Kommission, Rat bzw. Europäischer Rat und Europäisches Parlament sind seine tragenden Institutionen. Sie sind in ihrer Struktur und Kompetenz mit bekannten internationalen oder nationalen Institutionen im Grunde nicht vergleichbar.

Man kann zwar nicht bestreiten, dass die Europäische Kommission Elemente einer klassischen Regierung beinhaltet, aber wie steht es um ihre Bestellung oder wie ist damit ein Vorschlagsmonopol vereinbar? Ähnliches gilt für den Rat, Organ der Union und zugleich der Mitgliedstaaten. Er erscheint auf den ersten Blick dem deutschen Bundesrat in seiner föderalen Struktur vergleichbar, doch in Wahrheit ist er eine Mischung aus Legislativ- und Exekutiv-Organ. Noch kompliziertes ist es, wenn man sich das Europäische Parlament anschaut, das mit nationalen Parlamenten nur beschränkt vergleichbar ist, verfügt es doch nur in einem Teil der Bereiche mit traditionellen Parlamentskompetenzen – und fehlt es ihm doch an der klassischen Rollenverteilung zwischen Regierung und Opposition!

Wir sollten uns davor hüten, „Phantomdebatten" zu pflegen und weiterzuführen. Es kann weder darum gehen, das deutsche föderalen Modell des Bundesstaates quasi Europa überzustülpen, noch darum den Nationalstaat abzuschaffen. Dies wäre auch nicht im wohlverstandenen Interesse aller Europäer! Vielmehr ist es doch von Anfang an darum gegangen, einen Weg aufzubauen, der durch seine integrativen Elemente dafür sorgt, Europa und seine wesentlichen Kräfte unwiderruflich zu einer geschlossenen Struktur zu bündeln und damit politisch einen Rückfall in altes Denken und national-staatliche Rivalitäten zu verhindern, die Europa in der Vergangenheit immer wieder ins Unglück, in Kriege und Konflikte geführt haben. Dies ist und bleibt das grundlegende Ziel jeder europäischen Politik!

Man könnte mit Jacques Delors vielleicht am ehesten von einer „Föderation europäischer Staaten" oder auch wie das Bundesverfassungsgericht von einem „Staatenverbund" sprechen. Nur – sind dies Begriffe, die auch in der Sprache, Kultur und Tradition der anderen europäischen Länder, eine vergleichbare Zielsetzung ausdrücken können oder sind sie nicht vielmehr geeignet, Missverständnisse, unterschiedliche Deutungen auszulösen? Fragen Sie konkret einen Deutschen, einen Schweizer, einen Franzosen und einen Briten, was er unter „Föderation" und unter „Konföderation" versteht! Sie werden aus dem Stauen nicht herauskommen! Wahrscheinlich hätten die Europäer besser daran getan, Anfang der 80er Jahre nicht den Begriff „Europäische Union" einzuführen, sondern stattdessen besser an der „Europäischen Gemeinschaft" festzuhalten – ein Begriff, der aus meiner Sicht gerade das Neue, das Originäre und Originelle an der europäischen Integration immer noch am besten ausdrückt!

Zugleich bleibt es wesentlich, die Kompetenzzuordnung zwischen den europäischen Institutionen und den Nationalstaaten noch einmal in verständlicher Weise klarzustellen, EU-Europa soll insoweit handeln als dies nur auf europäischer Ebene absolut notwendig und sinnvoll erscheint. EU-Europa müsste und sollte sich mehr denn je auf das wirklich notwendige konzentrieren! Das von uns Anfang der 90er Jahre als Ersatz für eine klare Kompetenzverteilung in die Diskussion eingebrachte Subsidiaritätsprinzip war, vorsichtig ausgedrückt, in Wahrheit nur sehr beschränkt erfolgreich.

Es muss darum gehen, noch klarer einer Befürchtung vorbeugen zu helfen, die in der Vergangenheit immer lauter geworden ist, zum Teil überspitzt und mit in die Brüsseler Richtung überzogenen Attacken. Es geht darum, Vorsorge zu treffen, dass die europäischen Institutionen nicht eine starke magnetische Kraft dergestalt ausüben, dass immer mehr Entscheidungen nach Brüssel verlagert werden. Dies gilt auch für den Europäischen Gerichtshof – den die Brüsseler Formelkompromisse aber immer wieder indirekt dazu einladen, Rechtssetzung interpretieren zu müssen.

Man muss dabei freilich ehrlich zugeben, dass oft genug in der Vergangenheit von interessierter Seite auf nationaler Ebene unangenehme oder nicht durchsetzbare Dossiers, zum Teil auf Umwegen nach Brüssel geschoben wurden. Es muss und kann nur darum gehen, unsere Kräfte so zu bündeln, dass auf europäischer Ebene das möglichst effizient entschieden wird, was nur dort entschieden werden kann und dass das, was auf nationaler, regionaler oder lokaler Ebene sachnäher entschieden werden kann, auch dort entschieden wird.

Ein „europäischer föderaler Superstaat" war und ist nicht das Ziel, er wird auch von der großen Mehrheit nicht gewollt. Vielmehr erfüllen Nationalstaaten und Europäische Union unterschiedliche, sich zum Teil gegenseitig ergänzende Aufgaben. Brüssel braucht Platz zum Arbeiten – die Nationalstaaten aber auch und nicht weniger!

Ein Staat, ob groß oder klein, ist heute, allein auf sich gestellt, mehr in der Lage, seinen vitalen Interessen Geltung zu verschaffen. Wir brauchen ein konstruktives Miteinander, nicht ein Brüssel, das zum Sündenbock gestempelt wird. Europa muss sich auf das Notwendige und Machbare besinnen, d.h. kein blindes Verhaften in modellhaften Strukturen, vielmehr Besinnung auf das Miteinander und die Stärke des einen oder anderen – warum können wir uns nicht darauf verständigen, den besten für einen konkreten Bereich Geeigneten und Durchsetzungsstärksten zum „Federführer" dieser Politik zu machen, z.B. Frankreich in Afrika oder die Deutschen gegenüber Russland?

Kann man daher heute mit Fug von europäischem Patriotismus überhaupt sprechen? Ich meine ja – wenn man an die von Bundeskanzler Helmut Kohl in die Diskussion eingeführte, vielleicht für andere Europäer nicht leicht verständliche Trias „Heimat – Vaterland – Europa" anknüpft. Gerade in diesem Sinne sollte es möglich sein, die europäische Integration als Bestandteil eines gesunden Patriotismus zu begreifen.

Für die Generation unserer Eltern, die noch die Schrecken des Zweiten Weltkrieges erlebt hat, war es viel einsichtiger, aufgrund ihrer eigenen Erfahrungen für die europäische Einigung einzustehen. Hat sie doch, zusammen mit der Atlantischen Allianz, in den vergangenen 65 Jahren entscheidend dazu beigetragen, dass Europa heute in der längsten Friedensperiode seiner Geschichte seit über 200 Jahren lebt. Hat sie doch für eine letztlich einzigartige europäische Erfolgsstory mit dem Ergebnis gesorgt, dass wir – langfristig betrachtet – in den Mitgliedstaaten der Europäischen Union in einem nie gekannten Maß in Demokratie und Rechtsstaat, in wirtschaftlichem Wohlstand und sozialer Stabilität leben.

Die Europäische Union ist – wenn auch unverändert in vielerlei Hinsicht unvollkommen, bei weitem nicht perfekt, ein permanenter Kompromiss – heute längst zu einer Solidar- und Verantwortungsgemeinschaft geworden, die zwar kaum exportierbar ist, aber doch für andere Regionen in der Welt als das Modell für eine erfolgversprechende wirtschaftliche und politische Zusammenarbeit gilt. Sie steht doch Wahrheit für die Selbstbehauptung unseres Kontinents in einer global vernetzten Welt, in der sie mit anderen Kontinenten und Regionen, die zu einer Aufholjagd angesetzt haben, in einem immer härter werdenden Wettbewerb steht.

Aus alledem ergibt sich ein wachsendes Zusammengehörigkeitsgefühl der Europäer und auch eine zunehmende emotionale Bindungswirkung der europäischen Integration, die wir, politisch oft allzu nüchtern denkend, vielleicht doch unterschätzen. Muss man aus diesem Gesamtbild nicht schließen, dass wir schon heute in einer europäischen Schicksalsgemeinschaft miteinander verbunden sind?

Müssen wir daher nicht alles daransetzen, gerade dieses Bewusstsein durch konkrete Politiken noch stärker zu wecken – und damit europäischen Patriotismus im besten Sinne auszudrücken und zu stärken? Darin liegt meines Erachtens eine der grundlegenden Herausforderungen, der wir uns in Europa besonders in schwierigeren Zeiten, in der Krise stellen müssen.

ibidem.eu